IST DAS WIRKLICH WAHR?

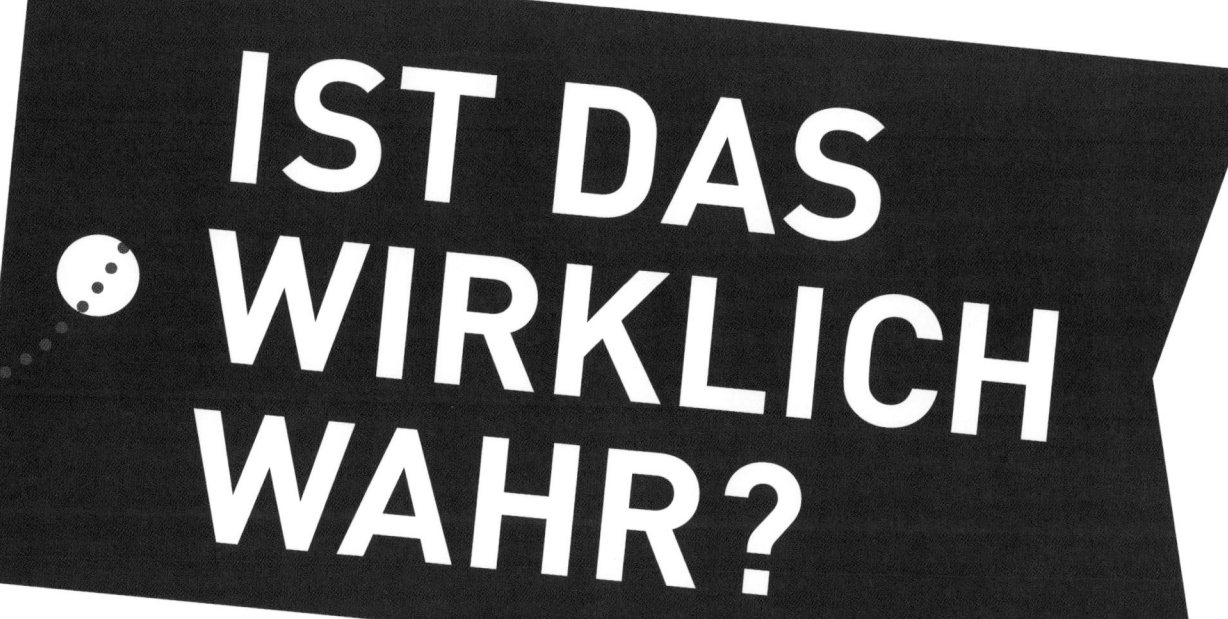

IST DAS WIRKLICH WAHR?

ERSTAUNLICHE ERKENNTNISSE ZUR WELTGESCHICHTE

Reader's
Digest

Deutschland · Schweiz · Österreich

VORWORT

Der vorliegende Band präsentiert in rund 330 Artikeln Weltgeschichte von den Anfängen in der Steinzeit bis zur Gegenwart. Gewählt wurde nicht die konventionelle Form. Vielmehr sind hier spannende Ereignisse, interessante Persönlichkeiten und merkwürdige Gegebenheiten zusammengestellt, bei denen sich jeder Leser unwillkürlich fragen muss: „Ist das wirklich wahr?"

Tatsächlich bietet die Geschichte eine riesige Menge an verblüffenden, erstaunlichen, unerwarteten Fakten, die man eigentlich nicht für möglich hält, die aber doch so passiert und damit wahr sind. Das gilt für die ganz große Geschichte genauso wie für die Anekdoten am Rande oder hinter den Kulissen. Die besten Geschichten dieser Art sind in diesem Buch versammelt.

Daneben gibt es eine zweite, genau umgekehrte Perspektive. Wie oft ist man ganz sicher, dass etwas auch wirklich wahr ist – um dann festzustellen, dass man von der gewohnten Meinung Abschied nehmen muss? Dafür liefert die Geschichte viele Beispiele. So setzt „Ist das wirklich wahr?" auch auf erstaunliche Situationen und Konstellationen, bei denen sich vermeintliche Fakten als Fiktion herausstellen.

Ob nun „wahr" oder „falsch": „Ist das wirklich wahr?" versorgt die Leser in Wort und Bild mit einer Fülle wissenswerter Informationen, sei es über die älteste Menschheitsgeschichte, die Antike, das Mittelalter, die Neuzeit oder sogar über die allerjüngste Vergangenheit. Zur Sprache kommen bekannte und weniger bekannte Persönlichkeiten sowie große und kleine Schauplätze der Geschichte. Nicht nur der zeitliche Bogen, auch der geografische Radius ist weit dimensioniert: Alle fünf Kontinente warten mit solchen interessanten Geschichten auf und sind hier vertreten.

Die kompakten Features dienen der Übersichtlichkeit und der thematischen Zuordnung; sie formulieren für jedes Kapitel eine zentrale Fragestellung und präsentieren gleichzeitig die wichtigsten Ereignisse und Hintergründe der jeweiligen Epoche auf einen Blick.

„Ist das wirklich wahr?" ist ein Buch, das Geschichte zu einem lehrreichen Vergnügen macht – nicht zuletzt durch die zahlreichen Abbildungen und die augenzwinkernden eigens für das Buch angefertigten Illustrationen, die für sich allein schon Spaß machen. Wirklich wahr!

Die Redaktion

Ist das wirklich wahr?

Die Ägypter – die erste Hochkultur der
Menschheit? ›Seite 28

Waren Athen und Rom antike
Supermächte? ›Seite 68

Gilt das Mittelalter zu Recht als ein dunkles
Zeitalter? ›Seite 106

War die Frühe Neuzeit eine
Epoche der Kriege? ›Seite 158

Brachten Aufklärung und
Revolutionen bessere
Verhältnisse? ›Seite 202

War das 20. Jahrhundert eine Ära des
Fortschritts? ›Seite 262

Wird das 21. Jahrhundert vom Internet
beherrscht? ›Seite 298

UR- UND FRÜHZEIT

Alles nur graue Vorzeit? Von wegen. Die Menschen der Steinzeit hatten Überraschendes zu bieten. In späteren Jahrhunderten entwickelten die großen Kulturen des Alten Orients an den Ufern von Euphrat, Tigris und Nil erstaunliche Zivilisationen. Und in der Eisenzeit hinterließen die Kelten in Europa ihre Spuren.

DIE EPOCHEN DER FRÜHGESCHICHTE WURDEN BEIM AUFRÄUMEN GEFUNDEN

wahr

Einem Dänen verdankt die Wissenschaft die grundlegende Unterscheidung von frühgeschichtlichen Epochen.

Seinen Namen kennt heute kaum jemand mehr, seine Kategorisierung der frühgeschichtlichen Epochen aber machte Geschichte im wahrsten Sinn des Wortes. Der Archäologe Christian Jürgensen Thomsen (1788 bis 1865) wurde 1819 erster Kustos im Dänischen Nationalmuseum von Kopenhagen. Seine Aufgabe bestand zunächst in der Neuordnung der Sammlungen, die sich in einem chaotischen Zustand befanden. Er stellte beim Sortieren fest, dass die Gebrauchsgegenstände und Waffen, die zum Inventar des Museums gehörten, aus Stein, Bronze und Eisen bestanden. Nach diesem Prinzip gestaltete er zwischen 1821 und 1825 die Präsentation der Ausstellungsstücke: Die Exponate bekamen, jeweils zusammengefasst zu einer Gruppe aus demselben charakteristischen Material, einen eigenen Raum im Museum.

Das Dreiperiodensystem

Bei seinen Kollegen stieß diese Einteilung sofort auf große Zustimmung. Und so wurde es in der Archäologie und in den Geschichtswissenschaften üblich, nach dem in den einzelnen Epochen jeweils vorherrschenden Material von der Steinzeit, der Bronzezeit und der Eisenzeit zu sprechen. Dieses grundsätzliche Ordnungsprinzip bezeichnet man auch als Dreiperiodensystem. Die Übergänge der einzelnen Epochen sind fließend und auch regional unterschiedlich. Als Faustregel aber kann gelten: Die Steinzeit, die man wiederum in die Altsteinzeit und die Jungsteinzeit einteilt, dauerte etwa bis zur Mitte des 3. Jahrtausends v. Chr., die Bronzezeit bis zur Wende vom 2. zum 1. Jahrtausend v. Chr. und die Eisenzeit bis zur zweiten Hälfte des 1. Jahrtausends v. Chr.

DER URMENSCH LEBTE IN HÖHLEN

falsch

Den Menschen der Altsteinzeit stellt man sich gern als Höhlenbewohner vor – ein Irrtum, wie man heute weiß.

Als der Mensch vor 3,5 Millionen Jahren den aufrechten Gang erlernte, begab er sich auf Wohnungssuche. Höhlen dienten jedoch nur in wenigen Ausnahmefällen als Behausungen altsteinzeitlicher Menschen. Allein aufgrund der Tatsache, dass sich Spuren des frühen Menschen fast ausschließlich in Höhlen erhalten haben, kam man zunächst auf die Idee, sie hätten dort auch gewohnt. Der Urmensch lebte aber, wie man heute weiß, vielmehr in einfachen Zelten, gebaut aus Häuten und Zweigen. Von diesen ist naturgemäß nichts mehr erhalten. In Höhlen suchte man dagegen Schutz vor Unwettern oder wilden Tieren. Und sie dienten bisweilen auch als Bestattungsorte für die Toten. Vor allem aber waren sie heilige Stätten, wie die uns heute noch erhaltenen Malereien zum Beispiel im spanischen Altamira oder südfranzösischen Lascaux zeigen. Wenn zum Beispiel die Jagd auf wilde Tiere dargestellt wurde, stand dahinter wahrscheinlich der Wunsch, mit magischen Bildern den erhofften Jagderfolg vorwegzunehmen. Vielleicht wollte man auch die Kräfte der Tiere im Bild bannen.

Rund 16 000 Jahre alt oder noch älter sind die weltbekannten Höhlenmalereien von Lascaux. Bis heute haben diese unglaublich kunstvollen perspektivischen und multichromen Darstellungen nichts von ihrer Faszination eingebüßt. Sie beeindruckten auch den modernen Künstler Pablo Picasso bei seinem Besuch 1940 zutiefst und gehören seit 1979 zum Unesco-Weltkulturerbe. Jährlich strömen bis zu 300 000 Besucher nach Lascaux.

> **Wir haben nichts dazugelernt.**
> Pablo Picasso

Der Gipsabdruck zeigt einen Teil der 70 Meter langen Original-Fußspur.

DIE ERSTEN FUSS-SPUREN ENTSTANDEN VOR 3 MILLIONEN JAHREN

wahr

Der Mensch stammt aus Afrika und dort hat er auch seine – im wahrsten Sinne des Wortes – frühesten Spuren hinterlassen.

Schuhe trugen die beiden Erwachsenen und das Kind, die gemeinsam durch den Schlamm marschierten, zwar noch nicht, aber sie hinterließen dennoch deutlich erkennbare Fußabdrücke. Eigentlich nichts Besonderes, wären diese Abdrücke nicht gut 3 Millionen Jahre alt. Entdeckt wurden sie von Wissenschaftlern in Tansania, genauer: in der Olduvai-Schlucht im Norden des afrikanischen Landes. Diese Schlucht gilt als die „Wiege der Menschheit", weil hier viele der ältesten Zeugnisse aus der Geschichte der Menschheit gefunden wurden – so auch die bislang ältesten Fußspuren. Aufgrund günstiger Bedingungen haben sie die Zeiten überdauert: Sie blieben in einer Schicht aus Vulkanasche zurück, die der Regen in Schlamm verwandelt hatte. Woher kamen die drei, und wohin gingen sie? Waren hier Eltern mit ihrer kleinen Tochter oder ihrem Sohn unterwegs? Auf diese Fragen können die Abdrücke uns heute leider keine Antwort mehr geben.

IN DER STEINZEIT GINGEN NUR DIE MÄNNER AUF DIE JAGD

falsch

Männer sind Jäger, Frauen sind Sammler? Weit gefehlt. Das Rollenverständnis der Steinzeitmenschen war keineswegs steinzeitlich.

Das Bild vom Steinzeitmenschen war, bezogen auf die Rollenverteilung zwischen Mann und Frau, in der frühen Forschung noch stark vom damals herrschenden Rollenverständnis und den Bedingungen der Zeit bestimmt: Während der Mann auf die Jagd ging und sich um die Ernährung der Familie kümmerte, blieb die Frau „zu Hause", kümmerte sich um den „Haushalt" und bewachte Feuerstelle und Kinder.

Erst seitdem man mehr über die Lebensgewohnheiten der Steinzeitmenschen weiß, hat sich dieses Bild geändert. So waren Kinder für die Frauen kein Hindernis, weiterhin ihren gewohnten Tätigkeiten nachzugehen. Auch wenn sie schwanger waren, streiften sie mit der Gruppe umher auf der Suche nach Nahrung. Dabei beschränkte sich ihre Aufgabe nicht ausschließlich auf das Sammeln von Beeren und Wurzeln. Vielmehr gingen sie gemeinsam mit den Männern auf die Jagd nach wilden Tieren.

Gemeinsam stark

Einen Unterschied gab es bei der Jagd dennoch: Während bei der zumeist gefährlicheren Jagd auf Großwild, wie dem Mammut, an der vordersten Front Männer zu finden waren, griffen die Frauen vor allem bei der Kleinwildjagd zum Speer. Auch am Zerlegen der Beute, egal welcher Größenordnung, waren Frauen aktiv beteiligt. In einer Hinsicht glich die Steinzeit späteren Rollenvorstellungen dann jedoch wieder ziemlich genau: Es ist jedenfalls nichts darüber bekannt, dass sich prähistorische Männer um die Pflege des Nachwuchses kümmerten.

DER NEANDERTALER HATTE EIN GRÖSSERES GEHIRN ALS DIE MENSCHEN HEUTE

wahr

Von wegen primitiver Neandertaler mit Fell und Keule – der Urmensch hatte schon eine ganze Menge im Kopf.

Der Neandertaler, ein direkter Vorfahr des Menschen, tauchte vor etwa 200 000 Jahren auf. Er verdankt seinen Namen einer bedeutenden Fundstätte bei Düsseldorf. Beinahe hätte man die Bedeutung dieses Fundes allerdings übersehen. 1856 entdeckten Arbeiter in einem Steinbruch im Neandertal die Fragmente von 16 Knochen. Sie wollten sie schon wegwerfen, doch der Besitzer des Steinbruchs zog einen Sachverständigen zu Rate. Dieser identifizierte die Knochen als Teile des Skeletts eines Urzeitmenschen. Die Lehre von der Evolution des Menschen war zu dieser Zeit noch höchst umstritten. Selbst Kapazitäten auf dem Gebiet der Anthropologie meinten, die Knochen stammten von einem Menschen

jüngeren Datums. Es sollte noch bis 1886 dauern – damals wurden in Belgien Reste derselben Spezies gefunden –, bis man die Bedeutung des Fundes im Neandertal wirklich erkannte.

Im allgemeinen Bewusstsein gilt der Neandertaler heute nicht gerade als Inbegriff von Intelligenz und Fortschritt. Doch moderne Untersuchungsmethoden haben ein anderes Bild ergeben. Überraschenderweise war das Gehirn des Neandertalers größer als das des modernen Menschen. Während der heutige Mensch ein durchschnittliches Gehirnvolumen von 1400 Kubikzentimeter hat, brachte es der Neandertaler auf bis zu 1700. War er deswegen auch klüger? Immerhin war er zu bedeutenden Leistungen fähig. So bediente er sich zum Beispiel einer Sprache. Der Neandertaler war auch ein soziales Wesen, das in der Lage war, gesellschaftliches Leben zu organisieren. Er war also keineswegs primitiv.

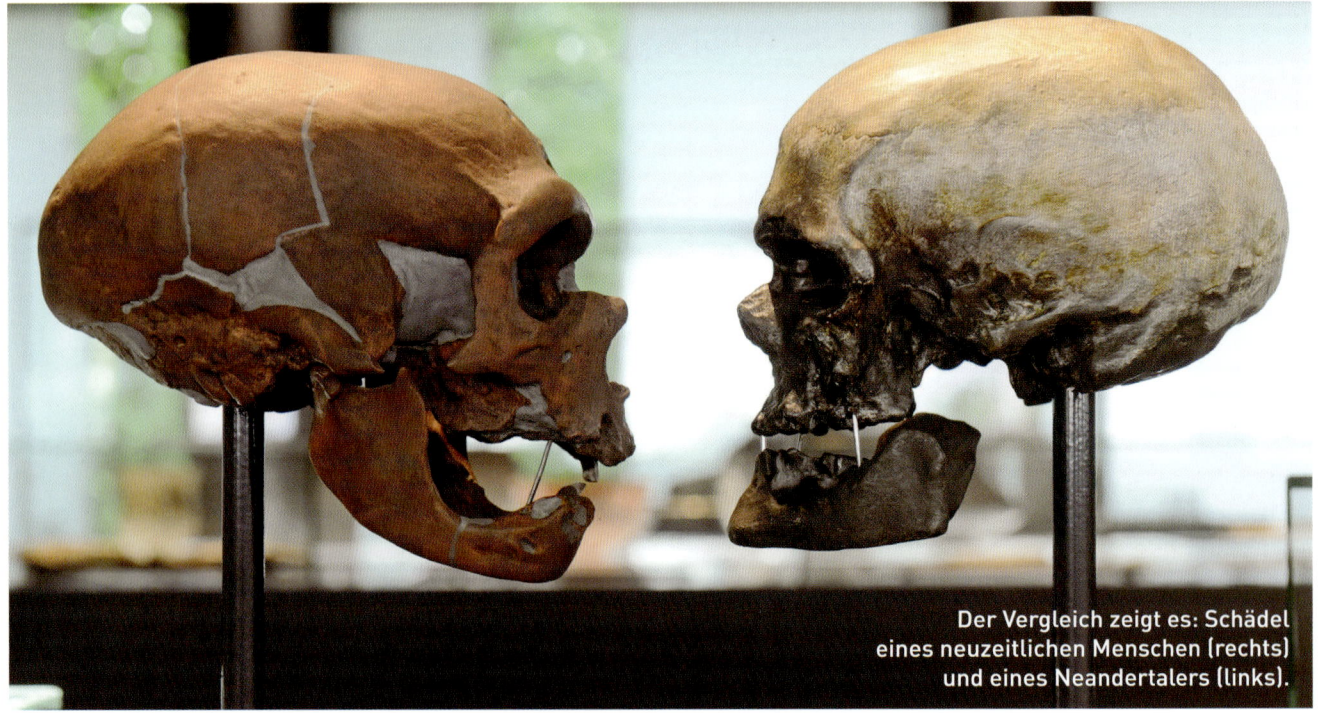

Der Vergleich zeigt es: Schädel eines neuzeitlichen Menschen (rechts) und eines Neandertalers (links).

DAS ÄLTESTE FEUERZEUG IST 32 000 JAHRE ALT

wahr

Aus dieser Zeit stammen die ältesten Utensilien zum Entzünden eines Feuers, gefunden auf der Schwäbischen Alb.

Die alten Griechen hielten den Titanen Prometheus für denjenigen, der den Menschen das Feuer brachte. Dem Mythos zufolge stahl er es den Göttern, wofür er qualvoll büßen musste. Zeus persönlich ließ Prometheus in der Einöde eines Gebirges anketten. Dort fraß ein Adler täglich ein Stück seiner Leber, die jedoch zu seiner Qual immer wieder nachwuchs.

Den Griechen waren die Funde von der Schwäbischen Alb in Baden-Württemberg noch nicht bekannt, sonst hätten sie Prometheus womöglich schonender behandelt. Und sie wussten auch nicht, dass die ersten Feuerstellen vor 1 Million Jahren in Südafrika angelegt wurden. Auf der Schwäbischen Alb aber entstand das erste (bekannte) „Feuerzeug". Sich beim Feuermachen einer Hilfe zu bedienen, war ein gewaltiger Fortschritt, denn zuvor waren die Menschen darauf angewiesen gewesen, dass sich das Feuer in der Natur von selbst entzündete, etwa durch einen Blitzschlag.

Vom urzeitlichen zum modernen Anzünder

Vor 32 000 Jahren hatte ein früher Schwabe die Idee, dass man mit einer Pyritknolle Funken schlagen und ein Feuer entzünden kann. Man benötigte zu dem Eisen-Schwefel-Gestein, dem „Feuerstein" (griech. *pyr* für „Feuer"), nur noch Zunder, etwa einen Baumschwamm. Die Knolle konnte man einsetzen, wann immer man wollte, und es musste niemand mehr das Feuer bewachen. Erst viele Tausend Jahre später, im 18. und 19. Jahrhundert, wurden dann die ersten modernen Feuerzeuge entwickelt, so 1770 das erste elektrisch-chemische Feuerzeug durch Johannes Fürstenberger.

IN DER EISZEIT WAR ALLES MIT EIS UND SCHNEE BEDECKT

falsch

Das ist nicht ganz richtig, denn auch in der Eiszeit waren die klimatischen Bedingungen in den verschiedenen Regionen der Erde durchaus unterschiedlich.

Wenn es längere Zeit warm ist, glauben die Menschen gern, dass sie Zeugen eines Klimawandels im Sinne der globalen Erwärmung sind. Ist es längere Zeit kalt, denkt man konsequenterweise an die Vorboten einer neuen Eiszeit. Dabei gehen die Vorstellungen darüber, was man eigentlich unter einer Eiszeit zu verstehen hat, oft recht weit auseinander.

Eiszeit ist nicht gleich Eiszeit

Es ist durchaus wahr: Die Erde machte im Lauf ihrer Geschichte immer wieder empfindliche Kälteperioden durch, die man heute landläufig als Eiszeiten bezeichnet. Die letzte große Eiszeit begann vor 115 000 Jahren und endete vor etwa 10 000 Jahren. Die Temperaturen stürzten in den Keller, sie gingen durchschnittlich auf 8 bis 12 Grad Celsius zurück.

Über den Polen und den Hochgebirgen bildeten sich riesige Gletscher und auch weite Teile Nordeuropas, zum Beispiel die Britischen Inseln, waren von Eis- und Schneeflächen bedeckt. In den übrigen Gebieten, in Mittel- und Südeuropa und in den südlichen Regionen Nordamerikas, waren die Verhältnisse aber ganz anders. Dort war laut meteorologischem Befund alles frei von Eis und Schnee. Es war zwar auch dort kalt, aber die Menschen durften sich gleichzeitig über reichlich Sonnenschein freuen. Sie hatten zudem keine Ahnung, wie es in den anderen Teilen der Welt aussah, die mit Schnee und Eis zu kämpfen hatten. Eiszeit ist also nicht gleich Eiszeit – jedenfalls nicht in dem Sinn, dass alle Teile der Erde gleichermaßen von einem solchen Phänomen betroffen sind.

DIE FRÜHESTEN TEMPEL WURDEN IN DER TÜRKEI GEBAUT

wahr

Vor 11 000 Jahren bauten Jäger und Sammler im südöstlichen Anatolien die erste große Kultanlage der Welt.

Wo standen die ersten Tempel? In Ägypten? In Mesopotamien? In Griechenland? In Rom? In China? Alles falsch. Die richtige Antwort lautet: Auf dem „kugelbauchigen Hügel", dem Göbekli Tepe, wie die Türken heute einen Bergzug im Südosten von Anatolien nennen. Dort ereignete sich bei Ausgrabungen gegen Ende des 20. Jahrhunderts eine archäologische Sensation. Gefunden wurde ein großer kultischer Komplex mit Kreisanlagen, versehen mit monolithischen Pfeilern, die bis zu 6 Meter hoch und 20 Tonnen schwer waren. Die Steine waren reich mit ornamentalen Motiven geschmückt, die sich zum einen auf die Tierwelt beziehen und zum anderen auch als anthropomorphe, das heißt menschengestaltige Figuren zu interpretieren sind.

Beeindruckendes Zeugnis prähistorischer Baukunst

Welche Funktion diese Anlage hatte, ist bis heute nicht bekannt; die Gründer von Göbekli Tepe haben keine weiteren Zeugnisse hinterlassen. Möglicherweise diente der Komplex dem Ahnen- oder Totenkult. Funde von Knochen im Schutt des Hügels etwa könnten Indizien für eine solche Deutung sein. Damit könnte es sich bei Göbekli Tepe nicht nur um die erste Tempelanlage, sondern zugleich auch um den ersten Großfriedhof der Welt handeln.

Es ist beeindruckend, dass 7000 Jahre vor dem Bau der Pyramiden in Ägypten Menschen im Südosten der heutigen Türkei zu einer solchen Präzisionsarbeit fähig waren. Zu jener Zeit waren die Menschen noch nicht sesshaft. Die Menschheit befand sich im Stadium kurz vor der sogenannten neolithischen Revolution, also jener Phase, in der man allmählich erkannte, dass man Nahrung auch selbst produzieren konnte, statt sie zu jagen und zu sammeln. In dieser neolithischen Revolution wurde der Mensch vom nomadisierenden Jäger und Sammler zum ortsansässigen Bauer. Die Menschen, die die Tempel von Göbekli Tepe bauten, waren aber wohl noch nicht sesshaft, denn in der gesamten Umgebung wurden weder Spuren von Siedlungen noch von Gehöften entdeckt.

Erste Formen gesellschaftlicher Organisation?

So bleibt nur der Schluss, dass sich Jäger und Sammler damals schon so weit organisiert hatten, dass sie in der Lage waren, gemeinsam eine solche Anlage auf dem kugelbauchigen Berg zu errichten. Wer die Erbauer genau waren, lässt sich nicht mehr sagen. Möglicherweise kamen sie als Nomaden aus dem nicht sehr weit entfernten mesopotamischen Raum. Es wird vermutlich für immer das Geheimnis von Göbekli Tepe bleiben, wer der Welt die ersten Tempel schenkte.

Begräbnisstätte Wohnzimmer

Auch die Mittelmeerinsel Zypern hat einige bedeutende Fundstätten aus der späteren Steinzeit zu bieten. Am wichtigsten ist eine neolithische Siedlung bei dem modernen Ort Choirokitia. Hier lebten etwa 300 bis 500 Menschen in einem Dorf mit 60 Rundhäusern, die auf einem Hügel angelegt waren. Die Toten wurden, wohl aus kultischen Gründen, unter den Fußböden der Häuser begraben. Rätselhaft ist die zeitweilige Aufgabe der in einer fruchtbaren Landschaft gelegenen Siedlung. Denn für gut 1500 Jahre (zwischen 6000 und 4500 v. Chr.) wohnte hier niemand, bevor wieder neues Leben Einzug hielt.

BEI DEN SUMERERN GAB ES EINE STERBESTEUER

wahr

Nur der Tod ist umsonst? Von wegen. Im alten Sumer wurden die Hinterbliebenen kräftig zur Kasse gebeten.

Bei den Sumerern entstand eine der frühesten Hochkulturen der Menschheitsgeschichte. Um etwa 3000 v. Chr. gründeten sie in Mesopotamien, dem Land zwischen Euphrat und Tigris, einen hoch entwickelten Staat. Sie betrieben eine effiziente Wirtschaft, verfügten über einen eigenen Kalender und entwickelten die Keilschrift. Die Städte der Sumerer wie Uruk, Ur und Lagasch zählen zu den Perlen altorientalischer Stadtforschung. Ihre Götter verehrten sie in prächtigen Tempeln. Die Sumerer hätten also glückliche Menschen sein müssen. Das galt aber nur für die Herrschenden – für die Könige, die Priester, die Oberschicht. Die einfachen Menschen stöhnten unter den Belastungen, die ihnen auferlegt wurden, denn die zahlreichen Bauten mussten ebenso finanziert werden wie die vielen Kriege, die von den sumerischen Herrschern geführt wurden.

Fürs Staatssäckel

Damit die Staatskassen gut gefüllt blieben, hatten sich der König und seine führenden Bürokraten einige Finessen ausgedacht. Besonders fantasievoll waren sie bei der Einführung neuer Steuern. So begründeten sie etwa eine Sterbesteuer, bei der die Hinterbliebenen tief in die Tasche greifen mussten, wenn ein Familienangehöriger gestorben war. Dann platzte mitten in die Trauergesellschaft ein königlicher Steuereintreiber herein, der eine Liste präsentierte, in der die zu leistenden Abgaben verzeichnet waren. Die Steuer konnte in Form von Bier, Brot, aber auch von Einrichtungsgegenständen gezahlt werden.

So sicher wie der Tod

Populär war diese Form der Steuer im Volk natürlich nicht. Ein neuer König führte sich denn auch mit der erfreulichen Nachricht ein, die Sterbesteuer zu halbieren. Ganz auf diese verlässliche Einnahmequelle verzichten wollte auch er nicht.

Der Monumentalfilm „Im Land der Pharaonen" (1955) basierte nur wenig auf den historischen Fakten.

DIE CHEOPS-PYRAMIDE WURDE VON TAUSENDEN VON SKLAVEN GEBAUT

falsch

Die Erbauer der Pyramiden waren in der Mehrzahl freie Bauern, geködert mit der Aussicht auf einen guten Platz im Jenseits.

Schenkt man Hollywood-Spielfilmen Glauben, so wurden die monumentalen Grabmäler der Pharaonen bei Giseh von Tausenden von Sklaven unter unmenschlichen Bedingungen und in mühevollster Arbeit errichtet. Das größte und prunkvollste der drei Bauwerke war die Cheops-Pyramide, die zu den Sieben Weltwundern der Antike gezählt wurde. Die Pyramide des Königs Cheops, der zwischen 2551 und 2528 v. Chr. das Land am Nil regierte, ragte am Ende 146,60 Meter in die Höhe – und war damit nur 10 Meter kleiner als der Kölner Dom. Misst man die Höhe heute nach, stellt man fest, dass die Pyramide seit der Antike ein paar Meter kleiner geworden ist. Schuld daran ist Sultan Saladin, der im 12. Jahrhundert die Zitadelle von Kairo erbauen und dabei die Spitze des pharaonischen Grabmals als Baumaterial zweckentfremden ließ. Neben der Cheops-Pyramide entstanden die ebenfalls imposanten Grabanlagen

der Pharaonen Chephren und Mykerinos. Zusammen mit der Sphinx bilden sie heute eine der großen touristischen Attraktionen Ägyptens.

Aussicht auf ein Leben nach dem Tod

Dem griechischen Geschichtsschreiber Herodot ist die Information zu verdanken, dass nicht weniger als 100 000 Menschen am Bau der Cheops-Pyramide beteiligt waren. Drei Jahre habe es allein gedauert, die Straße anzulegen, auf der man die Baumaterialien transportierte. Die Zahl 100 000 ist sicher zu hoch gegriffen. Wahrscheinlich waren nicht mehr als 5000 Menschen gleichzeitig an der Arbeit. Herodot neigte zum Übertreiben und außerdem gefiel er sich darin, den Herrscher der Ägypter als einen unmenschlichen Despoten zu porträtieren.

Aufräumen muss man auch mit der Hollywood-Legende von den Sklaven. Zwar kamen beim Bau der Cheops-Pyramide Zwangsarbeiter und Kriegsgefangene zum Einsatz; die Mehrzahl derjenigen, die zum Ruhm des Pharaos ein Grabmal für die Ewigkeit schufen, waren aber freie Bauern. Sie wurden von

IN PYRAMIDEN KONNTE MAN SICH VERIRREN

falsch

Cheops in den Zeiten des Jahres herangezogen, in denen es auf den Feldern nichts zu tun gab. Umsonst hatten sie die Arbeit nicht zu verrichten. Der Pharao war großzügig und belohnte sie mit Getreiderationen. Wichtiger aber war den Pyramiden-Bauern ein anderer Aspekt. In jener Zeit herrschte in Ägypten der Glaube vor, dass es nur dem Pharao vergönnt sei, nach seinem Tod einen Platz im Jenseits zu finden. Die Könige ließen die Pyramiden noch zu ihren Lebzeiten errichten. Sie wollten in dieser Hinsicht kein Risiko eingehen. Die Motivation der Arbeiter steigerte der Pharao mit folgendem Versprechen: Wer beim Bau der Pyramide half, durfte den Herrscher auf dem Weg ins Jenseits begleiten.

> **Zwanzig Jahre dauerte es, die Pyramide zu bauen.**
> Herodot

So sind die Pyramiden nicht die steinernen Zeugnisse von Sklavenarbeit, sondern das Werk von Bauern, die danach strebten, nach dem Tod des Pharaos gemeinsam mit ihm den Weg in eine bessere Welt anzutreten.

Erstaunliche Bautechniken

Beim Bau der Cheops-Pyramide wurden nicht weniger als zwei Millionen Steine von jeweils zwei bis drei Tonnen Gewicht bewegt. Die Ingenieure und Architekten setzten dabei Erdrampen und Aufschüttungen ein, mit denen die mächtigen Steinblöcke in die Höhe transportiert wurden. Unklar ist, wie die Arbeiter die schweren Steine auf den Rampen in Bewegung setzten. Vielleicht gab es fahrbare Untersätze in der Art von Schlitten. Fest steht jedoch, dass die Cheops-Pyramide auch heute noch, über 4500 Jahre nach ihrer Entstehung, zu den größten bauhistorischen Leistungen der Menschheit zählt. Sie gehört seit 1979 zum Unesco-Weltkulturerbe.

Für viele ist die Vorstellung, sich in einer Pyramide zu verlaufen, schrecklich. Dabei waren die ägyptischen Königsgräber im Innern eher übersichtlich angelegt.

Wie sieht es in einer Pyramide aus? Verbreitet ist die Ansicht, dass es dort ein schier unentwirrbares Labyrinth von Gängen und Schächten gibt. In Wirklichkeit verhält es sich aber anders. So führt etwa in die berühmte Cheops-Pyramide bei Giseh nur ein einziger, großer Korridor von 47 Meter Länge, der direkt in der Grabkammer endet. Schuld daran, dass man sich das Innere einer Pyramide gern als ein Labyrinth vorstellt, ist der altägyptische Pharao Amenemhet III. Er regierte von 1842 bis 1795 v. Chr. im Reich am Nil und leistete sich den Luxus eines Totentempels vor der eigentlichen Pyramide, der nicht weniger als 1500 Räume umfasste. Dies war eine erstaunliche Zahl, die von späteren griechischen Autoren auch gebührend gepriesen wurde. Bald verfestigte sich die Ansicht, es sehe in allen Pyramiden so aus wie im Wunderbau des Amenemhet.

Schutz vor Grabräubern

Die Vorstellung vom labyrinthartig angelegten Inneren der Pyramiden hängt auch mit der Annahme zusammen, man habe die letzten Ruhestätten der Pharaonen auf diese Weise vor Grabräubern schützen wollen. Aber das ist wahrscheinlich zu modern gedacht. Gegen Grabräuberei war in der Antike kein Kraut gewachsen. So sind etwa alle drei Pyramiden in Giseh vermutlich schon in antiker Zeit geplündert worden. Dabei gingen mit den königlichen Sarkophagen und den wertvollen Grabbeigaben wie Möbeln, Gold, Silber, Schmuck, kleineren Figuren und Alltagsgegenständen nicht nur unermessliche Schätze verloren, sondern auch wichtige Zeugnisse für die Wissenschaft.

KÖNIG RAMSES WURDE 90 JAHRE ALT

wahr

Für die damalige Zeit war das Alter des Pharaos wirklich biblisch.

Ramses II. war von 1290 bis 1224 v. Chr. König von Ägypten, das heißt ganze 66 Jahre lang. Genauso lang im Amt war er auch nach der konkurrierenden Chronologie, die seine Herrschaft auf den Zeitraum von 1279 bis 1213 v. Chr. datiert. Da er mit 24 Jahren die Alleinherrschaft angetreten hatte, war er bei seinem Tod tatsächlich im für damalige Zeiten biblischen Alter von 90 Jahren. Das ist umso erstaunlicher, als die Menschen dieser Zeit in aller Regel nicht so alt wurden, nicht einmal im alten Ägypten, das sich zu

Recht seines hohen medizinischen Standards rühmen durfte. Es war durchaus keine Seltenheit, dass Männer und Frauen schon mit 30 oder 40 Jahren starben. Aber Ramses II., der Herrscher aus der ruhmreichen 19. Dynastie, überlebte sie alle.

Der Baumogul

Dementsprechend hatte er genug Zeit, sich durch denkwürdige Taten in der Geschichte des alten Ägyptens zu verewigen. Besonders ist er als Bauherr in Erscheinung getreten. Ganz Ägypten ist heute noch voll von Werken, die auf Ramses II. zurückgehen. Zu den berühmtesten gehören sicherlich die Tempel von Abu Simbel, die in den 1960er-Jahren, vor dem Bau des modernen Assuan-Staudamms, in einer spektakulären Aktion an einen Platz in der Nähe versetzt wurden.

Als Ramses starb, wurde seine Leiche der üblichen Prozedur ausgesetzt und mumifiziert. Seine letzte Ruhestätte fand er in einem der größten Gräber der königlichen Nekropole im Tal der Könige. Im Lauf der Geschichte wurde der Sarkophag mit der Mumie des Ramses mehrmals umgebettet und schließlich 1881 ins Ägyptische Museum nach Kairo überführt. Dort ist er nach einer Restaurierung heute wieder in seiner ganzen Würde zu bewundern. Nach dem ägyptischen Glauben hatte er mit seinem Tod ohnehin nur die diesseitige Welt verlassen. Denn im Reich der Toten lebt er weiter – bis in alle Ewigkeit.

DIE ALTEN ÄGYPTER NANNTEN IHREN KÖNIG „PHARAO"

falsch

Der Name „Pharao" als Bezeichnung für den Herrscher kam erst relativ spät in Mode. Ursprünglich bedeutete das Wort etwas anderes.

In Ägypten gibt es viele großartige Bauwerke aus der Zeit der Pharaonen zu bestaunen. Doch Vorsicht: Nicht jeder König, der im Land am Nil herrschte, war auch Pharao. Denn erst im Neuen Reich, um 1550 v. Chr., wurde es mit der 18. Dynastie üblich, dem Monarchen den Titel „Pharao" zuzuschreiben. Das Wort an sich war schon viel länger bekannt, hatte aber eine andere Bedeutung. „Pharao" (vom altägyptischen *per aa*) heißt übersetzt „das große Haus" und bezeichnete zunächst den Palast, in dem der König wohnte und residierte. Das blieb so in der Zeit des Alten und des Mittleren Reiches, bevor man sich im Neuen Reich angewöhnte, auch den Herren des „großen Hauses" Pharao zu nennen.

Herr über zwei Reiche

Wollte man vor der Zeit, als sich der Begriff „Pharao" als Königstitel einbürgerte, dem Herrscher eine Bezeichnung geben, so gab es verschiedene Möglichkeiten. Nachdem sich um 3000 v. Chr. die beiden Landesteile Oberägypten und Unterägypten unter der Herrschaft eines einzigen Königs zusammengeschlossen hatten, führte dieser den Namen *nisut-biti*. Wörtlich hieß dies „Binse und Biene". Damit wurden die beiden Reichsteile benannt: Die Binse stand als Symbol für Oberägypten, die Biene als Symbol für Unterägypten.

Der Pharao stand in der Rangordnung weit über allen anderen Menschen und hatte den Anspruch, göttlicher Abstammung zu sein. Dies drückte sich auch in der Anrede aus. Wandte man sich mündlich oder schriftlich an den König, verwendete man das Wort *hem*, was so viel wie „Majestät" bedeutete.

Diese Formel benutzte auch der König, wenn er von sich selbst sprach. So taucht in amtlichen Dokumenten die Eigenbezeichnung *hemi* für „meine Majestät" auf. Zwar war der König erst ab dem Neuen Reich wirklich „Pharao", doch benannten schon die alten Ägypter auf Herrscherlisten rückwirkend auch jene Könige als „Pharaonen", die diesen Titel in ihrer Zeit selbst noch nicht geführt hatten.

Ein begehrter Titel

Nach der Wende vom 2. zum 1. Jahrtausend v. Chr. ging es mit der Macht der Pharaonen allmählich zu Ende. Fremde Völker wie die Libyer, die Assyrer oder die Perser übernahmen die Herrschaft im Land am Nil. Doch die Faszination, die von den alten Pharaonen ausging, blieb bestehen. So nahmen die fremden Könige gern und häufig den Titel des Pharaos an. Alexander der Große ließ sich ebenso als Pharao verehren wie die griechisch-makedonischen Ptolemäer, die gegen Ende des 4. Jahrhunderts v. Chr. an die Macht kamen. Gleiches galt für Kleopatra, die als letzte aus der Dynastie der Ptolemäer zwischen 51 und 30 v. Chr. in Ägypten herrschte.

Fünf Namensteile

Neben dem Titel führten die altägyptischen Könige noch weitere fünf Namen. Zunächst gab es den Eigennamen, unter dem sie bis heute bekannt sind, also Amenophis, Ramses oder Tutenchamun. Bei der Krönung erhielt der neue Herrscher die anderen vier Namen: einen Thronnamen; den Goldnamen, mit dem der König wohl mit der Sonne gleichgesetzt werden sollte; den sogenannten Nebti-Namen, mit der Bezugnahme auf zwei wichtige Göttinnen und schließlich den Horus-Namen: Der falkengestaltige Himmelsgott, der Sohn des Gottes Osiris, spielte im Kult der Pharaonen eine prominente Rolle.

DER ÄLTESTE TOAST IST 3500 JAHRE ALT

wahr

Durch einen Brand konserviert, wird ein Stück Brot in einer Siedlung im alten Israel zum geschichtlichen Zeugnis.

Der Angriff kam völlig überraschend. Die Bewohner der kleinen Siedlung Tel Geser hatten keine Chance, sich zu verteidigen oder zu flüchten. Die Feinde plünderten, raubten und setzten alles in Brand. Und sie verschwanden so schnell, wie sie gekommen waren. Was sich wirklich vor gut 3500 Jahren in Tel Geser abgespielt hat, ist bis heute ungeklärt. Jedenfalls wurde der Ort, der etwa 30 Kilometer von Jerusalem entfernt liegt, in der Mitte des 2. Jahrtausends v. Chr. zerstört.

Vielleicht waren die Ägypter unter ihrem König Thutmosis III. (um 1486 bis 1425 v. Chr.) dafür verantwortlich. Doch in der Regel zerstörten die Ägypter eroberte Städte nicht, sondern zwangen sie zur Übergabe. Möglicherweise wurden die Bewohner von Tel Geser aber auch Opfer von Stammesrivalitäten. Für etwa hundert Jahre blieb die Siedlung nach dieser gewaltigen Feuersbrunst unbewohnt, bevor der Ort eine neue Blütezeit erlebte.

Schicht um Schicht

Im 19. Jahrhundert begannen französische Archäologen mit Ausgrabungen in Tel Geser. Auf dem Gelände, das soviel wie „künstlicher Hügel" bedeutet, fand man Überreste von 26 Ansiedlungen, die in der Zeit zwischen 3500 v. Chr. und 100 n. Chr. übereinander angelegt worden waren. In jener Schicht, die von der Zerstörung der Stadt in der Mitte des 15. Jahrhunderts v. Chr. zeugt, entdeckten die Forscher mit Weizen gefüllte Vorratskrüge. Und sie fanden unter schwarzer Asche ein Stück Brotfladen, das durch den Brand über die Jahrtausende hinweg konserviert war – die älteste Scheibe Toast der Welt sozusagen.

DIE ÄGYPTER SIEGTEN IN DER SCHLACHT BEI KADESCH

falsch

Regel Nummer eins: Der Pharao hat immer recht. Regel Nummer zwei: Hat er mal nicht Recht, gilt Regel Nummer eins.

Ein ägyptischer König, sagte sich Ramses II. (um 1303 bis 1213 v. Chr.), muss es mit der Wahrheit nicht immer so genau nehmen. Manchmal war es seiner Meinung nach sogar besser, die Dinge ein wenig anders darzustellen, als sie in Wirklichkeit waren. Zu diesen Überlegungen hatte der Herrscher vom Nil auch allen Grund. Gerade war er aus Syrien zurückgekehrt, von einem Feldzug, bei dem er keine besonders gute Figur gemacht hatte.

Täuschungsmanöver

Seine Untertanen durften auf keinen Fall erfahren, dass er, der berühmte Pharao von Ägypten, die entscheidende Schlacht nicht mit Glanz und Gloria gewonnen hatte. Schon gar nicht konnte er es sich leisten, eine Niederlage gegen das mächtige Volk der Hethiter einzugestehen. Und so kündeten die königlichen Inschriften in Luxor von einem Sieg, den es in Wirklichkeit nicht gegeben hat.

Stattgefunden hatte diese Schlacht im Jahr 1275 v. Chr. in der Nähe von Kadesch, einer strategisch wichtigen Stadt im Norden Syriens. Der Pharao hatte persönlich das Kommando über seine Armee übernommen. Erwartet wurde er in Syrien von Muwatalli II., dem König der Hethiter, der aus seiner Hauptstadt Hattuscha mit einem stattlichen militärischen Aufgebot hierher geeilt war.

Muwatalli hatte gehörigen Respekt vor den militärischen Qualitäten des Rivalen und griff daher zu einer Kriegslist. Einem seiner Leute gab er die Anweisung, sich von den Soldaten des Pharao gefangen nehmen zu lassen. Dem ahnungslosen König sollte er dann die fingierte Information zukommen lassen, dass die hethitischen Truppen sich noch viel weiter im Norden, in der Gegend

von Aleppo, befänden. Der Plan ging auf, denn als Ramses die Nachricht des Lockvogels vernommen hatte, rückte er – ganz wie es Muwatalli erwartet und erhofft hatte – sorglos mit seinen Elitetruppen vor, ohne auf den kriegswichtigen größten Teil des Heeres, die Fußsoldaten, zu warten.

Fingierter Sieg

Seine Leichtgläubigkeit wurde dem Pharao fast zum Verhängnis. Bei Kadesch wurde er von der geballten Kraft der Hethiter erwartet. Diese gingen äußerst taktisch vor und griffen Ramses und seine Truppen nicht direkt an. Vielmehr sprengten sie mit ihren todesmutigen Kämpfern zwischen die Vorhut und die Nachhut der ägyptischen Armee, sodass Ramses von seinem Heer abgeschnitten wurde. Nun erst machten sie sich daran, die isolierten ägyptischen Heeresteile ins Visier zu nehmen.

> ## Ich bin der Herr des Sieges.
> **Gott Amun zu Ramses II.**

Die Ägypter waren so überrascht, dass sie kaum Widerstand zu leisten vermochten. Doch sie hatten Glück, dass die Hethiter nun ihrerseits übermütig wurden. Diese fielen in das Lager des, wie sie meinten, schon besiegten Pharaos ein, wo sie wahllos plünderten und brandschatzten. So gelang es Ramses, die hethitischen Linien zu durchbrechen und seine versprengten Truppen wieder zu vereinigen. Froh, das Schlimmste abgewendet zu haben, zog er sich mit seiner Armee an den Nil zurück, wo seine „Propagandaabteilung" sogleich den Auftrag erhielt, aus einer Schlacht, die bestenfalls unentschieden ausgegangen war, einen Sieg zu stricken.

Erster Friedensvertrag der Geschichte

Ein paar Jahre später, 1258 v. Chr., kamen die beiden verfeindeten Parteien überein, ihre Beziehungen zu normalisieren. Zu diesem Zweck wurde ein Vertrag geschlossen, dessen Text in seinen zwei Versionen (ägyptisch und hethitisch) bis heute erhalten ist. Ramses II. und Hattusili III., der inzwischen König der Hethiter war, verpflichteten sich darin, sich nicht mehr gegenseitig anzugreifen und die Ansprüche auf Syrien zu teilen. Weiterhin trafen sie Regelungen für die Amnestie von Gefangenen und die wechselseitige Auslieferung von Flüchtlingen. Wer auf diese Weise in die Heimat zurückkehren durfte, hatte nicht – wie im Vertrag ausdrücklich vermerkt war – die sonst üblichen harten Sanktionen wie das Herausreißen von Zunge und Augen zu befürchten. Gestärkt wurde der Friedensvertrag im Jahr 1246 v. Chr. durch die Heirat von Ramses mit einer Tochter des Hethiterkönigs.

Die neue Offensive, freundschaftliche Beziehungen zueinander aufzubauen, hatte viele positive Auswirkungen. So kamen die Ägypter den Hethitern zu Hilfe, als bei diesen eine Hungersnot ausbrach. Bereitwillig öffnete man die pharaonischen Getreidespeicher und schickte dem ehemaligen Gegner aus der denkwürdigen Schlacht bei Kadesch ein gut gefülltes Hilfspaket.

Ramses in New York

Mancher Besucher des Hauptgebäudes der Vereinten Nationen in New York reibt sich verwundert die Augen, wenn er die Eingangshalle betritt. Dort befindet sich eine Kopie des Vertrages, die Pharao Ramses II. 1258 v. Chr. mit seinem hethitischen Kollegen geschlossen hat. Damit würdigt die heutige Staatengemeinschaft den Umstand, dass das nach der Schlacht von Kadesch geschlossene Abkommen der älteste bekannte internationale Vertrag der Geschichte ist.

DER ÄLTESTE STADTPLAN DER WELT STAMMT AUS MESOPOTAMIEN

wahr

Besucher, die nach Nippur kamen, hatten es gut: Ein erstaunlich exakter Plan wies ihnen den Weg zu den wichtigsten Bauwerken.

„Wie, bitte, komme ich zum Tempel des Enlil und der Ninlil?" Der Fremde, gefasst auf umständliche Erklärungen, ist überrascht. Denn der Einheimische zeigt ihm eine Tontafel mit eigenartigen Zeichnungen und deutet mit dem Finger auf ein quadratisches Gebilde: „Hier ist der Tempel."

Eine solche Szene mag sich in Nippur abgespielt haben. Denn aus dieser Stadt in Mesopotamien stammt der älteste, bisher bekannte Stadtplan der Welt. Hergestellt wurde er um 1500 v. Chr. Die 21×18 Zentimeter große Tafel kam 1900 bei Ausgrabungen zum Vorschein und war in einem Terrakottakrug deponiert. Neben dem zentralen Heiligtum der obersten Stadtgötter Enlil und Ninlil sind Straßenzüge, Wasserläufe, die Stadtmauern und weitere Gebäude eingezeichnet. Entgegen der heutigen kartografischen Praxis, aber entsprechend der in Mesopotamien üblichen Perspektive ist die Orientierung auf dem Plan um 45 Grad gedreht. Erstaunlich ist vor allem die maßstabsgerechte Exaktheit. Das konnte durch archäologische Ausgrabungen vor allem an der alten Stadtmauer nachgewiesen werden.

Böses Ende

Gut 800 Jahre vor der Entstehung des Stadtplans war Nippur Schauplatz eines dramatischen Geschehens gewesen. Der Akkader-König Sargon fiel ins Land der Sumerer ein und besiegte den König Lugalzagesi. Für diesen hatte der Eroberer eine besondere Demütigung parat: Mit dem Hals in einer Nackengabel wurde er vor dem Enlil-Tempel in einem Käfig zur Schau gestellt und anschließend hingerichtet.

DEN ERSTEN GENERALSTREIK GAB ES IM ALTEN ÄGYPTEN

wahr

Um ihren gerechten Lohn zu bekommen, stellten die Grabarbeiter im Tal der Könige ihre Tätigkeit ein.

Wer eine Geschichte des Streikens schreiben will, muss, wenn es um die allerersten Anfänge geht, weit ausholen. Die erste große Arbeitsverweigerung der Geschichte fand nämlich vor gut 3200 Jahren statt.

Schauplatz war das Tal der Könige in Ägypten. Hier waren Hunderte von Arbeitern damit beschäftigt, die Gräber für die Pharaonen zu bauen – und zwar nicht mehr große Pyramiden wie in der Anfangszeit, sondern prächtig ausgestattete unterirdische Grabkammern. Den Pharaonen war ihre letzte Ruhestätte außerordentlich wichtig und so investierten sie viel Geld. Die von ihnen beauftragten Arbeiter, Handwerker und Künstler genossen jede Menge Privilegien. Sie lebten in einer eigenen Siedlung nahe beim heutigen Deir el-Medineh. Sie hatten den Rang von Angestellten im Dienst des Staates. Das war in einer Welt, in der viele Bauern mehr schlecht als recht über die Runden zu kommen versuchten, mehr als eine Existenzgarantie. Ihren nicht eben knappen Lohn erhielten sie in Form von regelmäßigen Getreiderationen aus den gut gefüllten Lagerhallen des Pharaos. Wer seine Arbeit besonders gut machte, durfte sogar ein paar Minuten mit dem Pharao höchstpersönlich plaudern, was dem ägyptischen Normalsterblichen nicht vergönnt war.

Und trotzdem traten diese eigentlich gut versorgten Arbeiter eines Tags in den Streik, genau am 4. November des Jahres 1159 v. Chr. Der Grund: Die gewohnten und fest zugesagten Getreidelieferungen waren seit Längerem ausgeblieben. Unter dem damals regierenden Pharao Ramses III. hatte es in der ägyptischen Wirtschaft zu kriseln begonnen. Steuern und Tribute flossen nicht mehr

so üppig in die königlichen Kassen. Außerdem gab es Schwierigkeiten mit der Verwaltung und der Logistik.

Die Arbeiter vom Tal der Könige begannen lauthals zu protestieren, zogen durch die Straßen und skandierten: „Wir haben Hunger." Auch die Frauen und Kinder der Arbeiter marschierten mit. Die Behörden sahen, dass es den Streikenden ernst war, und trieben die geforderten Nahrungsmittel eiligst auf.

Die Arbeiter emanzipieren sich

Doch im Winter begannen die Schwierigkeiten von Neuem. Die Proteste der Arbeiter flammten wieder auf, als es Mitte Dezember zu weiteren Versorgungsengpässen kam. Versuche der königlichen Verwaltung, die aufgebrachten Arbeiter zu beruhigen, schlugen zunächst fehl. Erst als die Lebensmittel geliefert wurden, beruhigte sich die Lage ein wenig. Im darauffolgenden Frühjahr wurde dann wegen ausbleibender Rationslieferungen abermals gestreikt. Erst danach herrschte für eine gewisse Zeit Ruhe. Aber auch aus den späteren Regierungsjahren von Ramses III. wurden weitere Streiks gemeldet.

Diese zogen sich auch unter seinem Nachfolger, Ramses IV., hin. Kaum waren die Feierlichkeiten zur Inthronisierung im Jahr 1156 v. Chr. vorüber, legten die Arbeiter aus dem Tal der Könige erneut ihre Tätigkeit nieder. Einen konkreten Anlass gab es nicht, doch die Anführer des Streiks wollten dem neuen

Herrscher gleich zu Beginn seiner Regierungszeit schon einmal die Macht der Arbeiterschaft vor Augen führen. Mit Erfolg: Über mehrere Jahrzehnte hinweg blieb es danach an der ägyptischen Streikfront ruhig. Die Arbeiter hatten dem mächtigen König erfolgreich die Stirn geboten. Und sie setzten mit ihren Protesten zugleich ein Zeichen für die Zukunft, denn das steigende Selbstbewusstsein der Untertanen führte auch dazu, dass die uneingeschränkte Herrschaft der Pharaonen nun zunehmend infrage gestellt wurde.

Als dann auch außenpolitische Erfolge ausblieben und im Gegenteil die Bedrohung der eigenen Grenzen durch fremde Völker zunahm, mussten die ägyptischen Pharaonen den Thron räumen und auswärtigen Machthabern Platz machen.

Der Kanal ist voll

Auch in späteren Zeiten kam es in Ägypten immer wieder zu Streiks. Unter der Herrschaft der griechisch-makedonischen Ptolemäer etwa legten die Dammbauer die Arbeit nieder. Ihre Aufgabe bestand darin, während der alljährlich auftretenden Überschwemmung des Nils Dämme um die Kanäle herum anzulegen, um auf diese Weise Hochwasserschäden zu verhindern. Als die Lohnzahlungen ausblieben, forderten sie ihren Vorgesetzten schriftlich auf, für Abhilfe zu sorgen, denn, so schrieben sie drohend: „Der Kanal ist voll!"

EIN FLUCH VERFOLGTE DIE AUSGRÄBER VON TUTENCHAMUN
falsch

Der Tod eines reichen Lords brachte eine Lawine von Spekulationen ins Rollen, die sich jedoch als nicht haltbar erwiesen.

Am 5. November 1922 entdeckte der britische Archäologe Howard Carter im Tal der Könige, bei der ägyptischen Stadt Luxor, ein Grab. Es war das des Pharaos Tutenchamun, um 1323 v. Chr. verstorben. Einige Tage später, am 26. November, öffnete Carter gemeinsam mit seinem Grabungsteam und dem Sponsor der Unternehmung, Lord Carnarvon, die

Der Geldgeber Lord Carnarvon, hier u.a. mit Howard Carter vor dem Grab, starb wenige Monate später an Blutvergiftung.

Tür zur Grabkammer. Zum Vorschein kamen kostbare Grabbeigaben: goldene Liegen, Stühle, Vasen, Truhen, Statuen – alles Gegenstände, von denen die alten Ägypter glaubten, dass sie dem verstorbenen König im Jenseits von Nutzen sein würden. Der Fund sorgte nicht nur in der Fachwelt für Schlagzeilen, denn es handelte sich um das erste vollständig erhaltene Königsgrab aus dem alten Ägypten. Alle bisher entdeckten Gräber waren meist schon in der Antike von Räubern geplündert worden.

Am 5. April 1923 starb Lord Carnarvon aufgrund von Komplikationen nach einem Moskitostich. Das war der Beginn eines Mythos, die Geburtsstunde des „Fluchs der Pharaonen". Manche beschworen, dass zu jener Stunde, als Carnarvon verstarb, in Kairo der Strom ausgefallen sei. In den kommenden Monaten und Jahren fanden weitere Mitglieder der Expedition den Tod, manche auf natürliche, andere auf ungewöhnliche Weise. So kam zum Beispiel der Chefkonservator der Ägyptischen Abteilung des Pariser Louvre 1926 durch einen Hitzschlag ums Leben, angeblich genau an dem Tag, an dem vier Jahre zuvor das Grab Tutenchamuns erstmals betreten worden war. 1929 wurde dann Carters Sekretär tot in seiner Wohnung aufgefunden – vermutlich ein Selbstmord.

Mythos oder Wahrheit?
Die Medien bauschten die Ereignisse auf. Spekulationen machten die Runde, weil Carter gleich am Eingang der Grabkammer den Text einer Tontafel entdeckt hatte: „Der Tod soll den mit seinen Schwingen erschlagen, der die Ruhe des Pharaos stört." Bald war man nun auch mit Berichten von mysteriösen Todesfällen bei der Hand, die angeblich mit dem Öffnen anderer Pharaonengräber in Zusammenhang standen. Doch der Mythos vom „Fluch der Pharaonen" war nichts weiter als eine Hysterie, die zu einer der ersten großen Medienkampagnen der Moderne ausgeweitet wurde.

IM ALTEN SYRIEN WURDEN KÖNIGE ZWEIMAL BESTATTET

Dachte man: Sicher ist sicher? Oder spielten ganz einfach Platzgründe eine Rolle?

In der Mitte des 2. Jahrtausends v. Chr. war Qatna, im westlichen Syrien gelegen, eines der mächtigsten Stadtkönigtümer des Landes sowie eine pulsierende Handelsmetropole. Die Herrscher verstanden es sehr geschickt, politische Probleme der wesentlichen Großmächte – wie etwa der Ägypter oder der Hethiter – zu ihren Gunsten zu nutzen. So gehörte Qatna zeitweise zu den mächtigsten Staaten des Vorderen Orients.

Totenkult

In Qatna gab es eine prächtige Palastanlage, in der die königliche Familie standesgemäß lebte und residierte. Dieser Palast, der sich auf einer Fläche von 18 000 Quadratmetern erstreckte, ist schon lange bekannt. Doch erst Ausgrabungen zu Beginn des 21. Jahrhunderts brachten einen wahrhaft sensationellen Fund zutage: Unter dem Palast befand sich eine weit dimensionierte Gruft mit mehreren Grabkammern. Zwischen Palast und Gruft gab es eine direkte Verbindung in Form eines langen Korridors. Zwei Figuren aus Stein zierten den Eingang.

Die Gruft war die Begräbnisstätte der königlichen Familie. Die verstorbenen Ahnen lagen also gewissermaßen zu Füßen der Lebenden. Um gesundheitliche und hygienische Probleme zu vermeiden, wurden die Leichen einer besonderen Prozedur unterzogen: Man entzog ihnen die Körpersäfte, indem man sie praktisch ausdörrte. Erst danach wurden sie in einem Sarg bestattet. Dies geschah in einer feierlichen Zeremonie, an der sich alle Mitglieder der königlichen Familie beteiligten. Intensiv kümmerten sich die Angehörigen um die Pflege der Toten. So wurden diese regelmäßig mit Nahrung versorgt, die man in Vorratsgefäßen deponierte. Zugleich nutzte man die Gelegenheit, selbst an Ort und Stelle ein Totenmahl einzunehmen. So war die Familie immer sehr eng mit den Verstorbenen verbunden.

Sobald dann die Verwesung einsetzte, löste man die Knochen der Toten aus dem Körper und überführte sie in eine benachbarte Begräbnisstätte. Dort herrschte weitaus weniger Ordnung als in der Gruft unter dem Palast, denn es handelte sich bei dieser letzten Ruhestätte ausschließlich um einen Sammelplatz für die Knochen. Hinter dieser Praxis standen wahrscheinlich ganz praktische Erwägungen: Von Zeit zu Zeit mussten in der Königsgruft die Leichname ausgewechselt werden, um Platz zu schaffen.

Wertvolle Grabbeigaben

Freuen durften sich die Archäologen bei den Ausgrabungen in Qatna auch über eine Reihe von hochrangigen Einzelfunden. Dazu gehörten Gefäße aus wertvollen Materialien wie Alabaster und Edelmetallen. Weiter kamen als Grabbeigaben Hunderte von goldenen Perlen zum Vorschein, dazu Schmuckstücke mit den Darstellungen von Göttern, Fabelwesen und Tieren. Sie beweisen, dass die Fürsten von Qatna zu den reichsten Herrschern ihrer Zeit gehörten.

Dramatisches Ende

Um 1340 v. Chr. wurde Qatna zerstört. Die genauen Umstände liegen im Dunkeln. In dieser Zeit stand der Vordere Orient unter der Vorherrschaft der Hethiter. Es kam aber auch immer wieder zu Auseinandersetzungen zwischen den syrischen Stadtkönigtümern. Keilschriftliche Texte enthüllen die Dramatik der letzten Wochen der Stadt. Der König von Qatna wandte sich mit einem Hilfegesuch an den Hethiterkönig, der ihm antwortete: „Befestigt Qatna, bis ich selbst eintreffen werde." Offenbar kam die Hilfe jedoch zu spät.

DIE HETHITER SIND DIE PIONIERE DES STRAFRECHTS

wahr

In Sachen Recht verstanden die Hethiter keinen Spaß. Wer gegen die Gesetze verstieß, musste mit Strafen rechnen.

In der Mitte des 2. Jahrtausends v. Chr. gehörten die Hethiter zu den größten Mächten des Vorderen Orients. Vom Herzen Anatoliens aus eroberten sie zahlreiche Gebiete, sodass sich ihr Herrschaftsbereich zeitweilig über ganz Kleinasien bis hin ins Zweistromland und nach Syrien erstreckte.

Um über einen solch langen Zeitraum eine dominante Rolle spielen zu können, bedurfte es eines sowohl nach außen als auch nach innen stabilen Reichs. Wichtig waren in diesem Zusammenhang sowohl Krieg und Diplomatie, als auch Recht und Ordnung im eigenen Land, durch Gesetze geschützt und geregelt. Unzählige Tontäfelchen, die bei Ausgrabungen in der Hauptstadt Hattuscha gefunden wurden, zeugen noch heute von einem bis ins kleinste Detail ausgeklügelten Rechtssystem und einer geradezu modernen Bürokratie.

Nicht Rache, sondern Wiedergutmachung

Nach den erhaltenen Texten gab es beispielsweise klare Anweisungen bei Körperverletzung. Wenn ein Hethiter einen Mitmenschen so verletzte, dass er ihn damit ans Krankenbett fesselte, „dann pflegt er jenen, an seiner Stelle aber gibt er ihm einen Menschen, und in seinem Hause arbeitet dieser solange, bis er gesund wird. Wenn er dann aber gesund ist, gibt er ihm sechs Schekel Silber, und auch den Lohn des Arztes gibt er ihm."

Auch für das Stehlen hatten die umsichtigen hethitischen Gesetzgeber Sanktionen verordnet: „Wenn jemand zwei oder drei Bienenstöcke stiehlt, dann gibt er sechs Schekel Silber. Wenn jemand einen Bienenstock stiehlt, in dessen Innern keine Bienen sind, gibt er drei Schekel Silber." Abzuraten war bei den unnachgiebigen hethitischen Gesetzen auch vom Diebstahl eines Weinstocks. In diesem Fall musste der Sünder ebenfalls mit einer Geld- oder sogar Prügelstrafe rechnen.

Neue Erkenntnisse

Doch trotz dieses ausgeklügelten Rechts- und Ordnungssystems konnten die Hethiter den allmählichen Niedergang ihres Reichs letztendlich nicht verhindern. Die Entwicklung an der außenpolitischen Front, nämlich der Ansturm der sogenannten Seevölker, die um 1200 v. Chr. große Teile der östlichen Mittelmeerwelt eroberten, führte zunehmend auch im Inneren des Hethiterreichs zu Krisen und Hungersnöten. Die königliche Zentralgewalt ging im Strudel dieser turbulenten Ereignisse unter und damit auch das hethitische Großreich. Nur im Südosten Anatoliens und in Nordsyrien konnten sich noch einige lokale hethitische Fürstentümer halten. Das definitive Ende des Reichs kam im 8. Jahrhundert v. Chr. mit den Eroberungszügen der Assyrer.

Noch zu Beginn des 20. Jahrhunderts war weder in der Öffentlichkeit noch in wissenschaftlichen Kreisen etwas über das detaillierte Rechtssystem der Hethiter bekannt. Dies sollte sich erst mit den deutschen Ausgrabungen (ab 1905 sporadisch und seit 1932 systematisch) in der hethitischen Residenzstadt Hattuscha ändern. Dabei kamen, neben vielen imposanten Gebäuden, auch jene Tontafeln zum Vorschein. Sie beweisen, dass die Hethiter zu den Pionieren des Zivil- und Strafrechts zählen und somit in der Geschichte des Rechts eine herausragende Stellung einnehmen.

> **Wenn jemand zwei oder drei Bienenstöcke stiehlt, gibt er sechs Schekel Silber.**
> Hethitisches Recht

IN KNOSSOS REGIERTE KÖNIG MINOS

falsch

Auch wenn es die Fremdenführer noch so oft wiederholen: Einen König Minos hat es auf Kreta nie gegeben.

„Minos" nannte die spätere Tradition den Herrscher jenes großen Palasts von Knossos, der ab 1900 von dem britischen Archäologen Arthur Evans ausgegraben wurde. Auf Evans geht nicht nur die bis heute in fast allen Reiseführern zu findende Bezeichnung von Minos als Hausherr im Palast von Knossos zurück, er war es auch, der der altkretischen Kultur nach diesem König den Namen minoische Kultur gab.

Minos ist eine jener mythologischen Gestalten, die in der Antike nachträglich eingesetzt wurden, um Licht in weit zurückliegende Epochen der Geschichte zu bringen, von denen man so gut wie nichts wusste. Bekannt war, dass auf Kreta die erste europäische Hochkultur entstand. Um 2000 v. Chr. waren nicht nur in Knossos, sondern auch in Malia, Phaistos und Kato Zakros große Palastanlagen errichtet worden und aus Kreta stammt auch die in den Sprachwissenschaften als Linear A bezeichnete Schrift. Enge Kontakte zu Ägypten und zum Vorderen Orient führten im 2. Jahrtausend v. Chr. zu einer wirtschaftlichen Blüte; überall im östlichen Mittelmeerraum kreuzten in dieser Zeit kretische Schiffe.

Um die kretische Hochkultur zu erklären, schuf man die Figur des Minos. Demnach war er der Sohn des Gottes Zeus, entstanden aus der Verbindung mit der phönizischen Prinzessin Europa, die Zeus, als Stier verkleidet, nach Kreta entführt hatte. Minos wird als erster König von Kreta genannt. Er gab den Inselbewohnern Gesetze, etablierte die Seeherrschaft, baute den schönsten Palast der Insel und hütete den Minotaurus. Dieses Ungeheuer – halb Mensch, halb Stier – hauste im Labyrinth unter dem Palast. Ihm wurden auf Anordnung des Königs alle neun Jahre jeweils sieben junge Männer und Frauen aus Athen zum Fraß vorgeworfen. Erst der Held Theseus bereitete dem Spuk ein Ende und tötete den Minotaurus.

Bis heute weiß man nur sehr wenig über die tatsächlichen königlichen Hausherren im Palast von Knossos. Dass sie mächtig gewesen sein müssen, zeigen die Ausmaße des Palasts. Weil Frauen im alten Kreta eine herausragende Rolle spielten, vermuten manche, dass es auf Kreta auch eine Königin gegeben haben könnte.

DIE ÄGYPTER – DIE ERSTE HOCH-KULTUR DER MENSCHHEIT?

5 Mio. v. Chr.
Erste Menschen

2,6 Mio. – 2500 v. Chr.
Steinzeit

Höhlen dienten den steinzeitlichen Menschen vor allem als Kultstätte.

Die ersten Menschen lebten von dem, was die Natur zu bieten hatte. Ihr Überlebenswille und ihre Neugierde ließen sie einfache Waffen und Werkzeuge entwickeln, die mit der Zeit immer mehr verfeinert wurden. Jahrtausende später hatte sich im Vorderen Orient eine erste Hochkultur entwickelt: die alten Ägypter, die sich in der Landwirtschaft wie in städtischen Siedlungen organisierten.

Die Grenze zwischen der Ur- und Frühgeschichte wird durch die Erfindung der Schrift markiert. Sie entstand um 3000 v. Chr. fast zeitgleich in Ägypten und in Mesopotamien: Im Nilland entwickelten findige Köpfe die Hieroglyphen, eine Mischung aus Bildern und Zeichen; die Sumerer waren es, die im Land zwischen Euphrat und Tigris die Keilschrift anwendeten. Im Wettstreit um das Prädikat „älteste Hochkultur" hatten aber die Ägypter leicht die Nase vorn. Zwar traten auch die Sumerer, später die Babylonier, mit bedeutenden Errungenschaften hervor, doch mit dem Bau der Pyramiden, der Gründung staatlicher Institutionen und erheblichen Fortschritten in Wissenschaft und Technik zeichneten sich die Ägypter besonders aus.

Unsere Vorfahren

Die Menschheitsgeschichte an sich setzte noch erheblich früher ein, vor etwa fünf Millionen Jahren. Die Spuren führen nach Afrika, dort fand der Prozess der Menschwerdung statt. Die erste Phase der Urgeschichte wird als Steinzeit bezeichnet, weil der Mensch hier eine technische Intelligenz entwickelte, die ihn in die Lage versetzte, Werkzeuge oder Waffen aus Stein herzustellen. Vor 1,5 Millionen Jahren machte die Entdeckung des Feuers die Besiedlung auch von kälteren Regionen möglich. Ab dem 10. Jahrtausend v. Chr. setzte mit der „neolithischen Revolution" die Sesshaftigkeit des Menschen ein, der nun Viehzucht und Ackerbau betrieb.

4000 – 300 v. Chr.
Altes Ägypten

Zu Nofretetes Zeit (14. Jh. v. Chr.) war in Ägypten bereits die Hieroglyphenschrift bekannt.

6. – 4. Jh. v. Chr.
Erstes persisches Großreich

5. – 1. Jh. v. Chr.
Blüte keltischer Kultur

In Europa waren die Kelten geschickte Kunsthandwerker.

Jetzt lernte der Mensch, der bis dahin Jäger und Sammler war, den Anbau von landwirtschaftlichen Produkten.

Wiege der Zivilisation

Hochkulturen gab es in der Steinzeit aber noch nicht. Dazu fehlte es an einer ausgefeilten politischen und gesellschaftlichen Ordnung, wie sie in Ägypten und Mesopotamien viele Tausende Jahre später aus der Taufe gehoben wurde. Später folgten große Zivilisationen in Indien und China, die den Beweis erbrachten, dass es auch im Fernen Osten ein großes kulturelles Potenzial gab. Palästina wurde nach der im 2. Jahrtausend v. Chr. erfolgten, mit den Namen Abraham und Moses verbundenen Landnahme durch die Hebräer zum Ursprungsland einer bis heute lebendigen monotheistischen Religion. Zwar hatte auch schon der ägyptische König Echnaton eine Religion, die Aton-Religion, eingeführt, doch nach dem Tod des Pharaos spielte dieser Gott Aton keine große Rolle mehr.

Einen Namen machten sich im 2. Jahrtausend v. Chr. auch die anatolischen Hethiter, zum einen als ein kriegerisches Volk, zum anderen als Pioniere des Rechtswesens. Als Eroberer kamen sie allerdings nicht an die Perser heran, die seit dem 6. Jahrhundert v. Chr. das größte Reich beherrschten, das es bis dahin gegeben hatte.

Die Anfänge in Europa

Europa spielte in der damaligen Zeit zunächst keine große Rolle. Jedoch entstand im 2. Jahrtausend v. Chr. auf Kreta eine erste bedeutende Kultur, verbunden mit dem Namen des mythischen Königs Minos. Bis heute zeugt davon der prächtige Palast von Knossos. Auf dem Festland waren seit der Mitte des 1. Jahrtausends v. Chr. die Kelten ein dominierender Faktor. Sie siedelten vor allem in Frankreich, Süddeutschland, Oberitalien, Spanien, aber auch in Anatolien, wo sie als „Galater" Aufnahme in das Neue Testament fanden. Weil sie keine Schriftzeugnisse hinterlassen haben, bleibt viel ihrer Kultur bis heute im Dunkeln.

DIE SINTFLUT GAB ES SCHON VOR NOAH UND SEINER ARCHE

wahr

Die biblische Erzählung über die Hochwasserkatastrophe ist nur die Neuauflage einer alten Geschichte.

Jeder kennt die Geschichte, sie steht im Alten Testament gleich am Anfang, im 1. Buch Mose: Gott ist mit den Menschen und ihrem Lebenswandel unzufrieden und schickt ihnen daher eine schlimme Flutkatastrophe, die 40 Tage und 40 Nächte dauert. Alles Leben auf der Erde wird vernichtet. Nur der gottesfürchtige Noah und seine Frau können sich, von Gott rechtzeitig gewarnt, auf eine dreistöckige Arche retten. Außerdem marschiert von allen Tierarten je ein Paar auf das schützende Boot. Als das Wasser langsam zu sinken beginnt, landet die Arche auf der Spitze des Bergs Ararat. Um die Lage zu sondieren, öffnet Noah ein Fenster und lässt erst einen Raben und dann eine Taube hinausfliegen, doch beide kehren in die sichere Obhut der Arche zurück. Ein paar Tage später schickt er eine weitere Taube los, die bei ihrer Rückkehr einen Ölzweig im Schnabel hält. Jetzt weiß Noah, dass die Flut im Boden versickert ist. Gott verspricht, eine solche Katastrophe nie wieder geschehen zu lassen, und auf der Erde beginnt neues Leben.

Schmelzende Gletscher?

Immer wieder haben gelehrte Köpfe den Versuch unternommen, die biblische Sintflut mit einer realen Naturkatastrophe in Verbindung zu bringen. So soll sich nach der Meinung mancher Forscher vor vielen Tausend Jahren der Wasserspiegel des Mittelmeers durch das Abschmelzen von Gletschern stark angehoben haben. Daraufhin hätten sich die Wassermassen durch den Bosporus in das Schwarze Meer ergossen und für riesige Überschwemmungen gesorgt. Dieses katastrophale Ereignis hätte die Vorlage für die Sintflut-Geschichte geliefert.

> **Da kam die Sintflut vierzig Tage auf Erden.**
> 1. Buch Mose 7, 17

Doch solche und ähnliche Theorien kann man mit ziemlicher Sicherheit in das Reich der Fabel verweisen. Neueste meeresgeologische Untersuchungen haben das widerlegt. Zwar stieg der Wasserspiegel der Weltmeere tatsächlich durch das Abschmelzen der Gletscher an, doch war es eher ein langsamer Prozess als eine plötzlich hereinstürzende Urgewalt. Die biblische Sintflut-Erzählung geht nicht auf ein konkretes Ereignis zurück. Vielmehr spiegelt sich in ihr das Erlebnis vieler Überschwemmungen wider, wie sie im Alten Orient häufig passierten und sozusagen an der Tagesordnung waren.

Die Ur-Sintflut

Die Noah-Geschichte ist nicht die einzige und nicht einmal die früheste Darstellung einer tödlichen Flutkatastrophe. Wesentlich älter ist das Gilgamesch-Epos, das im 2. Jahrtausend v. Chr. entstand, also lange Zeit vor dem Alten Testament, das aus dem 1. Jahrtausend v. Chr. stammt. Die Gilgamesch-Erzählung von einer großen Überschwemmung wurde 1872 in Babylon auf Tontafeln entdeckt. Ausschnitte des Epos wurden seitdem auf hunderten von Keilschriftfragmenten gefunden und waren wahrscheinlich die Quelle für die biblische Geschichte von Noah. Gilgamesch war ein König der Sumerer, im Land zwischen Euphrat und Tigris, dem heutigen Irak. Er lebte nach den Erzählungen in der Zeit nach der Erschaffung der Welt durch die Götter Mesopotamiens. Die Menschen wurden aus Lehm geschaffen sowie aus dem Fleisch und dem Blut eines geschlachteten Gottes. Den Göttern aber bereiteten die vielen Menschen, die es auf der Erde bald gab, zu viel Lärm und Unruhe. Daher schmiedeten sie allerlei Pläne, um die Zahl der Erdbewohner zu dezimieren. Als Plagen und Krankheiten keine Abhilfe schufen, sandten sie schließlich eine Sintflut, die tatsächlich

alles Leben auf der Erde vernichtete. Nur einer überlebte: der weise und fromme Atrahasis und mit ihm seine Familie und eine Reihe von paarweise ausgewählten Tieren. Die Bibel hat also nicht das Copyright auf das Sintflut-Motiv. Vielmehr bediente man sich gern und ausführlich in der reichen Mythenwelt des Orients.

Deukalion und Pyrrha

Auch in anderen Kulturen spielten verheerende Überschwemmungen eine wichtige Rolle. Bei den Griechen trug ihr Noah den Namen Deukalion. Der oberste Gott Zeus zürnte den Menschen, weil sie moralisch und sittlich verkommen waren. Daher kam er zu dem Ergebnis, dass die Menschen von der Erde verschwinden müssten. Tag für Tag regnete es, bis alles überflutet war und es keinen Unterschied mehr zwischen Wasser und Land gab. Fast alle Menschen ertranken, nur zwei entgingen dem göttlichen Zorn: Deukalion und seine Frau Pyrrha. Sie steuerten mit einem Schiff durch die Fluten und wurden gerettet. Wie Noah landeten sie ganz oben auf einem Berg, auf dem Gipfel des Parnassos-Gebirges. Weil es außer ihnen keine Menschen mehr gab, erfand Zeus eine besondere Methode: Deukalion und Pyrrha mussten Steine hinter sich werfen. Aus den Steinen des Deukalion wurden Männer, aus denen Pyrrhas Frauen. Das war immerhin eine Zutat, auf die das Gilgamesch-Epos und die Bibel nicht gekommen waren.

DIE MAUERN VON JERICHO SIND DURCH POSAUNEN EINGESTÜRZT

· falsch

Die bekannte Bibelgeschichte von der Einnahme Jerichos lief ganz ohne musikalische Unterstützung ab.

Wer sich in der Bibel auskennt, dem fallen bei dem Namen „Jericho" sofort Posaunen ein. Josua, der Nachfolger Moses, brachte die Stadtmauern von Jericho dadurch zum Einsturz, dass er auf den Rat Gottes hin sieben Priester sieben Posaunen blasen ließ. Danach stürmten die „Kinder Israel" die Stadt.

Die Geschichte ist in jener Zeit anzusiedeln, als die Hebräer, die Moses aus Ägypten geführt hatte, sich im Zuge einer großen Einwanderungswelle im Heiligen Land niederließen. Dabei kam es immer wieder zu kriegerischen Auseinandersetzungen mit der ansässigen Bevölkerung. Josua war nach der Bibel von seinem Gott dazu auserkoren worden, das Werk des Moses fortzuführen. „Mit Jahwes Hilfe" (so die wörtliche Bedeutung seines Namens) machte er sich daran, die Landnahme im Westjordanland zu organisieren. Er stieß dabei unweigerlich auf die Stadt Jericho, die zu den ältesten Städten der Welt gehört. Die frühesten Siedlungsspuren stammen aus

dem 10. Jahrtausend v. Chr. Rasch entwickelte sich hier, in der Nähe des Toten Meeres, eine blühende Stadt, die von Landwirtschaft und Handel lebte. Die Landnahme der Hebräer erfolgte aber erst gegen Ende des 2. Jahrtausends v. Chr. Zu dieser Zeit hatte Jericho seine bedeutende Stellung verloren und war, wie Archäologen nachweisen konnten, eine kleine, heruntergekommene Siedlung ohne Stadtmauer. Dies wiederum spricht gegen die Darstellung in der Bibel, nach der Josua und seine Leute die Stadtmauer Jerichos mit Posaunen zum Einsturz brachten. Doch die Bibel hat ihre eigene Wirklichkeit, sie ist nicht als Geschichtsbuch zu lesen, sondern als symbolische Erzählung, in der die Macht Gottes zum Ausdruck gebracht wird. Die Posaunen sind in der Jericho-Geschichte ein Sinnbild für die göttliche Unterstützung. Für eine symbolische Deutung spricht auch die inflationäre Verwendung der magischen Zahl 7: „Lass 7 Priester 7 Posaunen tragen vor der Lade her, und am 7. Tag zieht 7 mal um die Stadt." Die Wahrheit aber war viel banaler: Die Hebräer konnten sich der Stadt Jericho seinerzeit bemächtigen, weil sie sich ihnen fast schutzlos präsentierte.

SAUL WAR DER ERSTE KÖNIG ISRAELS *falsch*

Auch wenn es passionierte Kreuzworträtsellöser anders sehen: Offiziell war David der erste König im Heiligen Land.

Erster altisraelitischer König mit vier Buchstaben? Für Kreuzworträtselprofis kein Problem. Die Antwort lautet natürlich „Saul". Sie ist allerdings falsch, denn der erste König Israels war David. Saul hatte ihm nur den Boden bereitet, ohne als König anerkannt zu sein. Der Irrtum rührt auch daher, weil Saul im Alten Testament tatsächlich als König bezeichnet wird.

Der Abkömmling des Stammes Benjamin, der von etwa 1020 bis 1000 v. Chr. eine schillernde Figur in der Geschichte Israels war, machte sich einen Namen, weil unter seiner Führung die Ammoniter und die Philister besiegt wurden. Allerdings verstand es Saul, seine Erfolge größer darzustellen, als sie es in der Realität waren. Saul kam schließlich in einer Schlacht gegen die Philister am Berg Gilboa ums Leben, bei der auch drei seiner Söhne starben. Den Leichnam des unglücklichen Heerführers hängten die Philister zur Abschreckung an eine Stadtmauer.

Rivalen bis aufs Blut

Von Saul erzählt das Alte Testament vor allem auch deswegen, um seinen Schwiegersohn David, den tatsächlichen ersten König von Israel, in einem umso helleren Licht erscheinen zu lassen. Je höher David stieg, desto eifersüchtiger wurde Saul, der geradezu von einem Verfolgungswahn besessen war und danach trachtete, den Rivalen zu töten.

David hatte daraufhin keine andere Wahl, als zu fliehen und sich als Führer von Banditen zu verdingen. Er versammelte eine private Armee um sich, mit deren Hilfe er nicht nur den Nachstellungen Sauls entkam, sondern selbst großen militärischen Einfluss gewann. Nach dem Tod Sauls war David derjenige, der den Kampf gegen die Philister fortsetzte, und dies ungleich erfolgreicher als Saul. Dank seiner Meriten wurde er zum ersten König der Juden ernannt. Saul dagegen hatte es zeitlebens nur bis zum Heerführer geschafft.

David eint das Land

Anders als David war Saul auch nicht im ganzen Land als Führungspersönlichkeit anerkannt worden. Denn das alte Israel bestand aus zwei verschiedenen Teilen: Israel im Norden mit der Hauptstadt Samaria und Juda im Süden mit der (späteren) Hauptstadt Jerusalem. Lange Zeit hatten sie einander bekämpft. Erst David schaffte es, die beiden Teile zu vereinen und von diesen als gemeinsamer Herrscher anerkannt zu werden.

Allerdings hielt die Allianz nicht lange. Nach Davids Tod ging das Königtum zunächst noch auf seinen Sohn Salomo über. Doch als dieser gestorben war, brachen die alten Streitigkeiten wieder aus und das Land zerfiel abermals in zwei Teile.

David gegen Goliath

Eine der bekanntesten biblischen Erzählungen ist der Kampf Davids gegen Goliath. Als junger Hirte tritt David dem Hünen Goliath gegenüber und besiegt ihn mit einer Steinschleuder. Wie viele andere Episoden aus der Bibel hat auch diese Geschichte einen wahren historischen Kern. Sie bezieht sich auf die Kämpfe der Israeliten gegen das Volk der Philister. Symbolisch soll sie zum Ausdruck bringen, dass es den Israeliten gelang, sich gegen den scheinbar übermächtigen Gegner durchzusetzen. Bis heute dient der Begriff „David gegen Goliath" als Metapher, wenn zwei ungleiche Gegner aufeinandertreffen.

DIE FÜNF BÜCHER MOSE HAT MOSES GAR NICHT GESCHRIEBEN

• wahr

Nicht Moses hat die nach ihm benannten Bücher geschrieben. Sie stammen aus viel späterer Zeit – abgesehen davon, dass es Moses auch gar nicht gegeben hat.

Ob Tora, Pentateuch oder fünf Bücher Mose: Die Namen sind unterschiedlich, aber immer ist von derselben Sache die Rede, nämlich vom Anfang des Alten Testaments. Geschildert werden darin die Erschaffung der Welt, die Vertreibung von Adam und Eva aus dem Paradies, der Mord von Kain an seinem Bruder Abel, die große Katastrophe der Sintflut, die Taten der berühmten Stammväter des jüdischen Volkes und vieles andere mehr. Moses kommt in den nach ihm benannten Büchern natürlich auch vor. Er führt die Juden aus Ägypten heraus und in das ihnen von Gott versprochene Land. Am Berg Sinai empfängt er von Gott die Tafeln mit den Zehn Geboten und weitere religiöse Vorschriften.

Realität oder Fiktion?

Die Bücher Mose entstanden nicht am Stück und sie stammen auch nicht von einem einzigen Autor. Am Alten Testament wurde lange gearbeitet, wie im Übrigen auch am Neuen Testament. Die meisten Passagen entstanden in der Zeit des Babylonischen Exils, das heißt im 6. Jahrhundert v. Chr., als König Nebukadnezar viele Juden nach Babylon deportiert hatte. Unter diesen Juden waren zahlreiche Priester und Schriftgelehrte, die sich in der Fremde daran machten, die frühe Geschichte bis zur Erschaffung der Welt aufzuzeichnen. Damals entstanden auch große Teile der fünf Bücher Mose.

Aber wann hat Moses gelebt beziehungsweise: Hat er überhaupt gelebt? Einiges spricht dafür, dass Moses, wie zum Beispiel auch Abraham, gar keine reale Person gewesen ist. Ihre fiktiven Namen stehen für längerfristige historische Entwicklungen, die man aber gern an einer bestimmten Person fest-

machte. In dem Namen „Moses" verdichtete sich die Sehnsucht nach einem großen Mann, der seinem Volk in schwieriger Zeit den rechten Weg wies. Auch den Auszug aus Ägypten hat es so, wie er im Alten Testament beschrieben wird, nicht gegeben. Den Hintergrund der Erzählung bildet die eher freiwillige Rückkehr zahlreicher Menschen nach Israel, die bis dahin in Ägypten in Lohn und Brot gestanden hatten.

Historisch ist diese Rückwanderung, die später so spektakulär mit den Taten des Moses verbunden worden ist, in der Zeit um 1200 v. Chr. anzusetzen – gut 600 Jahre, bevor im fernen Babylon jüdische Gelehrte damit begannen, die fünf Bücher Mose zu schreiben. Sie wurden später zum wichtigsten Teil des Alten Testaments, das erst im Lauf der Zeit seine heutige, in jeder Bibel nachzulesende Form erhielt.

Der Priester Esra

Einen wesentlichen Anteil an der redaktionellen Bearbeitung der biblischen Tradition hatte ein Priester namens Esra. Er hatte selbst lange Zeit im Exil in Babylon verbracht. Exakt im Jahr 458 v. Chr. kam er zurück in die Heimat. Als Erstes kümmerte er sich um die Auseinandersetzungen, die zwischen den Juden nach dem Babylonischen Exil ausgebrochen waren. So stritt man sich beispielsweise um die Frage, ob Ehen zwischen Juden und Nichtjuden, die in Babylon geschlossen worden waren, rechtmäßig seien. Als Schiedsrichter eingesetzt, veranlasste Esra die Auflösung solcher Verbindungen. Im Gepäck hatte Esra aber auch die von ihm in Babylon noch einmal aktuell redigierte Thora mit den fünf Büchern Mose.

Damit hatte er die endgültige und unumstößliche Grundlage für die jüdische Theologie geschaffen. Später ergänzten jüdische Gelehrte die Thora durch den Talmud. Er enthält die religiösen Lehren und Vorschriften, die nach der Fixierung der Thora entstanden waren.

METHUSALEM WURDE 969 JAHRE ALT

falsch

Auch Methusalem war kein Methusalem. Es kommt immer nur darauf an, wie man zählt.

Methusalem war nach Angaben der Bibel 969 Jahre alt, als er starb. Noch mit 187 Jahren war er zum ersten Mal Vater geworden und zeugte danach weitere Kinder. Mit knapp 1000 Lebensjahren gehört er in der Bibel zu den Rekordhaltern. Sprichwörtlich nennt man noch heute jemanden, der sehr alt ist, einen „Methusalem". Die Bibel nennt noch weitere unglaubliche Fälle. Adam, der erste Mensch, brachte es immerhin auf 930 Jahre, sein Sohn Seth auf 912 Jahre. Noah, der mit Gottes Hilfe der Sintflut trotzte, durfte sich als Sohn eines Vaters, der ihn mit 182 Jahren gezeugt hatte, über eine Lebenszeit von 950 Jahren freuen. Und so lassen sich viele andere Beispiele finden. Vor allem am Anfang des Alten Testaments wimmelt es geradezu von hochbetagten Menschen, Männern wie Frauen. Erst mit Moses, einer der großen biblischen Persönlichkeiten, pendelt sich die irdische Verweildauer der Protagonisten allmählich auf ein Niveau ein, wie wir es heute eher kennen und glauben können. Das hängt jedoch nicht damit zusammen, dass die Menschen damals tatsächlich früher gestorben sind. Vielmehr hat man sich unterschiedlicher Jahreszählungen bedient.

Methusalem wurde 969 Jahre alt – aber nicht nach Sonnenjahren, sondern nach einem an Mondzyklen orientierten Kalenderschema, das aus dem babylonischen Raum stammte. Moderne Berechnungen ergeben für Methusalem ein Gesamtalter von gerade einmal 78,5 Jahren. Nach derselben Rechnung hätte ihn sein Vater Henoch jedoch im Alter von fünf Jahren gezeugt. Das erscheint selbst nach biblischen Kategorien reichlich früh.

Biblische Zeitrechnung

Wir wissen heute also nicht genau, nach welchen Rechensystemen das biblische Alter von Methusalem und anderen Personen zustande gekommen ist. Vielleicht ist die Lösung aber auch viel einfacher: Man bediente sich im gesamten Altertum – auch später noch bei Griechen und Römern – übertrieben hoher Zahlen, um etwa auszudrücken, dass jemand sehr alt geworden ist. Mit „100" Jahren war man dann zum Beispiel „ziemlich alt", alles, was darüber lag, bedeutete „alt" beziehungsweise „uralt". Methusalem war im Übrigen nicht einmal der absolute Rekordhalter unter den Ältesten der Alten. Von dem sumerischen König Alorus wird behauptet, er sei 36 000 Jahre alt geworden. Die orientalischen Altersermittler scheinen in diesem Fall ein ganz besonders großzügiges Rechensystem verwendet zu haben.

DER TURMBAU ZU BABEL IST EINE ERFINDUNG DER BIBEL

falsch

„Und die Bibel hat doch recht", behauptete Werner Keller in einem berühmten Buch der 1950er-Jahre. Zumindest auf einen Turm in Babylon trifft es tatsächlich zu.

Es ist eine der bekanntesten Geschichten der Bibel: Einst sprachen die Menschen auf der Erde alle dieselbe Sprache. Dann siedelte sich ein Volk in einem Land namens Schinar an. Man beschloss, eine Stadt zu bauen und einen Turm, dessen Spitze bis in den Himmel reichen sollte. Das aber missfiel dem Herrn, denn er befürchtete, die Menschen würden dadurch übermütig werden und vor nichts mehr zurückschrecken. Daher sorgte er dafür, dass sie alle in unterschiedlichen Sprachen redeten, sich deshalb nicht mehr verständigen konnten und das Projekt aufgeben mussten. Die Menschen wurden daraufhin in alle Welt verstreut.

Von dieser biblischen Erzählung ist der sprichwörtliche Begriff der „babylonischen Sprachverwirrung" abgeleitet. Und tatsächlich führt die Spur nach Babylon, wenn man sich auf die Suche nach den historischen Wurzeln der Geschichte vom Turmbau zu Babel macht. Die Stadt am Euphrat war im 6. Jahrhundert v. Chr. dank der umfangreichen Bautätigkeit unter König Nebukadnezar II. eine der prächtigsten Städte des Orients. Hier befand sich auch das Hauptheiligtum des im babylonischen Reich äußerst populären Gottes Marduk. Diesem hatte Hammurabi, der legendäre Gründer des altbabylonischen Reichs, bereits im 2. Jahrtausend v. Chr. einen prächtigen Tempel errichtet.

Vom Tempel zum Wunderwerk

Nebukadnezar II., der von 605 bis 562 v. Chr. regierte, scheute keine Kosten und Mühen, um das Heiligtum noch prächtiger und aufwendiger zu gestalten. Nach den Umbauarbeiten ragte der Marduk-Tempel schwindelerregende 92 Meter in den Himmel von Babylon. Zwar findet man heute an jener Stelle, an der einst der „Turm von Babel" stand, nur noch einen großen Tümpel, doch aus alten Berichten konnte man seine Gestalt rekonstruieren.

Es handelte sich demnach um einen Tempel in Form einer Stufenpyramide mit sieben Stockwerken. Die Babylonier nannten dieses Bauwerk „Etemenanki", was soviel heißt wie „Fundament von Himmel und Erde". In diesem Namen spiegelt sich der ehrgeizige Anspruch wider, dass die Stadt Babylon die Achse war, die Himmel und Erde miteinander verband.

Im Alten Testament verewigt

Anfang des 6. Jahrhunderts v. Chr. eroberte Nebukadnezar II. Jerusalem und verschleppte viele Juden nach Babylon. Für sie war der Marduk-Tempel das Werk eines überheblichen Herrschers, der jedes irdische Maß aus den Augen verloren hatte. Unter dem Eindruck der Ereignisse im „Babylonischen Exil" entstand dort die Geschichte vom Turmbau zu Babel, so, wie sie im Alten Testament beschrieben und uns überliefert ist.

Eigentlich hätte es der Turm in die Riege der Sieben Weltwunder der Antike schaffen müssen, denn er war eines der beeindruckendsten Bauwerke des klassischen Altertums. Doch im Babylon des Königs Nebukadnezar hatte er namhafte Konkurrenz. So hatte der Herrscher viel Geld in eine Prozessionsstraße investiert, die von einem der Liebesgöttin Ischtar geweihten Prunktor abgeschlossen wurde. Und es gab die Hängenden Gärten der Semiramis, eine prächtige, mit Bäumen bepflanzte Terrassenanlage im Palastbezirk der Stadt. Anders als der Turm und das Ischtar-Tor fanden diese nach einer assyrischen Prinzessin benannten Gärten Aufnahme in den illustren Kreis der Sieben Weltwunder der Antike. Der Turm zu Babel aber wurde durch die biblische Überlieferung unsterblich.

DIE KÖNIGIN VON SABA BESUCHTE KÖNIG SALOMO

falsch

Eines der berühmtesten Gipfeltreffen der Geschichte hat gar nicht stattgefunden und ist auch in anderer Hinsicht sehr rätselhaft.

Endlos war die Karawane der Kamele, die sich durch die engen Gassen Jerusalems schob. Beladen waren die Wüstentiere mit unermesslichen Schätzen – mit Gold, Edelsteinen und auch mit Weihrauch. Die größte Attraktion für die Bewohner der Stadt aber war die fremde Königin aus dem fernen Saba. Ziel des Zuges war der Palast des Königs Salomo. Der Sohn Davids hatte sich bei allen Völkern einen Namen gemacht und so wollte auch die Königin von Saba dem für seine Weisheit berühmten Herrscher ihre Aufwartung machen. Sie stellte ihm ein Rätsel, das er überaus souverän löste: Sie zeigte ihm zwei Rosen, die sich täuschend ähnlich sahen. Eine davon, so teilte sie dem König mit, sei echt, die andere künstlich.

Salomo wusste sich zu helfen, ließ ein paar Bienen herbeiholen und wartete ab, welcher Rose sie sich zuwenden würden. Von so viel Klugheit tief beeindruckt, dehnte die Königin von Saba ihren Besuch in Jerusalem länger als beabsichtigt aus und schenkte dem weisen König 120 Zentner Gold. Und wie reagierte König Salomo? Der biblische Text hält sich etwas bedeckt: „Der König Salomo gab der Königin von Saba alles, was ihr gefiel und was sie erbat, außer dem, was er von sich aus gab."

Historische Fakten

Ist diese schöne Geschichte nun wahr oder doch frei erfunden? Wie verhält es sich mit den historischen Fakten? Skeptisch macht zunächst, dass die Königin von Saba keinen Namen trägt. Viel wichtiger aber ist: Die Königin von Saba und König Salomo lebten zu ganz verschiedenen Zeiten. Das Reich der Sabäer lag auf der Arabischen Halbinsel im heutigen Jemen. Seine große Zeit begann erst im 8. Jahrhundert v. Chr., zu einem Zeitpunkt also, als Salomo bereits tot war. Der Weise von Jerusalem starb 932 v. Chr. Salomo und die Königin von Saba, wer immer sie auch war, haben sich also nie getroffen. Dennoch haben Künstler, Komponisten und Literaten im Mittelalter und in der Neuzeit diese biblische Geschichte immer wieder aufgegriffen.

Cleverer Salomo

Erzählt wird auch folgende Episode: Die Königin von Saba trug immer einen bis zum Boden reichenden Rock. Unter Salomos Dienern kursierte das Gerücht, sie habe Füße wie eine Ziege, die sie auf diese Weise verbergen wolle. Salomo ließ daraufhin den Thronsaal mit einem Parkett aus Kristall auslegen. Wer den Raum betrat, hatte so unweigerlich den Eindruck, bis zu den Knöcheln im Wasser zu stehen. Als die Königin von Saba nun in den Saal kam, hob sie voller Schreck den Rock – und zum Vorschein kamen wohl geformte Füße, die keinerlei Ähnlichkeit mit Ziegenfüßen hatten.

Der Besuch der Königin von Saba bei Salomo ist nur ein schönes Märchen.

BEI DEN ASSYRERN WAREN MORD UND TOTSCHLAG AN DER TAGESORDNUNG

wahr

Die Assyrer waren ein Volk, das Angst und Schrecken verbreitete. Dahinter steckte Methode.

Im 8. und 7. Jahrhundert v. Chr. beherrschten die Assyrer große Teile des Vorderen Orients. Von ihren im Zweistromland gelegenen Residenzen Ninive und Assur aus unternahmen sie mit ihren Armeen ausgedehnte Feldzüge bis nach Palästina und Ägypten im Westen und bis nach Persien im Osten.

Die Soldaten der Assyrer waren bestens ausgerüstet und galten zeitweise als unbesiegbar. Sie wurden deshalb nicht nur von den gegnerischen Armeen, sondern auch von der Zivilbevölkerung sehr gefürchtet. Legendär war aber nicht nur ihre militärische Stärke, sondern auch ihr gnadenloser und brutaler Umgang mit Besiegten und Unterworfenen. Wer in die Hände eines Assyrers geriet, musste mit dem Schlimmsten rechnen. Hatten sie eine Stadt erobert, hieß die Devise: Plündern, Brandschatzen, Foltern, Morden. Ganze Städte wurden entvölkert, indem die Assyrer die Bewohner in ferne Regionen deportierten, wo sie Sklavendienste zu verrichten hatten.

Grausamkeit als Machtmittel und Kriegstaktik

Nicht genug damit, dass sie all diese Untaten vollbrachten. Sie sorgten auch dafür, dass alle erfuhren, wie grausam sie waren. In den Palästen der Könige, aber auch an anderen prominenten Orten ließen sie riesige Reliefbilder anbringen, in denen ihre Kriegsgräuel und die Misshandlungen der Zivilisten sorgfältig und in allen Details dokumentiert waren. Dazu kündeten Inschriften von den Großtaten der assyrischen Krieger.

Einer der Könige rühmte sich nach einem erfolgreichen Plünderungszug mit den Worten: „Vor einem Monat habe ich das Land Elam in Trümmer gelegt. Ich habe die Stimmen der Menschen, das Stampfen der Büffel und jeden Schrei der Freude zum Schweigen gebracht."

Die Grausamkeit der Assyrer war aber nicht etwa das Ergebnis einer besonderen Veranlagung; vielmehr standen dahinter Kalkül und Berechnung. Die Assyrer wollten gefürchtet werden, um die Völker, die unter ihrer Herrschaft standen, zu Disziplin und Gehorsam zu zwingen. Die Taten sollten ebenso wie die Worte und Bilder, in denen die Gräuel dargestellt wurden, abschreckend wirken und verhindern, dass man sich gegen ihre Herrschaft auflehnte.

Ende eines Großreichs

Diese Strategie war lange Zeit von Erfolg gekrönt. Doch ab der Mitte des 7. Jahrhunderts v. Chr. nahm die Macht der Assyrer stetig ab. Der Aufstieg neuer Großmächte war dafür ebenso verantwortlich wie innere Schwierigkeiten. 612 v. Chr. war mit dem Fall von Ninive dann das definitive Ende des assyrischen Reichs besiegelt. Manch einer wird aufgeatmet haben.

Zungenbrecher

Die berühmtesten Herrscher der Assyrer hatten die etwas schwer auszusprechenden Namen Tiglatpileser III. und Assurbanipal. Tiglatpileser, der um 745 bis 727 v. Chr. regierte, besiegte in der Mitte des 8. Jahrhunderts v. Chr. Städte in Syrien und Kleinasien und eroberte das mächtige Babylon. Assurbanipal (reg. 669 bis etwa 627 v. Chr.) war der letzte Herrscher vor dem Niedergang des assyrischen Reichs. Ihm gelang es, die bedrohte Einheit des Reichs noch einmal herzustellen.

IM ALTEN PHRYGIEN WURDE DIE BINSENWEISHEIT GEBOREN

wahr

Der Begriff geht auf eine Erzählung um die legendäre Gestalt des Königs Midas zurück.

Der sagenumwobene König Midas hat tatsächlich gelebt. Um 700 v. Chr. war er König von Phrygien, einer Landschaft im Herzen Anatoliens. Die Phryger hatten zwar nicht den Status einer Großmacht, wussten sich aber politisch und militärisch zu behaupten. Und auch wirtschaftlich ging es ihnen dank reicher Bodenschätze und guter Handelsbeziehungen immer sehr gut. Während sich die wahre Geschichte Phrygiens nach dem Niedergang des Reichs jedoch verlor, strickten auswärtige Chronisten eifrig am Mythos des Königs Midas. So soll Midas die Fähigkeit besessen haben, alles, was er berührte, zu Gold werden zu lassen. Was ihm anfangs außerordentlich segensreich erschien, entwickelte sich bald zu einem Problem: Denn nun drohte ihm der Hungertod, da auch alle Speisen zu Gold wurden. Erst ein Bad im Fluss Paktolos erlöste ihn von dem Fluch.

Bei einem musikalischen Wettstreit der Götter Pan und Apoll sprach Midas Pan den Sieg zu und wurde von Apoll bestraft, der Midas Eselsohren verlieh. Diese verbarg Midas vor lauter Scham unter einer hohen Zipfelmütze, die als „phrygische Mütze" bekannt werden sollte. Allein vor seinem Barbier konnte er diesen Makel nicht geheim halten und er verpflichtete ihn zu absolutem Stillschweigen. Dieser musste das Geheimnis jedoch irgendwie loswerden, grub ein Loch in die Erde, sprach sein Wissen hinein und schüttete das Loch wieder zu. Etwas später wuchs an derselben Stelle Schilf und im Rauschen des Windes flüsterten die Schilfrohre die Wahrheit über Midas Ohren in alle Welt hinaus. Das war die Geburtsstunde der „Binsenweisheit", was so viel bedeutet wie eine allgemein bekannte Tatsache.

DER ERSTE SUEZKANAL WURDE VOR 2600 JAHREN GEBAUT

wahr

Und obwohl das Projekt unter Necho nicht vollendet wurde, galt es als Meilenstein der Technikgeschichte.

Als Necho II. Pharao von Ägypten war, hatte das Land seine Blütezeit bereits hinter sich. Doch unter seiner Herrschaft (610 bis 595 v. Chr.) wurde ein ehrgeiziges Projekt gestartet: Der König wollte den Nil durch einen Kanal mit dem Roten Meer verbinden.

Höchstleistung

Dafür hatte er gute Gründe. Zu Land hatten die Ägypter vor der Expansion des Neubabylonischen Reichs kapitulieren müssen. So hoffte man, sich zumindest zu Wasser den Angriffen widersetzen zu können. Sowohl am Mittelmeer als auch am Roten Meer waren ägyptische Flotten stationiert. Um diesen gemeinsame Operationen zu ermöglichen, nahm Necho II. das Kanalbauprojekt in Angriff. Ausgangspunkt war die Stadt Bubastis im Nildelta. Mit einem nach damaligen Möglichkeiten hohen technischen Aufwand und dem Einsatz unzähliger Arbeitskräfte ging man ans Werk. Tausende sollen bei den Bauarbeiten ums Leben gekommen sein. Kurz vor der Vollendung wurde das Projekt jedoch, angeblich wegen eines Orakelspruchs, gestoppt.

So war es zu Beginn des 5. Jahrhunderts v. Chr., als Ägypten unter der Herrschaft der Perser stand, dem Großkönig Dareios I. vorbehalten, den Kanal zu vollenden. Vier Tage brauchten die Schiffe, um den 45 Meter breiten und 5 Meter tiefen Kanal vom Anfangs- bis zum Endpunkt zu durchqueren. So fuhren schon Jahrhunderte vor der Eröffnung des modernen Suezkanals im Jahr 1869 Schiffe vom Mittelmeer zum Roten Meer. Der alte Kanal wurde, da er immer wieder versandete, im 8. Jahrhundert n. Chr. aufgegeben.

IN ISRAEL ENTSTAND DAS ERSTE GROSSE TUNNELBAUPROJEKT

wahr

Diese Stufen führen in den uralten Tunnel im Osten Jerusalems.

Noch heute kann man in Jerusalem das Wunderwerk besichtigen, das König Hiskia anlegen ließ, um die Stadt mit Wasser im Notfall zu versorgen.

Zu Beginn des 7. Jahrhunderts v. Chr. befand sich das Königreich von Juda in einer gefährlichen Lage. Das gefürchtete Volk der Assyrer bedrohte die Grenzen des Landes. Ein paar Jahre zuvor, 722 v. Chr., hatten die Assyrer bereits das Nordreich Israel eingenommen. In Jerusalem, der Hauptstadt von Juda, regierte seit 725 v. Chr. König Hiskia. Angesichts der Gefahr, die von den Assyrern ausging, traf der umsichtige Herrscher alle Maßnahmen, um die Stadt auf die zu erwartende Belagerung vorzubereiten. Dabei erkannte er, dass es im Verteidigungssystem einen entscheidenden Schwachpunkt gab: die Versorgung mit Wasser. Die Quelle lag weit außerhalb der Stadtmauern und allein mit den Zisternen, die es in der Stadt gab, würde es nicht möglich sein, der Bevölkerung genügend Trinkwasser zu liefern.

Fieberhaft überlegten der König und seine Ingenieure, wie sie dieses Problem lösen könnten. Man entschied sich schließlich für ein spektakuläres Verfahren – für den Bau eines Tunnels, durch den das kostbare Nass in die Stadt fließen sollte. Das war die Geburtsstunde des berühmten Siloah-Tunnels, benannt nach dem Abfluss der im Osten des Burgberges von Jerusalem gelegenen Gihon-Quelle. Um das Wasser in die Stadt zu leiten, sollte der Tunnel direkt durch den Burgberg geführt werden.

Der Durchbruch gelingt

Bei der Anlage des Tunnels bediente man sich des sogenannten Gegenort-Verfahrens: Von beiden Seiten arbeiteten sich die Bohrtrupps aufeinander zu. Die bange Frage lautete: Würde das Zusammentreffen mitten im Berg gelingen? Aber die Befürchtungen waren überflüssig, alles verlief perfekt. Knapp

300 Meter vom südlichen und 235 Meter vom nördlichen Eingang entfernt wurden die letzten Hindernisse beiseite geräumt und die Arbeiter konnten sich die Hände reichen. Über eine Strecke von 535 Metern kam das Wasser nun direkt und sicher nach Jerusalem.

Das Meisterwerk war gerade fertiggestellt, als 701 v. Chr. die Assyrer tatsächlich vor Jerusalem auftauchten. Der Wasserleitung blieb der Belastungstest erspart, denn Hiskia hielt es für vernünftiger, sich den Feinden freiwillig zu unterwerfen. Mit reicher Beute beladen, zogen die ungebetenen Gäste wieder ab.

Zeitzeugen

Im Siloah-Tunnel wurde später eine hebräische Inschrift entdeckt, die das erfolgreiche Zusammentreffen der Arbeitertrupps im Burgberg dokumentiert. Darin heißt es: „Der Durchbruch wurde vollendet. Und so kam der Durchbruch zustande: Die Steinhauer schwangen die Beile, jeder in Richtung seines Kameraden (auf der anderen Seite des Stollens). Als noch drei Ellen zu durchschlagen waren, konnten die Arbeiter auf beiden Seiten einander hören … Und am Tag des Durchbruchs schlug jeder Steinhauer in Richtung auf seinen Kollegen zu, Beil gegen Beil. Da floss das Wasser vom Ausgangspunkt zum Teich."

DIE KELTEN HATTEN ANGST, DASS IHNEN DER HIMMEL AUF DEN KOPF FÄLLT

wahr

... aber sonst fürchteten sie nichts. Denn die Kelten konnte nichts erschrecken.

Manchmal sind Comics eine echte Bildungsquelle. Das gilt jedenfalls für die Abenteuer von Asterix und Obelix. Majestix, der Chef der unbeugsamen Gallier, hat bekanntlich vor nichts Angst, außer dass ihm der Himmel auf den Kopf fällt. Das ist keine Erfindung der Urheber Uderzo und Goscinny. Auch die historischen Kelten (wie die korrekte Sammelbezeichnung lautet, denn „Gallier" nennt man lediglich die Kelten in Frankreich) fürchteten nichts und niemanden. Das musste auch Alexander der Große erfahren. Als er an der unteren Donau auf Keltenvölker traf, fragte er diese, was sie am meisten fürchteten. Der berühmte Feldherr erwartete natürlich, dass sie „Alexander" sagen würden. Doch die Antwort lautete: „Einzig und allein, dass uns der Himmel auf den Kopf fällt." Alexander war perplex und tröstete sich mit der allerdings unzutreffenden Einschätzung, die Kelten seien eben Angeber.

Die Alexander-Episode spielte sich nach der Mitte des 4. Jahrhunderts v. Chr. ab, zu einer Zeit, als die historische Glanzphase der Kelten im 6. und 5. Jahrhundert v. Chr. sich bereits dem Ende zugeneigt hatte. Damals entstanden die mächtigen Fürstensitze, von denen heute noch imposante Grabhügel zeugen.

Nicht ganz klar ist, was es mit dem Ausspruch „Himmel-auf-den-Kopf-fallen" genau auf sich hat. Manche Experten meinen, dies sei das Ergebnis von Begegnungen mit Kometen oder Meteoriten. Wahrscheinlicher jedoch ist eine andere, einfachere Lösung: Die Kelten wollten damit wohl zum Ausdruck bringen, dass sie eigentlich gar nichts aus der Ruhe bringen könne – außer der ebenso extreme wie unwahrscheinliche Fall eines Himmelseinsturzes.

KELTISCHE DRUIDEN HATTEN EINE GOLDENE SICHEL

wahr

Auch diese Behauptung stimmt: Druiden nutzten goldene Sicheln und Mistelzweige für ihre kultischen Handlungen.

Bei Asterix ist er der Garant für die Sicherheit der Gallier: Miraculix, der Druide, dessen Spezialität das Brauen eines Zaubertranks ist, welcher den Galliern im Kampf übernatürliche Kräfte verleiht. Das Rezept bleibt geheim. Doch eine wichtige Rolle spielen Mistelzweige, die der Druide mit seiner goldenen Sichel schneidet.

Auch bei den echten keltischen Druiden waren Sicheln und Mistelzweige wichtige Accessoires. Und dass die Sicheln aus Gold waren, wird im 1. Jahrhundert n. Chr. von dem römischen Schriftsteller Plinius dem Älteren ausdrücklich bestätigt. Ansonsten ist nicht viel von jenen keltischen Priestern bekannt. Alles, was sie wussten, wurde von ihnen streng geheim gehalten, seien es ihre medizinischen und astronomischen Kenntnisse oder auch ihre magischen Kräfte. Jeder Stamm hatte seinen eigenen Druiden und einmal im Jahr trafen sich diese im – nicht genau lokalisierbaren – Karnutenwald zum Fachsimpeln.

Kult und Politik

Den Römern war das geheimnisvolle Wirken der Druiden suspekt und 54 n. Chr. zog Kaiser Claudius die Konsequenzen, indem er das Amt des Druiden abschaffte. Doch die Erinnerung an sie blieb lebendig. Schließlich waren es nicht nur die Fürsten und die Krieger gewesen, die seit dem 6. Jahrhundert v. Chr. die keltischen Stämme in vielen Teilen Europas zu einem bedeutenden Machtfaktor gemacht hatten. Daran hatten auch die Druiden mit ihrem ganz speziellen Draht zu den Göttern einen erheblichen Anteil. Sie waren nicht nur religiös und kultisch tätig, sondern fungierten auch als weise Ratgeber der Fürsten.

DER REICHSTE MANN DER WELT ERFAND DAS MÜNZGELD

wahr

Noch heute steht der Name „Krösus" für unermesslichen Reichtum. Der Namenspatron selbst fand ein tragisches Ende.

Lydien hieß in der Antike eine Landschaft im Westen Kleinasiens. Zwischen 560 und 547 v. Chr. herrschte hier ein König namens Kroisos. Besser bekannt ist er heute unter seinem latinisierten Namen „Krösus". Krösus war unter allen reichen Männern der damaligen Zeit der reichste. Der Luxus in seinem Palast in der Hauptstadt Sardes sprach für sich und auch sonst musste der Herrscher auf keine Wünsche verzichten. Auswärtigen Gästen zeigte er voller Stolz seine kostbaren Gemälde und seine prunkvollen Gärten.

Reich war der König auf zwei Wegen geworden. Schon seine Vorfahren hatten damit begonnen, die Gold- und Silberminen in den Bergen des Landes auszubeuten. Und auch der Fluss Paktolos, der durch Sardes floss, war voller Gold, dessen sich der König gern bediente, um seinen ohnehin prall gefüllten Schatzkammern weiteren Nachschub an Edelmetall

Krösus zeigt Solon seinen immensen Reichtum.

zukommen zu lassen. Die zweite Quelle des Reichtums waren die Einnahmen aus Steuern, Tributen und Zöllen. Durch das Königreich Lydien verliefen zahlreiche stark frequentierte Handelsrouten, die den Orient mit dem Mittelmeer verbanden. Den Transit durch Lydien bezahlten die auswärtigen Händler mit hohen Abgaben. Zudem nutzte Krösus diese Routen, um Handel auf eigene Rechnung zu betreiben.

Eine glänzende Erfindung

Sein Reichtum und seine Handelskontakte brachten Krösus auf die Idee, ein neues System des Zahlungsverkehrs einzuführen. Bis zu diesem Zeitpunkt wurden Waren getauscht – ein aufwendiges Unterfangen, denn dem Abschluss eines perfekten Geschäfts ging endloses Feilschen voraus. Nicht weniger zeitaufwendig war es, wenn man Waren mit Gold-, Silber- oder Bronzestücken kaufen wollte. Dann musste das Metall zuvor gewogen und auf seine Echtheit überprüft werden.

Um diese Geschäfte zu vereinfachen und zu beschleunigen, brachte Krösus die Münze als Zahlungsmittel auf den Markt. So wurde er zum Erfinder des Gelds. Die Münze war ein handliches Metallstück, für dessen Gewicht und Feingehalt der König als Prägeherr garantierte. Zu erkennen waren königlich autorisierte Münzen an dem Löwenkopf, dem Symbol des Königshauses.

Zweideutige Prophezeiung

Allzu lange konnte sich der reiche Krösus aber nicht an seinem Glück erfreuen, denn im Osten brauten sich dunkle Wolken zusammen. Die Perser unter ihrem König Kyros, der 559 v. Chr. an die Macht gekommen war, strebten nach der Vormacht im gesamten Orient. Und so richtete sich das Interesse der Perser auch auf das reiche Lydien. 547 v. Chr. standen die persischen Armeen am Halys, dem Grenzfluss zwischen Lydien und den persischen Be-

sitzungen. Sollte Krösus es wagen, seine Truppen gegen die erfolgsverwöhnten Perser in Marsch zu setzen? Er war sich unschlüssig und schickte zur Sicherheit eine Delegation nach Delphi, um sich beim dortigen Orakel Rat zu holen. Die Empfehlung, die der Gott Apollon durch sein Medium, die Priesterin Pythia, aussprechen ließ, gab allen Anlass zum Optimismus: „Wenn du den Halys überschreitest, wirst du ein großes Reich zerstören." Krösus schickte seine Armee über den Grenzfluss, doch der Feldzug endete mit einer völligen Niederlage. Entrüstet ließ Krösus beim Orakel nachfragen, warum es ihm eine derart falsche Auskunft gegeben habe. Die Antwort war – anders als der Orakelspruch selbst – eindeutig: Mit dem Reich, das Krösus zerstören würde, war nicht das der Perser, sondern sein eigenes Reich gemeint gewesen.

In der Folge eroberten die Perser ganz Lydien. Krösus verlor bei den Kämpfen nicht nur seine Herrschaft und seinen Reichtum, sondern wahrscheinlich auch sein Leben.

Startpunkt der Königsstraße

In Sardes begann die Königsstraße, die von den Persern angelegt worden war, um ihre Residenzen in den zentraliranischen Gebieten mit den Territorien im Westen zu verbinden. Sie führte über eine Distanz von 2500 Kilometern durch Kleinasien und Mesopotamien nach Persien. Ausgestattet war sie mit über 100 Stationen zum Rasten und zum Wechseln der Pferde. Eine Reise von Sardes nach Susa konnte in gut 100 Tagen bewältigt werden.

IM ALTEN PERSIEN KONNTE MAN DAS „AUGE UND OHR DES KÖNIGS" WERDEN

wahr

Vertrauen ist gut, Kontrolle ist besser. Nach dieser Devise verfuhr der König der Perser – erfolgreich.

Der Satrap fühlte sich etwas unbehaglich. Eigentlich bekleidete er ein schönes Amt. Der persische Großkönig, der im fernen Susa residierte, hatte ihm einen der Herrschaftsbezirke im riesigen Perserreich zur Verwaltung anvertraut. Und der Großkönig war ein mächtiger Herrscher. Es war Kyros gewesen, der 559 v. Chr. den kometenhaften Aufstieg der Dynastie der Achämeniden eingeleitet hatte. Unter seiner Regie und der seiner Nachfolger Kambyses und Dareios I. hatten die Perser mit ihren Eroberungszügen ein Großreich geschaffen, das sich vom Mittelmeer bis an den Indus erstreckte. Ein solches Riesenreich mit derart vielen Völkern, Kulturen und Traditionen war nicht leicht zu regieren. Deswegen hatten die Könige das Reich in knapp 30 Regionen (Satrapien) eingeteilt. An ihrer Spitze standen die Satrapen, deren Aufgabe es war, die Steuern einzutreiben, Recht zu sprechen und mit ihren Soldaten für die militärische Sicherheit im Land zu sorgen.

Die Satrapen stammten alle aus dem persischen Hochadel. Ihre Loyalität war für den König außerordentlich wichtig. Und damit sie nicht auf dumme Gedanken kamen, war schon Kyros auf die Idee gekommen, ihnen ein wenig auf die Finger zu schauen. Aus diesem Grund wurde eine Art Geheimpolizei eingesetzt, die „Augen und Ohren des Königs". Ihre Aufgabe war es, die Satrapen zu bespitzeln. Hatten sie den Verdacht, die Statthalter würden Politik auf eigene Rechnung betreiben, schickten sie Boten los, die den König informierten. Deswegen freuten sich die Satrapen zwar grundsätzlich an ihrem Amt, doch machte sie das „Auge und Ohr des Königs", das sie offen oder verdeckt überwachte, etwas nervös.

KÖNIG XERXES LIESS DAS MEER AUSPEITSCHEN

wahr

Der exzentrische Herrscher der Perser war für Verrücktheiten aller Art bekannt und gefürchtet.

Im Reigen der Supermächte des Alten Orients spielten die Perser eine besondere Rolle. Ab der Mitte des 6. Jahrhunderts v. Chr. begannen sie, ganz Asien zu unterwerfen. Das ermutigte sie, auch in Europa ihr Glück zu versuchen.

Im Jahr 480 v. Chr. startete der persische Großkönig Xerxes von der heutigen Türkei aus zu einer großen militärischen Operation gegen Griechenland. Die Armee, die er auf die Beine gestellt hatte, war mit 100 000 Mann eine der größten, die je ein Herrscher bis dahin zur Verfügung hatte. Um von Asien nach Europa zu gelangen, mussten die Soldaten die Meerenge der Dardanellen überqueren. Zu diesem

Zweck bauten sie eine Brücke aus nebeneinander liegenden Schiffen. Kaum war man fertig, brach ein heftiges Unwetter los und die Schiffe versanken allesamt im Meer. Als der König davon erfuhr, startete er eine höchst ungewöhnliche Strafaktion: Er ließ das Meer mit 300 Hieben auspeitschen. Damit nicht genug, soll er anschließend auch noch 300 Henker losgeschickt haben, mit dem Auftrag, dem nassen Element Brandmale aufzudrücken. Zur Sicherheit ließ er außerdem die bedauernswerten Ingenieure, die die Schiffsbrücke gebaut hatten, umbringen.

Kampf gegen das Wasser

Die drastische Bestrafung des Meers reiht sich in eine ganze Serie merkwürdiger Handlungen ein, die dem Perserkönig Xerxes in den historischen Quellen zugeschrieben werden. Immer erscheint er dabei als

DIE CHINESEN ERFANDEN DIE SCHUBKARRE FÜR VERLETZTE

wahr

ein besonders grausamer, überheblicher Tyrann. Nach Griechenland ist er trotz der Schlappe an den Dardanellen weiter marschiert. Auf der Chalkidike im Norden Griechenlands legte er sich wieder mit der Naturgewalt des Wassers an. Durch die Halbinsel Athos ließ er einen über 2000 Meter langen Kanal bauen, um seiner Flotte einen geraden Weg zu bahnen. Mit diesem Werk waren zwangsverpflichtete Soldaten drei Jahre lang beschäftigt. Wer nicht spurte, bekam, genauso wie das Meer in den Dardanellen, die Peitsche zu spüren.

Am Ende unterlegen

Das persische Invasionsheer gelangte bis Athen, hier wurde die Akropolis verwüstet. Doch dann kam das Ende in der Seeschlacht von Salamis, nahe bei Athen. Der exzentrische König hatte sich eigens einen exklusiven Tribünenplatz gesichert, hoch auf einem Hügel über dem Meer. Dort saß er auf seinem Thron mitten in der Landschaft, in der festen Erwartung, einen glänzenden Sieg seiner Flotte zu sehen. Doch das Meer war auch in diesem Fall nicht auf seiner Seite: Am Ende siegten die Griechen in grandioser Manier.

Nach einer weiteren Niederlage in einer Landschlacht hatte Xerxes endgültig genug von den Griechen und zog sich nach Persien zurück. Doch am Königshof hatte er sich zahlloser Intrigen zu erwehren und 465 v. Chr. fiel der Despot, der einst das Meer bestraft hatte, einem Mordanschlag zum Opfer. Mit dem Tod des Xerxes begann der langsame Abstieg des ruhmreichen persischen Imperiums. Das Reich, das sich in den Glanzzeiten von der Ägäis bis zum Indus erstreckte, begann an den Rändern zu bröckeln. Intrigen und Aufstände taten ein Übriges, um den Koloss mehr und mehr ins Wanken zu bringen. Das Ende kam im 4. Jahrhundert v. Chr., als Alexander der Große den letzten persischen König, Dareios III., besiegte.

Die alten Chinesen lösten schon sehr früh ein militärisches Problem.

Auch ganz im Osten des asiatischen Kontinents bildeten sich früh Herrschaftszentren aus. In China waren es um 1600 v. Chr. die Shang, die eine erste große Dynastie gründeten. Ihnen folgte um 1000 v. Chr. die Zhou-Dynastie; sie hielt sich bis zur Mitte des 3. Jahrhunderts.

Unter der Dynastie der Han, die 221 v. Chr. im Reich der Mitte an die Macht gekommen war, wurden viele Kriege geführt. Zur Zeit Kaiser Wudis (156 v. Chr. bis 87 v. Chr.) erreichte China dann seine bis dahin größte Ausdehnung. Ständig waren die Armeen im Einsatz. Bei diesen bewaffneten Auseinandersetzungen war es nicht zu vermeiden, dass viele Soldaten ihr Leben ließen. Andere blieben verwundet auf dem Schlachtfeld zurück. Um die Verletzten rascher abtransportieren zu können, erfanden die Chinesen einen genialen mobilen Einsatzdienst: Man brachte die verwundeten Kameraden mithilfe einer zweirädrigen Schubkarre vom Schlachtfeld und rettete so vielen das Leben. Es ist der erste gesicherte Beleg für den Gebrauch von Schubkarren, wobei die Räder noch mittig unter der Ladefläche lagen. In Europa wurde diese praktische Erfindung erst viele Jahrhunderte später eingesetzt.

In die Zeit der Han-Dynastie fiel noch eine weitere bahnbrechende Erfindung: Einem Hofbeamten gelang es, aus den Fasern von Maulbeerbaumrinde, Hanf, Seidenresten und alten Fischernetzen ein dünnes Stück Papier zu fertigen. Die Fasern wurden gekocht, dann als Papierbrei aus dem Wasser geschöpft und schließlich getrocknet. Das neue Schreibmaterial ersetzte die bis dahin verwendete außerordentlich teure Seide sowie die für den Schreibverkehr ziemlich unpraktischen Bambustafeln.

ANTIKE

Mächtige Reiche, große Namen, die
Demokratie, die Philosophie, die Architektur:
Spricht man von Griechen und Römern,
gerät man leicht ins Schwärmen. Nicht zu
Unrecht. In der Antike wurden die Grundlagen
der modernen Zivilisation geschaffen.
Aber natürlich war auch in dieser Zeit nicht
alles Gold, was glänzte.

EINE NATUR-KATASTROPHE LIESS ATLANTIS IM MEER VERSINKEN

falsch

Hartnäckig hält sich seit der Antike die Geschichte vom versunkenen Kontinent Atlantis. Doch die Suche führt ins Leere: Atlantis hat es nie gegeben.

Im 6. Jahrhundert v. Chr. hielt sich der weise Solon aus Athen in Ägypten auf. Einheimische Priester erzählten ihm von einem mächtigen Inselreich namens Atlantis, das sich jenseits der „Säulen des Herakles", wie die alten Griechen die Straße von Gibraltar nannten, befunden habe. Die Könige von Atlantis hätten viele Kriege gegen Athen geführt, bis die Insel vor 9000 Jahren durch ein verheerendes Erdbeben im Meer versunken sei.

Wo lag Atlantis?

Der griechische Philosoph Platon verfasste im 4. Jahrhundert v. Chr. einen Bericht über Atlantis, bei dem er sich auf Solon berief. Seither lebt der Mythos. Lang ist die Liste von Vermutungen, wo Atlantis zu suchen sein könnte: War es Santorin, jene Insel, die durch einen Vulkanausbruch buchstäblich in die Luft gesprengt wurde? Oder Kreta, dessen prächtige Paläste in sich zusammenstürzten? Die Suche ist überflüssig. Atlantis ist eine Utopie und das im wahrsten Sinne des Wortes. Denn „Utopie" bedeutet „Ort, den es nicht gibt". Ein Gleichnis war es, das Platon im Sinn hatte. Das kann man an der Datierung des Untergangs in graue Vorzeit erkennen, aber auch daran, dass er die Ereignisse in den Atlantik versetzte, fern der den Griechen vertrauten Welt des Mittelmeers. Die Geschichte war als Mahnung gedacht, dass auch das größte Reich nicht ewig besteht – vor allem nicht, wenn seine Bewohner maßlos und überheblich werden.

> **Eine Insel, größer als Afrika und Asien zusammen**
> Platon

DIE ALTEN GRIECHEN WAREN FARBENBLIND

falsch

Das irritierte Kenner des antiken Griechenlands schon immer: Bei Homer stimmen die Farben nicht.

Homer, der große antike Dichter, schuf im 8. Jahrhundert v. Chr. die berühmten Epen *Ilias* und Odyssee. Die Geschichten gelten bis heute als Weltliteratur. Dabei ist der Himmel bei Homer nicht blau, Honig wiederum ist grün. Man mag einwenden, dass Homer nach übereinstimmenden Berichten ohnehin blind gewesen sein soll. Doch daran darf getrost gezweifelt werden. Weisen Männern wurde in der Antike häufig Blindheit zugeschrieben, um ihre Fähigkeit, mit dem inneren Auge zu sehen, herauszustreichen. Ganz praktisch erhebt sich auch die Frage, wie Homer als Blinder seine Werke niedergeschrieben haben soll.

Für den grünen Honig gibt es eine andere Erklärung: Die alten Griechen hatten eine andere Farbwahrnehmung als wir heute. Sie unterschieden nicht zwischen der Farbe von Honig und von Gras, die sie mit dem Wort *chloros* bezeichneten, das in dem heutigen Wort „Chlorophyll" steckt. Das Blau des Himmels oder des Meeres grenzten sie vermutlich nicht von anderen hellen oder dunklen Farben ab – zumindest gibt es im Altgriechischen kein entsprechendes Wort.

Farbenfrohe antike Skulpturen

Malereien zeigen, dass die Griechen zunächst nur Schwarz und Weiß, dann auch Rot und Gelb verwendeten und noch später alle weiteren Farben. Einer der Ersten, der sich mit der Lehre von den Farben auseinandersetzte, war der griechische Universalgelehrte Aristoteles (384 bis 322 v. Chr.). In klassischer Zeit schufen Künstler und Architekten farbenfrohe Werke: Die griechischen Marmorstatuen blieben nicht weiß, wie man jahrhundertelang dachte, sondern waren bunt bemalt.

DIE FRÜHESTEN BANKEN BEFANDEN SICH IN TEMPELN

wahr

Antike Sparer vertrauten ihr Geld den Göttern an. Überhaupt entwickelte sich rund um die Tempel ein ausgeprägter Profitgedanke.

Wer heute zu viel Bargeld im Hause hat, trägt es auf die Bank. Wer in der Antike zu viel Geld hatte, brachte es in einen Tempel. Schließlich gab es kaum einen Ort, der sicherer war. Hier wachte ein Gott über die Einlagen, außerdem waren die Tempelwände dick genug, um Räubern das Leben schwer zu machen. Schließlich war da noch die vertrauenswürdige Priesterschaft, die den Tempel betreute.

Mit Sinn fürs Geschäft

Wie es sich für Bankiers gehört, kam den Priestern bald der Gedanke, dass man Geld für sich arbeiten lassen kann. Dafür verwendeten sie jedoch nicht die Ersparnisse der Kundschaft. Die Tempel verfügten über umfangreichen Grundbesitz, der ihnen viel Geld einbrachte. Diese Einkünfte verliehen die Priester zu einem hohen Zinssatz an Interessenten. Das war auch damals schon keine billige Sache: Den Vogel schossen die Priester des Apollon-Tempels auf Delos ab. Sie verlangten für ihre Darlehen nicht weniger als 10 Prozent Zinsen.

Auch vor den Tempeln herrschte immer reges Treiben. Daher tummelten sich dort viele gewerbliche Geldwechsler. Gegen eine Gebühr bedienten sie Reisende, die aus der Fremde kamen und ihr ausländisches Geld in die heimische Währung umtauschen wollten. Nicht alle Wechsler übten dieses Geschäft mit der gewünschten Seriosität aus. Das war auch noch zur Zeit von Jesus Christus so. In der Geschichte von der Tempelaustreibung berichten die Evangelien, wie Jesus Händler und Geldwechsler wütend aus dem Jahwe-Tempel in Jerusalem vertrieb.

Vom Sklaven zum Bankier

Der erste namentlich bekannte Banker im alten Griechenland hieß Pasion. Er hatte mit Tempeln nichts mehr zu tun, sondern tätigte ganz ohne die Götter Bankgeschäfte im großen Stil.

Um 430 v. Chr. in Athen geboren, entwickelte er sich zum klassischen Selfmademan. Denn geboren wurde er noch als Sklave und arbeitete sich dann mit allerlei Geldgeschäften nach ganz oben. Die prominentesten Politiker Athens legten die Regelung ihrer Finanzen vertrauensvoll in die geschickten Hände Pasions. Als er 370 v. Chr. starb, war er einer der reichsten und angesehensten Männer in Athen.

DIE DEMOKRATIE IN ATHEN WURDE VOM ADEL GESCHAFFEN

wahr

In Athen wurde die erste Demokratie der Weltgeschichte begründet. Erstaunlicherweise ging die Bewegung jedoch nicht vom Volk aus.

„Demokratie" heißt Volksherrschaft. Die erste Demokratie wurde vor 2500 Jahren im antiken Griechenland, genauer in Athen, aus der Taufe gehoben. Doch das Volk hatte mit der Errichtung der Demokratie nichts zu tun. Vielmehr waren es die Adligen, die dem Volk immer mehr Macht und Rechte verschafften. Nicht, weil es ihnen so sehr am Herzen lag oder weil sie ganz uneigennützig nach einer möglichst gerechten Staatsform suchten. Es waren handfeste politische Interessen, die dazu führten.

Der Adel von Athen war zerstritten. Einzelne Familien kämpften erbittert und auch mit Waffen um die Macht. Von Fall zu Fall suchten sie dabei die Unterstützung des Volkes. Sie versprachen der praktisch rechtlosen Bevölkerung Vergünstigungen und Vorteile, wenn sie ihnen half, einen lästigen Gegner auszuschalten.

Volksabstimmung auf Altgriechisch: Per Tonscherbe stimmten die Bürger über die Verbannung Kimons ab.

Kleisthenes gegen Isagoras

Zur Lichtgestalt der athenischen Demokratie wurde auf diese Weise der Adlige Kleisthenes. Er stammte aus einer der vornehmsten Familien in Athen und hatte von Haus aus nichts mit einer Volksherrschaft im Sinn. Aber er hatte einen harten Rivalen namens Isagoras, der ihn im Kampf um die Macht ausstechen wollte. Ihn musste Kleisthenes, wollte er seine ehrgeizigen Ziele erreichen, aufs politische Abstellgleis befördern. Um das Volk auf seine Seite zu ziehen, stellte er ein konkretes Reformprogramm in Aussicht. Isagoras dagegen suchte Unterstützung bei dem großen Nachbarn Sparta. König Kleomenes von Sparta erschien mit einer Armee vor Athen, um ihm beizustehen. Kleisthenes und seine Anhänger mussten fliehen, doch die Athener blieben auf seiner Seite und stürzten Isagoras. Kleisthenes kam kurz darauf zurück und war gezwungen, sein Versprechen zu halten. 508 v. Chr. bekam Athen eine demokratische Ordnung.

Staatsoberhaupt für einen Tag

Das Volk, das vom Adel die Demokratie geschenkt bekommen hatte, war zufrieden – und das, obwohl beileibe nicht jeder, der in Athen und Attika lebte, bei dem neuen, noch nie dagewesenen „Projekt Demokratie" mitmachen durfte: Berechtigt waren Männer über 18 Jahre, die das athenische Bürgerrecht besaßen. Frauen, Fremde, Kinder und Sklaven blieben ausgeschlossen – das waren gut 90 Prozent der Gesamtbevölkerung von rund 300000 Menschen.

Wer die Kriterien „Mann" und „Bürger" erfüllte, konnte sich uneingeschränkt dem politischen Geschäft widmen – entweder in der Volksversammlung, im Rat oder auch als einer von zahlreichen politischen Funktionsträgern, die für ein Jahr gewählt oder per Los bestimmt wurden. Dabei nahmen es die Athener mit der Demokratie so genau, dass jeder einmal in seinem Leben, wenn auch nur für einen

Tag, Staatspräsident werden durfte. Jeder konnte sich in den Rat wählen lassen, der mit seinen 500 Mitgliedern das eigentliche Regierungszentrum darstellte. Jeweils 50 Mitglieder des Rates bildeten im Turnus einen geschäftsführenden Ausschuss, in dem der Vorsitz täglich wechselte.

So ergab es sich, dass jedes Mitglied des Rates einen Tag lang Staatsoberhaupt war. Viel gestalten konnte man an dem einen Tag nicht, aber darauf kam es auch gar nicht an. Es sollte einfach verhindert werden, dass sich jemand an das Regieren gewöhnte. Demokratie, so lautete schon die Devise der alten Athener, lebt vom Wechsel.

Scherben als Stimmzettel

Die Demokratie kam nicht ohne Risiken und Nebenwirkungen. Mit am unangenehmsten, zumindest für die Betroffenen, dürfte das sogenannte Scherbengericht gewesen sein. Einmal im Jahr wurde in der Volksversammlung eine Abstimmung durchgeführt. Sie sollte klären, ob es unter den Politikern jemanden gab, der sich nicht an die Regeln der Demokratie hielt und womöglich nach Alleinherrschaft strebte. An alle Anwesenden wurden Scherben verteilt, in die sie den Namen desjenigen ritzen konnten, den sie in einem solchen Verdacht hatten. Scherben nahm man deswegen, weil sie billiger als Papyrus oder andere Beschreibstoffe waren.

Wessen Name am häufigsten auf den Scherben auftauchte, der musste für zehn Jahre in die Verbannung gehen. Es konnte also immer nur einen treffen, aber für den gab es nur wenig Trost. Immerhin, er behielt sein Bürgerrecht und sein Eigentum. Bei Ausgrabungen in Athen kamen jede Menge solcher Scherben zum Vorschein – mit Namen von Politikern, die zur obersten Prominenz in der athenischen Demokratie gerechnet werden dürfen.

Die Demokraten der ersten Stunde waren im Umgang miteinander nicht zimperlich. Oft genug dürfte das Scherbengericht auch ein Weg gewesen sein, in Misskredit geratene Politiker aus dem Weg zu räumen, wie zum Beispiel den „Spartanerfreund" Kimon, der trotz aller Verdienste im Kampf gegen die Perser 461 v. Chr. ins Exil musste. Als er zehn Jahre später zurückkehrte, handelte er einen vorläufigen Waffenstillstand mit den Spartanern aus.

> **Ein stiller Bürger ist kein guter Bürger.**
> Perikles

Diäten für politikmüde Athener

Nicht alle Bürger hatten Lust, sich demokratisch zu betätigen. Ein Bauer, der weit entfernt wohnte, scheute den langen Weg in die Stadt, um dort in der Volksversammlung über Gesetze abzustimmen, von denen er nicht oder kaum profitierte. Lieber kümmerte er sich um sein Vieh und seine Äcker. Aber die athenische Demokratie war eine direkte Demokratie und sie lebte davon, dass die Bürger bereit waren, neben ihrer täglichen Arbeit Sitzungen zu besuchen und Ämter auszuüben. So mussten Anreize geschaffen werden.

Ein Mittel, um mehr Bürger in die Versammlungen zu locken, war die Zahlung von Diäten – die also keine Erfindung der Moderne sind, sondern auf den Staatsmann Perikles zurückgehen, der seit 450 v. Chr. das politische Leben in Athen beherrschte. Die Bürger bekamen, wenn sie bei den Veranstaltungen erschienen, einen Geldbetrag, der den Verdienstausfall ausgleichen sollte. Tatsächlich stieg die Zahl der aktiven Demokraten danach wieder deutlich an.

Los statt Wahl

Wählen zu gehen, ist für uns heute ein urdemokratisches Recht. Die Athener sahen das anders. Für sie waren bei dem Verfahren des Wählens zu viele Unwägbarkeiten im Spiel. Bestimmte Interessengruppen könnten zum Beispiel die Wahl zu ihren Gunsten beeinflussen. Die meisten Ämter, die im Staat zu vergeben waren, wurden daher durch ein öffentliches Losverfahren besetzt. Nur bei dem Amt des Strategen blieb man bei der Wahl. Bei diesem Funktionsträger, dessen Aufgabenbereich Krieg und Verteidigung war, wollte man doch lieber auf Nummer Sicher gehen und nicht riskieren, einen militärisch gänzlich unerfahrenen Mann aus dem Lostopf zu zaubern.

GRIECHISCHE SPORTLER NAHMEN DOPINGMITTEL

wahr

Anabolika, Steroide oder Proteinhormone spielten noch keine Rolle. Völlig ahnungslos waren antike Sportler aber durchaus nicht, wenn es darum ging, der Leistung auf die Sprünge zu helfen.

Antike Sportstars genossen ein glückliches Leben. Sie wurden von allen bewundert und ihre Heimatstädte ließen es sich nicht nehmen, ihnen beneidenswerte Privilegien zu gewähren, wie das Recht, lebenslang auf Kosten der Gemeinschaft zu speisen. Das Größte war der Sieg bei den Olympischen Spielen, die seit 776 v. Chr. alle vier Jahre ausgetragen wurden. Wer hier den Siegerkranz im Stadionlauf, Ringen oder Boxen holte, war ein gemachter Mann. Kein Wunder also, dass die Athleten einigen Erfindungsreichtum an den Tag legten, wenn es darum ging, den frommen Satz vom „Dabei sein ist alles" zu durchbrechen und die eigenen Kräfte zu steigern.

Am Anfang der Geschichte des Dopings steht der griechische Läufer Dromeus. Er siegte zweimal in Olympia, sorgte aber auch für einen ziemlichen Skandal. Bis dahin war es üblich gewesen, dass sich die Athleten von frischem Käse ernährten. Boxer und Ringer nahmen außerdem Olivenöl zu sich, das nach Meinung der Experten „wutsteigernd" wirkte.

VOR 2500 JAHREN FAND DER ERSTE MARATHON STATT

falsch

Einführung der Fleischdiät

Dromeus fiel demnach völlig aus dem Rahmen, als er seinen Speiseplan um üppige Rationen von Fleisch erweiterte. Auf die Spitze trieb die offiziell nicht gebilligte Fleischkur der erfolgreichste Sportler der Antike. Der Ringer Milon aus der Stadt Kroton in Süditalien brach alle Rekorde. Er gewann sechsmal bei den Olympischen Spielen und 25 andere große Sportveranstaltungen.

Seine sagenhaften Leistungen verdankte der Hüne einer Diät der besondere Art: Täglich verspeiste er 20 Pfund Fleisch und die gleiche Menge Weizenbrot, dazu trank er 10 Liter Wein. So gestärkt, besiegte er jeden. Als sich seine Gegner allmählich auf diese Form der Vorbereitung eingestellt hatten, wartete Milon mit einer Neuerung auf. Im vollbesetzten Stadion von Olympia verschlang er vor Wettkampfbeginn einen ausgewachsenen Stier, den er höchstpersönlich geschlachtet hatte.

Asche mit Heilwirkung

Was den Griechen ihre Olympioniken, waren den Römern die Gladiatoren. Jedoch war deren Arbeit wesentlich gefährlicher. Betrat ein Gladiator die Arena, um gegen einen Rivalen oder ein wildes Tier zu kämpfen, riskierte er Kopf und Kragen. Das stellte höchste Ansprüche an die Fitness. Viele Kämpfer schworen auf eine eiweißhaltige Mischung aus Bohnen und Gerste, die der Muskelbildung nachhelfen sollte. Und von einem eigenartigen Trank, in der Hauptsache ausgelaugte Asche, hieß es, er würde die Eingeweide stabilisieren, die beim Fechten heftigen Erschütterungen ausgesetzt waren. Bis heute ein Geheimnis geblieben ist dagegen, mit welchen Mitteln und Extrakten es den Ärzten häufig gelang, in der Arena gestrauchelten Gladiatoren auch bei schwersten Verwundungen schnell wieder auf die Beine zu helfen.

Eine der bekanntesten Anekdoten aus dem Alterum gehört in die Abteilung „gut erfunden". Denn den antiken Marathonläufer gab es nicht.

490 v. Chr. – Alarm in Athen: In der Ebene von Marathon, etwas mehr als 42 Kilometer von Athen entfernt, taucht eine persische Streitmacht auf. Die Athener eilen den Angreifern entgegen. Zu ihrer Überraschung gelingt es ihnen, die Sieg gewohnten Perser zu schlagen. Sie schicken einen Boten nach Athen, der die Nachricht überbringen soll. Die Strecke ist für den Läufer offenbar zu viel: Völlig außer Atem verkündet er auf dem Marktplatz die Botschaft und bricht dann tot zusammen. Diese heroische Geschichte ist ein Mythos. Die Griechen strickten ihn aus zwei wahren Begebenheiten, um ihren grandiosen Erfolg zu garnieren. Tatsächlich gab es einen Läufer, Pheidippides, den die Athener aber nach der Ankunft der Perser nach Sparta schickten, um dort Waffenhilfe zu holen. Für die 200 Kilometer hin und zurück benötigte er drei Tage. Frustrierenderweise lehnten die Spartaner mit der Begründung ab, dass sie gerade eine religiöse Zeremonie feierten.

Auch die schwerbewaffneten Kämpfer von Marathon kehrten unmittelbar nach der Schlacht im Laufschritt nach Athen zurück. Die Perser hatten vorgehabt, in den Hafen von Piräus einzulaufen und von dort die Stadt, in der sie keine Soldaten anzutreffen erwarteten, einzunehmen. Doch schon von Weitem sahen sie dieselben Männer, die ihnen in Marathon die Stirn geboten hatten.

Der erste Marathonlauf fand 1896 bei den ersten Olympischen Spielen der Neuzeit in Athen statt. Die Idee, den legendären Lauf als Wettkampf aufleben zu lassen, stammte allerdings, wie die zur Wiederbelebung der Olympischen Spiele überhaupt – von einem Franzosen.

WÄHREND DER OLYMPISCHEN SPIELE DURFTEN KEINE KRIEGE GEFÜHRT WERDEN

falsch

Gern werden die antiken Olympischen Spiele als leuchtendes Beispiel der Völkerverständigung angeführt – ein Missverständnis!

Wenn in der Antike zu den Olympischen Spielen gerufen wurde, dann schwiegen in ganz Griechenland die Waffen. Eine schöne Vorstellung, die aber leider nicht mit der Wirklichkeit übereinstimmt. Zwar gab es die Einrichtung eines „Gottesfriedens", von den Griechen *Ekecheiria* genannt, der ein paar Wochen vor den Spielen ausgerufen wurde und bis ein paar Wochen nach Beendigung in Kraft blieb. So war es in der Satzung festgehalten, über deren Einhaltung ein prominent besetztes Gremium wachte. Aber dieser Frieden verhinderte keine kriegerischen Auseinandersetzungen zwischen den vielen kleinen und großen griechischen Staaten.

Kampfeslustige Sportler

Die Ekecheiria schützte die An- und Abreise der Athleten und Zuschauer, woher sie auch kommen mochten, sowie den Veranstaltungsort und sicherte die friedliche Durchführung der Spiele. Aber kein Krieg in der Antike wurde ausgesetzt, bloß weil in Olympia Sportler gegeneinander zum Wettkampf antraten.

Das ist schon deshalb nicht denkbar, weil sämtliche panhellenischen sportlichen Großereignisse auf diese Weise geschützt wurden, wir aber von vielen Kriegen wissen, die – ohne Rücksicht auf Olympische Spiele und Gottesfrieden – zwischen dem 8. und 4. Jahrhundert v. Chr. geführt wurden.

Manchmal zogen es die Athleten sogar vor, statt Sportlerehre Kriegerruhm zu ernten. Phayllos, der berühmte Fünfkämpfer aus der Athletenschmiede Kroton, einer griechischen Kolonie in Süditalien, galt als haushoher Favorit bei den Olympischen Spielen 480 v. Chr. Auf der Anreise kam ihm zu Ohren, dass zur gleichen Zeit die Athener im Golf von Salamis gegen eine persische Flotte kämpften. Spontan entschied er sich, auf olympische Lorbeeren zu verzichten und stattdessen an der Seeschlacht teilzunehmen. Er beschaffte sich ein Schiff, rekrutierte auf eigene Faust eine Besatzung, über die er selbst das Kommando übernahm, und schlug sich im entscheidenden Kampf gegen die Perser so erfolgreich, dass er zum Volkshelden wurde. Das hätte er allerdings auch als Sportstar erreichen können, denn Olympiasieger wurden verehrt, geliebt und hoch dekoriert.

Ausdauer, Kraft und Schnelligkeit der olympischen Athleten waren Talente, die auch im Krieg von Vorteil waren.

DIE DAUER DES PELOPONNESISCHEN KRIEGS WURDE VORHERGESAGT

wahr

Dreimal neun Jahre sollte er dauern. Zeitgenössische Kriegsberichterstatter bewiesen eine erstaunliche Prognosesicherheit.

Im Jahr 431 v. Chr. brach der Peloponnesische Krieg aus. So nennt man heute die militärische Auseinandersetzung zwischen den beiden griechischen Großmächten Athen und Sparta, in die nach und nach auch die meisten ihrer Verbündeten hineingezogen wurden. Grund für den Krieg war der Machtzuwachs Athens. Lange hatte Sparta eine unumstrittene Vormachtstellung unter den Griechen innegehabt. Doch Siege über die Perser hatten die Athener zu echten Konkurrenten werden lassen. Eine militärische Kollision war unvermeidbar geworden – auch deshalb, weil die Spartaner Anhänger der Adelsherrschaft waren, was Athen als Hort der Demokratie ein Dorn im Auge war.

Innergriechisches Kräftemessen

Die Sache begann damit, dass die Spartaner Jahr für Jahr in Attika einfielen und die Athener mit Flottenoperationen vor der Küste des Peloponnes antworteten. Im Lauf der Jahre waren immer mehr Gebiete von der großen Auseinandersetzung betroffen. Kaum eine griechische Stadt konnte sich heraushalten. Zeitweise reichte der Radius des Kriegs bis nach Sizilien, wo die Athener den kühnen Versuch unternahmen, die reiche Stadt Syrakus in ihre Gewalt zu bringen. Die Expedition endete in einem kompletten Desaster und wurde eine der schlimmsten Niederlagen, die sie jemals hinnehmen mussten.

Später konzentrierte sich das Geschehen auf den östlichen Mittelmeerraum und die Westküste der heutigen Türkei. Erst 404 v. Chr. ging der Krieg – der längste in der Geschichte des antiken Griechenlands – zu Ende. Der Sieger hieß Sparta; Athen musste kapitulieren und verabschiedete sich fürs

> **Ein Krieg, denkwürdiger als alle früheren.**
> Thukydides

Erste aus der Riege der Großmächte. Vergangen waren 27 lange Jahre, in denen, unterbrochen nur durch einen kurzen Zwischenfrieden, hart und erbittert gekämpft worden war.

In die Zukunft geschaut

Antike Prognose-Experten wollen die Dauer dieses längsten griechischen Kriegs der Antike schon im Voraus gewusst haben. Unsere Quelle ist hier der überaus seriöse griechische Historiker Thukydides, der den Krieg als Zeitzeuge von Anfang an miterlebt und beschrieben hat. Schon bei Beginn – so seine Worte – sei die Dauer des Kriegs auf „dreimal neun" Jahre veranschlagt worden. Goldrichtig, wie sich zeigte. Thukydides erwähnt dabei Orakel, deren Vorhersagen im alten Griechenland häufig eine hohe Trefferquote aufwiesen. Das Orakel von Delphi mit der immer benebelten und gerade deswegen in einem engen Kontakt zum Gott Apollon stehenden Priesterin Pythia war in dieser Hinsicht führend. Sicher war Delphi auch an den Berechnungen zur Dauer des Peloponnesischen Kriegs beteiligt. Allerdings konnte man der Pythia nicht immer trauen. Denn sie war dafür bekannt, häufig zweideutige Prophezeiungen zu geben.

Die tückische Weisheit der Orakel

Am schmerzlichsten musste dies einmal Krösus erfahren. Der König von Lydien in Kleinasien wurde von den Persern angegriffen. Er fragte beim Orakel in Delphi nach, ob er einen Kriegszug wagen solle. Die Antwort lautete: „Wenn du den Grenzfluss zum Reich der Perser überquerst, wirst du ein großes Reich zerstören." Krösus zog also 546 v. Chr. gegen die Perser, doch er verlor. Er beschwerte sich in Delphi und wurde belehrt, dass mit dem großen Reich sein eigenes gemeint gewesen sei.

PERIKLES LEGTE BEIM BAU DER AKROPOLIS SEINE VERBÜNDETEN HEREIN

wahr

Viel besucht, viel bewundert, aber auch viel zu teuer. Beim Bauprojekt Akropolis wurde eine Menge getrickst.

In vielem ein Bilderbuchgrieche, gab der Staatsmann Perikles, geboren um 500 v. Chr., gestorben 429 v. Chr., einem ganzen Zeitalter seinen Namen. Es gilt als ein Höhepunkt der klassischen griechischen Kultur und sein Aushängeschild war Athen samt der in neuem Glanz erstrahlenden Akropolis.

480 v. Chr. hatten die Perser unter König Xerxes der Stadt einen höchst ungebetenen Besuch abgestattet und große Teile, auch die Vorgängerbauten auf der Akropolis, in Schutt und Asche gelegt. Seitdem jedoch die Perser in ihre Schranken gewiesen worden waren, war Athen zur Nummer Eins unter den griechischen Stadtstaaten aufgestiegen und Perikles als begnadeter Redner zum einflussreichsten Mann in der athenischen Demokratie geworden.

Der Zweck heiligt die Mittel

Der rundum erneuerte Burgberg sollte nach seinem Wunsch die Macht und die Demokratie von Athen repräsentieren. Die Oberaufsicht über das Bauprojekt Akropolis vertraute er dem Bildhauer Pheidias an, dessen Zeus-Statue im Zeus-Tempel in Olympia zu den Sieben Weltwundern der Antike zählt.

Für Perikles' Traum von der schönsten Akropolis in ganz Griechenland war das Beste vom Besten gerade gut genug: Elfenbein, Marmor, Gold, Ebenholz und Zypressenholz. Nur wer sollte das gigantische Unternehmen bezahlen? Athen war zwar reich, aber die Staatsfinanzen ruinieren, das wollte Perikles nicht. So griff der ambitionierte Bauherr nach der Kasse des Attischen Seebunds, die eigentlich als militärische Lebensversicherung der Bundesmitglieder gedacht war. Er ließ sie von Delos nach Athen holen und beraumte eine Volksversammlung ein. Große Bauprojekte mussten in der athenischen Demokratie von der Mehrheit der Bürger abgesegnet werden. Aber das Volk war entsetzt. Die Beiträge der Bündnispartner? Das war Veruntreuung. Betrug.

Perikles blieb von der massiven Kritik, die ihm entgegenschlug, unbeeindruckt. Er belehrte seine Zuhörer, dass man den Bundesgenossen keine finanzielle Rechenschaft schuldig sei, schließlich lag die Führung des Seebunds bei Athen. Außerdem, argumentierte er mit eigenwilliger Logik: Das Geld gehört nicht dem, der es zahlt, sondern dem, der es bekommt, sofern er die vereinbarte Gegenleistung erbringt. Die entscheidenden Pluspunkte sammelte er schließlich, nicht anders als heute, mit dem Hinweis auf den Arbeitsmarkt. Es werde, so schwärmte Perikles seinen Mitbürgern vor, Arbeit in Hülle und Fülle geben. Jedes Handwerk werde zum Zug kommen, ganz Athen werde durch das Projekt in Lohn und Brot stehen. Da hatten die Moralisten keine Argumente mehr. An den auf der Akropolis von Athen errichteten architektonischen Wunderwerken aber dürften zumindest die geprellten Mitglieder des Seebunds keine echte Freude gehabt haben.

Ein Seebund als Lebensversicherung

Nach dem Sieg über die Perser in der Seeschlacht bei Salamis wurde der Attische Seebund ins Leben gerufen. Sein Zweck bestand darin, sich militärisch und finanziell für den Fall zu wappnen, dass die Perser erneut eine militärische Invasion starten würden. 200 Städte hatten sich unter der Führung von Athen zusammengetan. Einige stellten Schiffe zur Verfügung, die meisten aber leisteten einen jährlichen Tribut in Form einer Geldsumme. Das Vermögen wurde auf der Kykladen-Insel Delos unter der Obhut von Priestern deponiert.

IM HEER ALEXANDERS DES GROSSEN GAB ES KILOMETERZÄHLER

wahr

Bloß nicht verzählen, lautete die oberste Devise eines Spezialtrupps im Heer Alexanders des Großen.

Alexander der Große, König von Makedonien, setzte 334 v. Chr. seine 32 000 Mann starke Armee in Marsch. Zehn Jahre später erreichte die Expedition den Indus. Zehn Jahre, in denen Alexander und seine Soldaten gut 18 000 Kilometer quer durch Asien zurückgelegt hatten. Der Feldherr und seine Generäle zu Pferd, wenige in Wagen, die allermeisten zu Fuß. Zum Tross gehörten Pferdeknechte, Träger, Proviantmeister, Köche, Diener, Ärzte, Priester, Seher, Ingenieure, Techniker, Handwerker, Meldeläufer, Finanzbeamte, Schreiber, Historiker, Literaten, Philosophen, Künstler – und Geografen. Ihre Aufgabe war es, die unbekannte Welt, in die der Alexanderzug vorstieß, wissenschaftlich zu erfassen.

Die Vermessung der Welt per pedes

Eine Unterabteilung der Geografen bildeten die sogenannten Bematisten, wörtlich übersetzt „die mit Schritten Abmessenden". Und tatsächlich gingen sie während des gesamten Feldzugs der verantwortungsvollen Aufgabe nach, die Entfernungen, die das Heer täglich zurücklegte, zu messen – nicht etwa mit mechanischen Geräten oder Instrumenten, sondern ganz einfach per Addition im Kopf. (Man mag es kaum glauben, aber die überlieferten Vermessungen sind recht genau.) Darüber hinaus führten sie im Auftrag des wissensdurstigen Königs Buch über geografische Besonderheiten, Flora und Fauna. Ihre Aufzeichnungen wurden nach ihrer Rückkehr in einer heute nicht mehr erhaltenen, damals aber viel beachteten Datensammlung niedergelegt. Sie ermöglichte es, zumindest im Geist auf den Spuren der verdienstvollen Bematisten Alexanders des Großen zu wandeln.

ALEXANDER BENANNTE EINE STADT NACH SEINEM PFERD

wahr

Aus Trauer um den lebenslangen Gefährten ließ Alexander seinem Pferd eine besondere Ehre zuteil werden.

Als Alexander noch ein kleiner Junge war, schenkte ihm sein Vater ein Pferd. Das Tier gebärdete sich wild und warf jeden ab, außer Alexander, dem es gelang, Bukephalos zu bändigen. „Such dir ein Reich, mein Sohn, das deiner würdig ist, Makedonien ist für dich nicht groß genug", soll der Vater stolz gesagt haben. Niemals ritt Alexander ein anderes Pferd. Es starb 326 v. Chr. im heutigen Pakistan (ob im Gefecht oder an Altersschwäche – es war wenig jünger als sein damals 30 Jahre alter Besitzer –, ist uneinheitlich überliefert). Der trauernde Alexander gründete an Ort und Stelle die Stadt Bukephala, von der heute jedoch nichts mehr zu sehen ist. Und er ließ Soldaten zurück, die zusammen mit Einheimischen dort siedeln sollten.

Auf dem Rücken von Bukephalos errang Alexander viele Siege.

IM 3. JAHRHUNDERT V. CHR. BERECHNETE ERATOSTHENES DEN UMFANG DER ERDE

wahr

Scheibe oder Kugel – das war die Frage. Die meisten Menschen in der Antike glaubten, die Erde sei eine Scheibe. Und in Ägypten startete ein findiger Gelehrter ein geniales Experiment.

Die Erde ist eine Scheibe, umflossen vom großen „Weltmeer". Das war das Bild, das die Griechen von der Welt hatten. Und so stellten sie sie im 6. Jahrhundert v. Chr. auf den ersten Weltkarten dar. Doch schon im 5. Jahrhundert v. Chr. gab es kritische Geister, die diese Vorstellung anzweifelten und meinten, es müsse sich bei der Welt um eine Kugel handeln. Wie anders sollte man sich erklären, dass man von einem Schiff, das sich auf dem Meer näherte, zuerst die Masten sah? Oder den senkrechten Fall aller schweren Körper nach unten, „Richtung Erdmittelpunkt", wie wir heute sagen? Auch aus der Beobachtung von Sonnen- und Mondfinsternissen schlossen Gelehrte und Philosphen auf die Kugelform der Erde.

Im Schatten der Sonne

Ein Verfechter der Kugellehre war auch Eratosthenes. Seine Heimat war die große Stadt Kyrene im heutigen Libyen. Viele bedeutende Dinge stellte er im Lauf seines etwa 80-jährigen Lebens zwischen 290 und 214 v. Chr. auf die Beine. Er brachte es zum Leiter der berühmten Bibliothek von Alexandria in Ägypten und tat sich daneben durch epochale Forschungen auf den Gebieten der Geografie, Astronomie und Mathematik, aber auch als Philologe hervor.

Sein Meisterstück war die Berechnung des Erdumfangs. Theoretisch hätte er zu diesem Zweck bloß einmal rund um die Erde reisen müssen. Aber das wäre bei den damaligen Verkehrsverhältnissen zweifellos ein schwieriges und vor allem zeitraubendes Unterfangen gewesen. Vielleicht aus diesem Grund erdachte Eratosthenes eine andere, einfachere Me- thode, bei der er nicht einmal Ägypten verlassen musste. Alles, was er brauchte, waren zwei schalenförmige Sonnenuhren, von denen er die eine in Alexandria, die andere im knapp 800 Kilometer entfernten Syene, heute Assuan, aufstellen ließ. Syene wählte er aus, weil sie etwa auf dem gleichen Längengrad wie Alexandria lag. (Zu den Hinterlassenschaften des Eratosthenes gehört auch eine Gradnetzkarte der damals bekannten Welt.) Am Tag der Sommersonnenwende zur Mittagszeit trafen in Syene die Sonnenstrahlen senkrecht auf den Schattenzeiger der Sonnenuhr, während sie in Alexandria schräg auf den Zeiger fielen. Die Winkelmessung hier: 7 Grad und 12 Minuten. Dieser Winkel entspricht, wie auch der kluge Eratosthenes wusste, einem Fünfzigstel des Meridian-Vollkreises von 360 Grad.

Nur knapp daneben

Zu jener Zeit berechneten die Griechen Entfernungen nach der Einheit „Stadien". Allerdings war diese Maßeinheit nicht einheitlich und wahrscheinlich rechnete der Leiter der Bibliothek von Alexandria nach der damals in Ägypten üblichen Weise, gemäß der 1 Stadion umgerechnet etwa 157,5 Metern entspricht. Weil die Entfernung zwischen Alexandria und Syene 5000 Stadien betrug, multiplizierte er diese Zahl mit 50 (siehe oben: ein Fünfzigstel des Meridian-Vollkreises) und kam zu dem Ergebnis: Der Erdumfang beträgt 250000 Stadien. Mal genommen mit 157,5 Meter ergibt das 39375 Kilometer. Heute kennen wir den Erdumfang genau: Es sind exakt 40077 Kilometer. Also hatte sich der antike Wissenschaftler mit seinen bescheidenen Mitteln um gerade einmal 702 Kilometer verrechnet – wahrlich eine imponierende Leistung für seine Zeit.

Die Lehre von der Kugelgestalt setzte sich allerdings auch nach dieser Pionierleistung noch nicht durch. Das sollte erst viel später, in der Neuzeit, der Fall sein.

ARCHIMEDES MACHTE SEINE WICHTIGSTE ENTDECKUNG IN DER BADEWANNE

wahr

Der Normalmensch, der in die Badewanne steigt, will sich reinigen. Ein Genie ist auf der Suche nach einer Eingebung.

In Rankings zu antiken Geistesgrößen taucht regelmäßig und stets weit oben der Name Archimedes auf. Er war Grieche und lebte 287 bis 212 v. Chr. auf Sizilien in der Stadt Syrakus, die im 8. Jahrhundert v. Chr. von Auswanderern aus Korinth gegründet worden war. Der begnadete Mathematiker und Tüftler hatte das Glück, in König Hieron II. von Syrakus einen großzügigen Unterstützer zu finden. So konnte er sich ungestört seinen vielen Ideen widmen. Einmal bat der König um konkrete Hilfe. Er hatte einem Goldschmied Gold zur Anfertigung einer Krone überlassen und hegte den Verdacht, dass dieser ein Teil des Goldes unterschlagen und stattdessen Silber eingearbeitet hatte. Archimedes sollte die Sache aufklären.

Geistesblitz mit Folgen für den Schiffbau

Die Lösung fand dieser während der Körperpflege. Ein wacher Geist wie Archimedes achtet eben darauf, ob nicht auch bei dieser Prozedur etwas für die Wissenschaft abfallen könnte. Als die randvolle Wanne beim Hineinsteigen überlief, erkannte er nichts Geringeres als das „Archimedische Prinzip". Ihm fiel auf, dass die Menge des verdrängten Wassers im Verhältnis zum Volumen des verdrängenden Körpers stand. Da war er nicht mehr zu halten. Er sprang aus dem Bad und rannte, völlig unbekleidet, auf die Straße, „Heureka, ich hab's gefunden!" rufend. Er ließ sich die Krone und einen Goldklumpen vom gleichen Gewicht geben und stellte fest, dass die Krone mehr Wasser verdrängte, also mehr Volumen besaß. Der Goldschmied hatte tatsächlich Silber beigemischt. Doch Archimedes' Entdeckung hatte weitreichendere Folgen als die Bestrafung eines unehrlichen Hoflieferanten. Denn seine Experimente zu Verdrängung und Auftrieb erklären auch, unter welchen Voraussetzungen sich ein tonnenschweres Schiff über Wasser halten kann.

212 v. Chr. stand Syrakus im Krieg mit den Römern. Als sie in die Stadt eindrangen, war Archimedes gerade damit beschäftigt, geometrische Zeichen in den Sand zu malen und gab ein weiteres berühmtes Wort von sich: „Störe meine Kreise nicht." Das allerdings parierte ein humorloser Soldat mit einem leider tödlichen Schwerthieb …

DIE RÖMER TRUGEN KEINE HOSEN

wahr

„Die Hosen anhaben", damit hätte sich in Rom niemand gebrüstet. Hosen trugen doch nur Barbaren.

Eine Hose tragen – für einen Römer von altem Schrot und Korn war das unvorstellbar. Der römische Bürger, der etwas auf sich hielt, trug seit alters her eine Toga. Sie bestand aus einem einzigen Stück Stoff, das aus Wolle gewoben und etwa zwei- bis dreimal so lang war wie der Träger groß, und wurde kunstvoll um den Körper drapiert. Das Pendant für die modebewusste Römerin war die Stola, ein offenes, faltenreiches Gewand, das bis zu den Knöcheln ging. Darunter trugen sowohl Mann als auch Frau eine Tunika, ein ärmelloses Hemd.

Die Hose lernten die Römer erst bei fremden Völkern kennen, etwa bei den keltischen Stämmen in Gallien oder im Orient bei den Persern. Das war der Grund, warum diese Art von Beinkleidern als unkultiviertes und barbarisches Kleidungsstück verpönt war. Hätte sich ein Senator damit auf dem Forum Romanum sehen lassen, wäre seine Karriere

erledigt gewesen. Legionäre, die in kalten Gefilden stationiert waren, trugen manchmal längere wollene Unterhosen, bezeichnenderweise „Feminalia" genannt. Sie gingen bis zum Knie und sollten möglichst von der Tunika verdeckt werden, denn der Träger riskierte, als Weichling verhöhnt zu werden.

Antike Badehosen

Bitte keine Hosen: Von dieser Regel gab es eine Ausnahme, nämlich wenn die Römer baden gingen. Im Wasser trugen Männer und Frauen ein *subligar*, am ehesten mit „Schurz" zu übersetzen. Viel mehr war es auch nicht. Die Frauen trugen dazu noch eine Brustbinde. Gewöhnlich wurde die Badebekleidung aus Schaffell hergestellt. Wer es sich leisten konnte, trug eine Badehose aus Leder. Am Strand waren die antiken Badehosen allerdings nicht zu bewundern: Die Römer badeten nicht im Meer, sondern nur in ihren Thermen.

BEI DEN RÖMERN WAR FALSCHGELD IM UMLAUF

wahr

Schon im Römischen Reich versuchten mehr oder weniger geschickte Betrüger, mit Münzfälschungen reich zu werden.

Die Römer hatten Vertrauen in ihre Währung. Schließlich gab es Prägestätten unter staatlicher Aufsicht und kaiserliche Beamte bzw. Münzmeister, die die Ausgabe des Geldes unter 50 Millionen Bewohnern des Römischen Reichs überwachten. Doch archäologische Forschungen legen eine erschütternde Bilanz offen: Auch der römische Denar war vor Falschmünzern nicht sicher. Bei Grabungen kam wiederholt Hartgeld zum Vorschein, das offensichtlich gefälscht wurde.

„Falsch" heißt, dass bei den Münzen, die zum Teil nicht nur einen symbolischen, sondern auch einen Materialwert hatten, der Metallgehalt nicht der vorgegebenen Norm entsprach. Bei Goldmünzen verwendeten die Fälscher für den Kern der Münzen minderwertiges Material wie Blei oder Eisen und umwickelten ihn mit einer dünnen Schicht aus dem glänzenden Edelmetall. Schon in der Antike überprüfte man deshalb die Echtheit von Goldmünzen mit einem Biss. Man fand Münzen, auf denen die Eindrücke von Zähnen auf misstrauische Zeitgenossen schließen lassen. Andere Fälschungen sind ein wenig kleiner oder leichter als echte Münzen.

Den Fälschern auf die Schliche zu kommen, war nicht einfach, wenn man sie nicht in flagranti erwischte. Aber sie hinterließen Spuren. Sowohl im ehemaligen Römerkastell Rißtissen wie in der römischen Stadt *Arae Flaviae*, heute Rottweil, beide in Baden-Württemberg, wurden zwischen dem 1. und 2. Jahrhundert n. Chr. falsche römische Münzen geschlagen, die dort zusammen mit Tongussformen und anderen Fälscherutensilien gefunden wurden.

HANNIBAL FÜHRTE ALS ERSTER ELEFANTEN NACH ITALIEN

falsch

Keine Frage, der Zug über die Alpen war spektakulär. Aber der ultimative Überraschungscoup waren die Elefanten nicht.

Im Herbst 218 v. Chr. gelang dem karthagischen Feldherrn Hannibal eine Ausnahmeleistung, die ihm seinen Platz in den Geschichtsbüchern sicherte: Er überquerte mit 45 000 Mann die Alpen und überrumpelte mit diesem außergewöhnlichen Schachzug die Römer, die einen Angriff von Norden nicht erwartet hatten. Zu Hannibals Armee gehörten auch 37 Elefanten. Ob die afrikanischen Tiere die Tour de Force durch das eisige Hochgebirge überstanden oder nicht – einem zumindest soll es gelungen sein –, eine Premiere waren die Kriegselefanten auf der Apenninhalbinsel nicht.

Pyrrhos war der Pionier

Bereits 62 Jahre vorher hatte ein Kriegsgegner den Versuch unternommen, die Römer mittels militärisch geschulter Dickhäuter zu erschrecken. 280 v. Chr. hatte König Pyrrhos, ein erfahrener griechischer Heerführer, einem Hilfegesuch der mit Rom verfeindeten Stadt Tarent folgend, nach Italien übergesetzt. Seine 20 indischen Kriegselefanten kamen alle wohlbehalten ans Ziel. Schenkt man römischen Berichten Glauben, machten die Tiere auf die furchtlosen Römer nicht den geringsten Eindruck. Diese Quellen stammen allerdings aus späterer Zeit und ließen vermutlich die Vorfahren im hellen Licht des Heldentums erstrahlen. Eines muss man trotzdem feststellen: Pyrrhos (den die Römer Pyrrhus nannten) verließ Italien als Verlierer. Er gewann zwei Schlachten, hatte aber so viele Verluste einzustecken, dass er schließlich den Rückzug antreten musste. Der „Pyrrhus-Sieg" ist sprichwörtlich geworden für einen (zu) teuer erkauften Erfolg.

> **Elefanten können Mäuse nicht ausstehen.**
> **Plinius der Ältere**

ANTIKE SCHIFFE WURDEN VON GALEEREN-SKLAVEN GERUDERT

falsch

Und wieder mal hat Hollywood Schuld: Dass sich auf antiken Kriegsschiffen angekettete und ausgepeitschte Sklaven herumplagten, ist reine Fantasie.

Als Ben Hur rudert Charlton Heston in dem gleichnamigen Filmklassiker aus dem Jahr 1959, was das Zeug hält. Zusammen mit einer ganzen Schar anderer Sklaven muss er römische Kriegsschiffe durch unruhige Gewässer und gegen gefährliche Feinde bugsieren. Die Realität sah anders aus.

In der römischen Flotte dienten grundsätzlich freie Männer, Sklaven saßen nur ausnahmsweise auf der Ruderbank und wenn, dann wurde ihnen am Ende ihrer Dienstzeit die Freiheit geschenkt. Flottensoldat zu sein, war sogar etwas Besonderes: Im Gegensatz zum einfachen Fußvolk kam dieser Teil der Armee in den Genuss einer intensiven Ausbildung. Denn bei einem Gefecht auf See kam es entscheidend darauf an, dass Kommandant, Offiziere und Besatzung eine eingespielte Truppe waren.

Die Kunst des Kriegführens zur See war den Römern nicht in die Wiege gelegt worden. Ihre Erfolgsgeschichte als Weltmacht begann mit der Unterwerfung der anderen Völker in Italien, was ohne jedes Wasserfahrzeug vonstatten ging. Doch dann kam es zu Auseinandersetzungen mit der Seemacht Karthago. In den „Punischen Kriegen" (zwischen 264 und 146 v. Chr.) stellten die Römer ihre erste große Flotte auf. Glaubwürdigen Berichten zufolge sollen sie sich auf recht kuriose Weise mit dem Schiffbau und der Schifffahrt vertraut gemacht haben: Ein Schiff der Karthager kenterte an der Küste Italiens. Die Römer bargen das Wrack und bauten nach diesem Vorbild ihr erstes eigenes Modell. Und weil sie keine Ahnung hatten, wie man es bediente, sah man eine Zeitlang an den Stränden Unteritaliens künftige Rudersoldaten, die sich mit Trockenübungen auf den Ernstfall vorbereiteten.

Schon die alten Griechen setzten auf ihren Schiffen keine Sklaven ein, sondern rekrutierten die Besatzung aus der Zensusklasse der Theten, der untersten von insgesamt vier Klassen freier Bürger. Als die Theten in den Kriegen gegen die Perser zu Beginn des 5. Jahrhunderts v. Chr. einen Erfolg nach dem anderen erruderten, forderten sie mehr Rechte, die ihnen auch gewährt wurden.

Maritime Baukunst

Antike Ruderkriegsschiffe als „Galeeren" zu bezeichnen, ist übrigens nicht korrekt. Dieser Schiffstyp kam erst im späten Mittelalter in Mode, in der christlichen und islamischen Seefahrt. Und an Bord der Galeeren gab es sie dann tatsächlich, die angeketteten Sklaven. Das klassische Ruderschiff der Antike war die Triere – so sagten die Griechen – bzw. die Trireme, wie sie von den Römern genannt wurde. Dabei handelte es sich um ein Schiff mit drei übereinander angeordneten Reihen von Rudern. Je ein Mann bediente ein Ruder. Die „Dreidecker" hatten eine Länge von 40 bis 50 Metern, insgesamt befanden sich rund 200 Mann Besatzung an Bord.

Eine Klasse für sich

Schülerinnen und Schüler gehören in der Schule zu einer „Klasse". Das Wort stammt aus dem Lateinischen. Bei den Römern war *classis* der Begriff für die Flotte allgemein sowie auch für die zur Flotte gehörigen Soldaten, die innerhalb der Streitkräfte eine eigene Gemeinschaft bildeten. Weil die Flotte in der römischen Armee die Elite darstellte, wurde darüberhinaus das deutsche Adjektiv „klasse" umgangssprachlich zu einem besonderen Lob.

DIE MÜNZEN DER RÖMER WAREN VORLÄUFER DES EURO

wahr

Den Euro gibt es seit 2002. Doch schon vor gut zwei Jahrtausenden kannten die Europäer ein internationales Zahlungsmittel.

Am 1. Januar 2002 wurde der Euro eingeführt. Inzwischen kann man in 17 EU-Staaten damit bezahlen, ohne sich lästigen Wechselprozeduren unterziehen zu müssen. Vor 2000 Jahren war Europa schon einmal eine geschlossene Währungszone. Und nicht nur Europa, auch Teile Asiens und Afrikas gehörten dazu. Der damalige „Euro" hieß Aureus, Denar, Sesterz oder As. Die Münzen aus Gold, Silber, Bronze oder Messing wurden vom Römischen Reich ausgegeben und von Spanien bis nach Syrien, von Ägypten bis nach Britannien akzeptiert.

Eine stabile Währung ...

Das war ein riesiger Fortschritt gegenüber den Verhältnissen in Griechenland, wo im 5. und 4. Jahrhundert v. Chr. jeder Stadtstaat (und davon gab es über 700) seine eigene Währung hatte. Das machte den wirtschaftlichen Austausch nicht gerade einfach, weil man sich immer erst über den Wert des Geldes verständigen musste. Für den Wert der römischen Münzen garantierten Kaiser und Senat. Geprägt wurden sie in Rom direkt sowie in zahlreichen Prägestätten im gesamten Imperium Romanum.

Seit Augustus die Kaiserzeit eingeläutet hatte, zierte die Münzen das Konterfei des regierenden Kaisers. Auf der Rückseite waren Götter und Göttinnen, aber auch Bauten oder allegorische Darstellungen von Kriegen oder anderen wichtigen Ereignissen abgebildet. Dazu kamen Inschriften. Die Münzen wurden genutzt, um politische Botschaften unters Volk zu bringen. Das musste natürlich in kurzen und prägnanten Formulierungen geschehen. Wollte man beispielsweise die Masse beschwichtigen, verwies man auf die *liberalitas* des Herrschers, seine Freigebigkeit. Schien es angebracht, den Ge-

meinschaftssinn zu beschwören, appellierte man an die *concordia*, die Eintracht. Den Wert ihrer Münzen lasen die Römer nicht, wie heute, an einer Zahl ab. Vielmehr hatte jede Münze eine bestimmte Form, an der man sie erkannte. Geldscheine waren in der Antike unbekannt.

... bis zur Finanzkrise

Der antike „Euro" war so lange eine stabile Währung, wie das Römische Reich stabil war. Die schwere politische und militärische Krise im 3. Jahrhundert n. Chr. hatte auch Auswirkungen auf Wirtschaft und Finanzen. Inflationäre Tendenzen machten sich bemerkbar, die der Staat nicht mehr in den Griff bekam. Mit dem Römischen Reich ging Ende des 5. Jahrhunderts auch seine Münze unter, die sehr viel später in neuem Gewand wieder auftauchen sollte.

Mit dem Prägestock konnten römische Münzen auch fern der Heimat hergestellt werden.

Praktisch gedacht: Die Römer legten auch Zebrastreifen an, in Form von erhöhten Steinen in Schrittlänge.

JULIUS CÄSAR IST DER ERFINDER DER FUSSGÄNGERZONE

wahr

Verkehrsberuhigte Zonen in der Innenstadt gibt es nicht erst, seit es Autos gibt: Julius Cäsar sorgte für Ordnung auf Roms Straßen.

Verkehr in der antiken Weltstadt Rom, das hieß tägliches Chaos. Ströme von Fußgängern wälzten sich durch die Straßen und kämpften mit Tausenden von Ochsenwagen und Pferdegespannen um jeden Zentimeter Platz, immer mit dem Risiko, überfahren oder erdrückt zu werden. Eine Verbreiterung der Straßen stand angesichts der Lage der Stadt zwischen den sieben Hügeln nicht zur Diskussion.

Strikte Anweisung

Wer Gallien erobern konnte, würde doch den Verkehr vor der eigenen Tür in den Griff bekommen, sagte sich Gaius Julius Cäsar (100 bis 44 v. Chr.). Der Diktator und starke Mann in Rom griff zu einer drastischen Maßnahme. Private und gewerbliche Fahrzeuge wurden tagsüber schlicht aus dem Stadtbild verbannt. In Bürokraten-Latein gesprochen: „Auf den Straßen, die in der Stadt Rom innerhalb der geschlossenen Bebauung angelegt sind oder werden, soll niemand nach Sonnenaufgang noch vor der zehnten Tagesstunde einen Wagen

fahren oder führen lassen." Ausnahmen gab es nur für Unternehmen, die mit öffentlichen Bauvorhaben befasst waren, für Priesterinnen und Priester bei den religiösen Zeremonien und für siegreiche Feldherrn, denen Cäsar nicht zumuten wollte, den obligatorischen Triumphzug zum Kapitol zu Fuß zu absolvieren.

Die Nacht zum Tage gemacht

Eine einfache, aber wirkungsvolle Lösung, die sich Cäsar 45 v. Chr., ein Jahr vor seinem Tod, ausgedacht hatte? Die Sache besaß eine unangenehme Kehrseite. Draußen vor der Stadt warteten die Wagen, die zu den Märkten oder Herbergen wollten. Kaum gingen die Tore auf, da ratterten sie los – und verursachten auf den gepflasterten Straßen von Rom einen höllischen Krach. An Schlaf war für die geplagten Anwohner nicht mehr zu denken. Viel Lärm verursachten außerdem die Begleiter der Wagen, die mit Fackeln den Weg durch das nächtliche Rom bahnten.

Dem Verkehrsplaner Cäsar machte das nächtliche Tohuwabohu nichts aus. Er schlief sanft und selig in seiner mondänen Villa, die fernab von allem Straßenlärm lag.

IM CIRCUS MAXIMUS IN ROM WURDEN CHRISTEN HINGERICHTET

falsch

Grausam, wie sie waren, verfolgten die Römer ständig Christen, um sie im Circus den Löwen vorzuwerfen – alles gelogen.

Im Jahr 64 n. Chr. kam es in Rom zum ersten Mal zur Verfolgung von Christen. Die Stadt war in Flammen aufgegangen und die Bevölkerung vermutete, Kaiser Nero habe sie in Brand stecken lassen, um ein schöneres, prächtigeres Rom erbauen zu können. Der Kaiser, der den Verdacht von sich abschütteln wollte, gab den Christen die Schuld an der Katastrophe. Die Anhänger dieser neuen Religion bildeten damals in der Metropole des Römischen Reichs bereits eine kleine, aber aktive Gemeinde.

Der Brandstiftung verdächtigt

Der Kaiser ließ sie aufspüren und versammelte sie – im Circus Maximus? Wo sie zitternd und singend auf die Löwen warteten? So will es zumindest eine verbreitete Ansicht, die von Hollywoodfilmen geprägt ist.

Doch die Arena am Fuß des Palatin war als Sportstätte gedacht, in der vor 150 000 Zuschauern wagemutige Wagenlenker mit ihren Gespannen in halsbrecherischen Rennen um Ruhm, Geld und Ehre wetteiferten. Hier wurde allerhand geboten, aber keine Hinrichtungen. Und so wählte Nero auch nicht den Circus Maximus, um den Christen seine grausame Lektion zu erteilen, sondern seine privaten Gärten in der Nähe des Tiber. Hier wurden die beschuldigten Christen gekreuzigt oder auf andere Weise getötet.

Ruhe vor dem Sturm

Nach diesem Progrom wurde es für die christliche Gemeinde in Rom wieder ruhiger. Von systematischen Christenverfolgungen kann in dieser Zeit keine Rede sein. Die Römer waren keine notorischen Christenhasser, wie es in den Kinostreifen gern dargestellt wird. Sie tolerierten im Gegenteil fremde Religionen, wenn deren Anhänger neben der eigenen Gottheit auch die römischen Staatsgottheiten verehrten. Genau das verbot den Christen allerdings ihr Glaube an den einen Gott – und das war den Römern in der Tat suspekt. Die Kaiser sahen darin ein Zeichen mangelnder Loyalität, die Todesstrafe hatten Christen deswegen aber nicht zu befürchten.

Christenverfolgung im 3. Jahrhundert

Erst viel später, als im 3. Jahrhundert die Zeiten unsicherer wurden, die Pest und Hungersnöte die Lage verschlimmerten, suchte man einen Sündenbock und fand ihn in den Christen. Im ganzen Reich wurden sie drangsaliert, indem man ihren Besitz beschlagnahmte oder ihnen die Ausübung ihrer Religion untersagte. Auch Tötungen und Folter gehörten zu den Repressalien. Doch auch jetzt fanden keine öffentlichen Massenhinrichtungen oder Tierhetzen mit Christen statt – im Circus Maximus in Rom schon gar nicht.

Große Show

Schon bevor die Rennen begannen, wurde den Zuschauern im Circus Maximus einiges geboten. Den Höhepunkt des Rahmenprogramms aus Show und Musik stellte ein Festzug zu Ehren den Götter dar. An der Spitze marschierten junge Männer, ihnen folgten die viel umjubelten Wagenlenker. Begleitet wurden sie von Tänzern, Chören und Flötenspielern.
Im eigentlichen Opferzug wurden die Bilder der Götter präsentiert. Würdige Priester schritten ihnen voran. Am Ende erschienen die Sponsoren der Veranstaltung, die für ihr finanzielles Engagement den verdienten Beifall der Massen genießen durften.

AUGUSTUS BRACH ALEXANDER DEM GROSSEN DIE NASE AB

wahr

Auch hochrangigen Persönlichkeiten wie Augustus passieren Missgeschicke – und ihm ausgerechnet bei seinem Idol.

30 v. Chr. eroberte der spätere Kaiser Augustus, der zu dieser Zeit noch Octavian hieß, die Stadt Alexandria in Ägypten. Zuvor hatte er in der Schlacht bei Actium in griechischen Gewässern die ägyptische Königin Kleopatra, die letzte Herrscherin aus der großen Dynastie der Ptolemäer, und ihren römischen Geliebten Mark Anton ausgeschaltet. Als Verehrer Alexanders des Großen ließ sich Augustus sofort zum Grabmahl des Gründers und Namensgebers der Stadt führen. Der war zwar im fernen Babylon gestorben, aber von Ptolemaios I., Urahn der Kleopatra, nach Alexandria transportiert und bestattet worden.

> **Ich wollte einen König sehen und keine Leichen.**
> Augustus

Alexander war das Vorbild aller römischen Feldherrn. Alle wollten sie so sein wie der Himmelsstürmer aus Makedonien, der in knapp zehn Jahren neben Ägypten und dem Vorderen Orient fast ganz Asien unter seine Herrschaft gebracht hatte. Eigens für den Gast aus Rom holte man den Sarkophag aus dem Mausoleum. Augustus legte einen goldenen Kranz und Blumen nieder und bat darum, den Leichnahm berühren zu dürfen. Nach ägyptischer Sitte hatte man ihn einbalsamiert, sodass der König, der schon bald 300 Jahre tot war, noch recht frisch aussah. Da passierte das Unglück: Die Nase fiel ab. Doch weil das Missgeschick einem mächtigen Römer passiert war, der gerade Ägypten erobert hatte, blieb der Patzer folgenlos.

Für die Ptolemäer hatte der Besucher deutlich weniger übrig. Als man ihn fragte, ob er nicht auch deren Gräber sehen wollte, sprach er: „Ich wollte einen König sehen und keine Leichen."

AUGUSTUS ERFAND DIE FEUERWEHR

wahr

Der umsichtige Kaiser Augustus sorgte dafür, dass die von Bränden geplagten Römer wieder besser schlafen konnten.

Der römische Kaiser Augustus, der von 27 v. Chr. bis 14 n. Chr. regierte, darf mit Fug und Recht als Gründer der Berufsfeuerwehr gelten. Eine private Feuertruppe gab es in der Millionenmetropole am Tiber bereits. Sie war eine von vielen Unternehmungen des Marcus Licinius Crassus, nicht von ungefähr der reichste Mann Roms.

Skrupelloser Immobilienhai

Wenn es in der Stadt brannte – und das war fast täglich der Fall –, war Crassus mit seiner aus Sklaven rekrutierten Feuerwehr stets erstaunlich schnell zur Stelle. Dort kaufte er dann – böse Zungen behaupten, noch bevor er überhaupt Befehl gab, mit den Löscharbeiten zu beginnen –, den unglücklichen Eigentümern ihre durch das Feuer ramponierten Immobilien ab, um sie später einer Luxussanierung zu unterziehen.

Von solch skrupellosen Motiven war Augustus frei. Dem Kaiser kam es auf Sicherheit und Ordnung in der Hauptstadt an. 22 v. Chr. organisierte er eine staatliche Garde, der 600 professionelle Feuerwehrmänner angehörten. Ihre Aufgabe bestand nicht nur in der Brandbekämpfung, sondern auch darin, das Feuer frühzeitig zu bemerken. Die Bürger Roms konnten mit dem beruhigenden Gefühl nun zu Bett gehen, dass auch nachts aufmerksame Wächter durch die Straßen patrouillierten. 6 n. Chr. stockte Augustus die viel beschäftigte Truppe auf 7000 Mann auf.

Der technische Standard war übrigens erstaunlich hoch: Die *vigiles*, wie die Feuerwehrleute hießen, rückten nicht nur mit Eimern, Leitern und Feuerpatschen an, sondern hatten auch hydraulische Doppelkolbenpumpen im Gepäck.

DIPLOMATISCHE KONFERENZEN FANDEN BEI DEN RÖMERN IN FLÜSSEN STATT

wahr

Nasse Füße waren vorprogrammiert. Aber was taten antike Diplomaten nicht alles, wenn es darum ging, Gleichrangigkeit zu demonstrieren.

Wir befinden uns im Jahr 1 n. Chr. Schauplatz ist eine Insel mitten im Euphrat. Der Strom bildete damals die Grenze zwischen dem Reich der Römer und dem Reich der Parther. Die Parther beherrschten weite Teile Asiens und galten als die einzige ernstzunehmende Konkurrenz der Römer in der Gegend. Auf der Insel im Euphrat treffen zwei illustre Persönlichkeiten zusammen: Gaius Cäsar, Enkel, designierter Nachfolger und Chefunterhändler von Kaiser Augustus, und Phraates V., der junge König der Parther. Sie haben Wichtiges zu besprechen.

Doch bevor sie sich in Verhandlungen über die Thronfolge in Armenien stürzen, muss das Protokoll stimmen. Sowohl der Römer als auch der Partherkönig haben auf einen Konferenzort auf neutralem Boden bestanden. Einen Besuch des Römers auf parthischem Boden hätten die Parther als Zeichen der Unterlegenheit deuten können und umgekehrt. Die Insel im Grenzfluss ist die ideale Lösung.

Verhandlungen auf Augenhöhe

Auch ansonsten wurde peinlich genau auf Gleichrangigkeit der beiden Konfliktparteien geachtet. Jeder hatte exakt dieselbe Zahl von Begleitern bei sich. An dem einen Ufer standen die Truppen der Römer und schauten dem Schauspiel zu, am anderen die der Parther. Das Konzept ging auf, die Gespräche endeten einvernehmlich und in der Folgezeit kam es zu weiteren Euphrat-Treffen, die sich im Zeremoniell nicht sonderlich von dieser ersten Zusammenkunft unterschieden haben dürften.

Nicht nur für internationale Verhandlungen trafen sich die Römer, wenn es sein musste, auf Inseln. Auch im eigenen Herrschaftsbereich fanden solche Treffen statt. Bereits 43 v. Chr., kurz nach der Ermordung Julius Cäsars, zogen sich sein Großneffe und Haupterbe Octavian (der spätere Kaiser Augustus), dessen Rivale Mark Anton und der Senator Lepidus für mehrere Tage auf eine Insel im Fluss Lavinius in der Nähe von Bononia, heute Bologna, zurück. Sie schrieben dort mit der Gründung des Zweiten Triumvirats ganz große Geschichte.

WAREN ATHEN UND ROM ANTIKE SUPERMÄCHTE?

Griechen und Römer sind die Klassiker der antiken Geschichte, sie haben über Jahrhunderte die Geschicke der Mittelmeerwelt und darüber hinaus bestimmt. Aus europäischer Sicht waren sie die Supermächte der damals bekannten Welt. Im Vergleich waren sie völlig unterschiedlich.

Griechenland war in der Antike zu keinem Zeitpunkt eine staatliche Einheit. Vielmehr zerfiel das Land in eine große Anzahl von Stadtstaaten, von denen Athen und Sparta die bedeutendsten gewesen sind. Die Griechen nannten den autonomen Stadtstaat „Polis" – ein Begriff, der auch heute noch auf verschiedenen Ebenen verwendet wird (Politik, Politiker, Polizei).

Durch die Große griechische Kolonisation, die von 750 bis 500 v. Chr. dauerte, erweiterte sich der Radius der griechischen Kultur bis weit nach Westen, nach Sizilien, Süd-italien, Südfrankreich, Spanien. Das 5. Jahrhundert v. Chr. bezeichnet man zu Recht als Goldenes Zeitalter der griechischen Geschichte. Athen überholte nach den Kriegen gegen die Perser den alten Rivalen Sparta an Macht und Einfluss. Die Stadt wurde zum politischen, wirtschaftlichen und kulturellen Zentrum Griechenlands. Eine epochale Leistung war die Entwicklung der ersten Demokratie der Weltgeschichte.

Mit Alexander dem Großen wurde im 4. Jahrhundert v. Chr. ein neues Kapitel aufgeschlagen. Der junge König der Makedonen eroberte in nicht ganz zehn Jahren den gesamten Orient bis zum Indus. Die Perser, Erzrivalen der Griechen, waren besiegt. Im anschließenden Zeitalter des Hellenismus waren es Griechen, die auf dem Gebiet der Wissenschaften glanzvolle Leistungen vollbrachten. Dies gilt insbesondere für die Geografie, als Folge der Erweiterung des Weltbildes durch die Feldzüge Alexanders des Großen.

Aufstieg einer neuen Macht

Die Römer kamen später in die Geschichte. Zwar wurde die Stadt bereits im 8. Jahrhundert v. Chr. gegründet. Das von den Römern selbst errechnete Gründungsjahr 753 v. Chr. entspricht in etwa den archäologischen Befunden. Nach einer Zeit, in der Rom von Königen

753 v. Chr.
Gründung Roms

8. – 6. Jh. v. Chr.
Große griechische Kolonisation

Die *Ilias* und die *Odyssee* von Homer galten schon in der Antike als herausragende Dichtkunst der Griechen.

469 – 429 v. Chr.
Goldenes Zeitalter Athens

regiert wurde, begann um 500 v. Chr. die Geschichte der römischen Republik. Gut 500 Jahre bestimmten die Häupter der adligen Familien die Geschicke der Stadt am Tiber, mit dem Senat als dem zentralen Regierungsgremium. Bald wurde Rom zur Vormacht in Italien. Das führte zur ersten großen Konfrontation mit einer auswärtigen Macht: In den drei Punischen Kriegen löste Rom Karthago als dominierender Faktor im westlichen Mittelmeerraum ab.

Danach wandte sich der römische Imperialismus dem Osten des Mittelmeers zu, wo die griechisch-makedonischen Nachfolgestaaten des Alexanderreichs unterworfen wurden. Je größer Rom wurde, desto heftiger wurden die Machtkämpfe unter den Senatoren. Sie mündeten im 1. Jahrhundert v. Chr. in eine Serie von Bürgerkriegen. Deren Resultat war das Ende der republikanischen Ordnung.

Mit Augustus, der von 63 v. Chr. bis 14 n. Chr. lebte, begann die Kaiserzeit. Dieses monarchische System hielt sich bis zum Ende des Römischen Reichs. Es verkraftete Exzentriker wie Caligula und Nero und produzierte Größen wie Traian, Hadrian und Mark Aurel. Unter Kaiser Traian, der 117 n. Chr. starb, erreichte das Imperium der Römer die größte Ausdehnung überhaupt. Es erstreckte sich nun von Persien bis nach Spanien, von Nordafrika bis nach Britannien und dem heutigen Rumänien.

Durch Kaiser Konstantin den Großen wurde das Christentum zur wichtigsten Religion im Römischen Reich – nach Jahrzehnten der Verfolgungen. Stürmisch wurde es für das Römische Reich ab dem 3. Jahrhundert n. Chr.

Ein langsamer Untergang

Viele Faktoren bewirkten einen schleichenden Verfall Roms. Einer der Motoren waren die Wanderungen germanischer Völker, die nach dem Auftauchen der Hunnen besonders intensiv wurden. Eine breite Palette an Völkern, wie die Westgoten, die Ostgoten oder die Vandalen, brachten das einst so stolze Imperium mehr und mehr ins Wanken.

Mit der Absetzung des letzten Kaisers Romulus Augustulus endete 476 die Ära der Römer – jedenfalls im Westen. Im Osten hielt sich das oströmisch-byzantinische Reich gut 1000 Jahre länger.

27 v. Chr.
Augustus wird erster römischer Kaiser

Das Machtzentrum des Römischen Weltreichs war über Jahrhunderte das Forum Romanum.

4. – 6. Jh. n. Chr.
Völkerwanderung

395 n. Chr.
Teilung des römischen Reichs

CALIGULA PRÄSEN-TIERTE MUSCHELN ALS BEUTESTÜCKE

wahr

Wahnsinn – oder doch Wahn mit Sinn? Der römische Kaiser Caligula gab Zeitgenossen und Nachwelt viele Rätsel auf.

Caligula (12 bis 41 n. Chr.) hieß eigentlich gar nicht Caligula, sondern Gaius Julius Cäsar Germanicus. Doch alle Welt nannte ihn „Caligula" – ein possierlicher Spitzname für einen, der als Scheusal schlechthin in die Geschichte eingehen sollte. Der spätere Kaiser hatte sich den Namen in seiner Kindheit erworben, die er als Sohn des berühmten Feldherrn Germanicus in Militärlagern im Norden des Reichs zugebracht hatte. Zum Vergnügen der Soldaten war der Steppke grundsätzlich in Legionärsbekleidung samt passendem Schuhwerk unterwegs gewesen. Die Schuhe der römischen Soldaten, die für uns heute mehr Ähnlichkeit mit Sandalen haben, hießen *caliga*, Stiefel. *Caligula* ist die Verkleinerungsform.

> **Sollen sie mich fürchten, wenn sie mich nur hassen.**
> Caligula

Sonderbare Kriegsbeute

Gerade einmal 25 Jahre war Caligula alt, als er zum Kaiser ausgerufen wurde. Vier Jahre später, im Jahr 41 n. Chr., wurde er ermordet. Dazwischen tat er alles, um sich den Ruf eines Wahnsinnigen oder zumindest eines selbstherrlichen Exzentrikers zu erwerben. Zum einen ließ er viele tatsächliche oder auch nur vermeintliche Gegner unter den Senatoren ermorden und nicht einmal Familienangehörige waren vor ihm sicher. Zum anderen überraschte er mit skurrilen Aktionen, die an seinem Verstand zweifeln ließen.

Zu seinen wenigen Feldzügen gehörte eine Expedition Richtung Nordseeküste. Angeblich plante er die Eroberung der britischen Insel, doch die Operation wurde abgeblasen. Stattdessen ließ Caligula die Soldaten am Strand Muscheln sammeln, die er anschließend beim obligatorischen Triumphzug durch Rom als Trophäen präsentierte.

Provokation als Machtmittel

Als am letzten Tag des Jahres 40 n. Chr. einer der beiden Konsuln, die höchsten Amtsträger im Römischen Reich, starb, beschloss Caligula, sein Lieblingsrennpferd „Incitatus" als Nachfolger in dieses Amt zu berufen. Nur Spinnerei eines Geisteskranken? Oder ein Zeichen von Durchsetzungsfähigkeit?

Es könnte auch eine gezielte Provokation gewesen sein, mit der Caligula der ehemals politisch führenden Schicht zeigen wollte, wie wenig Macht ihr im Prinzipat geblieben war. In jedem Fall erwies es sich als keine besonders gute Idee, sich als Willkürherrscher zur Schau zu stellen und die Aristrokratie derartig zu düpieren. Das zeigte Caligulas Ermordung. Als er am 24. Januar 41 n. Chr. in Rom ein Theater verlassen wollte, wurde er von einer Gruppe von Verschwörern umgebracht.

Cäsarenwahnsinn

1894 veröffentlichte der deutsche Historiker, Publizist, Pazifist und spätere Friedensnobelpreisträger Ludwig Quidde eine Schrift mit dem Titel „Caligula. Eine Studie über römischen Cäsarenwahnsinn". Er analysierte darin Größenwahn und Machtmissbrauch mehrerer römischer Kaiser und prägte so einen Begriff, mit dem bis heute das Wesen exzentrischer, despotischer und brutaler Herrscher bezeichnet wird. Zeitgenossen Quiddes fielen Parallelen zum regierenden Kaiser Wilhelm II. auf – was vom Autor durchaus beabsichtigt war ...

CLAUDIUS ERFAND DREI NEUE BUCHSTABEN

wahr

Der Nachfolger Caligulas bot ein Kontrastprogramm: keine Eskapaden, dafür viele gelehrte Studien.

Was erwartet man von einem Kaiser? Dass er Staatspolitik treibt und sich um sein Volk kümmert. Kaiser Claudius (reg. 41 bis 54 n. Chr.) enttäuschte diese Erwartungen nicht. Seine Truppen eroberten den Süden Britanniens. Außerdem tat er einiges zur Verbesserung der Reichsverwaltung und den Ausbau der kaiserlichen Zentrale in Rom.

Römische Rechtschreibreform

Daneben beschäftigte er sich mit gelehrten Studien und schrieb viele kluge Bücher. Aus seiner Feder stammt beispielsweise eine – leider nicht mehr verfügbare – Geschichte der Etrusker in 20 Bänden. Sein spezielles Interesse galt der lateinischen Sprache. Dabei kam er zu dem Ergebnis, dass das Alphabet, das die Römer von den Griechen übernommen und an ihre eigenen Bedürfnisse angepasst hatten, zu wenig Buchstaben habe. Für einige Laute gab es nach seinem Empfinden keine Notationsmöglichkeit. Um diesem schwerwiegenden Defizit abzuhelfen, präsentierte er 47 n. Chr. der Öffentlichkeit das „Diagamma Inversum" für das konsonantische „v" (ein umgedrehtes F), das „Antisigma" für den Doppelkonsonanten „ps" bzw. „bs" (ein gespiegeltes C) und ein drittes Zeichen für einen Laut zwischen „i" und „u" (ein halbes H). Als Kaiser setzte Claudius die Reform von oben durch. Tatsächlich haben sich aus seiner Regierungszeit einige Schriftzeugnisse erhalten, in denen die neuen Buchstaben verwendet wurden. Doch mit dem Tod des Kaisers verschwanden die drei Buchstaben wieder aus dem Alphabet. Die Römer hatten keine Lust, sich mit dieser schwierigen und, wie viele meinten, nicht wirklich notwendigen Neuerung weiter abzuplagen.

NERO STECKTE ROM IN BRAND

falsch

Neros Sündenregister ist lang. Doch ausgerechnet seine bekannteste Untat hat er gar nicht begangen.

An einem heißen Sommertag, es ist der 19. Juli 64 n. Chr., bricht in Rom, der Hauptstadt des Imperiums, ein Feuer aus, das in rasender Geschwindigkeit um sich greift. Das flammende Inferno wütet sieben Tage und sieben Nächte und zerstört ganze Stadtteile. Am Ende herrschen überall Chaos und Verzweiflung. Wie hatte es zu dieser Katastrophe kommen können? Gerüchte machen die Runde. Die Wut des Volkes richtet sich gegen den Kaiser höchstpersönlich.

Platz für den Neuaufbau

Nero hatte sich tatsächlich verdächtig gemacht. Unmittelbar vor der Feuersbrunst hatte er öffentlich über Roms enge Bebauung lamentiert, die es ihm unmöglich mache, seine Vision von einer prächtigen Metropole Wirklichkeit werden zu lassen. Als dann die Flammen in den Himmel schlugen, gab es nicht wenige, die schworen, dass Soldaten die Löscharbeiten behindert und sogar noch weitere Brandherde gelegt hätten. Und überhaupt, dem Tyrannen Nero, der bei der Ermordung seiner eigenen Mutter die Hände im Spiel gehabt und jede Menge weiterer Verbrechen auf dem Kerbholz hatte, traute man alles zu.

Doch man darf wohl davon ausgehen, dass Nero kein Brandstifter war. In Rom brach ständig irgendwo Feuer aus. Die Straßen waren eng, die Häuserdächer aus Holz, die Ställe voll Stroh. Eine Unachtsamkeit mit dem Herd oder der Öllampe und schon brannte es lichterloh. Nicht unschuldig allerdings war er an der Hinrichtung hunderter Christen, denen Nero aus Angst vor den Verdächtigungen, die nicht verstummen wollten, die Verantwortung für den Brand in die Schuhe schob.

BEI NEROS KONZERTEN STELLTEN SICH DIE ZUHÖRER TOT

wahr

Die Auftritte des Kaisers waren für das Publikum eine Tortur – es war eine Herausforderung an den Einfallsreichtum, dieser Heimsuchung zu entkommen.

Nero, von 54 bis 68 n. Chr. Kaiser des Römischen Reichs, hielt sich für ein künstlerisches Genie. Schon von frühester Jugend an musizierte er. Er sang zur Kithara, einem beliebten Saiteninstrument. Das wäre nicht weiter erwähnenswert, hätte er nicht den Drang verspürt, seine Darbietungen in aller Öffentlichkeit zum Besten zu geben.

Gekaufte Fans

Das erste Nero-Konzert fand in einem Theater am Tiber in Rom statt. Der Kaiser präsentierte eine Mischung aus Cover-Versionen und Eigenkompositionen. Das Publikum hatte begeistert zu sein, dafür sorgten Soldaten, die alles streng im Blick hatten und vor allem auf das Unterlassen etwaiger Missfallenskundgebungen achteten. Dabei war das von Nero Gebotene alles andere als ein Kunstgenuss. Seine Stimme war dünn und der Gesang nicht besonders treffsicher. Und er fand kein Ende. Das Premierenkonzert zog sich über Stunden hin.

Für seine weiteren Auftritte engagierte der Kaiser eine Truppe aus bezahlten Beifallklatschern, die sich unter das Auditorium mischen sollten. Ein antiker Bericht teilt mit: „Er wählte 5000 kernige junge Leute aus, die, in verschiedene Gruppen aufgeteilt, die einzelnen Arten des Beifalls zu lernen hatten: Summen, Klatschen mit hohler Hand und Klatschen mit flacher Hand. Diese Leute stachen durch ihr stark pomadisiertes Haar und ihre extravagante Kleidung heraus." Während Nero sang, brachen sie an vorbestimmten Stellen in hymnische Beifallsstürme aus und priesen in Sprechchören den Kaiser als musikalisches Genie. Dafür kassierten sie am Ende der Vorstellungen ein fürstliches Honorar.

Nach Rom beehrte Nero die Stadt Neapel mit einem Gastspiel. Sein Ruf war ihm vorausgeeilt. Ohne sanften bis massiven Druck wäre das große Theater, in dem mehrere Tausend Menschen Platz fanden, wohl niemals ausverkauft gewesen. So aber waren Agenten in der Stadt zu Füßen des Vesuv unterwegs, die Passanten zwangen, unverzüglich zum Konzert zu eilen. Lokale Honoratioren, die vorhatten, durch Abwesenheit zu glänzen, bekamen den Zorn des Kaisers zu spüren. Unmissverständlich wurde den Kunstbanausen und Verweigerern klar gemacht, dass sie sich keine Hoffnung auf eine Fortsetzung ihrer Karriere zu machen brauchten.

Auf diese Weise füllte sich auch das Theater in Neapel. Der Kaiser war in Höchstform und so sehr in seine Darbietung vertieft, dass er nicht merkte, wie plötzlich die Erde zu beben begann. Das kam in Neapel häufiger vor und hatte nichts mit Neros Gesang zu tun. Doch das Zusammentreffen der beiden Ereignisse war erstaunlich. Anderen Quellen zufolge ereignete sich das Erdbeben erst nach dem Auftritt. Das Theater soll komplett zusammengestürzt sein.

Von Nero zu Bill Clinton

Musikbegeisterte Politiker hat es zu allen Zeiten gegeben. In Sachen Fanatismus aber konnte und wollte wohl auch keiner dem römischen Kaiser Nero das Wasser reichen – zum Glück. Zu nennen wären der Preußenkönig Friedrich der Große, der begeistert Querflöte spielte, der singende Bundespräsident Walter Scheel, der E-Gitarre spielende britische Premier Tony Blair und, nicht zu vergessen, US-Präsident Bill Clinton, dem seine Auftritte als Saxophonspieler beim Publikum viele Sympathiepunkte brachten – im Gegensatz zu Nero.

Nero war dennoch nicht zu bremsen. Er ging sogar auf Tournee durch Griechenland, weil er der Meinung war, die Griechen würden seine Musik mehr würdigen als die Bevölkerung in Italien. Und die Griechen enttäuschten ihn nicht: Sie wussten, wie man einen eitlen Kaiser behandelt, applaudierten, überhäuften ihn mit Kränzen und waren froh, dass er wieder verschwand.

Bis zum bitteren Ende

Für das Publikum in Rom wurde es immer schlimmer. Es wurde mehr und mehr drangsaliert. Viele hatten Schwierigkeiten mit dem von den Claqueuren geforderten rhythmischen Klatschen. Der Historiker Tacitus notiert: „Ihre ungeübten Hände erschlafften, sie verwirrten diejenigen, die es konnten, und wurden dann von den Soldaten, die zwischen den Sitzreihen standen, misshandelt. Denn es sollte keine Sekunde in uneinheitlichem Beifallslärm oder gleichmütigem Schweigen vergehen." Außer Soldaten und Einpeitschern waren Agenten im Theater unterwegs, die die Mimik der Besucher während des Konzerts kontrollierten. Wer gelangweilt aussah, spielte mit seinem Leben.

Niemand durfte ein Nero-Konzert vorzeitig verlassen, da gab es kein Erbarmen. Frauen wurden gezwungen, während der Vorstellung ihre Kinder zur Welt zu bringen. Trotzdem gab es immer wieder ein paar Unverzagte, die versuchten, der Tortur zu entkommen. Einige wagten den Sprung von den immerhin bis zu 20 Meter hohen Mauern des Theaters. Schließlich kamen ein paar einfallsreiche Zeitgenossen auf die Idee, sich tot zu stellen. Der Trick funktionierte: Sie wurden, wie erhofft, hinausgetragen. Doch Neros Aufpasser schöpften schnell Verdacht, als die Zahl der spontan eintretenden Todesfälle während der Konzerte sprunghaft anstieg. Erst mit dem tatsächlichen Tod Neros am 9. Juni 68 n. Chr. hatte die Qual ein Ende.

Meisterhaft spielte Peter Ustinov den exzentrischen Nero in dem Monumentalfilm „Quo vadis?" (1951).

IN ROM GAB ROT-GRÜN DEN TON AN

Rote und Grüne waren die kaiserlichen Favoriten, wenn im Circus Maximus die Streitwagen aus den Boxen preschten.

In alten Rom verlangte man bekanntlich nach „Brot und Spielen". Ein Ort, an dem die Römer zumindest im zweiten Punkt voll auf ihre Kosten kamen, war der Circus Maximus. 150 000 Menschen passten in das lang gezogene Oval am Fuß des Palatin-Hügels. Ihre Bewunderung galt risikofreudigen Wagenlenkern mit ihren Pferdegespannen, die sich hier spektakuläre Rennen lieferten.

Wagen mit zwei bis vier PS

Die Lenker gehörten verschiedenen Rennställen an, die nach Farben unterschieden wurden: Es gab die Roten, die Blauen, die Weißen und die Grünen. Die Zugehörigkeit eines Gespanns erkannten die Zuschauer an der Kleiderfarbe des Lenkers und am Schmuck der Pferde. Um die verschiedenen Farben scharten sich in der Kaiserzeit regelrechte Fraktionen. Niemand ging in den Circus, um nur einem Sportereignis beizuwohnen, bei dem der Bessere gewinnen möge. Man kam, um den Streitwagen „seiner" Farbe siegen zu sehen. Und die Römer trieben ihre Favoriten von den Sitzrängen aus mit lautem Gebrüll an.

Selbstredend fieberte auch der Kaiser bei den Wagenrennen mit. Er unterschied sich weder in seiner Begeisterung noch bei der Anfeuerung der Akteure von den übrigen Zuschauern. Seine Favoriten waren die Roten und die Grünen. Bemerkenswert, wie sich diese Vorliebe von Kaiser zu Kaiser vererbte: Rot-Grün war die Marke von Kaisern wie Caligula, Nero und Mark Aurel. Ihre Rennleidenschaft trieb mitunter groteske Blüten. Caligula machte Wagenlenker zu Millionären, gab für sein Lieblingsrennpferd

„Incitatus" einen Stall aus Marmor und eine Krippe aus Elfenbein in Auftrag und ließ die Rennbahn im Circus Maximus mit zu Farbpulver zermahlenem Zinnober (rot) und Malachit (grün) bestreuen.

Nero auf der Überholspur

Nero stand dem exzentrischen Caligula in nichts nach. In diesem Fall übertrumpfte er ihn sogar, denn er beteiligte sich höchstpersönlich an den Wettkämpfen. Der Kaiser im Rennwagen – das war eine Sensation. Und er enttäuschte sein Publikum nicht. Sein Renntrikot war malachitgrün und auch er ließ die Rennbahn in „seiner" Farbe färben.

Nero nahm sogar an einem Rennen bei den Olympischen Spielen teil. Um antreten zu können, ließ er die Spiele, die turnusmäßig im Jahr 65 n. Chr. hätten stattfinden sollen, auf 67 n. Chr. verlegen. Noch in anderer Hinsicht zeigten sich die Griechen flexibel: Gleich nach dem Start stürzte Nero von seinem Wagen – dennoch überreichten ihm die Kampfrichter den Siegerkranz.

> **Caligula speiste und übernachtete häufig bei der Partei der Grünen.**
> Sueton

Politik und Sport

Auch in Byzanz, dem späteren Konstantinopel, das Kaiser Konstantin der Große 330 zur neuen Hauptstadt des Römischen Reichs kürte, hatten Wagenrennen Konjunktur. Sie fanden im neuerbauten Hippodrom statt. Auf dieser Pferderennbahn bejubelten die Zuschauer ebenfalls blaue, grüne, rote und weiße Gespanne. Der Konkurrenzkampf im Hippodrom endete wie in Rom nicht selten in Gewalttätigkeiten, die bis zum Aufruhr auswuchsen. Dabei spielte auch die Politik eine Rolle, wie es ansatzweise in Rom schon der Fall gewesen war. Hinter den Blauen, Grünen, Weißen und Roten standen verschiedene Interessensgruppen, die ihre Gegensätze auch auf sportlicher Ebene austrugen.

DAUMEN HOCH, DAUMEN RUNTER ENTSCHIED ÜBER LEBEN UND TOD

wahr

Hier irrte Hollywood nicht: Bei den Gladiatorenkämpfen konnte der Daumen Leben retten oder auslöschen. Voraussetzung war eine klare Zeichensprache.

Das Amphitheater platzt aus allen Nähten. Die Stimmung brodelt. Das Volk ist elektrisiert. Der Kaiser höchstpersönlich sitzt mit Familie und Günstlingen in der Loge. Dann ertönt das Trompetensignal. Die Gladiatoren marschieren ein, begrüßen den Kaiser. Der Kampf beginnt. Zwei Gladiatoren treten gegeneinander an, bewaffnet mit Schwert und Schild. Lange Zeit wogt der Kampf hin und her, die Kämpfer schenken sich nichts. Das Volk geht begeistert mit. Plötzlich verliert einer der Gladiatoren das Gleichgewicht und landet rücklings im Staub der Arena. Sein Gegner setzt ihm den Fuß auf die Brust und die Spitze seines Schwerts an den Hals. Sein Blick geht hoch zum Kaiser. Dieser überlegt einen Augenblick, dann streckt er den Arm aus. Das Publikum soll entscheiden. Und sofort zeigen Tausende von Daumen – nach oben oder nach unten …

Hat es sich wirklich so ereignet im alten Rom oder ist das mal wieder Kintopp? Hing das Leben eines geschlagenen Gladiators vom Votum des Kaisers bzw. des Publikums ab? Die Tatsache als solche ist historisch überliefert, zum Beispiel durch den römischen Dichter Juvenal, der zu Beginn des 2. Jahrhunderts in Rom lebte. Nicht eindeutig belegt aber ist die Beschreibung der Gesten! Historiker halten es für möglich, dass der hochgestreckte Daumen im antiken Rom genau das Gegenteil von dem bedeutete, was wir heute damit verbinden: Er könnte das tödliche Schwert symbolisiert haben, während der nach unten gerichtete oder in die Hand gesteckte Daumen eventuell anzeigte, dass der Sieger das Schwert in der Scheide stecken, sprich den armen Teufel gehen lassen sollte.

VESPASIAN WOLLTE STEHEND STERBEN

wahr

Die kultische Kaiserverehrung war Vespasian suspekt. Er war ein bodenständiger Realpolitiker.

Im Gegensatz zu manch glamourösem Vorgänger liebte er das Schlichte und Einfache und war bekannt für einen gelegentlich derben Humor. Auf Vespasian, Kaiser von 69 bis 79 n. Chr., geht das viel zitierte Wort pecunia non olet – Geld stinkt nicht – zurück.

Zur Aufbesserung der Staatskasse hatte er nämlich eine Latrinensteuer beschlossen. Mit dem Geld ließ er das Kolosseum bauen. Wenn er krank war, pflegte er zu sagen: „Ich glaube, ich werde ein Gott." Damit machte er sich über die von den Römern praktizierte Tradition lustig, Kaiser nach ihrem Tod zu Göttern zu erklären. Am 23. Juni 79 war es dann wirklich so weit: Der Kaiser starb. Er bat die Beiwohnenden, ihn aufzurichten, und sagte: „Ein Imperator muss im Stehen sterben." Doch dazu kam es nicht. Der Gott in spe starb in den Armen seiner Getreuen.

So starben römische Kaiser

Von seinen Vorgängern und Nachfolgern starben, anders als Vespasian, nur wenige eines friedlichen Todes. Caligula wurde ermordet. Claudius starb nach einem Pilzgericht, das ihm seine vierte Ehefrau, Neros Mutter, bestellt hatte. Nero wurde zum Selbstmord gezwungen. In der Spätantike lebten die römischen Kaiser noch gefährlicher. Valerian geriet in persische Gefangenschaft, wo er auch starb. Und Valens bescherte den Römern die traurige Premiere eines Kaisers, der in der Schlacht fiel (378 gegen die Goten).

IM AMPHITHEATER VON POMPEJI KAM ES ZU FAN-KRAWALLEN

wahr

Bei Pompeji denkt jeder an den Ausbruch des Vesuv im Jahr 79 n. Chr. Doch ein paar Jahre vorher hatte die Stadt schon einmal für Schlagzeilen gesorgt.

An einem Tag im Jahr 59 n. Chr. strömte eine riesige Menschenmenge in das schmucke Amphitheater von Pompeji. 20 000 fieberten den Spielen entgegen. Sie kamen nicht alle aus Pompeji, so viele Einwohner hatte die Stadt nicht. Doch Schlachtenbummler aus der Region waren bei der Sitzplatzberechnung schon mit einkalkuliert worden.

An diesem Tag hatten sich besonders viele Menschen aus der Stadt Nuceria auf den Weg gemacht, um die todesmutigen Gladiatoren in Pompeji zu bewundern. Doch dazu kam es gar nicht. Statt Gladiatorenkämpfe erlebte Pompeji Ausschreitungen zwischen Nucerianern und Einheimischen. Tote und Verletzte waren zu beklagen. Offenbar war aus einem harmlosen Streit zwischen Fans eine handfeste Massenschlägerei geworden.

Zehn Jahre Sperre

Der Senat in Rom verhängte eine drastische Strafe: Für die Dauer von zehn Jahren sollten in Pompeji keine Gladiatorenspiele mehr veranstaltet werden. Drei Jahre später wurde die Sanktion aufgehoben. Wieder 17 Jahre später versank Pompeji durch den verheerenden Ausbruch des Vesuv in Schutt und Asche. Ein Wandgemälde, das darunter erhalten blieb, zeigt die denkwürdigen Krawalle auf ungewöhnliche Art: aus der Vogelperspektive.

PETRUS UND PAULUS WAREN EIN HERZ UND EINE SEELE

falsch

Sie haben einen gemeinsamen Feiertag und auf Bildern werden sie oft zusammen dargestellt. Doch im Leben waren die beiden Apostel nicht die besten Freunde.

Gern werden die beiden Apostel Petrus und Paulus in einem Atemzug genannt. Dabei hatten sie nicht selten Streit miteinander. Das lag nicht nur an ihren unterschiedlichen Biografien. Petrus, beheimatet in der Nähe des Sees Genezareth, kannte Jesus noch persönlich und stand in der Rangfolge von dessen Jüngern ganz oben. Paulus stammte aus einer jüdischen Familie in Tarsos (in der heutigen Türkei) und gab sich zunächst als ein entschiedener Gegner des noch jungen Christentums. Dann hatte er in der Wüste bei Damaskus bekanntlich sein Erweckungserlebnis und fortan sah er in der Förderung und Verbreitung des Christentums seine eigentliche Lebensaufgabe.

Doch gerade in der Frage der Mission gerieten die beiden Vorkämpfer der christlichen Lehre in einen heftigen Konflikt. Petrus sprach sich für die Judenmission aus. Das bedeutet: Nur Juden sollten zum Christentum bekehrt werden. Paulus dagegen dachte globaler, er war ein Anhänger der Heidenmission. Er wollte alle Menschen für den christlichen Glauben gewinnen. Um den Streit zu schlichten, trafen sich die Kontrahenten 48 n. Chr. in Jerusalem. Und Paulus setzte sich durch. Wer Christ werden wollte, musste sich jetzt nicht mehr zunächst den jüdischen Gesetzen wie der Beschneidung oder den Speisevorschriften unterwerfen.

Danach gingen Paulus und Petrus wieder getrennte Wege. Petrus missionierte bei den Juden, Paulus bei allen anderen. Doch Paulus hatte nicht nur in Jerusalem gesiegt. Mit seinen Schriften legte er in der Folgezeit den Grundstein für die christliche Theologie.

PETRUS WAR DER ERSTE PAPST

falsch

Die Liste der Päpste beginnt mit dem Namen Petrus. Besser passen würde Leo oder Gregor.

Petrus, Linus, Anaklet, Klemens I., Evaristus, Alexander I., Sixtus I. … Diese Liste wird so seit dem Ende des 2. Jahrhunderts geführt.

Petrus, der unter den Jüngern Jesu eine besondere Stellung einnahm, soll der Überlieferung nach bei der Christenverfolgung unter Nero 64 n. Chr. in Rom ums Leben gekommen sein. Über seinem Grab soll der Petersdom errichtet worden sein. Beweise dafür, geschweige denn dafür, dass er dort das Oberhaupt der christlichen Gemeinde war, gibt es keine. Dennoch beruft sich der Vatikan bis heute auf die ununterbrochene „apostolische Nachfolge", vom Apostel Petrus bis zu Papst Franziskus I., und begründet damit den Ehrenvorsprung, den der Bischof von Rom gegenüber anderen Bischöfen hat. Dieses zuzugestehen, waren die anderen Kirchenfürsten jedoch nicht von Anfang an bereit. Starke Konkurrenz gab es vor allem im Osten, in den vier Patriarchaten.

Den Durchbruch schaffte Leo I., von 440 bis 461 Bischof von Rom. Er besaß Statur und Format, um die Kirche von Rom im Kampf um die Macht entscheidend voranzubringen. Gregor der Große, von 590 bis 604 Bischof von Rom, vollendete das Werk und verschaffte dem Oberhirten im Vatikan endgültig den Spitzenplatz, nach dem er so lange Zeit gestrebt hatte. Jetzt wurde auch der Titel „Papst" zu einem festen Namensbestandteil. Um die Position auch historisch zu untermauern, wurden rückwirkend alle vorherigen Bischöfe von Rom zu Päpsten gemacht, sogar Petrus, der aller Wahrscheinlichkeit nach nie in Rom gewesen ist.

> **Rom hat gesprochen, der Fall ist erledigt.**
> **Augustinus**

DER HEILIGE NIKOLAUS WURDE WEGEN EINER OHRFEIGE VERHAFTET

wahr

Der Heilige, in dessen Namen Kinder am 6. Dezember Süßigkeiten in die Schuhe gesteckt bekommen, hat keine ganz lupenreine Weste gehabt.

In Nikaia ging es im Frühsommer des Jahres 325 hoch her. Die Stadt unweit von Konstantinopel, die heute Iznik heißt, war damals Schauplatz des Ersten Ökumenischen Konzils der Kirchengeschichte.

Areios verunsichert die Christenheit

Bischöfe und andere Kirchenfürsten waren aus dem gesamten Römischen Reich dem Ruf des Kaisers gefolgt. Denn Konstantin der Große hatte den Vorsitz, obwohl er noch nicht einmal Christ war.

Er wollte eine Streitfrage klären, an der sich in den letzten Jahren die Gemüter auch ansonsten besonnener Kirchenleute erhitzt hatten. Areios (lateinisch als Arius bekannt), ein Geistlicher aus Alexandria, war mit der revolutionären Ansicht an die Öffentlichkeit getreten, Jesus sei nicht von der gleichen Göttlichkeit wie sein Vater, gewissermaßen ein Gott zweiter Klasse. Manche stimmten zu, viele lehnten ab. Das Kirchenvolk bangte um die versprochene Erlösung und um das Reich Gottes. In Nikaia sollte alles geklärt werden.

Aufbrausende Konzilteilnehmer

Tatsächlich wurde Areios zum Ketzer erklärt und seine Lehre verdammt. Gottvater und Gottsohn sind, so die offizielle Stellungnahme, wesenseins. Bis es zu diesem Ergebnis kam, war es heiß hergegangen. Hochrangige Persönlichkeiten gaben im Eifer des Gefechts ihre würdevolle Zurückhaltung auf. Besonders ereiferte sich Nikolaus, der Bischof von Myra im Südwesten der heutigen Türkei. Er gehörte zu den heftigsten Gegnern des Areios. Auf dem Gipfel des Streits wurde er sogar handgreiflich und verpasste Areios eine schallende Ohrfeige. Im anschließenden Tumult wurde Nikolaus abgeführt und kam kurzzeitig in Arrest. Doch als sich die Mehrheit der Konzilteilnehmer gegen Areios aussprach, war Nikolaus schnell rehabilitiert. Trotz der spontanen, handgreiflichen Aktion stand er für die richtige Sache. Der Weg zum zukünftigen Schutzheiligen der Seefahrer, Kaufleute und Kinder war wieder offen.

Edle Taten

In der Legende werden Nikolaus zahlreiche edle Wundertaten nachgesagt, sodass es nicht verwundert, dass er unter den Heiligen der christlichen Kirche eine Spitzenposition einnimmt. Wie Jesus soll er Tote wieder zum Leben erweckt haben. Viel erzählt wird auch die Geschichte von den drei oströmischen Feldherrn. In Myra wurden sie Zeuge, wie Nikolaus drei Unschuldige vor der Hinrichtung rettete, indem er dem Henker das Beil entriss. Nach Konstantinopel zurückgekehrt, klagte man die drei zu Unrecht an und verurteilte sie zum Tod. Nikolaus erschien dem Kaiser im Schlaf und befahl ihm, seine drei Freunde freizulassen – was der Kaiser denn auch gleich am nächsten Morgen getan haben soll.

Die Entführung des Nikolaus

Will man die Gebeine des Nikolaus von Myra sehen, muss man nach Bari in Süditalien fahren. Sie sind dort im Dom der Stadt deponiert – allerdings erst seit 1087. In diesem Jahr wurden sie, wie es heißt, von Abenteurern aus St. Nicola in Myra entwendet, die sie vor den Seldschuken „in Sicherheit" bringen wollten. Als die Mönche den Leichnam nicht freiwillig herausgaben, beriefen sich die Männer aus Bari auf den Papst, der sie geschickt habe, um Nikolaus zu holen.

TRIER IST DIE ÄLTESTE RÖMISCHE STADT – IN DEUTSCHLAND

wahr

Ein alte Brücke, ein Stück Holz und archäologischer Sachverstand – schon hat die Stadt an der Mosel ein Qualitätssiegel.

Es gibt eine ganze Reihe von Städten in Deutschland, die auf eine lange Geschichte zurückblicken und miteinander im Wettstreit um den Titel „Älteste Stadt Deutschlands" stehen. Schlechte Karten haben all jene, die außerhalb des Gebiets des einstigen Römischen Reichs liegen. Die frühen „Deutschen", seien es Germanen oder Kelten gewesen, pflegten nicht in Städten zu leben, zumindest nicht, wenn man unter dem Begriff nicht nur Siedlungen mit einer hohen Einwohnerzahl versteht, sondern auch eine gewisse Wirtschaftskraft und eine urbane Infrastruktur. Hamburg, Magdeburg, Dresden oder Hannover haben das Pech, niemals römisch gewesen zu sein. Ganz anders die Städte links des Rheins, der die Grenze zwischen dem Imperium Romanum und der Barbarei markierte. Gleiches gilt für die Städte südlich der Donau, denn nach der Errichtung des Limes, des Grenzwalls, war auch der Südwesten Deutschlands vorübergehend römisch. Bei der Suche nach der ältesten deutschen Stadt wird am Ende meist Trier genannt, die Stadt an der Mosel, römisch Augusta Treverorum. Einige Meter von der heutigen „Römerbrücke" entfernt wurde in der Mosel Holz von einer Vorgängerbrücke gefunden, das durch eine dendrochronologische Untersuchung (Methode zur Bestimmung des Alters von Holz anhand der Jahresringe) auf das Jahr 17 v. Chr. datiert wurde. Da kann keine andere deutsche Römerstadt mithalten.

Die Konstantinische Schenkung an Papst Silvester gehört zu den größten Schwindeln der Religionsgeschichte.

KONSTANTIN DER GROSSE WAR CHRIST falsch

Er war Wegbereiter und Förderer des Christentums. Aber ein überzeugter Christ war der römische Kaiser selbst nicht.

Als Konstantin, den die Christen später „den Großen" nannten, um 272 geboren wurde, war das Christentum noch in schwerer Bedrängnis. Seit Beginn des 3. Jahrhunderts wurde die christliche Kirche in mehreren Wellen im gesamten Reichsgebiet gezielt verfolgt, im Osten stärker als im Westen. Gottesdienste wurden verboten, Kirchen zerstört, Schriften verbrannt. Würdenträger verhaftet, verurteilt, getötet. Es war die Hochzeit der Märtyrer.

Dabei waren es nicht einmal religiöse Gründe, die hinter dieser rigorosen Politik standen. Vielmehr mussten die Christen im ganzen Römischen Reich als Sündenböcke für die politischen und wirtschaftlichen Krisen herhalten, von denen Rom in dieser Zeit geschüttelt wurde. Dazu kamen heftige Machtkämpfe. Wer Kaiser war, musste jederzeit damit rechnen, dass ein Rivale auftauchte und ihn vom Thron zu stürzen versuchte.

Das Zeichen Gottes

Kaiser Diokletian, ein berüchtigter Christenverfolger, regierte von 284 bis 305. Er zog die politische Notbremse und schuf ein System, in dem nicht mehr nur ein Kaiser regierte, sondern vier Herrscher zur gleichen Zeit die Macht ausübten. Gegen sie sollten Usurpatoren keine Chance mehr haben. Einer dieser vier Herrscher war Constantius I., der 306 überraschend starb. Gegen die Regeln sah sich sein ehrgeiziger Sohn Konstantin berufen, in die Fußstapfen des Vaters zu treten. Gegen die Regeln deswegen, weil nach dem Plan Diokletians die Herrschaft nicht vererbt werden sollte.

Doch Konstantin kümmerte sich darum nicht. Und um die Mitherrscher auch nicht. Mit der Armee seines Vaters im Rücken machte er sich in den folgenden Jahren an das Projekt „Konstantin an die Macht". Dabei scheute er nicht davor zurück, militärisch gegen seine Kollegen vorzugehen. Am 28. Oktober 312 traf er an der Milvischen Brücke in der Nähe von Rom auf seinen Erzrivalen Maxentius. Nach der christlichen Überlieferung erblickte Kons-

tantin vor der Schlacht im Traum ein merkwürdiges Zeichen am Himmel: ein Kreuz aus Licht, versehen mit der Botschaft „In diesem Zeichen sollst du siegen". Er kam in die Schlacht, sah und siegte tatsächlich. Das konnte nur eines bedeuten: Der Christengott selbst hatte ihm beigestanden.

Der Kampf um die Macht im Reich war mit der Schlacht an der Milvischen Brücke noch nicht gewonnen. Es sollte noch einige Jahre dauern, bis sich Konstantin endgültig durchgesetzt hatte. 324 war der letzte Rivale besiegt und er alleiniger Kaiser. Aber für die Christen brachen schon damals goldene Zeiten an, denn hier war ein Kaiser, der nicht nur die Verfolgungen einstellen ließ, sondern die Christen nach Kräften förderte. 313, kurz nach der denkwürdigen Schlacht, wurde ein Edikt erlassen, das ihnen freie Religionsausübung zusicherte.

Ein Splitter vom Kreuz

Die Christen erlebten Konstantin als einen Herrscher, der ihnen viele Privilegien zusicherte, den Bau von Kirchen finanzierte und denjenigen, die für die Kirche tätig waren, Steuerfreiheit gewährte. Tatkräftig unterstützt wurde der Kaiser bei der Förderung des Christentums von seiner Mutter Helena, die, wie der Kaiser selbst, bei den Christen bis heute den Status einer Lichtgestalt hat.

Helena unternahm eine Wallfahrt ins Heilige Land, wo sie das Kreuz, an dem Jesus Christus gestorben war, entdeckte und davon einen Splitter mit nach Hause brachte. Sie löste damit einen wahren Boom aus: Jeder Christ wollte nach Möglichkeit einmal die heiligen Stätten in Jerusalem und Bethlehem besuchen und dabei ein Souvenir erwerben. Die Zahl der Splitter vom Kreuz, die im Westen kursierten, reichte bald für mehr als ein Kreuz …

Am 22. Mai 337 starb Konstantin der Große in Byzanz, jener Stadt, die er ein paar Jahre zuvor zur neuen Hauptstadt des Römischen Reichs gemacht hatte und die nach seinem Tod zu seinen Ehren in „Konstantinopel" umbenannt werden sollte. Auf dem Totenbett empfing er die Taufe. Merkwürdig, dass er sich erst kurz vor Ende seines Lebens diesem doch so entscheidenden Ritual unterzog. War Konstantin tasächlich ein Anhänger des neuen Glaubens? Die Hinwendung Konstantins zum Christentum dürfte andere Gründe gehabt haben.

Kein Hinweis auf dem Triumphbogen

Nach der Schlacht an der Milvischen Brücke ließ der Kaiser den heute noch zu den antiken Attraktionen von Rom zählenden Konstantinsbogen errichten. Die Freiflächen an ihren Triumphbogen nutzten die Kaiser in der Regel dazu, bildliche Botschaften unter das Volk zu bringen. Auf dem Konstantinsbogen findet sich kein einziger Hinweis auf die christliche Religion. Da fragt man sich doch, ob an der Kreuzesvision etwas dran war. Sollte es sich um einen politischen Mythos handeln, stammt er von Konstantin selbst oder setzten christliche Berichterstatter ihn in die Welt? Auf jeden Fall war Konstantin nicht so christlich, wie ihn die Christen später gern gesehen haben – zum Beispiel, als sie die Konstantinische Schenkung fälschten, eine Urkunde, mit der Konstantin dem Papst die Herrschaft über Rom und die Westhälfte des Reichs überlassen haben soll.

Bei der Religion neigten die Römer und erst recht ihre Kaiser zum Pragmatismus: Ein Gott war dazu da, Hilfe zu leisten, in der Politik natürlich, vor allem aber im Krieg. Konstantin hatte es an der Milvischen Brücke mit dem Christengott versucht und der hatte sich bewährt. Er war also ein starker Gott, dem man sich anvertrauen konnte. Außerdem waren die christlichen Gemeinden im Römischen Reich auch schon vor Konstantin, trotz aller Verfolgungen, eine gesellschaftliche Größe geworden, die ihm auf dem Weg zur Alleinherrschaft eine Stütze sein konnte. Nichtsdestotrotz hat sich Konstantin als großer Förderer und Wegbereiter einer Weltreligion erwiesen.

Erfinder von Sonntag und Weihnachten

Dass wir Weihnachten am 25. Dezember feiern, haben wir Konstantin dem Großen zu verdanken. Bevor er Anhänger des Christengotts wurde, war sein Favorit der römische Sonnengott Sol Invictus gewesen. Dessen Ehrentag war der 25. Dezember. Der Einfachheit halber ließ Konstantin das Datum auch als Geburtstag Christi festlegen. Das Gesetz zur Sonntagsruhe unterzeichnete der Kaiser am 3. Juli 321. Am „dies solis", dem „Tag der Sonne", waren Arbeit und Streit ab sofort verboten.

PAPST LEO DER GROSSE STOPPTE DEN VORMARSCH DER HUNNEN

falsch

Papst gegen Hunnenkönig – in der Legende wurde aus dieser Begegnung ein glänzender Sieg des Kirchenfürsten.

Der Hunnenkönig Attila erleidet 451 n. Chr. in der Schlacht auf den Katalaunischen Feldern im heutigen Frankreich eine schwere Schlappe. Sein Prestige steht auf dem Spiel, er braucht kurzfristige Erfolge. Italien erscheint ihm als ein lohnendes Ziel. Im Verlauf des Jahres 452 fallen die Städte Aquileia, Pavia und Mailand in seine Hände. Die Horde zieht weiter und schlägt in Mantua ihr Lager auf.

Geld und gute Worte

Da erscheint eine Gesandtschaft aus Rom. Mit von der Partie ist Leo, der einflussreiche Bischof von Rom, der gerade dabei ist, sich und seinen Amtsnachfolgern das Primat über den westlichen Teil der Christenheit zu sichern. Leo tritt vor Attila und sein Heer und fordert ihn auf, in sein asiatisches Steppenreich zurückzukehren. Attila soll umgehend Folge geleistet haben. Wie war das möglich? Man darf vermuten, dass nicht die Überzeugungskraft des Papstes, sondern Geld den Ausschlag gegeben hat. Außerdem waren Attilas Männer erschöpft, von Krankheiten gebeutelt. An eine Eroberung der Metropole am Tiber war ohnehin nicht zu denken. Da dürfte es ihrem Anführer recht gewesen sein, sich scheinbar der Macht des christlichen Glaubens zu beugen und unter diesem Vorwand ohne Ehrverlust und mit gut gefüllten Taschen abziehen zu können. Drei Jahre später versuchte Leo bei dem Vandalenkönig Geiserich das gleiche Kunststück noch einmal. Anders als Attila rückte dieser ungebetene Gast nicht ab. Doch sollen sich die Vandalen dank Leos Machtwort wenigstens bei der 14-tägigen Plünderung zurückgehalten und darauf verzichtet haben, Rom in Brand zu stecken.

HUNNENKÖNIG ATTILA STARB IN SEINER HOCHZEITSNACHT

wahr

„Geißel Gottes", diesen Titel erwirbt man nicht umsonst. Bei seinem Lebenswandel hätte Attila auf dem Schlachtfeld sterben müssen, doch es kam anders.

Attila war 19 Jahre lang, von 434 bis 453, König der Hunnen. Das asiatische Steppenvolk, das 375 in Europa aufgetaucht war, verbreitete Angst und Schrecken. Die Hunnen waren ausgezeichnete Reiter und geübte Bogenschützen, denen die europäischen Armeen wenig entgegenzusetzen hatten. Umso traumatischer dürfte die einzige Niederlage gewesen sein, die Attila je eingefahren hat: 451 auf den Katalaunischen Feldern gegen den römischen Feldherrn Aetius. Im Jahr darauf zogen sich die Hunnen nach Osten zurück und wieder ein Jahr später starb ihr König – gemessen an seinem Ruf als wilder Krieger unter eher merkwürdigen Umständen. Die Hunnen hatten die Hochzeit ihres Königs mit der gotischen Prinzessin Ildiko gefeiert. Nach einem rauschenden Fest war der wankende Attila gemeinsam mit seiner Angetrauten im Ehegemach verschwunden. Da fand ihn am nächsten Morgen die entsetzte Dienerschaft tot im Bett, neben ihm die in Tränen aufgelöste Ildiko.

Sofort begann die Gerüchteküche zu brodeln. Was war passiert? War Attila eines normalen Todes gestorben oder hatte jemand nachgeholfen? Am Ende sogar Ildiko, die es in Rekordzeit von der Ehefrau zur Witwe gebracht hatte? Entwarnung kam von den obduzierenden Ärzten: Der große Attila war an Nasenbluten gestorben. Darunter litt der etwa 50-Jährige schon länger. Doch in dieser Nacht war das Blut in die Luftröhre geraten und hatte zum Tod durch Ersticken geführt. Aus heutiger Sicht wird der Blutsturz Attilas Lebenswandel zugeschrieben. Chronischer Alkoholmissbrauch über mehrere Jahre tut selten gut. Das Hunnenreich überdauerte Atttilas Tod nur kurz.

DIETRICH VON BERN STAMMTE AUS BERN

falsch

Er hieß nicht Dietrich und er kam nicht aus Bern. Das geschichtliche Vorbild des sagenhaften germanischen Helden war Theoderich, König der Ostgoten.

Dietrich von Bern – ein Name mit einem strahlenden Glanz. In der germanischen Heldendichtung, wie sie vor allem im Nibelungenlied zum Ausdruck kommt, ist dieser Dietrich ein tapferer Krieger, ein Vorbild, die Idealgestalt des christlich-ritterlichen Helden. Über diese Darstellung hätte sich das historische Original sehr gefreut. Denn die Gestalt des Dietrich von Bern ist keine reine Erfindung, es hat ihn tatsächlich gegeben. Nur hatte er mit Bern wenig zu tun, jedenfalls nichts mit der Stadt in der Schweiz.

Eigentlich ist Verona gemeint, die traditionsreiche Stadt in Oberitalien. Im Zuge einer germanischen Lautverschiebung entwickelte sich „V" zu „B" und die beiden Vokale „o" und „a" verschwanden, aus „Verona" wurde „Bern". Verona aber war in der Spätantike eine Stadt, die ab etwa 490 als eine der ersten italienischen Städte zum Herrschaftsbereich von Theoderich gehörte. „Theoderich" hört sich schon fast wie „Dietrich" an.

Die Entstehung einer Legende

Der „richtige" Dietrich – oder besser Theoderich – war von 474 bis zu seinem Tod 526 ein König der Ostgoten. Seine große Stunde schlug nach dem Zusammenbruch des Weströmischen Reichs 476. Im Auftrag des oströmischen Kaisers in Konstantinopel zog er 488 nach Italien, um den dort herrschenden Germanen Odoaker zu bezwingen. Seinen ersten Sieg errang Theoderich in Verona.

Anschließend belagerte er Ravenna, das Odoaker als damalige Hauptresidenz unter Kontrolle hielt. Die Belagerung, an deren Ende Theoderich siegte, dauerte zwei Jahre und ging unter der Bezeichnung „Rabenschlacht" in die Geschichtsbücher ein (gemeint sind auch hier nicht die schwarzen Vögel, sondern der deutsche Name „Raben" für „Ravenna"). Ganz anders als sein ehrenhaftes Double Dietrich brachte der siegreiche Theoderich bald darauf Odoaker eigenhändig um. Er gründete mit Geschick und Diplomatie das Ostgotenreich in Italien. Zeitweilig erstreckte sich sein Herrschaftsbereich bis in den Alpen- und Donauraum. Sein Traum, ein germanisches Großreich zu schaffen, blieb unerfüllt. Das sollte später erst einem Franken, Karl dem Großen, gelingen. Doch die Leistungen des Ostgotenkönigs Theoderich reichten aus, um ihn in der deutschen Sagenwelt zum Helden und edlen Ritter Dietrich zu stilisieren. Im Lauf der Zeit wurden die Geschichten immer weiter ausgeschmückt, bis schließlich nur noch Weniges mit den historischen Tatsachen und dem echten Theoderich übereinstimmten.

DIE OSTGERMANISCHEN VANDALEN HAUSTEN WIE DIE VANDALEN

falsch

Ein französischer Bischof in der Zeit der Französischen Revolution ramponierte das Image der Vandalen nachhaltig.

Friedliebende Waisenknaben waren sie ganz sicher nicht. Die Vandalen gehörten zu jenen germanischen Völkerschaften, die den Römern besonders in der Zeit vor dem Untergang des Weströmischen Reichs im 5. Jahrhundert das Leben schwer machten.

Ursprünglich im schlesischen Raum beheimatet, waren die Vandalen in den Jahrhunderten davor auf ihren Wanderungen viel herumgekommen. In König Geiserich fanden sie, zu dieser Zeit in Spanien ansässig, einen Anführer, der ihnen 429 bei den Verteilungskämpfen um das Erbe des zerfallenden Römerreichs das lukrative Nordafrika sicherte.

Wandernde Germanenstämme plünderten regelmäßig

Das Vandalenreich mit der Hauptstadt Karthago war das erste Gebiet auf dem Boden des Römischen Reichs, das als unabhängig anerkannt wurde. Von der Küste Nordafrikas aus unternahmen die Vandalen mit ihren Schiffen eine Reihe von Beutezügen im westlichen Mittelmeerraum. Spektakulär war die Eroberung und Plünderung Roms im Jahr 455. Die Aktion unter der Leitung Geiserichs begann am 2. Juni und dauerte insgesamt zwei Wochen.

Aber sind die Vandalen die richtigen Namensgeber für das, was man heute „Vandalismus" nennt? Eher nicht. Erstens handelten die Vandalen in Rom nicht aus blinder Zerstörungswut. Geiserich sah sich zu den Plünderungen berechtigt, weil der neue Kaiser in Rom sich nicht an einen Vertrag gebunden fühlte, den der König der Vandalen mit dessen Vorgänger geschlossen hatte.

Zweitens waren die Vandalen nicht schlimmer, als es in dieser Phase der Geschichte auch andere germanische Völker gewesen sind. Ob Franken, Ala-

mannen, Westgoten, Ostgoten, Burgunder – sie alle gingen bei Eroberungszügen nicht mit Samthandschuhen vor. Die Westgoten unter Alarich hatten bei der Plünderung Roms im August 410 alle Register gezogen und die Römer in ein kollektives Trauma versetzt. Unter Geiserichs Zeitgenossen wäre niemand darauf gekommen, ausgerechnet den Vandalen vorzuwerfen, dass sie hausten „wie die Vandalen".

Von der Nachwelt verfemt

Dieses Bild entstand erst in sehr viel späterer Zeit. Die Schuld trägt ein französischer Geistlicher, der Bischof von Blois namens Henri Grégoire. Es war die Zeit der Französischen Revolution. Frankreich stöhnte unter dem Terrorregime der Jakobiner mit ihrem gefürchteten Anführer Robespierre.

Am 31. August 1794 ging es im Nationalkonvent um die Kulturlosigkeit, mit der die Radikalen wertvolle Kunstschätze zerstörten, die für sie Zeichen für Feudalismus und Klerikalismus waren. Der Bischof von Blois war ein belesener Mann, er kannte sich in der Geschichte aus und stieß, als er nach einem schlagenden Vergleich für die Übeltaten von Robespierres Leuten suchte – auf die Vandalen. In seinem Bericht an den Konvent bezeichnete er das aktuelle Geschehen als vandalisme, Vandalismus. Die Académie française nahm den Begriff 1798 in ihr Wörterbuch auf. Im Lauf der Zeit fand er Eingang in verschiedene Sprachen und heute ist es beinahe das Einzige, das wir noch mit diesem Volksstamm in Verbindung bringen.

Dabei war es noch nicht einmal so, dass die Vandalen alles, was sie in Rom vorfanden, kurz und klein gehauen hätten. Sie kannten im Gegenteil den Wert der Schätze, die in ihre Hände fielen, und wollten damit ihre eigene Hauptstadt in Nordafrika schmücken. Es war, zugegeben, eine ganze Menge: Die Beute sei mit dreißig Schiffen abtransportiert worden, schrieb der Historiker Prokopios.

DIE URSPRÜNGLICHE HEIMAT DER SCHWABEN WAR DIE OSTSEE

wahr

Die Schwaben gelten als bodenständig. Dabei waren ihre Vorfahren zur Zeit der Völkerwanderung so viel unterwegs wie kaum ein anderer germanischer Stamm.

Die heutigen Schwaben sind nicht ganz die direkten Nachfahren des germanischen Volks der Sueben. Auf den vielen Wanderungen der Germanen hat sich so manches vermischt. Doch es gibt eine ethnische Linie von den Sueben zu den Schwaben.

Auch das „Schwäbische Meer", eine inoffizielle Bezeichnung für den Bodensee, hat einen Vorgänger: das mare Suebicum, das „Meer der Sueben", das heute jedoch Ostsee heißt. Antike Geografen nannten die Ostsee mare Suebicum, weil es die Heimat der Sueben war, die im 2. Jahrhundert v. Chr. nach Süden zu wandern begannen. Sie kamen schließlich bis nach Gallien, wo sie 58 v. Chr. mit Julius Cäsar am Rhein aneinandergerieten.

Endlich im Ländle

Wie andere germanische Stämme in dieser Zeit waren auch die Sueben sehr viel unterwegs. In der Spätantike tauchten Suebengruppen sogar im Nordwesten der iberischen Halbinsel auf. Es war jedoch keine reine Wanderleidenschaft, die dahinterstand, dass sie immer wieder den Wohnsitz wechselten. Vielmehr waren die Stämme häufig durch äußere Umstände dazu gezwungen, etwa durch Kriege, Seuchen oder klimatische Veränderungen.

In den Wirren nach dem Ende des Weströmischen Reichs teilten sich die Stämme der Sueben auf, manche schlossen sich anderen Stammesverbänden wie den Vandalen an. Im frühen Mittelalter landeten die Schwaben endlich in der heutigen Heimat, dem liebevoll genannten „Ländle".

DIE RÖMISCHE GE-SCHICHTE BEGINNT UND ENDET MIT ROMULUS

wahr

Da hat die historische Regie ganze Arbeit geleistet: ein Romulus am Anfang, ein Romulus am Schluss.

Am 21. April 753 v. Chr. gründete Romulus die Stadt Rom. So stand es früher in den Geschichtsbüchern. In heutigen Geschichtsbüchern findet sich der Zusatz: Romulus ist keine historische Persönlichkeit. Das ist zutreffend. Romulus ist eine Sagengestalt – und auch wieder nicht. Denn es waren keine Kinder des Kriegsgottes Mars, sondern leibhaftige Menschen, die um die Mitte des 8. Jahrhunderts v. Chr. aus einer armseligen Siedlung am Tiber eine Stadt machten. Dahinter standen etruskische Fürsten. Der Name Romulus dürfte auf den Namen einer etruskischen Dynastie im frühen Rom zurückzuführen sein.

Als im Jahr 476 der letzte weströmische Kaiser abgesetzt wurde, schien sich ein Kreis zu schließen. Denn sein Name war ebenfalls Romulus, oder genauer Romulus Augustulus. Er war erst im Jahr zuvor auf den Thron gesetzt worden und trug den Beinamen „kleiner Augustus", weil er noch ein Kind war.

Zweimal Konstantin und Mehmet

Im Jahr 330 weihte Konstantin der Große die neue Hauptstadt des Oströmischen Reichs, Konstantinopel, ein. Der letzte Kaiser dieses Reichs hieß – Konstantin. Er war am Ruder, als die Osmanen 1453 von der Stadt Besitz ergriffen, die sie selbst dann Istanbul nannten. Der türkische Eroberer von Konstantinopel hieß Mehmet. Das Osmanische Reich hatte Bestand bis 1922, da musste der letzte Sultan das Feld räumen. Sein Name: Mehmet.

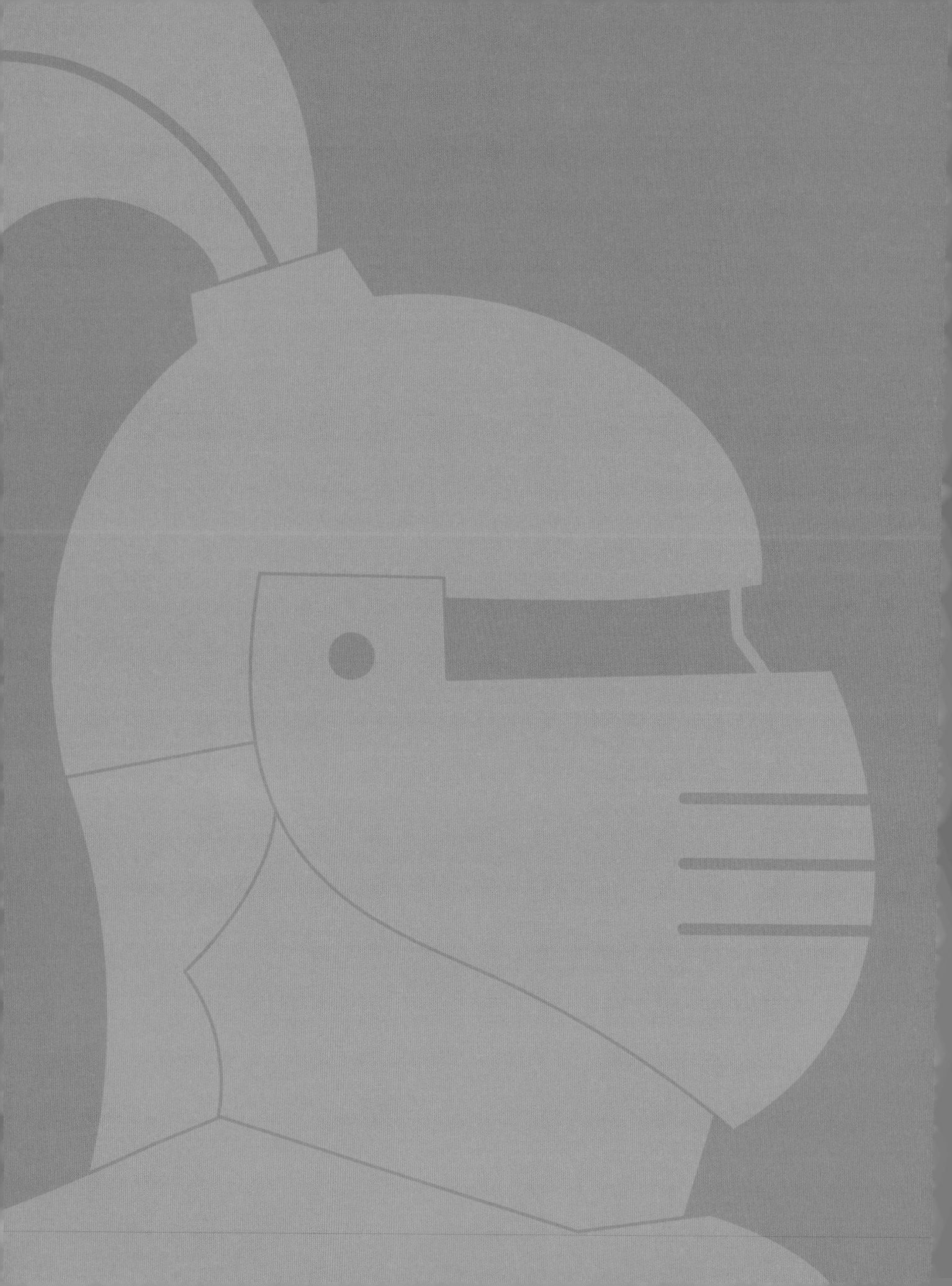

MENSCHEN UND MÄCHTE

MITTELALTER

Antike – Mittelalter – Neuzeit. In der vertrauten Abfolge der geschichtlichen Epochen
liegt das Mittelalter irgendwo dazwischen.
Aber die Vorstellung vom „finsteren" Mittelalter gilt schon lange nicht mehr. Ob Könige,
Adel, Ritter oder einfache Bauern: Das
Leben im Mittelalter war oft hart, aber auch
spannend, bunt und turbulent.

MITTELALTERLICHE MÖNCHE HABEN IN DER FASTENZEIT GEMOGELT

wahr

Im angeblich so gottesfürchtigen Mittelalter ersannen selbst Kirchenleute raffinierte Tricks, um den Vorschriften des Fastens zu entgehen.

Die Kirche des Mittelalters fuhr einen harten Kurs: Der rechte Gläubige hatte sich an die Regeln des Fastens zu halten. 40 Tage vor Ostern war der Genuss von Fleisch und Produkten „warmblütiger" Tiere sowie von Milch, Quark, Käse und Eiern nicht gestattet. Dieselben rigorosen Vorschriften galten an den drei Tagen vor Christi Himmelfahrt, außerdem an zahlreichen weiteren kirchlichen Feiertagen, von denen es nach Auffassung mittelalterlicher Genießer viel zu viele gab.

Um die Ecke gedacht

Tatsächlich ergab sich in der Summe eine Zahl von 130 Tagen im Jahr, an denen Fisch das höchste der Gefühle war. Doch Not machte auch schon im Mittelalter erfinderisch. Mit einigen Tricks konnte man nach außen den Anschein eines guten Christen erwecken und sich doch eine ordentliche Mahlzeit gönnen. Der Klassiker war die Maultasche: Ein Stück Fleisch wurde mit Kräutern und Gemüse vermengt, von Nudelteig umhüllt – und fertig war die Mogelpackung. Auch Strudel und Pasteten waren als Versteck für ein köstliches Stück Fleisch geeignet. Der Begriff „Wassertier" ließ sich mit etwas gutem Willem über den Unterbegriff „Fisch" hinaus auch auf Biber, Otter und Schildkröte ausdehnen.

Bemerkenswerterweise wurden die besten Ideen hinter den Mauern von Klöstern geboren. Das Klischee des dicken Mönchs kam nicht von ungefähr. Es galt beispielsweise auch für den hochverehrten Thomas von Aquin (13. Jahrhundert), der sich mit seiner Leibesfülle offenkundig nicht eben akribisch an Fastenregeln gehalten haben kann.

BEI DEN GERMANEN WAR DIE FRAU MEHR WERT ALS DER MANN

wahr

Frauen werden bevorzugt – unter diesem Motto stand die Rechtsprechung bei den frühen Germanen.

Frau zu sein, war bei den Germanen im Prinzip kein Nachteil. Während im antiken Griechenland oder Rom die Frau völlig hinter dem Mann verschwand und keine Rechte hatte, war eine Germanin weit davon entfernt, rechtlos zu sein. Das war schon bei den Frühgermanen so gewesen und zumindest bis Anfang des Mittelalters verhielt es sich nicht anders.

Unterschiedliches Strafmaß

Gezogen wird diese Erkenntnis aus verschiedenen germanischen Gesetzestexten und Rechtsbüchern wie der *Lex Alamannorum* aus merowingischer bzw. karolinigischer Zeit oder der *Lex Saxonum* von 802. Zwar hatte der Mann offiziell die Vormundschaft über die Frau, doch im Alltag verhielt man sich gleichberechtigt.

Am deutlichsten zeigte sich die besondere Rolle der Frau in den gesetzlichen Bestimmungen bei Mord oder Tötung. War eine Frau das Opfer, fiel die Bestrafung des Täters höher aus als bei einem männlichen Opfer. Dahinter stand die verbreitete Auffassung, dass die Frau für den Clan wichtiger war als der Mann, weil sie den Nachwuchs zur Welt brachte.

Auch in anderen Bereichen wird deutlich, dass Frauen bei den frühen Germanen einige Rechte besaßen. Das galt für Frauen aus den Oberschichten, aber auch für Frauen, die speziellen Tätigkeiten nachgingen. So genossen Priesterinnen und Wahrsagerinnen einen guten Ruf und waren entsprechend rechtlich und gesellschaftlich privilegiert.

IM MITTELALTER WAR PFEFFER TEURER ALS GOLD

wahr

Hingehen, „wo der Pfeffer wächst"? Im Mittelalter leistete man dieser Aufforderung gern Folge, denn mit Pfeffer konnte man sich eine goldene Nase verdienen.

Im Mittelalter war man lieber ein Pfeffersack als ein Goldesel. Übersetzt heißt dies: Mit dem scharfen Gewürz ließen sich noch bessere Geschäfte machen als mit dem glänzenden Edelmetall. In Europa gab es eine enorme Nachfrage nach Pfeffer – vor allem bei den Reichen und Vornehmen. Man schätzte den pikanten Geschmack, wusste aber auch um die konservierende Wirkung des Gewürzes. Fleisch und Fisch waren leicht verderblich; gut gepfeffert hielten sie sich länger. So gab es kaum ein rauschendes Gastmahl ohne Pfeffer.

Den Vogel schoss im Spätmittelalter der Burgunderherzog Karl der Kühne (1433 bis 1477) ab. Bei seiner Hochzeit servierte er seinen Gästen Speisen, zu denen nicht weniger als 380 Pfund Pfeffer gereicht wurden.

Reger Handel zwischen Orient und Okzident

Der Pfeffer wuchs weit weg von Europa im fernen Indien. Importiert wurde er noch nicht auf dem Weg des Direkthandels. Vielmehr hielten orientalische Zwischenhändler die Zügel fest in der Hand. Drehscheibe des Pfefferhandels war die ägyptische Hafenstadt Alexandria. Hier nahmen Händler aus den italienischen Handelsrepubliken Venedig und Genua die kostbare Ware in Empfang. Für teures Geld landete sie dann auf den fürstlichen Banketttischen Europas. Für den Normalbürger war Pfeffer kaum erschwinglich.

Zugpferd für Entdeckungsreisen

Erst mit den Kreuzzügen wurde das arabische Gewürzmonopol durchbrochen und gegen Ende des 15. Jahrhunderts übernahmen europäische Händler mehr und mehr die Regie über den gesamten Pfefferhandel. Eine Vorreiterrolle spielte der berühmte Seefahrer Vasco da Gama, der 1498 erstmals von seiner Indienfahrt Pfeffer direkt nach Portugal mitbrachte. Und auch sein Konkurrent Kolumbus hatte sich einige Jahre zuvor nicht zuletzt wegen des Pfeffers daran gemacht, einen neuen Seeweg Richtung Indien zu erkunden. Zufällig entdeckte er dabei Amerika …

> **Über ein stinkend Fleisch macht man gern ein Pfeffer.**
> François Rabelais

EINE WUNDERWAFFE BEWAHRTE KONSTANTINOPEL VOR DER EROBERUNG

wahr

Das Geheimnis ist bis heute nicht gelüftet. Doch eine explosive Mischung, das „Griechische Feuer" genannt, rettete die Metropole am Bosporus vor den Arabern.

Der Name war vielversprechend. Als „Kallinikos" stellte sich der griechische Ingenieur bei Konstantin IV., Kaiser von Byzanz mit Sitz in Konstantinopel, vor. Das bedeutete so viel wie „schöner Sieg". Einen solchen hatte der Kaiser in diesem Jahr 677 bitter nötig. Denn eine riesige Flotte der Araber machte sich daran, die stolze Stadt am Bosporus zu erobern. Bereits seit drei Jahren bedrohten sie Konstantinopel vom Meer aus. Große Teile der östlichen Mittelmeerwelt, dazu Asiens und Afrikas hatten die Araber seit Mitte des 7. Jahrhunderts im Sturm eingenommen. Nun drohte Konstantinopel ein ähnliches Schicksal.

Eine zündende Idee

Doch dank der genialen Fähigkeiten des Ingenieurs Kallinikos kam alles ganz anders. Den Sieg gewohnten Arabern segelten eines Tages Schiffe mit einer fürchterlichen Waffe entgegen: Aus Flammenwerfern schoss Feuer. Die arabischen Schiffe fingen sofort an zu brennen und sogar auf dem Meer breitete sich ein glühender Feuerteppich aus. Die Araber ergriffen die Flucht. Auch spätere Versuche, Konstantinopel zu gewinnen, scheiterten an der Wunderwaffe, für die sich in der Folgezeit der Begriff „Griechisches Feuer" einbürgerte. Womit genau den Arabern dieser unfreundliche Empfang bereitet worden war, ist heute nicht bis in die letzte Einzelheit geklärt. Sicher ist, dass es sich bei dem „Griechischen Feuer" um ein hoch explosives Gemisch aus Pech, Schwefel, Salpeter und Erdöl gehandelt hat. Die Rezeptur wurde so geheimgehalten, dass das Byzantinische Reich sie mit ins Grab nahm.

GIBRALTAR WURDE NACH EINEM ARABISCHEN FÜHRER BENANNT

wahr

Englisch? Spanisch? Beides ist falsch. Der berühmte Felsen trägt einen muslimischen Namen.

In der Antike sprach man von den „Säulen des Herakles", weil hier, wo das Mittelmeer in den Atlantik mündet, der mythische Held der Griechen einige seiner Abenteuer erlebt haben soll. Der moderne Name „Gibraltar" stammt aus dem 8. Jahrhundert. Damals war fast ganz Nordafrika unter die Herrschaft der Araber gekommen. Dann richteten sie ihren Blick über die Meerenge hinaus auf Europa. Spanien sollte das erste islamisch beherrschte Territorium auf diesem Kontinent werden. Tarik Ibn Sijad (um 670 bis 720) hieß der Feldherr, der die Araber nach Spanien führte. Im Frühjahr 711 überquerte Tarik mit einer Flotte von 7000 Mann die Straße von Gibraltar und fiel nach Spanien ein. Kurze Zeit später war Spanien zum größten Teil islamisch-arabisch. Zu Ehren Tariks nannten die Araber den Felsen von Gibraltar „Dschebel Tarik" (Berg des Tarik). Daraus machten die Spanier später „Gibraltar".

Araber, Mauren, Sarazenen

Manchmal entsteht der Eindruck, als seien Araber, Mauren und Sarazenen unterschiedliche Völker gewesen. Dabei handelt es sich nur um verschiedene Bezeichnungen von im Prinzip identischen Gruppen. „Araber" bezieht sich auf die Herkunft von der Arabischen Halbinsel. „Sarazenen" war die europäische Sammelbezeichnung für arabische Stämme, die ab 700 im Mittelmeerraum unterwegs waren. Und mit den „Mauren" sind die nordafrikanischen Berber gemeint, die sich in den Dienst der arabischen Eroberer gestellt hatten.

KARL MARTELL RETTETE DAS ABENDLAND VOR DEN ARABERN

falsch

Es kommt nur auf die richtige Darstellung an. Dann kann auch ein unwesentlicher Sieg als grandiose Heldentat erscheinen.

Karl Martell – ein Name wie ein Hammer. Tatsächlich heißt „Martell" im Altfranzösischen „Hammer". Und wie ein Hammer schlug der Großvater Karls des Großen auch zu. Seine außenpolitischen Gegner waren die Araber, die im 8. Jahrhundert vom westlichen Afrika aus Vorstöße nach Spanien und Frankreich unternahmen. Dort wurden sie von Karl Martell in der Doppelschlacht von Tours und Poitiers 732 besiegt. Hat er deswegen das Abendland vor der Eroberung durch die Araber bewahrt?

Das wahre Motiv

Im Jahr 632 starb der Prophet Mohammed, der den bis dahin zerstrittenen Arabern die einigende Religion des Islam gebracht hatte. Unter den ersten Kalifen (wörtlich „Nachfolger") eroberten arabische Armeen in kürzester Zeit den gesamten Vorderen Orient. Im Verlauf des 7. und 8. Jahrhunderts arbeiteten sie sich bis nach Nordafrika vor.

Im Jahr 711 begann der arabische Sprung nach Europa, über die Straße von Gibraltar nach Spanien. Dort gründeten die Araber das Emirat von Cordoba. Dass sich hier ein eigenständiger Herrschaftsbereich entwickeln konnte, zeigt an, dass es mit der arabischen Einheit inzwischen nicht mehr so weit her war. Der Kalif als nominelles Oberhaupt aller Araber saß weit weg im fernen Damaskus.

Östlich von Spanien hielten die Franken das Ruder in der Hand. Unter der Dynastie der Merowinger hatten sie sich zur absoluten Vormacht aufgeschwungen. Doch aufgrund interner Streitigkeiten konnte sich mit den Karolingern eine neue Hausmacht durchsetzen. Hier kam Karl Martell ins Spiel. Zur Untermauerung seiner Stellung brauchte er vor allem eines: Erfolge. Am besten militärische Erfolge.

So kam es ihm gelegen, dass die Araber 732 von Spanien aus einen Vorstoß nach Frankreich unternahmen. Sie überquerten die Pyrenäen mit angeblich 80 000 Kriegern. Diese Zahl ist wahrscheinlich übertrieben, doch sie ließ die Gefahr als sehr groß erscheinen. Im Oktober 732 kam es dann zu der berühmten Doppelschlacht von Tours und Poitiers. Die Armee Karl Martells errang einen glänzenden Sieg und die Araber zogen sich nach Spanien zurück. Doch wie groß war die Bedrohung eigentlich gewesen? Der Zug der Araber nach Frankreich war eher als Beutezug gedacht gewesen und nicht als der (im Übrigen völlig unrealistische) Versuch, nach Spanien nun auch das restliche Europa zu erobern. Am Mythos von der Rettung des christlichen Abendlands haben die Karolinger selbst ganz heftig mitgestrickt.

Der „Hammer" schwang sein gefürchtetes Schwert und schlug die Araber in die Flucht – so weit stimmt die Legende.

DIE CHRISTLICHE ZEITRECHNUNG IST FALSCH

wahr

Kaum einer kennt ihn, jeder rechnet mit ihm, das aber falsch: Ein skythischer Mönch ersann die christliche Zeitrechnung.

Dass er bescheiden und demütig war, bewies der Mönch durch die Wahl des Beinamens. Er nannte sich Exiguus, was so viel wie „klein" oder „winzig" bedeutet. Sein Hauptname war Dionysius.

Der fromme Dionysius Exiguus (um 470 bis etwa 540) stammte aus Skythien, im heutigen Grenzgebiet zwischen Bulgarien und Rumänien. Erst war er Mönch in Frankreich, dann in Rom. Von Johannes I., Bischof von Rom, erhielt Dionysius, der dem Kirchenfürsten schon viele gute Dienste geleistet hatte, den Auftrag, das Datum des Osterfests für die nächsten 95 Jahre zu errechnen.

Verwirrende Zahlenspiele

Für Christen mit dem Wunsch nach Planungssicherheit war das wichtig, denn das Osterfest hat im Gegensatz zu Weihnachten den Nachteil, ein bewegliches Fest zu sein. Die neue Ostertafel, wie man diesen Kalender nannte, sollte die bisherige ersetzen, die von Kyrill, dem Patriarchen von Alexandria, im 5. Jahrhundert erstellt worden war. Sie reichte bis zum Jahr 531 (umgerechnet in die christliche, damals noch nicht gebräuchliche Zeitrechnung) bzw. bis zum Jahr 247 in der Zählung des Kyrill. Der hatte sich an der damals üblichen Zählweise von dem Beginn der Herrschaft des römischen Kaisers Diokletian an orientiert. Diokletian war – christlich gerechnet – 284 an die Macht gekommen.

Als Dionysius die Anweisung erhielt, die Liste Kyrills fortzuführen, bereitete ihm der Umstand, nach Diokletian zu rechnen, erhebliche Bauchschmerzen. Unter Diokletian hatte es die letzten großen Christenverfolgungen im Römischen Reich gegeben, bevor die Christen in Konstantin dem Großen einen Retter und Förderer gefunden hatten.

Die Suche nach dem Aufhänger

Der fromme Dionysius Exiguus empfand es als unpassend, ausgerechnet einen Christenverfolger in einen Bezug zu einem der höchsten Feste der Christen zu setzen. Viel passender erschien ihm die Geburt Jesu, von der allerdings keiner so genau wusste, wann sie stattgefunden hatte. Bekannt war, sie fiel in die Regierungszeit des Kaisers Augustus (nach heutiger Rechnung 27 v. Chr. bis 14 n. Chr.). Und das Lukas-Evangelium sprach von einer Volkszählung in Judäa, deren genaues Datum Dionysius jedoch noch nicht wissen konnte (heute weiß man, es war 6 oder 7 n. Chr.). Dann gab es noch die Geschichte von König Herodes, der den Kindermord von Bethlehem initiiert hatte, nachdem er von der Geburt des Messias gehört und daraufhin zur Jagd auf alle neugeborenen Kinder geblasen hatte. Herodes starb 4 v. Chr. Es war für Dionysius Exiguus also nicht leicht, seine neue Zeitrechnung *ab incarnatione Dei* (von der Fleischwerdung Gottes an) mit dem richtigen Zeitpunkt starten zu lassen. Er stieß auf Hin-

Die Null gibt es nicht

Für Dionysius Exiguus begann das erste Jahr der christlichen Zeitrechnung am 1. Januar 1 n. Chr. Das Jahr 0 als Startpunkt konnte er schon deswegen nicht in Erwägung ziehen, weil die 0 damals noch nicht zum Zahlenrepertoire Europas gehörte. Auch die heutige Geschichtswissenschaft verzichtet in der Chronologie auf das Jahr 0. Auf 1 vor Christus folgt gleich 1 nach Christus. Das hat auch eine praktische Konsequenz. Rechnet man eine Summe von Jahren über die Zeitenwende hinweg, muss man immer eine 1 abziehen, weil man sonst automatisch das Jahr 0 mitrechnet. Augustus wurde 63 v. Chr. geboren und starb 14 n. Chr. Er wurde nicht 77, sondern nur 76 Jahre alt.

PAPST STEPHAN WAR NUR VIER TAGE IM AMT

wahr

weise, dass Jesus am 25. März 784 römischer Zeit auferstanden sein müsse. Der Gekreuzigte wurde etwa 30 Jahre alt. Also war das Jahr 754 nach traditioneller römischer Jahreszählung das Geburtsdatum. Er setzte den Beginn der christlichen Zeitrechnung auf das Jahr 1 und den Beginn der neuen Ostertafel von 248 (Zählung des Kyrill) auf das Jahr 532 n. Chr. Ein Irrtum, wie man heute weiß. Der eifrige Mönch verrechnete sich um sechs oder sieben Jahre.

Kirchenpolitische Akzente hat er nicht setzen können, denn Papst Stephan war gerade einmal vier Tage das Oberhaupt der katholischen Kirche.

Am 22. März des Jahres 752 wurde Stephan als Nachfolger des verstorbenen Papstes Zacharias nominiert. Er war allerdings schon sehr alt und gebrechlich. Vier Tage später erlitt der Pontifex einen Schlaganfall und starb.

Sein Tod erfolgte so früh, dass nicht einmal mehr die Gelegenheit zur obligatorischen Weihe zum Bischof von Rom bestanden hatte. Aus eben diesem Grund wurde Stephan zunächst nicht in den offiziellen Papstlisten geführt. Ab dem 16. Jahrhundert tauchte er in den Chroniken auf, weil sich die Auffassung durchsetzte, die Nominierung reiche aus. 1961 verschwand Stephan dann wieder aus den Listen, weil die katholische Kirche zur alten Doktrin zurückkehrte.

So benennen manche Kirchenhistoriker heute Urban VII. als Papst mit der kürzesten Amtszeit. Am 15. September 1590 wählten ihn die Kardinäle zum Oberhirten, am 27. September weilte er schon nicht mehr unter den Lebenden. Wahrscheinlich hatte eine Malaria-Erkrankung sein Pontifikat, das immerhin drei Mal so lang war wie das von Stephan, abrupt beendet.

Am anderen Ende

Erheblich länger im Amt als Stephan bzw. Urban war Papst Pius IX., genau gesagt: 31 Jahre und 8 Monate. Er kam 1848 auf den Stuhl des Pontifex Maximus und hielt ihn bis zum 7. Februar 1878 besetzt. Damit ist er im Hinblick auf die Amtszeit der absolute Rekordhalter unter den Päpsten. Als er mit 88 Jahren starb, zählte u. a. die Durchsetzung des Dogmas von der unbefleckten Empfängnis zu seiner Amtsbilanz.

DEUTSCHE KAISER SITZEN IN EINEM BERG UND WARTEN DARAUF ZURÜCKZUKEHREN

wahr

So heißt es jedenfalls in deutschen Sagen – und wie man weiß, versetzt der Glaube Berge.

Wenn man bereit ist, Mythen zu glauben, dann darf man sich vorstellen, dass es in den Bergen Deutschlands nur so wimmelt von ehemaligen gekrönten Häuptern, die zwar schon lange tot sind, aber dennoch auf Abruf bereit stehen.

Hinter den Geschichten von sagenhaften Bergentrückungen steckt die sehr reale Sehnsucht der Menschen nach großen Persönlichkeiten, von denen man meint, sie würden Probleme, die aktuelle Politiker nicht meistern können, souverän lösen und überhaupt wieder die „guten alten Zeiten" herbeiführen.

Untersberg und Kyffhäuser

So heißt es beispielsweise von Karl dem Großen, er halte sich im Untersberg in Bayern auf. Dort soll er schlafen und irgendwann zu einer letzten Schlacht zwischen Gut und Böse erwachen.

Zu anderen Zeiten hieß es, nicht Karl der Große, sondern der Stauferkaiser Friedrich Barbarossa halte sich im Unterberg auf. Ein anderer Volksglaube versetzt Barbarossa wiederum in den Kyffhäuser, ein Mittelgebirge im Osten Deutschlands. Barbarossas Tod ereignete sich am 10. Juni 1190, als er während des 3. Kreuzzugs im Fluss Saleph in Anatolien ertrank. Bis heute weiß keiner genau, wo sich sein Grab befindet. Umso mehr standen der Fantasie Tür und Tor offen. So ruht der Sage nach der mächtige „Rotbart" eben in einer Berghöhle, gemeinsam mit seinen engsten Mitstreitern, um eines Tages aufzuwachen und jenes Deutsche Reich wieder auf Trab zu bringen, das es gar nicht mehr gibt. Andere Versionen behaupten, er ruhe im Trifels im Pfälzer Wald oder sogar im Aetna auf Sizilien.

KARL DER GROSSE LIESS BEIM MASSAKER VON VERDEN 4500 SACHSEN TÖTEN

falsch

Zwei vertauschte Buchstaben können aus einer Vertreibung einen Massenmord gemacht haben.

Es war eine gespenstische Szenerie. Der Schauplatz: die Stadt Verden an der Aller. Das Datum: 772. Nicht weniger als 4500 Sachsen, die Karl dem Großen, dem König des Fränkischen Reichs, erbitterten Widerstand geleistet hatten, wurden auf dem Marktplatz durch Enthauptung hingerichtet. Das Ereignis ist als „Massaker von Verden" oder „Blutgericht von Verden" in die Geschichtsbücher eingegangen. Es war Teil jener Sachsenkriege Karls des Großen, mit denen er das renitente Volk zum einen unter seine Herrschaft, zum anderen unter das Dach des Christentums bringen wollte.

Ein kleiner Fehler mit großen Folgen

Das Ereignis von Verden hat lange Zeit das Bild vom ansonsten so gepriesenen Herrscher Karl verdüstert. Aber hat sich dieser Vorfall auch wirklich so zugetragen? Daran gibt es Zweifel, die sich bis in die moderne Geschichtsforschung gehalten haben. Es spricht einiges dafür, dass ein Buchstabendreher in den Quellen Tausende von Sachsen ums Leben kommen ließ, obwohl sie in Wirklichkeit nur verbannt wurden. Im lateinischen Text heißt es, die Widersacher seien *decollati* – enthauptet – worden. Macht man aus *decollati* aber *delocati*, so ergibt sich daraus „umgesiedelt". Eine deutlich harmlosere Bestrafung.

Tatsächlich spricht für diese Deutung auch der Umstand, dass in der Zeit Karls des Großen außerhalb von Sachsen Orte mit dem Namensbestandteil Sachsen- gegründet wurden, wie zum Beispiel Sachsenhausen in Frankfurt am Main. Möglicherweise wurden hier oppositionelle Sachsen angesiedelt. Damit stimmt das Image Karls des Großen wieder.

DER ELEFANT KARLS DES GROSSEN SCHRIEB GESCHICHTE

wahr

Im Jahr 802 wurde Aachen um eine Attraktion reicher. Zu bewundern war ein weißes Rüsseltier mit dem Herkunftsnachweis Bagdad.

Der Name „Harun ar-Rachid" klingt wie aus *1001 Nacht*. Und tatsächlich handelt es sich um jenen Kalifen, der in der berühmten Sammlung von Märchen aus dem Orient eine herausragende Rolle spielt. Im echten Leben ist er jedoch alles andere als eine Märchenfigur gewesen. Der leibhaftige Harun lebte von 763 (oder 766) bis 809 und war der Fünfte in der Reihe der ruhmreichen Kalifen aus der ehrenwerten Dynastie der Abbasiden. Diese Familie hatte 750 die Herrschaft über die Araber errungen und Bagdad als neue Residenzstadt gewählt.

Kontaktaufnahme

Während Harun ar-Rachid im Orient herrschte, war im Okzident Karl der Große der mächtigste Mann. Tausende von Kilometern lagen zwischen den jeweiligen Herrschaftszentren Bagdad und Aachen. Und trotzdem kam es zwischen den beiden Herrschern zu einem bemerkenswerten Kontakt – zwar nicht persönlich, aber immerhin auf diplomatischem Weg. Im Jahr 797 machte sich im Auftrag Karls eine Gesandtschaft auf den langen Weg vom Rhein an den Tigris. Wahrscheinlich ging es um die Regelung der Rechte der Christen in den von Harun kontrollierten Gebieten des Nahen Ostens. Zugleich wollte man sich wohl über eine einheitliche Linie im Umgang mit dem gemeinsamen Gegner Byzanz beraten.

Geleitet wurde die Gruppe von einem sprachkundigen jüdischen Kaufmann namens Isaak, der sich im Orient so gut auskannte, dass man hoffen konnte, die Delegation würde auch tatsächlich ihr Ziel erreichen. Die Hoffnung war nicht unbegründet. Geschlagene fünf Jahre später, am 20. Juli 802, traf Isaak wieder in Aachen ein. Er wurde von Karl dem Großen empfangen, der seit Weihnachten 800 nicht mehr nur König, sondern auch Kaiser war.

Ein wahrhaft riesiges Geschenk

Im Gepäck hatte Isaak viele Geschenke, die der Kalif seinem Gast mitgegeben hatte. Für das größte Aufsehen aber sorgte ein Elefant, der den ganzen Weg von Bagdad folgsam zurückgelegt hatte. Es war ein äußerst seltener weißer Elefant, der auf den Namen „Abbul Abbas" hörte. Das Tier landete in der exklusiven Hofmenagerie Karls des Großen und war dort eine viel bestaunte Attraktion.

Abbul Abbas soll 810 gestorben sein, ob im hohen Elefantenalter oder noch jung, ist unbekannt. Bald rankten sich um ihn jede Menge Legenden: Abbul Abbas kämpfte mit Karl dem Großen gegen die Friesen, Abbul Abbas ertrank im Rhein, Abbul Abbas starb an Lungenentzündung. Und wenn heute im Rheinland mal wieder ein Elefantenknochen entdeckt wird, heißt es sofort: Das sind die sterblichen Überreste von Abbul Abbas, dem berühmtesten Elefanten nördlich der Alpen.

Ob dieser Stoßzahn, ein kunstvoll gearbeitetes karolingisches Trinkhorn aus dem Aachener Domschatz, von Abbul Abbas stammt?

Karls Hofschreiber Einhard nahm es mit der Wahrheit nicht so genau.

KARL DER GROSSE WUSSTE NICHTS VON SEINER EIGENEN KAISERKRÖNUNG

falsch

Die Hofpropaganda der Karolinger servierte Byzanz eine Beruhigungspille, denn die Byzantiner wollten nur einen Kaiser akzeptieren – ihren eigenen.

Das Schulwissen Geschichte lautet: Am 25. Dezember 800 setzte Papst Leo III. während des Weihnachtsgottesdienstes im Petersdom zu Rom dem Frankenkönig Karl eine Krone auf den Kopf und machte ihn auf diese Weise zum Kaiser. Dass Leo Karl zum Kaiser krönte, daran gibt es keinen Zweifel. Die Hintergründe sind allerdings bis heute nicht in allen Einzelheiten geklärt. Eines aber ist sicher: Dass Karl, wie der Hof nach der Krönung verlautbaren ließ, auf diesen Akt nicht vorbereitet gewesen sei, ist eine Legende.

Kompensationsgeschäft

Hauptquelle zu den Ereignissen ist die Biografie Karls des Großen aus der Feder Einhards. Der Gelehrte war ein enger Vertrauter des Herrschers und wurde von ihm auch als Gesandter eingesetzt. Einige Jahre nach dem Tod Karls veröffentlichte er die *Vita*

Karoli Magni, in der er seinem Freund, Mentor und Vorbild ein Denkmal setzte. Man darf davon ausgehen, dass Einhard alles tat, um Karl in einem guten Licht erscheinen zu lassen.

Das gilt auch für seinen Umgang mit dem Thema „Kaiserkrönung". Einhard schrieb, Karl sei nichtsahnend zum weihnachtlichen Gottesdienst erschienen und wurde dort zu seiner großen Überraschung vom Papst zum Kaiser gekrönt. Selbstverständlich saß er nicht wie ein gewöhnlicher Gläubiger im Kirchengestühl. Als mächtiger Herrscher hatte er das Privileg, allein vor dem Altar zu beten. In einem andächtigen Moment trat der Papst von hinten an den knienden Karl heran und setzte ihm besagte Krone auf. Dann warf sich der Kirchenfürst vor ihm nieder und salbte ihm die Füße, während das in der Kirche versammelte römische Volk ihn als Kaiser hochleben ließ. So war innerhalb von Minuten aus dem König der Franken ein römischer Kaiser geworden.

Doch was machte Karl überhaupt zu Weihnachten in Rom? Er war bereits im November des Vorjahrs von Deutschland aus Richtung Italien aufgebrochen. Der Papst hatte ihn zu Hilfe gerufen, weil er wieder einmal mit dem selbstbewussten Adel Roms aneinandergeraten war. Die Franken spielten seit geraumer Zeit die Rolle einer päpstlichen Schutzmacht. Karl kam, sah und glättete die Wogen. Allerdings war die Hilfsaktion mitnichten kostenlos: Hinter den Kulissen wurde der Deal mit der Kaiserkrone bis ins Detail ausgehandelt.

Ostrom protestiert

Die Version von der unverhofften Kaiserkrönung wurde von der karolingischen Hofpropaganda in dem Moment lanciert, als heftiger Protest aus Konstantinopel kam. Nach Lesart von Byzanz gab es nur einen Kaiser und das war der Kaiser von Byzanz. Karls Krönung wurde als Anmaßung empfunden, schließlich war das Kaisertum im Westen mit dem Weströmischen Reich im 5. Jahrhundert untergegangen. Um einer ernsthaften diplomatischen Verstimmung vorzubeugen, setzte man deshalb die Falschinformation in die Welt, der Papst habe am Weihnachtsabend 800 eigenmächtig gehandelt.

Doch Byzanz gab keine Ruhe und forderte von Karl den Verzicht auf die Kaiserkrone. Der Streit ging in eine nächste Runde, als man in Aachen verlauten ließ, die Krönung Karls sei deshalb legitim gewesen, weil es keinen regulären Herrscher auf dem byzantinischen Kaiserthron gäbe. Dieser Protest bezog sich auf den Umstand, dass 797 mit Irene von Athen (etwa 750 bis 803) eine Frau die Herrschaft in Byzanz übernommen hatte, nachdem ihr kaiserlicher Gemahl gestorben und ihr Sohn unmündig war. Nach römischer Tradition konnte es keine Kaiserin, sondern nur einen Kaiser geben. Mithin, so die Folgerung der Franken, war der byzantinische Thron vakant – ob Irene nun darauf saß oder nicht.

Heiratspläne

In byzantinischen Kreisen reifte daraufhin der Plan zu einer pragmatischen Lösung des Problems. Eine Heirat zwischen Karl und Irene könnte alle Schwierigkeiten beseitigen. Irene war Witwe, Karl nach vier Ehen ausnahmsweise gerade einmal nicht verheiratet. Doch die west-östliche Elefantenhochzeit kam nicht zustande, weil Irene 802 abgesetzt und verbannt wurde.

Mit ihrem späteren Nachfolger Michael I. wurde eine diplomatische Einigung erzielt. Im Vertrag von

Aachen erkannte Byzanz Karl als Kaiser an, jedoch unter der Bedingung, dass Karl einen Ehrenvorsprung des byzantinischen Kaisers akzeptierte. Außerdem ließ sich der Ostkaiser für sein großzügiges Entgegenkommen mit der Übergabe fränkischer Besitzungen in Venetien, Istrien und Dalmatien entschädigen.

Bündnis zwischen Thron und Altar

Mit der Kaiserkrönung von 800 waren Kirche und weltliche Macht ein historisches Bündnis eingegangen. Es bildete sich in den folgenden Zeiten die Gewohnheit heraus, dass der deutsche König vom Papst zum Kaiser gekrönt wurde. Dafür traten die Herrscher, wie es schon bei Karl dem Großen der Fall gewesen war, als Beschützer der Kirche auf.

Im späteren Mittelalter kam es dann allerdings zu teils erbitterten Machtkämpfen, bei denen es vorkam, dass der Papst den König absetzte. Auf dem Höhepunkt der Streitigkeiten, im 11. Jahrhundert, setzte der König seinerseits den Papst ab und schickte einen Kandidaten eigener Wahl in den Vatikan. Dieser Dualismus war von Karl und Leo bei der Inszenierung Weihnachten 800 nicht vorausgesehen worden. Sie hatten in dem Kalkül gehandelt, ein Bündnis zu beiderseitigem Nutzen zu schmieden.

Traumhochzeit

Die Heirat Karls mit Irene kam nicht zustande. 172 Jahre nach der Kaiserkrönung Karls kam es aber doch noch zu einer europäisch-byzantinischen Traumhochzeit. Hauptbeteiligte waren Kaiser Otto II. und die byzantinische Prinzessin Theophanou, die sich am 14. April 972 in Rom das Jawort gaben. Theophanou, ebenso gebildet wie ehrgeizig, mischte ordentlich in der Politik mit und machte die staunenden Deutschen mit byzantinischer Lebensart vertraut. Nach dem Tod Ottos II. 983 übte die Byzantinerin als deutsche Kaiserin sieben Jahre für den unmündigen Otto III. die Herrschaft aus.

IM FRÜHMITTELALTER WAREN LANGE HAARE EIN ZEICHEN VON MACHT UND STÄRKE

wahr

Frisuren spiegelten auch im Mittelalter schon den jeweiligen Modetrend wider – und die politische Stellung.

Wie Bilder beweisen, hatte Karl der Kahle zum Glück genug Haare auf dem Kopf. Er lebte von 823 bis 877 und hieß ja auch gar nicht „der Kahle", weil er unter einem Mangel an Haupthaar gelitten hätte. Den Namen bekam er nur deswegen verpasst, weil er bei den Verteilungskämpfen in der Nachfolge seines Großvaters – kein Geringerer als Karl der Große – zunächst „kahl", also leer ausgegangen war. Bei den Herrschern des frühen Mittelalters hätte jemand mit wenigen Haaren nur geringe Chancen auf eine Machtstellung gehabt. Bei ihnen galt die Vorstellung: Langes, wallendes Haar ist ein Symbol von Kraft, Stärke und Macht.

> **Sie haben wie die Schweine hinten Haare am Rückgrat.**
> Ein Gesandter aus Byzanz

Nicht zu übersehen

Die Könige des frühen Mittelalters sahen sich dabei in der Tradition der germanischen Vorfahren, die sich mit langem wallenden Haar, möglichst

viel Bart und dazu muskelbepackt präsentiert hatten. So galt es bei den Merowingern als edel, wenn möglichst der ganze Körper mit Haaren bedeckt war. Viele andere Völker hielten das dagegen für barbarisches Auftreten.

Im späteren Mittelalter kamen die langen Haare aus der Mode. Vorbild waren fortan die strengen Kurzhaarfrisuren der römischen Kaiser. Jetzt hätte Karl der Kahle, wenn er wirklich kahl gewesen wäre, besonders gute Karten gehabt.

Die Frisur-Attacke des Pippin

Unter den germanischen Stammesführern gab es einen heftigen Wettstreit um das Erbe des Römischen Reichs. Zunächst setzte sich die fränkische Dynastie der Merowinger unter ihrem König Chlodwig (482 bis 511) durch. Doch aufstrebende Adelige machten ihnen zunehmend das Leben schwer. Im Jahr 751 setzte sich der Karolinger Pippin III., der Vater Karls des Großen, als neuer Herrscher durch. Zum Zeichen des Machtwechsels ließ er Childerich III., dem letzten merowingischen König, öffentlich die Haare abschneiden – als Symbol dafür, dass der Rivale keine Macht mehr hatte.

IM MITTELALTER GING MAN INS KRANKENHAUS UM ZU STERBEN

wahr

Wer heute in ein Krankenhaus geht, hofft, geheilt entlassen zu werden. Vielen Menschen im Mittelalter galten Krankenhäuser als letzte Station vor dem Tod.

Krankenhäuser hießen im Mittelalter „Spital". Das kommt von dem lateinischen Wort *hospitium*, was so viel wie „Gastwirtschaft", „Quartier", „Herberge" bedeutet. Die Spitäler wurden meist von kirchlicher Seite betrieben. Im späteren Mittelalter gab es auch sogenannte Bürgerhospitale, deren Träger die Städte waren. Wer sich in die Obhut eines Spitals begab, erfüllte in der Regel zwei Voraussetzungen: Man war erstens arm und zweitens sterbenskrank. Während die Reichen und Adligen, wenn sie krank waren, die Dienste eines privaten Leib- und Magenarztes in Anspruch nahmen, hatten die Angehörigen der Unterschichten weder die Möglichkeit noch das Geld, sich einen Fachmann zu leisten, von dem man hoffen konnte, dass er mit seinem medizinischen Sachverstand das Leiden heilen würde. Zwar konnte man zu Hause von der Familie gepflegt werden, doch war meist kein Platz für einen Kranken. So bot sich als letzte Zuflucht das Spital an, wo man auf würdige und halbwegs menschliche Weise sterben konnte.

Das Pflegepersonal wurde von der Kirche oder von den Kommunen gestellt. Eine spezielle Form des Spitals waren die „Siechenhäuser", auch bekannt unter dem nicht viel freundlicheren Namen „Aussatzhäuser". Hierher kamen Menschen, die an schweren Krankheiten wie Lepra litten. Auch ihnen wollte man nicht helfen; es ging einzig und allein darum, sie von der Gesellschaft zu separieren, um die Ausbreitung der Krankheit zu verhindern.

Von der Sterbe- zur Heilanstalt

Im Verlauf des Mittelalters entwickelten sich dann aber auch Krankenhäuser im heutigen Sinn, in denen die Menschen nicht sterben, sondern gesund werden sollten. Gilden, Zünfte, Orden und Gemeinden legten Geld zusammen, um solche Pflegestätten mit (möglichst) gut ausgebildetem Fachpersonal ins Leben zu rufen.

Natürlich wurde in den Abteilungen streng getrennt zwischen Adel und Volk – gewissermaßen die frühe Vorwegnahme der Einteilung in Privat- und Kassenpatienten. In den Krankensälen für die große Gruppe des einfachen Volkes reihte sich Bett an Bett. Sie waren nur manchmal – ein besonderer Luxus – durch einen Vorhang voneinander getrennt. Immer wieder kam es vor, dass der Platz für die vielen Kranken nicht ausreichte. In einem solchen Fall mussten die Patienten ihr Bett mit zwei oder gar drei anderen Leidensgenossen teilen.

Quaksalber und Bader

Bevor man den Weg ins Krankenhaus antrat, suchte manch einer sein Heil auch bei Wunderheilern und Quacksalbern. Diese reisten von Stadt zu Stadt und boten auf den Jahrmärkten ihre häufig dubiosen Dienste an. Meistens ging es den Patienten, die sich solchen angeblich Medizinkundigen anvertrauten, nach der Behandlung schlechter als vorher.

Besser erging es den Heilungssuchenden bei einem Bader. Das war ein typischer Beruf, der sich im Frühmittelalter herauszubilden begann und seine beste Zeit im Hochmittelalter hatte. Ein Bader war sowohl Leiter eines Badehauses als auch Arzt. Besonders Mutige ließen sich von ihm, der keinerlei medizinische Ausbildung genossen hatte, die Zähne ziehen, Wunden behandeln oder gebrochene Knochen wieder zusammenflicken. Auch der gefürchtete Aderlass fiel in das Metier des Baders.

Doch immerhin konnten sich die Patienten, anders als bei den Wunderheilern und Quacksalbern, darauf verlassen, dass der Bader nicht nur Geld verdienen, sondern tatsächlich auch heilen wollte. Der Erfolg stand auf einem anderen Blatt.

MITTELALTERLICHE HERRSCHER ERHIELTEN OFT SPITZNAMEN

wahr

Manche ernteten ihren Beinamen schon zu Lebzeiten, andere erst nach ihrem Tod. Einige Spitznamen waren sehr direkt, andere sind heute nur mit Faktenwissen zu verstehen.

Durch die Geschichte geistern viele Persönlichkeiten mit Beinamen, die man ihnen wohl nicht ganz unverdient angehängt hat. So ist es zum Beispiel bei Heinrich dem Zänker. Dieser bayerische Herzog, der von 951 bis 995 lebte, war in der Tat kein friedliebender Mensch.

Der ewige Kämpfer

Doch war Heinrich nicht etwa privat ein Zänker. Vielmehr bezieht sich dieses Attribut darauf, dass er in seinem turbulenten politischen Leben viele Kämpfe ausfocht – in der Heimat Bayern, aber auch im Reich. Heinrich der Zänker stammte aus der bayerischen Linie der Ottonen und zeigte stets Interesse, die Königsherrschaft zu erringen. Am Ende fehlte es ihm aber an dem nötigen Rückhalt anderer Mächtiger und so musste er die Königsherrschaft Ottos III. schließlich anerkennen.

Den Namen „Zänker" gaben ihm nicht seine zahlreichen Gegner. Dieses Etikett verpasste ihm erst im 15. Jahrhundert der bayerische Hofhistoriograf Johannes Aventinus. Ein zeitgenössischer Chronist stellte dem Zänker allerdings auch schon ein ambivalentes Zeugnis aus: „Er war von edler Geburt, von schönem und kräftigem Körperbau, ehrgeizig und voller Ränke. Sein Geist war unternehmend, aber treulos. Aus Herrschsucht schloss er Freundschaft mit allen Frevlern, die für ihr Vergehen entweder schon verurteilt waren oder die noch eine rechtmäßige Strafe zu fürchten hatten. Kurz: Alle lasterhaften, mit ihrem Gewissen zerfallenen Leute machte er zu seinen Freunden und Vertrauten."

Ein Freund der Kirche

Der Vater war ein Zänker, der Sohn brachte es zum Heiligen. Das ist der Beiname, unter dem Heinrich II. in den Geschichtsbüchern firmiert. Er war von 1002 bis 1024 König (und später auch Kaiser) des Heiligen Römischen Reichs. Diesen Titel erlangte er gänzlich kampflos, denn Otto III., gegen den sein zänkischer Vater zeitlebens aufbegehrt hatte, starb kinderlos und somit fiel die Krone an die bayerische Linie der Ottonen.

Zeitgenossen kannten Heinrich II. noch nicht unter seinem Beinamen „der Heilige". Erst 1146 sprach Papst Eugen III. den Gründer und Stifter zahlreicher Kirchen, Klöster und Bistümer wegen angeblicher Wundertaten heilig. Als besonders fromm galt Heinrich II., der Heilige also, allerdings auch zu Lebzeiten schon.

Nomen est omen

Arnulf der Böse wurde 907, als Vorgänger Heinrich des Zänkers, Herzog von Bayern und erntete seinen Beinamen, weil er für die Finanzierung von Kriegszügen Kirchengüter konfisziert hatte. Albrecht der Entartete (1240 bis 1314) war das schwarze Schaf in dem ehrwürdigen Geschlecht der Wettiner und verzettelte sich in Fehden mit seinen Söhnen. Friedrich der Gebissene (1257 bis 1323) war der Sohn Albrechts des Entarteten, angeblich so genannt, weil ihm die Mutter, die auf der Flucht vor Albrecht war, beim Abschied in die Wange biss. Wenzel der Faule (1361 bis 1419) war König von Böhmen; er hatte kein Interesse an Politik und beschäftigte sich lieber mit der Jagd und fröhlichen Gelagen.

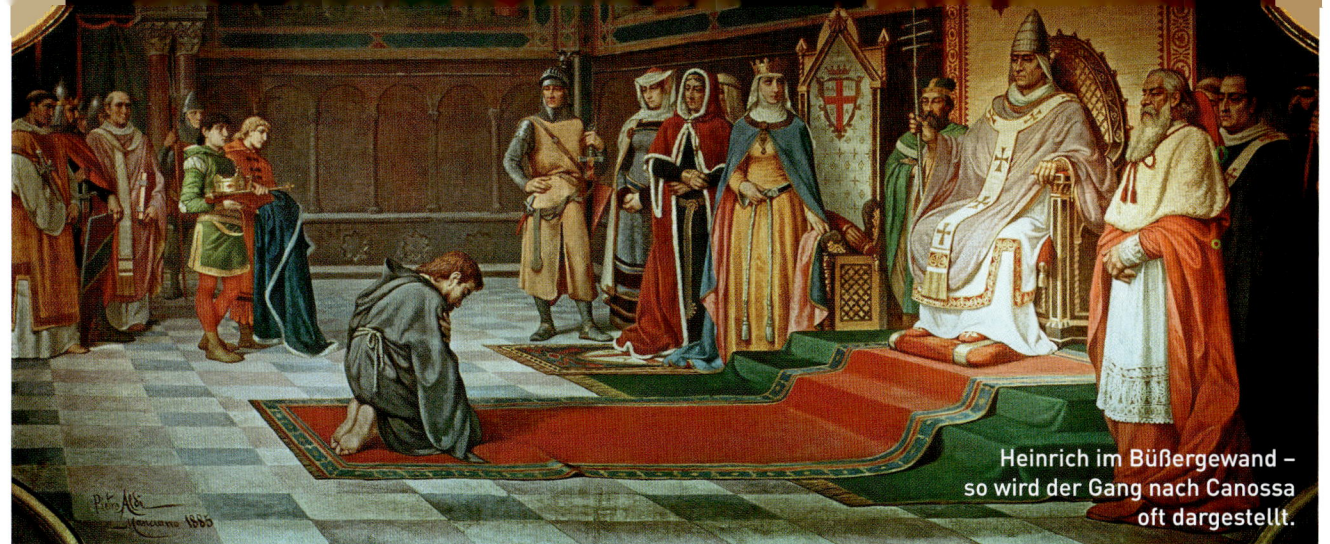

Heinrich im Büßergewand – so wird der Gang nach Canossa oft dargestellt.

DER GANG NACH CANOSSA WAR FÜR HEINRICH IV. EINE DEMÜTIGUNG

falsch

1077 erteilte der Papst dem König eine richtige Lektion? Von wegen. Am Ende hatte Heinrich die Nase vorn.

Die Burg Canossa in Oberitalien war im Januar 1077 Schauplatz einer merkwürdigen Szene. Der deutsche König Heinrich IV. erschien im Büßergewand vor Papst Gregor VII. Zuvor hatte er den beschwerlichen Weg über die winterlichen Alpen hinter sich gebracht. Gekommen war er, um sich vom Bann lösen zu lassen, den der Papst einige Monate zuvor über ihn ausgesprochen hatte. Das war der Höhepunkt eines erbitterten Machtkampfes zwischen Staat und Kirche gewesen, der schon länger tobte.

Ein kluger Schachzug

Die Kirche wollte es nicht länger hinnehmen, dass der König sich in ihre Angelegenheiten einmischte und sich das Recht vorbehielt, Bischöfe und andere geistliche Würdenträger zu ernennen. Gregor hatte sich mit den Fürsten im Deutschen Reich verbündet, von denen viele zu Heinrichs Gegnern zählten. Mit dem Bannspruch des Papstes hatte auch der Gefolgschaftseid, den die Fürsten auf Heinrich geleistet hatten, keine Gültigkeit mehr. Damit war die Situation für Heinrich brenzlig geworden. Mit dem Papst glaubte er fertig werden zu können, aber ohne die Gefolgschaft der Reichsfürsten würde er seinen Posten als König bald los sein. Da die Zeit drängte (im Februar sollte bereits über seinen Nachfolger verhandelt werden), eilte Heinrich nun dem Papst entgegen, der seinerseits von Rom aus auf dem Weg zu einem Treffen mit den deutschen Fürsten war.

So traf man sich also auf halbem Weg in Canossa. Der Papst ließ Heinrich drei Tage lang warten, dann gewährte er ihm großzügig eine Audienz. Der König, angetreten in der vorgeschrieben Büßerkleidung, wurde vom Bann losgesprochen. Ein Triumph für den Papst? So haben es frühere Historiker gesehen und so sieht es natürlich auch die Kirche. Ein König, der in unterwürfiger Haltung vor dem Oberhirten der katholischen Kirche erscheint, macht auf den ersten Blick tatsächlich keine gute Figur. Doch insgesamt gesehen war Heinrichs Gang nach Canossa ein kluger Schachzug. Einerseits konnte ihm der Papst die Befreiung vom Bann nicht verweigern, weil Heinrich alle dafür notwendigen Vorschriften eingehalten hatte. Andererseits sicherte ihm das den Verbleib auf dem Königsthron. So hatte er alles, was er wollte, erreicht, im Gegensatz zum Papst, der Heinrich eigentlich loswerden wollte. Zwar gingen die Streitigkeiten im Reich und zwischen Staat und Kirche nach Canossa weiter. Doch Canossa selbst – das war für Heinrich ein Sieg gewesen.

BIERTRINKEN WAR BEI DEN WIKINGERN EINE STRAFE

wahr

Sie waren raue, trinkfreudige Gesellen – und doch konnte es vorkommen, dass die Wikinger zum Alkoholkonsum regelrecht gezwungen wurden.

Wenn Wikinger feierten, ging es fast so hoch her, wie man es sich angesichts des Rufs der Nordmänner vorstellt. Wenn gefeiert wurde, dann waren die Männer unter sich, Frauen waren bei den Gelagen in der Regel unerwünscht. Eine Ausnahme stellten Hochzeiten dar. Dann feierten neben der Braut auch die anderen weiblichen Familienangehörigen und die Freundinnen der künftigen Ehefrau kräftig mit.

> **Bald ging man zu dem Brauch ‚Ein Mann, ein Horn' über.**
>
> Aus der *Egils*-Saga

Bei gewöhnlichen Trinkgelagen saßen die Teilnehmer an langen Tischen und die Trinkhörner wurden ständig neu bis oben hin mit Bier gefüllt (für diese Dienste waren Frauen übrigens durchaus gern gesehen). Dazu hatten sich die rauen Nordmänner eine Reihe von Trinkspielen einfallen lassen. Fast immer kam es dabei darauf an, den anderen gegenüber die eigene Trinkfestigkeit unter Beweis zu stellen.

Eine ungewöhnliche Strafe

Selbst den stärksten Mann aber überforderte das Trinken aus dem sogenannten Witishorn. Das war ein Trinkhorn mit einem riesigen Volumen. Aus ihm musste trinken, wer bei einem Gelage gegen die Spielregeln, gegen Sitte, Anstand und Ordnung verstoßen hatte. Der Schuldige wurde dann dazu verurteilt, einen ganzen Tag lang aus dem Witishorn Bier zu trinken.

So gern ein Wikinger trank, das war des Guten zu viel. Die meisten schworen sich danach, sich in Zukunft besser zu benehmen.

Der Vendel- oder Brillenhelm war der typische Kopfschutz der Wikinger.

DIE WIKINGER TRUGEN HELME MIT HÖRNERN

falsch

Helme hatten die Nordmänner schon, aber ohne Hörner. Die sind eine Zutat moderner Comics.

Schuld ist Dik Browne. Der US-Comic-Zeichner stellte 1973 seine neueste Schöpfung vor: Hägar der Schreckliche, seines Zeichens Wikinger. Es dauerte nicht lange und Hägar machte eine weltweite Karriere. In 58 Ländern wurden seine Abenteuer veröffentlicht. In wenigen Bildern ließ Browne (und nach dessen Tod sein Sohn) den Wikinger und seine Mitstreiter teils witzige, teils tiefsinnige Situationen erleben.

Brownes Wikinger tragen Helme mit Hörnern – aber die Darstellung fällt unter „künstlerische Freiheit". Diese Ausschmückung ist dem Reich der Fantasie entsprungen. Bis heute ist bei keiner archäologischen Ausgrabung in jenen nördlichen Regionen, in denen Wikinger lebten und wirkten, das Exemplar eines solchen Helms aufgetaucht. Statt dessen trugen Hägars reale Vorläufer einfache, kappenförmige Kopfbedeckungen. Lange Hose, kurze Jacke, Äxte und Speere dazu, fertig war der „Schrecken der Meere".

EIN KANINCHEN FAND EINEN WIKINGERSCHATZ

wahr

Funde aus der Zeit der Wikinger sorgen regelmäßig für Schlagzeilen. Doch die kurioseste Entdeckung ereignete sich 1858 in Schottland.

Von ihren Booten und Schiffen waren die Männer aus Skandinavien so begeistert, dass sich viele von ihnen sogar mit ihnen bestatten ließen. Das sah dann so aus, dass man den Toten in sein mit Grabbeigaben ausgestattes Schiff legte und dieses mit einem großen Erdhügel bedeckte. „Wikingerschiff entdeckt", „Wikingergrab gefunden", „Wikingerschatz ausgegraben" – solche Nachrichten geistern bis heute immer wieder durch die Presse.

Spektakuläre Ausgrabungen

Eines der prachtvollsten Exemplare wurde 1904 im südlichen Norwegen freigelegt. Nach seinem Fundort wird es als Oseberg-Schiff bezeichnet. Gefunden wurden darin das Skelett einer Frau, die aus dem Adel stammte, sowie das ihrer Sklavin. Das verwendete Schiff diente vorher nicht zu Kriegs- oder Handelszwecken, sondern war wohl eine Art Yacht.

Auf einem Schiff, das bereits 1880 in der Nähe von Oseberg in Gokstad zum Vorschein kam, befand sich die Leiche eines Mannes mittleren Alters, etwa 1,65 Meter groß, kräftig und bewaffnet. Man schloss auf einen Krieger, vielleicht sogar den Anführer einer Wikingertruppe.

Der Zufall kam 1858 beim Auffinden eines Wikingerschatzes auf den Orkney-Inseln nördlich von Schottland zu Hilfe. Bei dem Hortfund kamen 90 wertvolle Gegenstände aus Silber zum Vorschein: Münzen, Halsringe und Broschen. Sie hatten ein Gesamtgewicht von über 7 Kilogramm. Ein Junge auf der Jagd hatte den Schatz entdeckt, aber auch nur, weil ihn zuvor ein Kaninchen beim Graben für seinen Bau freigelegt hatte.

LEIBEIGENE WURDEN FREI, WENN SIE SICH VERSTECKTEN

wahr

Ein Jahr und ein Tag waren das Limit für Leibeigene. Wem es gelang, sich so lange in der Stadt zu verstecken, dem winkte die Freiheit.

Nach heutigen Maßstäben verbindet man mit einer Stadt nicht unbedingt die Vorstellung von guter, gesunder Luft, sondern von Lärm und Abgasen. Das Land steht dagegen für Ursprünglichkeit und Nähe zur Natur. Im Mittelalter war das nicht anders. Alles strömte in die Städte, die Qualität der Atemluft spielte schon damals keine Rolle. Denn auch die mittelalterlichen Städte mit ihrer oft drangvollen Enge, den teils chaotischen hygienischen Verhältnissen, den Seuchen und Epidemien waren von den Lebensbedingungen her kein Ort, an dem man sich wohlfühlen konnte. Doch für Leibeigene lag hier der Schlüssel zum Paradies. Für sie bot die Stadt die Chance, einem in der Regel trostlosen Dasein im Dienst ihrer Leibherren zu entkommen. „Stadtluft macht frei" – dieser Zauberformel folgten viele und manch einer erlangte tatsächlich die Freiheit.

Nach einem Jahr und einem Tag

Es gab nämlich eine Rechtspraxis, die da lautete: „Unfreie Personen, denen es gelingt, ein Jahr und einen Tag in der Stadt zu leben, ohne von ihren Herren aufgespürt oder von diesen zurückgefordert zu werden, erhalten die Freiheit." Die Herren waren meist wohlhabende Großgrundbesitzer. Sie kassierten reichlich Abgaben von ihren abhängigen Bauern und nahmen oft auch noch viele andere Dienste, sogenannte Frondienste, in Anspruch.

Auch wenn das Leben in der Stadt für die Unfreien ein höheres wirtschaftliches Risiko darstellte als das Fronleben in der Abhängigkeit von einem Grundherrn – die Möglichkeit, der Leibeigenschaft zu entkommen, war das Risiko wert.

Hier noch ziemlich lebendig: Charlton Heston spielte den Cid in dem gleichnamigen Monumentalfilm von 1961.

DIE SPANIER ZOGEN UNTER DEM TOTEN EL CID IN EINE SCHLACHT ..... *falsch*

**Als El Cid avancierte ein Ritter aus Kastilien zum spanischen Nationalhelden.
Um seinen Tod rankt sich manche Legende.**

Das ist der Stoff, aus dem Ritterromane sind: eine turbulente Zeit, mittendrin ein schillernder Held mit seinem treuen Pferd, dazu Intrigen, Verbannungen, amouröse Abenteuer, tragischer Tod. Alles drin, in der Geschichte vom Cid – und das Beste: (Fast) alles stimmt. Denn El Cid war mitnichten eine Romanfigur, sondern ein Mensch aus Fleisch und Blut. Geboren wurde er in der Zeit der Reconquista (spanisch „Rückeroberung"). So nannten die christlichen Spanier den Versuch, die Araber, die im 8. Jahrhundert bis auf den Norden ganz Spanien eingenommen

hatten, wieder zu vertreiben und ihr Land für die Christenheit zurückzugewinnen. El Cid hieß eigentlich nicht El Cid, sondern Rodrigo Diaz de Vivar, auf die Welt gekommen 1043 in Vivar in der Nähe von Burgos, gestorben am 10. Juli 1099 in Valencia. Der Name El Cid ist eine Mischung aus Kastilisch und Arabisch und bedeutet schlicht „der Herr". In diesem Namen aber steckte viel Respekt und Anerkennung, denn El Cid war die dominierende Figur im Kampf um Spanien und in der Auseinandersetzung zwischen Christen und Muslimen. Ausgangspunkt der Reconquista waren die christlichen Königreiche von Galizien, Leon und Kastilien.

El Cid entstammte dem niederen Adel und lebte als Halbwaise am Hof des kastilischen Königs. Mit großem Geschick focht er später zunächst an der Seite des Königs Sancho II. von Kastilien, mit dem er zusammen aufgewachsen war. Er profilierte sich als verwegener Krieger und bekam dafür den Ehrentitel „El Campeador" (der Schlachtensieger). Nach der Ermordung Sanchos wurde El Cid zum wichtigsten Helfer von dessen Bruder Alfons VI. Doch bald kam es zu Streitigkeiten, auch, weil El Cid nach Ansicht des neuen Königs zu mächtig geworden war. Der bisherige Held wurde vom Hof gejagt.

El Cid fand Asyl in Saragossa, wo allerdings ein maurischer Fürst regierte. Doch der Seitenwechsel bereitete El Cid keine Gewissensbisse. Offiziell war er zwar ab jetzt für einen islamischen Herrscher aktiv, eigentlich aber kämpfte er nur in eigener Sache. Denn er hatte eine schlagkräftige, ganz auf ihn eingeschworene Söldnertruppe zur Verfügung, eine mobile Einsatzreserve, deren Erfolge seinen Ruhm weiter mehrten, auch wenn der Christ zeitweilig gegen Christen kämpfte. In dieser Zeit wurde aus Rodrigo Diaz de Vivar der gefeierte El Cid, dem sowohl Christen als auch Muslime die Anerkennung nicht versagen konnten, ob er nun auf ihrer oder auf der gegnerischen Seite kämpfte.

Für Gott, den Cid und Spanien!
Aus dem Film „El Cid" (1961)

Tauziehen um Valencia

Nachschub an frischen Streitkräften erhielten die Muslime durch die berberischen Almoraviden unter ihrem glorreichen Anführer Jusuf ibn Taschfin. Er brachte frischen Wind in die zeitweise erstarrten Fronten in Spanien und half, von Afrika kommend, den Mauren dabei, die Reconquista vorerst zu stoppen. König Alfons erkannte, dass es für ihn in dieser Situation günstiger war, El Cid auf seiner Seite zu haben. Er holte ihn zurück und stattete ihn mit weitreichenden Vollmachten aus. Doch der kühne Ritter hatte sich inzwischen daran gewöhnt, Politik auf eigene Rechnung zu machen.

Zu El Cids wichtigstem Stützpunkt wurde die Stadt Valencia, die formell noch unter maurischer Herrschaft stand. Der maurische Fürst aber war völlig von El Cid abhängig. Als der Fürst ermordet wurde, setzte ein Gefecht mit eindringenden Almoraviden ein. Auch El Cid stürzte sich in den Kampf um Valencia. Es dauerte zwei Jahre, bis er 1094 die Stadt endgültig in Besitz nehmen konnte.

1099 aber tauchten die Almoraviden erneut vor Valencia auf, fest entschlossen, diesen Hort der Reconquista unter ihre Kontrolle zu bringen. El Cid zeigte sich als wagemutiger Verteidiger der belagerten Stadt. Bei einer dieser Aktionen wurde er von einem Pfeil tödlich getroffen und starb stilecht in den Armen seiner Frau.

Über den Tod hinaus

Vom Moment seines Todes an wurde El Cid zum Mythos, zur Lichtgestalt der Reconquista, zum idealen Ritter, zum Helden der Spanier. Um so ein Leben mussten sich zwangsläufig die tollsten Legenden ranken. Die skurrilste und bis heute meisterzählte lautet: Bevor El Cid an seiner tödlichen Wunde starb, nahm er seinen Leuten das Versprechen ab, den Kampf gegen die Feinde fortzusetzen. Er selbst wollte als Toter an der Schlacht teilnehmen, denn, so kalkulierte er ganz richtig, sein Erscheinen allein würde bei den Kontrahenten Angst und Schrecken auslösen. So wurde sein Leichnam sorgfältig geschminkt und ausstaffiert. Man bugsierte ihn in voller Rüstung auf sein Pferd, das ihn und sein Schwert sicher durch die – selbstverständlich siegreiche – Schlacht führte.

Diese Geschichte ist erfunden, doch sie zeigt, was für eine ungewöhnliche Persönlichkeit dieser El Cid gewesen ist, geliebt von den Freunden, gefürchtet von den Feinden.

Romanheld, Opernheld, Filmheld

Bis heute sind über El Cid unzählige Romane erschienen, in denen er als Prototyp des mittelalterlichen Ritters erscheint. Viele Komponisten haben dem spanischen Helden ein musikalisches Denkmal gesetzt. Am bekanntesten ist die 1893 uraufgeführte Oper von Claude Debussy. Natürlich nahm sich auch Hollywood des Stoffes an. 1961 verfilmte Anthony Mann das abenteuerliche Leben El Cids mit Charlton Heston in der Hauptrolle, der zuvor bereits als Moses in „Die Zehn Gebote" und als Ben Hur in dem gleichnamigen Film Welterfolge gefeiert hatte.

GILT DAS MITTELALTER ZU RECHT ALS DUNKLES ZEITALTER?

1095-1272
Kreuzzüge

um 500-751
Herrschaft der
Merowinger

800
Kaiserkrönung
Karls des Großen

Der gotische Baustil
der Kathedrale von
Saint-Denis markierte
eine Revolution in
der mittelalterlichen
Architektur.

Dunkles Mittealter? Dieses Etikett ist schon lange nicht mehr gültig. Das Mittelalter war eine höchst lebendige Epoche der Geschichte mit vielen zukunftsweisenden Entwicklungen. Geschadet hat dem Ruf des Mittelalters lange Zeit sein Name.

Mittelalter – das hört sich nach „dazwischen" an, nichts Halbes und nichts Ganzes. Verantwortlich für diese Bezeichnung waren die Humanisten des 14. und 15. Jahrhunderts. Für sie war das große Vorbild die griechisch-römische Antike; was danach kam, werteten sie als eine Zeit des Verfalls. Ihre eigene Gegenwart sahen sie als „Renaissance", als Wiedergeburt der bewunderten Antike an. Auch heute spricht man noch vom „Mittelalter", weiß aber im Gegensatz zu den Humanisten, wie bunt, lebendig und auch fortschrittlich das Mittelalter tatsächlich war.

Neue Ideen

Es gab wichtige technische Entwicklungen. Im Agrarsektor spielten Wind- und Wassermühle eine wichtige Rolle, im Bergbau und bei der Metallverarbeitung kamen mechanische Hämmer zum Einsatz. Der Kran mit Flaschenzug erleichterte den Bau von Häusern und in der Holzverarbeitung leistete die Säge, in der Antike unbekannt, gute Dienste. In der Landwirtschaft wurde die Leistung von Zugtieren durch den Einsatz des Kummets erheblich gesteigert.

Der Beginn des Mittelalters liegt etwa gegen Ende des 5. Jahrhunderts n. Chr., als das Weströmische Reich untergegangen war. Auf dem Boden des ehemaligen Imperiums bildeten sich einzelne germanische Nachfolgestaaten heraus. Zur neuen Führungsmacht wurden die Franken, erst unter der Dynastie der Merowinger, dann der

Mönche perfektionierten die Kunst der Buchmalerei. Hier ist Urban II. dargestellt, der 1095 zum 1. Kreuzzug aufrief.

1337-1453
Hundertjähriger Krieg

1453
Osmanen erobern Konstantinopel

Karolinger, deren bedeutendster Vertreter, Karl der Große, 800 zum Kaiser gekrönt wurde. Eine aufstrebende Macht waren auch die Araber, die im 7. Jahrhundert begonnen hatten, ihre Herrschaft auf große Teile Asiens, Afrikas und auch Europas auszudehnen. Hier übernahmen sie die Herrschaft in Spanien, was zu Konflikten mit den christlichen Mächten führte. Die sogenannte Reconquista, die „Rückeroberung" des christlichen Spaniens von den Muslimen, dauerte bis zum Ende des Mittelalters.

Machtspiele

Christentum und Kirche spielten im Mittelalter eine wichtige Rolle. Überall in Europa entstanden Mönchsorden. Ehrgeizige Päpste versuchten, die Rolle der Kirche zu stärken. Dies geschah auch dadurch, dass sie die Christen immer wieder zu Kreuzzügen ins Heilige Land aufriefen. Zeitgenossen aus ganz Europa schlossen sich diesen Kriegen an, aus denen mehrfach machtpolitische Auseinandersetzungen wurden, was im 4. Kreuzzug, der unter Führung Venedigs im christlichen Konstantinopel landete, gar zu einer völligen Verdrehung der Kreuzzugsidee führte.

Am anderen Ende der Welt, in Asien, begründete Dschingis Khan im 13. Jahrhundert ein mongolisches Weltreich. Auch Süd- und Mittelamerika waren im Mittelalter Bühnen der großen Geschichte. So entwickelten sich mit den Maya, den Inka und den Azteken bedeutende Hochkulturen. Sie wurden jedoch seit dem Ende des 15. Jahrhunderts Opfer europäischer Entdecker und Eroberer.

Dieser Zeitpunkt, um 1500, markiert in der Geschichtswissenschaft auch das Ende des Mittelalters. Der Buchdruck und die Reformation gelten als weitere Indizien für eine neue Epoche, ebenso die Eroberung Konstantinopels durch die Osmanen 1453. Auf europäischem Boden war das ausgehende Mittelalter vor allem von Krisen wie dem Hundertjährigen Krieg geprägt.

FÜR DIE HÖHE EINER BURGMAUER GAB ES BAUVORSCHRIFTEN

wahr

Wer glaubt, dass Regulierungswut ein Phänomen unserer Tage ist, der werfe einen Blick in das älteste Rechtsbuch des Mittelalters.

Eine geschleifte Burg wird wieder aufgebaut – ganz nach Bauvorschrift.

Ein mittelalterlicher Burgbesitzer hatte es nicht leicht. Wenn er keine Sondergenehmigung für seine Burgmauer einholen wollte, musste er darauf achten, dass sie nicht höher war, als ein Reiter mit ausgestrecktem Arm reichen konnte. Der Burggraben dagegen durfte nur so tief angelegt sein, wie ein Mann die Erde mit einem Spaten herausschaufeln konnte. Doch damit nicht genug. Die Burg selbst durfte nur drei Stockwerke haben: ein Geschoss unter der Erde und zwei darüber.

Nachzulesen waren diese Bestimmungen im *Sachsenspiegel*, dem ältesten und zugleich einflussreichsten Rechtsbuch des Mittelalters. Es stammte aus der Feder des sächsischen Ritters Eike von Repgow (um 1180 bis nach 1233), der es ca. 1225 nach einer lateinischen Urfassung in mittelniederdeutscher Sprache verfasste. Bei den Aufzeichnungen des verdienten Edelmanns handelt es sich nicht um ein Gesetzeswerk, das er sich selbst ausgedacht hat. Vielmehr sammelte er darin all jene bisher ungeschriebenen Rechtssätze, die in Deutschland gewohnheitsmäßig befolgt wurden und die als „Spiegel" erwünschter Verhaltensweisen gelten sollten. In der gereimten Vorrede heißt es: „Dieses Recht habe ich nicht selber ausgedacht. Unsere ehrwürdigen Vorfahren haben es von alters her auf uns gebracht."

Vom Rechtsgrundsatz zum Sprichwort

Der *Sachsenspiegel* umfasst beinahe sämtliche Lebensbereiche: das Erbrecht ebenso wie das Nachbarschafts- oder das Strafrecht. Erben bekamen es nun Schwarz auf Weiß, dass sie auch die Schulden des Erblassers übernehmen mussten. Und die Bediensteten eines Verstorbenen konnten von jetzt an darauf

pochen, dass ihnen ihr Lohn ausgezahlt wurde und sie darüber hinaus bis zum 30. des Monats ein Recht auf Unterhalt hatten, womit ihnen Gelegenheit gegeben werden sollte, ohne Not einen neuen Arbeitsplatz zu suchen.

Viele Rechtssätze aus dem *Sachsenspiegel* sind heute noch in aller Munde. Dazu gehört das Sprichwort „Wer zuerst kommt, mahlt zuerst". Im Original lautete die Bestimmung: „Wer als Erster zur Mühle kommt, der soll als Erster mahlen." Dies war eine Mahnung an die Bauern, die ihr Korn zur Mühle brachten, sich hinten anzustellen. Diesem Grundsatz der Gleichbehandlung zum Trotz war das Mittelalter allerdings weit davon entfernt, eine demokratische Gesellschaft zu sein. Die Regel galt nur bei solchen Mühlen, zu denen das gemeine Volk kam. Fürsten und Adlige ließen ihr Getreide in Mühlen weiterverarbeiten, zu denen die Allgemeinheit entweder gar keinen Zugang hatte oder wo sie grundsätzlich Vorrang vor der übrigen Kundschaft hatten.

ALKOHOL AM STEUER FÜHRTE ZUM TOD DES ENGLISCHEN THRONFOLGERS

wahr

Eine Party mit Folgen: Ein Luxusschiff mit prominenter Besatzung landete auf dem Grund des Meeres.

Sie war ein Schiff mit allen Schikanen, gerade gut genug für gekrönte Häupter. Der Name: *Blanche Nef*, das Weiße Schiff, gebaut in Frankreich, nun aber im Besitz des englischen Königs. Heinrich I. hatte es wiederum seinem Sohn William Aetheling überlassen.

Halsbrecherische Verfolgungsjagd

Ende November 1120 befand sich das Weiße Schiff auf dem Weg von Frankreich nach England. Auf der Fahrt über den Kanal waren 300 Personen an Bord, alles Damen und Herren aus der besten Gesellschaft, und natürlich der stolze Besitzer. Der englische Thronfolger und seine Gäste feierten eine rauschende Party, bei der es feuchtfröhlich und ausgelassen zuging. Nicht nur die Passagiere, sondern fatalerweise auch die Seeleute waren bald stark alkoholisiert. Vor dem Schiff des Thronfolgers fuhr das Schiff des Königs.

Die angetrunkenen Passagiere feuerten die angetrunkenen Seeleute an, das Schiff des Königs zu überholen. Keiner achtete mehr auf die See, auch nicht der alkoholisierte Steuermann. Plötzlich gab es einen starken Stoß – das Luxusschiff war auf einen Felsen aufgefahren. Das Weiße Schiff sank, alle, bis auf einen Metzger aus Rouen, kamen ums Leben. Als der König die Schreckensnachricht erhielt, beschloss er, nie wieder in seinem Leben zu lächeln, was er bis zu seinem Tod tatsächlich durchhielt. Weil sein legitimer Nachfolger ertrunken war, entstand ein Machtvakuum, das in einen lang anhaltenden Bürgerkrieg mündete, bei dem sich schließlich Heinrich II. Plantagenet durchsetzen konnte.

DIE KIRCHE REGELTE 1139 DEN EINSATZ VON WAFFEN

wahr

Von der Kircheneinheit über das Zölibat bis zum Armbrustschießen: Das Zweite Laterankonzil fasste weitreichende Beschlüsse.

Im Frühjahr 1139 tagte im Lateranspalast, dem Amtssitz des Papstes, eine illustre Versammlung von Kirchenfürsten, die als das zweite von insgesamt fünf Laterankonzilien in die Geschichte eingegangen ist. Mehr als 1000 Bischöfe waren anwesend, den Vorsitz führte Papst Innozenz II. Brisante Themen standen auf der Agenda, darunter die Einführung des Zölibats. Noch drängender war die Beendigung des Schismas, das die Kirche seit 1130 spaltete: Nicht nur Innozenz II. erhob den Anspruch, Papst zu sein – Anaklet II. machte ihm als Gegenpapst Konkurrenz. Nachdem der im Jahr zuvor gestorben war, gelang es jetzt, den Streit zwischen den Parteien zu den Akten zu legen.

Neue Waffengesetze

Unter den 30 Beschlüssen, die das Konzil fasste, betraf einer den Einsatz von Waffen. Worum es bei dieser Bestimmung eigentlich ging, konnte bisher nicht bis in die letzte Einzelheit geklärt werden. Auf jeden Fall stand der Umgang mit der Armbrust zur Debatte. Für die gelegentlich geäußerte Auffassung, das Konzil habe den Einsatz der Armbrust im Kampf von Christen gegen Christen untersagt, findet sich in den Quellen kein eindeutiger Beweis. Doch es scheint, die Kirchenfürsten einigten sich darauf, die „mörderische und Gott verhasste Kunst der Armbrustschützen" und wohl auch das Bogenschießen zu verbieten. Denkbar wäre, dass es sich um eine Maßnahme zum Schutz der ritterlichen Kampfweise handelte. Nichtsdestotrotz sollte die Armbrust den Rittern, die traditionell mit Hieb- und Stichwaffen kämpften, im Lauf des 14. Jahrhunderts den Gar aus machen.

DER PRIESTERKÖNIG JOHANNES REGIERTE ÜBER EIN RIESENREICH IN AFRIKA

falsch

Ein Phantom geisterte im Mittelalter durch Europa. Die Geschichte von Johannes, dem Äthiopier, war zu faszinierend, als dass man sie nicht glauben wollte.

Niemals hatte ihn jemand zu Gesicht bekommen und doch zweifelte im Mittelalter niemand an der Existenz jenes Königs, der von Äthiopien aus über ein riesiges Reich herrschen sollte. Ein Land voller Wunder, ein Paradies mit exotischer Flora und Fauna. Und vor allem: ein christliches Reich. Aber es gab ihn nicht. Johannes ist eine Erfindung.

Zur Zeit der Kreuzzüge, als das christliche Abendland in einem andauernden Konflikt mit den muslimischen Völkern im Nahen Osten lag, träumte man an den europäischen Königshöfen, aber auch in Konstantinopel, der Hauptstadt des Byzantinischen Reichs, von einem Bündnispartner vor Ort, der die Christenheit im Kampf gegen die Ungläubigen tatkräftig unterstützen könnte. Erstmals taucht König Johannes 1145 in einem Brief des syrischen Bischofs Hugo von Jabala an Papst Eugen III. auf. Darin erscheint er noch als Herrscher in Asien. Später wurde das Phantom nach Äthiopien transferiert. Nicht ungeschickt, denn dort war das Christentum bereits seit dem Jahr 300 Staatsreligion. Reihenweise begaben sich in der Folgezeit europäische Fürsten, Gesandtschaften, Händler und Missionare auf die Suche nach dem sagenhaften Priesterkönig Johannes.

> **Ein Nachkomme der Heiligen Drei Könige.**
> Otto von Freising

Der Mythos gehört zu den langlebigsten Legenden des Mittelalters. Noch Jahrhunderte später geisterte die Idee von einem mächtigen König, der die europäischen Christen von der islamischen Bedrohung befreien würde, in den Köpfen der abendländischen Völker herum.

FRAUEN TRUGEN IM MITTELALTER EINEN KEUSCHHEITSGÜRTEL

falsch

Über das Mittelalter kursieren jede Menge falsche Vorstellungen. Dazu gehört auch das Klischee der Keuschheitsgürtel tragenden Burgfräuleins.

Im Mittelalter trug keine Frau einen Keuschheitsgürtel. Zumindest ist bis heute kein einziger Fall bekannt. Dieser Garant sexueller Enthaltsamkeit des weiblichen Geschlechts bei Abwesenheit des Ehegatten gehört zu einer ganzen Reihe von hartnäckigen Vorurteilen, die man mit dem „finsteren" Mittelalter verbindet und doch falsch sind.

Was den Keuschheitsgürtel angeht, so stammen die ältesten, erhaltenen Exemplare aus dem 16. und 17. Jahrhundert, also aus einer Zeit lange nach dem Mittelalter. Ein Prototyp wurde allerdings bereits Ende des 14. Jahrhunderts von einem gewissen Francesco Carrara aus Florenz konstruiert. In der Damenwelt von Florenz soll der Gürtel dann auch zum ersten Mal ausprobiert worden sein, woher die alternative Bezeichnung „Florentiner Gürtel" rührt. Das Tragen solcher Gürtel kam aber erst in der Frühen Neuzeit in Mode. Damit fällt die Erfindung des Keuschheitsgürtels zwar tatsächlich ins Mittelalter, eine Verbreitung fand sie aber erst später.

Gefährlich geschminkt

Enorm im Trend hingegen lagen bei den oberen Zehntausend des gar nicht so unzivilisierten Mittelalters gute Kleidung und Schmuck. Auch die Kosmetik spielte in der Damenwelt eine wichtige Rolle. Damals galt nicht eine rosige Gesichtsfarbe, sondern ein blasser Teint als schick. Um diesen herzustellen, kam toxisches Bleiweiß zum Einsatz. Allerdings war dies mit Risiken und unangenehmen Nebenwirkungen behaftet: Viele Frauen, die sich auf diese Weise schminkten, litten unter schmerzhaften Abszessen.

BEIM ABSCHLUSS VON VERTRÄGEN SETZTE ES OHRFEIGEN

wahr

Leichte Schläge auf den Hinterkopf erhöhen das Denkvermögen – in diese Richtung ging auch die mittelalterliche Rechtspraxis der Ohrfeige.

Man stelle sich folgende Szene vor: Unter dem Blitzlichtgewitter der Fotografen und vor laufenden Kameras unterzeichnen zwei Staatsmänner einen wichtigen Vertrag. Dann stehen beide auf und verabreichen den Umstehenden schallende Ohrfeigen.

Undenkbar? Heute sicher, nicht so im Mittelalter. Natürlich ohne vergleichbare Medienpräsenz, aber eben mit Ohrfeige. Der Betroffene fühlte sich dabei jedoch weder abgestraft noch in seiner Ehre gekränkt. Die Klatsche war als Erinnerungshilfe gedacht, um sich die mündliche oder schriftliche Vereinbarung, die soeben geschlossen worden war, gut merken zu können. Das Ohr galt im Mittelalter als der Sitz des Gedächtnisses. Ein Schlag auf das Ohr hatte, so meinte man, den Effekt, dass sich etwas besonders tief einprägte. Erstaunlich nur: Opfer der handgreiflichen Zeremonie waren nicht die vertragsschließenden Personen, sondern die Zeugen, die dem Abschluss beiwohnten. Diese Praxis des Mittelalters lebt bis heute in der Empfehlung fort, jemand möge „sich etwas hinter die Ohren schreiben".

In aller Munde

Auch andere Rechtsbräuche haben sich in Sprichworten erhalten. Eine ganze Reihe resultiert aus damals häufig angerufenen Gottesurteilen: Wenn man „für jemanden die Hand ins Feuer legt", bezieht man sich auf die Feuerprobe, bei der aus dem Ausmaß der Verbrennung auf Schuld oder Unschuld geschlossen wurde. „Ein heißes Eisen anfassen" ist eine Variante. „Jemanden ins kalte Wasser stoßen" hieß, ausprobieren, ob der – gefesselte – Beschuldigte unterging oder nicht.

LÜBECK UND MÜNCHEN HABEN DENSELBEN STADTGRÜNDER

wahr

Über 850 Kilometer hinweg verbindet ein Mann die Marzipanstadt im Norden und die Weißbiermetropole im Süden.

Sein Name: Heinrich der Löwe (um 1129 bis 1195). Sein Profil: Herzog von Sachsen und eine der umtriebigsten Herrscherpersönlichkeiten des Mittelalters. Heinrich war der prominenteste Vertreter des Geschlechts der Welfen, das in einer Dauerfehde mit den Staufern lag – jener aus Schwaben stammenden Dynastie, die zu Heinrichs Zeit den König und Kaiser Friedrich Barbarossa stellte. 1142 hatte Heinrich das sächsische Stammesherzogtum übernommen. Zugleich streckte er seine Fühler nach Bayern aus. Wenn er den Staufern schon die Königswürde überlassen musste, wollte er ihnen wenigstens als mächtiger Reichsfürst das Leben schwer machen. Und er bekam, was er wollte: 1154, auf dem Fürstentag in Goslar, wurde ihm Bayern zugesprochen.

Auf Kriegsfuß mit dem Bischof

Der Sachse machte sich sofort daran, den wirtschaftlichen Nutzen auszuloten. Es war der Salzhandel, der sein Interesse weckte. Dort, wo heute die bayerische Hauptstadt liegt, kreuzten wichtige Handelsrouten. Etwa auf Höhe der heutigen Ludwigsbrücke ließ Heinrich der Löwe 1157 eine Brücke über die Isar bauen, um den Salzhandel einerseits zu fördern und andererseits in Form von Zöllen Profit daraus zu ziehen. Einen bereits existierenden Übergang, dessen Einnahmen in die Tasche des Bischofs von Freising flossen, ließ er zerstören. Um die neue Brücke herum wuchs die Stadt München, deren Name von *apud Munichen*, „bei den Mönchen" kommt.

Neuanfang in Lübeck

Lübeck gab es als Siedlung schon, doch erst der geschäftstüchtige Herzog machte daraus eine blühende Handelsmetropole. 1158, ein Jahr nach der Gründung Münchens, wurde Lübeck von einer schweren Feuersbrunst heimgesucht. Heinrich nutzte die Gelegenheit (unter Ausmanövrierung des Grafen von Schauenburg und Holstein, der eine ähnlich unglückliche Rolle spielte wie in Bayern der Bischof von Freising) und vollzog quasi eine Neugründung. Dank der günstigen Lage und der geschickten Handelspolitik Heinrichs des Löwen wurde Lübeck zu einer der reichsten Städte in Europa.

Heinrich, der am Ende seines Lebens Sachsen und Bayern wieder verlor, liegt mit seiner Frau in Braunschweig begraben.

DER ENGLISCHE KÖNIG RICHARD LÖWENHERZ REISTE INKOGNITO DURCH ÖSTERREICH

wahr

Pleiten, Pech und Pannen: 1192 war nicht Richards Jahr. Zu allem Überfluss geriet er auch noch in Gefangenschaft.

Richard Löwenherz, seit 1189 König von England, war ein Draufgänger, der keinem Abenteuer aus dem Weg ging. 1190 schloss er sich dem 3. Kreuzzug an. Dem Unternehmen standen außerordentlich hohe Herren vor. Neben Richard auch König Philipp II. von Frankreich und der deutsche Kaiser Friedrich Barbarossa. Für Letzteren lief es nicht gut: Schon auf dem Hinweg ertrank er im Fluss Saleph in Anatolien, Herzog Leopold von Österreich übernahm darauf seine Truppen.

Vom Glück verlassen

Der Erfolg des Unternehmens Kreuzzug hielt sich in Grenzen. Das Hauptziel, den Muslimen Jerusalem zu entreißen, wurde deutlich verfehlt. Kleinere Erfolge führten zu Eifersüchteleien und Rivalitäten. Als Leopold von Österreich nach der Eroberung der Festung Akkon sein Banner neben dem der beiden Könige aufpflanzen ließ, steigerte sich Richard Löwenherz, der das für anmaßend hielt, in einen Wutanfall und ließ die Fahne entfernen. Ein verhängnisvoller Fehler, wie sich zeigen sollte, denn damit hatte er sich einen Feind gemacht. Am 9. Oktober 1192 trat Richard per Schiff die Heimreise an. Unterwegs geriet das Schiff in einen heftigen Sturm, der Richard zwang, in Korfu an Land zu gehen. Mit einem gemieteten Boot segelte er weiter nach Venedig. Und von dort? Mit Philipp hatte er sich während des Kreuzzugs so zerstritten, dass er nicht wagen durfte, durch dessen Territorium gen Heimat zu reisen. Außerdem hatte der Franzose alle Häfen des Landes sperren lassen. Deutschland war keine Alternative, weil Richard mit Heinrich VI., dem Sohn von Friedrich Barbarossa, nicht auf bestem Fuß stand. Leopold, den er in Akkon so brüskiert hatte, war auch nicht zu trauen, aber er war wohl das kleinste Risiko. So machte sich eine kleine Reisegesellschaft auf den riskanten Weg durch Österreich. Vorgeblich handelte es sich um Pilger auf dem Rückweg von Jerusalem nach England.

In der Höhle des Löwen

Anderen Berichten zufolge soll sich Richard als Kaufmann getarnt haben. Auf jeden Fall war der englische König in Verkleidung unterwegs. Wegen des nahenden Winters nahm man Abstand von einer Alpenüberquerung und wählte stattdessen den Umweg über Wien – die Höhle des Löwen. Was die Lage noch brenzliger machte: Leopold stand längst mit Philipp von Frankreich und Heinrich VI. in Verbindung, die beide den englischen König nur zu gern in Gefangenschaft gesehen hätten.

Am 21. Dezember wurde Richard in einem Gasthaus in einem Wiener Vorort aufgespürt. Die nächsten Monate verbrachte er als Gefangener Leopolds. Aber auch Heinrich VI. wollte Richard in die Hände bekommen, denn der englische König war ein politisches Faustpfand von unschätzbarer Bedeutung. Leopold verlangte ein hohes Lösegeld, Heinrich zahlte. Im März 1193 wurde das königliche Objekt des Geschachers in die Burg Trifels in der Pfalz verlegt. Nun begann Heinrich, mit Richards Familie in England über eine Ablösesumme zu verhandeln. Da auch der französische König bei dem Spiel mitmischte, zog sich die Angelegenheit in die Länge. Erst am 4. Februar 1194 kam Richard gegen die Zahlung einer riesigen Geldsumme, die Stellung von Geiseln und die Ableistung des Vasallenschwurs auf Heinrich frei.

> **Wir haben es für richtig erachtet, Eure Hoheit zu unterrichten.**
> Heinrich VI. an Philipp II. von Frankreich

ENRICO DANDOLO ORGANISIERTE ALS 97-JÄHRIGER EINEN KREUZZUG

wahr

Blindheit und Alter schützen vor Torheit nicht. Der 4. Kreuzzug hinterließ mehr als einen Scherbenhaufen.

Der 4. Kreuzzug endete 1204 in Konstantinopel, der Hauptstadt des Reiches von Byzanz. Das war nicht im Sinn der Erfinder, die solche Expeditionen ins Heilige Land zu entsenden pflegten, wohl aber im Sinn der geschäftstüchtigen Venezianer. Die reiche italienische Handelsrepublik hatte vitale wirtschaftliche Interessen im Gebiet der Levante und war dort immer wieder mit den byzantinischen Händlern ins Gehege gekommen.

Als der frisch gewählte Papst Innozenz III. 1198 zu einem neuen Kreuzzug aufrief, dachten die Venezianer nicht gleich an einen Coup, wie sie ihn dann landen sollten. Die Seerepublik bewarb sich erfolgreich um die Transportorganisation. Das heißt, sie stellten Schiffe und ein Jahr Verpflegung für voraussichtlich 4500 Ritter samt Pferden, 9000 Knappen und 20 000 weitere Teilnehmer bereit. Ein lukrativer Auftrag: Für ihre Dienste sollten die Venezianer 85 000 Mark in Silber erhalten. Als das Heer 1202 in Venedig eintraf, waren es jedoch nur etwa 11 000 Mann und die Kasse der Kreuzfahrer nicht annähernd so gut gefüllt, dass sie die geforderte Summe hätten aufbringen können.

Hilferuf aus Konstantinopel

Jetzt trat Enrico Dandolo auf den Plan, der greise Doge von Venedig. Um 1107 geboren, ging er bereits auf die Hundert zu. Außerdem war er fast blind. Das hinderte ihn jedoch nicht daran, noch einmal zu großer Form aufzulaufen. Wenn die Kreuzfahrer nicht zahlen konnten, sollten sie stattdessen vor der Überfahrt Venedig helfen, die abtrünnige Hafenstadt Zara in Dalmatien (heute Zadar) zur Rechenschaft zu ziehen, und so geschah es. Ein noch kühnerer Plan reifte in Dandolo, als der Sohn des gestürzten Kaisers von Byzanz die Anführer des Kreuzfahrerheeres um Hilfe anging. Kurzerhand leitete Dandolo die Kreuzfahrer Richtung Konstantinopel um. Der Papst tobte und exkommunizierte Dandolo, den das kaum beeindruckte. Isaak II. wurde wieder eingesetzt und sein Sohn zum Mitkaiser gekrönt. Trotzdem schien es, als sollten die Kreuzfahrer leer ausgehen, erst recht, als es bald darauf zu einem erneuten Umsturz kam. Da blies Dandolo zum Angriff auf die byzantinische Metropole.

Plünderung und Raub

Am 12. April 1204 marschierten die christlichen Kreuzfahrer aus dem Westen in der Hauptstadt des Christentums östlicher Prägung ein und raubten bzw. zerstörten alles, was nicht niet- und nagelfest war. Byzanz stand danach 57 Jahre lang unter der Kontrolle von Venedig. Das war kein Ruhmesblatt für die Christenheit, denn damit war das Tischtuch zwischen katholischer und orthodoxer Kirche endgültig zerschnitten. Dandolo starb im Jahr darauf 98-jährig und wurde in der Hagia Sophia beigesetzt.

Beutekunst

Eines der Wahrzeichen von Venedig ist Teil der Beute aus dem 4. Kreuzzug. Die berühmte Bronzequadriga von San Marco befand sich bis 1204 in Konstantinopel, heute Istanbul. Als Trophäe kam das antike Gespann in die Lagunenstadt. Allerdings war auch Konstantinopel nicht der Ort, an dem es geschaffen wurde. Kaiser Konstantin hatte die Pferde zur Verschönerung seiner neuen Hauptstadt aus der alten Hauptstadt Rom mitgehen lassen. Noch jemand raubte die Quadriga und brachte sie 1797 nach Paris: Es war kein Geringerer als Napoleon. Nach dem Sieg über Napoleon kehrten die Bronzepferde 1815 wieder zurück nach Venedig.

1212 GAB ES EINEN KREUZZUG, DER NUR AUS KINDERN BESTAND

falsch

Die „Kinder", die sich auf den Weg machten, waren eher 16 oder 18 Jahre alt als 7 oder 8 Jahre jung. Und besonders weit kam der „Kinderkreuzzug" auch nicht.

Der „Kinderkreuzzug" ist längst zu einem Mythos geworden, um den sich wahre Schauermärchen ranken. Wohl auch weil keine Augenzeugenberichte vorliegen und alles, was bekannt ist, aus Quellen mit großem zeitlichen Abstand zu den Ereignissen stammt, ist es schwer, Legendenbildung und Tatsachen zu trennen.

Himmelfahrtskommando

Im Frühsommer des Jahres 1212 sollen unter der Führung zweier Knaben, die Visionen gehabt hatten, sowohl in Frankreich als auch in Deutschland jeweils mehrere tausend Kinder Richtung Heiliges Land aufgebrochen sein. Aber schon an der Mittelmeerküste lösten sich die Züge auf. Enttäuscht mussten die Mitziehenden feststellten, dass sich das Meer nicht, wie prophezeit, teilte.

Ein Teil der Truppe soll sich bis nach Rom durchgeschlagen haben und dort Papst Innozenz III. um die Lösung des Kreuzfahrtgelübdes gebeten haben. Von anderen heißt es, sie hätten in französischen und italienischen Häfen Schiffe bestiegen, seien aber unterwegs in die Hände von Muslimen gefallen und versklavt worden. Viele aber seien müde, hungrig und ausgelaugt wieder in der Heimat erschienen.

Die Interpretation, dass es sich bei diesem Himmelfahrtskommando unbewaffneter „Kreuzritter", die kein Papst oder König zusammengerufen hatte, um Kinder handelte, beruht wohl auf einer falschen Deutung der lateinischen Texte, in denen von einer *peregrinatio puerorum* die Rede ist. Mit dem Begriff *puer* können durchaus auch Jugendliche und sogar junge Erwachsene gemeint gewesen sein. Fraglich ist auch, ob überhaupt religiöse Ziele hinter diesem Marsch standen oder ob es sich nicht um eine soziale Bewegung gehandelt haben könnte, der sich die Ärmsten der armen Landbevölkerung in Frankreich und Deutschland anschlossen, frei nach dem Motto: Etwas besseres als den Tod finden wir überall.

WER DAS GRAB DES DSCHINGIS KHAN KANNTE, WURDE UMGEBRACHT

wahr

Bis heute ist es ein Rätsel, wo sich das Grab des berüchtigten Mongolenherrschers befindet. Es ist die Nachwirkung einer grausamen Vorsichtsmaßnahme.

„Forscher dem Grab des Dschingis Khan auf der Spur!" Oder: „Grab des berühmtesten Mongolen entdeckt?" Oder sogar: „Grab des Dschingis gefunden!" Solche oder ähnliche Schlagzeilen liest, sieht und hört man immer wieder. Doch allen anderslautenden Meldungen zum Trotz weiß bis heute niemand, wo sich das Grab des Mongolen-Khans befindet. Am 18. August 1227 starb Dschingis Khan auf einem Feldzug gegen das chinesische Volk der Tanguten.

Mächtiges Mongolenreich

„Dschingis Khan" ist ein Ehrentitel mit der Bedeutung „Ozeangleicher Herrscher". Sein Träger hieß in Wirklichkeit etwas prosaischer Temüdschin. Nachdem er die in den Steppen Nordostasiens lebenden nomadischen Stämme geeint hatte, machte er in vielen Kriegen aus den Mongolen eine Weltmacht, deren riesiges Reich sich in seiner weitesten Ausdehnung vom Chinesischen Meer bis (fast) zur Ostsee erstreckte. Das Geheimnis des Erfolgs war neben einer perfekten Kampftechnik der mongolischen Krieger das besondere Talent des Dschingis Khan, einen straffen, ganz auf das Militärische ausgerichteten Staat zu schaffen und zu führen.

Im Alter von 64 Jahren zog Dschingis Khan in seinen letzten Feldzug. Es gibt verschiedene Versionen über seinen Tod. Am wahrscheinlichsten ist ein Sturz vom Pferd auf dem Weg in die Schlacht, bei dem er sich tödlich verletzte. Dem Wunsch entsprechend, den Krieger Dschingis Khan, vor dem die Welt gezittert

Wer keine große Angst erkennen lässt, dem begegnet auch kein großes Mitleid.
Dschingis Khan

hatte, würdevoll sterben zu lassen, verbreitete sich jedoch die Nachricht vom Tod im Kampf gegen die Tanguten. Danach soll er standesgemäß begraben worden sein. Fragt sich nur, wo.

Das Große Tabu

Es heißt, diejenigen, die die Grabstätte des Mongolen-Khans einrichteten, wurden ebenso getötet wie die bedauernswerten Reiter – angeblich 1000 Mann –, die das Grab anschließend mit den Hufen ihrer Pferde einzuebnen hatten. Offenbar wollte man unter allen Umständen verhindern, dass das reich ausgestattete Grab zum Ziel von Grabräubern oder Souvenirjägern werden würde.

In der Überlieferung nannten die Mongolen das unbekannte Grab „Ikh Khoring", das „Große Tabu". Und so müssen sich alle Dschingis-Khan-Anhänger mit der Gedenkstätte in Ordos, in der Inneren Mongolei, begnügen. Dorthin pilgern jährlich Scharen, um dem großen Mongolenherrscher zu huldigen oder ihm zumindest ein wenig näherzukommen. Das Grab in dem Mausoleum ist aber leer. Das richtige befindet sich irgendwo in den Weiten Ostasiens.

Geißel der Menschheit

Die Mongolen standen allgemein in dem Ruf, mit ihren Feinden besonders grausam umzugehen, was ihnen den Ruf als „Geißel der Menschheit" einbrachte. Tatsächlich gingen sie bei ihren Eroberungen nicht gerade zimperlich vor. Doch man muss nicht alles glauben, was damals geschrieben wurde. Vor allem in Europa übertrug man alte Feindbilder auf die Mongolen. Seit dem Vormarsch der Hunnen im 4. Jahrhundert herrschte eine panikartige Furcht des christlichen Abendlands vor vermeintlich plündernden und mordenden asiatischen Horden.

IM MITTELALTER LANDETEN HEXEN AUF DEM SCHEITERHAUFEN

falsch

Dem angeblich so finsteren Mittelalter traut man alles zu. Dabei war die Hexenverbrennung ein Phänomen der Neuzeit.

Es hält sich hartnäckig die Vorstellung, im Mittelalter sei es besonders grausam zugegangen. Das ist, in dieser Allgemeinheit, schlicht falsch. So stimmt auch die verbreitete Vorstellung nicht, dass man im Mittelalter Hexen verfolgte und verbrannte. Auch wenn die Furcht vor Dämonen, Zauberern und Magiern groß war und die Kirche die Führungsrolle im Kampf gegen böse, übernatürliche Kräfte übernahm.

Im *Sachsenspiegel* von 1225 tauchen erstmals gesetzliche Bestimmungen gegen Zauberei und Ketzerei auf. Vorgesehen war dabei auch die Höchststrafe des Feuertods im Fall von erwiesener Zauberei. Aber verdächtigen Frauen drohte in dieser Zeit noch nicht der Scheiterhaufen. Die Kampagnen gegen „Hexen" setzten erst im 15. Jahrhundert, also in der Frühen Neuzeit, ein und erstreckten sich bis in die Mitte des 18. Jahrhunderts.

Im 15. Jahrhundert sah sich die katholische Kirche in die Defensive gedrängt. Martin Luthers Reformation spaltete die Christenheit; Seuchen und eine kleine Eiszeit mit der Folge von Missernten sorgten für Verunsicherung und Ängste. Das Vertrauen in die alten – kirchlichen – Autoritäten sank. Sündenböcke mussten her. Die entdeckte die Kirche in Frauen, denen der Ruf anhing, als Zauberinnen mit den Mächten des Bösen im Bund zu sein.

Ein Massenwahn der Frühen Neuzeit

1487 erschien der berüchtigte Hexenhammer aus der Feder eines deutschen Dominikanermönchs, der die Grundlage für die nun folgende Welle von Hexenverfolgungen bildete. Frauen, so hieß es in dem Machwerk, das dank des neuen Buchdrucks massenhafte Verbreitung fand, hätten eine größere Neigung zum Teufelskult als Männer. Und Frauen, die von der Inquisition als „verderblich" eingestuft wurden, machte man gleich für alles Übel in der Welt verantwortlich. Gab es eine Naturkatastrophe, eine Überschwemmung, eine Hungersnot – immer waren die Hexen Schuld und dieses Verbrechen konnte nur mit dem Tod auf dem Scheiterhaufen bestraft werden.

In Deutschland wurde der Scheiterhaufen erst 1775 abgeschafft; Tatort der letzten Verbrennung war Kempten im Allgäu.

EIN DEUTSCHER MACHTE AUS SIZILIEN DEN MODERNSTEN STAAT DES MITTELALTERS

wahr

Noch heute erinnern viele Straßen, Plätze und Hotels auf Sizilien mit ihrem Namen an den geschätzten Federico Secondo.

Wie wird man als Deutscher König von Sizilien? Man muss die richtige Mutter haben. Friedrich II. hatte dieses Glück. Der Spross der mächtigen Stauferfamilie aus dem Schwäbischen war der Sohn von Konstanze, der Tochter des Normannen Roger II. Die Normannen hatten sich im Verlauf des 11. Jahrhunderts von Frankreich aus in den Besitz von Süditalien und Sizilien gebracht. Konstanze heiratete 1186 Heinrich VI., den Sohn von Kaiser Friedrich Barbarossa. Am 25. Dezember 1194 wurde er als ihr Ehemann in Palermo zum König von Sizilien gekrönt. Allerdings konnte er sich nicht lange darüber freuen, denn er starb am 18. September 1197.

Sein Sohn Friedrich II. kam am 26. Dezember 1194 zur Welt, nur einen Tag nach der Krönung des Vaters. Als der starb, war Friedrich noch sehr jung: gerade einmal drei Jahre alt. Das war auch im Mittelalter noch nicht das Alter, in dem man königlichem Nachwuchs politische Verantwortung übertrug. Konstanze übernahm die Regentschaft. Am 17. Mai 1198 ließ sie den Vierjährigen zum König von Sizilien krönen und bestellte Papst Innozenz III. zum Vormund. Vorausschauend, wie sich zeigte. Noch im selben Jahr starb sie überraschend im Alter von 44 Jahren. Ab 1211/12 war Friedrich II. auch deutscher König und ab 1220 Kaiser, doch am Herzen lag ihm sein sizilianisches Reich. Es war sein Ehrgeiz, daraus einen Musterstaat zu formen.

Verehrter Landesherr

Die Sizilianer waren seit Jahrhunderten an Fremdherrschaft gewöhnt. Alle Mächte, die im Mittelmeer operierten, hatten danach gestrebt, die strategisch optimal gelegene Insel unter ihre Herrschaft zu bringen – ob Griechen, Karthager, Römer, Byzantiner, Araber oder Normannen. Das hatte den kulturellen Vorteil, dass alle etwas Neues, aber den politischen Nachteil, dass sie selten etwas Gutes mitbrachten.

Friedrich baute nach 1220 eine Verwaltung auf, in der eine Gruppe unabhängiger, nur dem König verpflichteter Einheimischer diente. Absolut ungewöhnlich war auch seine Entscheidung, die Macht des Adels zu brechen, der das Volk drangsalierte. Friedrich schuf einen Beamtenstaat modernster Prägung, wobei er die Bürokratie des Byzantinischen Reichs zum Vorbild wählte. Offen und tolerant gegenüber dem Islam, übernahm er auch von den Arabern manche Erkenntnis in puncto Staatsführung.

Auch als Förderer der Künste und der Wissenschaften machte Friedrich II. von sich reden. Am Hof in Palermo versammelte er die klügsten Köpfe des Mittelmeerraums. Als der Schwabe auf dem Königsthron von Sizilien am 13. Dezember 1250 starb, hielt sich in Deutschland die Trauer in Grenzen – in Sizilien dagegen war sie riesengroß.

Ein königlicher Bestseller zur Falkenjagd

„De arte cum avibus venandi". Latein musste man schon können, um jenes Buch zu lesen, das der populäre König Friedrich II. selbst verfasst hatte: Über die Kunst, mit Vögeln zu jagen. Genauer: mit Falken. Die Falkenjagd war das herrschaftliche Freizeitvergnügen schlechthin. Die Vögel waren darauf abgerichtet, Kleintiere und kleinere Vögel zu erlegen. Wie man sie dazu brachte, konnten die Adligen in Friedrichs Traktat nachlesen. Heute noch schwören Falkner auf die Ausführungen des Königs nicht nur zur Jagd mit Falken, sondern auch zu deren Aufzucht und Pflege.

DEUTSCHE KÖNIGE MUSSTEN SCHIFFE MIETEN

wahr

Ein König ohne Marine? Für Wilhelm II., den Flottenfanatiker des frühen 20. Jahrhunderts, wäre das kaum denkbar gewesen. Auf die deutschen Könige und Kaiser des Mittelalters traf dies aber zu.

Weder Karl der Große noch Otto der Große, weder Heinrich IV. noch Friedrich Barbarossa besaßen etwas, das den Namen „Flotte" verdient hätte. Eigentlich brauchten sie auch gar keine. Kriege führten sie nicht zur See, sondern (fast immer) auf dem Land. Gelegentlich kamen allerdings auch sie nicht umhin, sich auf ein Schiff zu begeben, sei es um eine Dienstreise zu absolvieren oder auf Pilgerfahrt zu gehen. Spätestens mit den Kreuzzügen führte kein Weg mehr an der Seefahrt vorbei. Auch wenn sich die Heere der ersten beiden Kreuzzüge über den Landweg ins Heilige Land quälten, bei den Dardanellen mussten sie das Wasser überqueren. Später bevorzugten viele Kreuzfahrer den Seeweg. Sie trieben damit das Seewesen enorm voran. Für die italienischen Handelsrepubliken, allen voran Venedig und Genua, wurde daraus ein lukratives Geschäft. Gegen gutes Geld stellten sie den gekrönten Häuptern, aber auch den gewöhnlichen Kreuzrittern, ihre Schiffe zur Verfügung.

Ein Staufer fährt zur See

Mit dem Staufer Friedrich II. (1194 bis 1250) fand diese Abhängigkeit ein Ende. Aus der Erbschaft der normannischen Mutter war ihm das Königreich Sizilien zugefallen, das aus einer großen Insel und einem Festlandbereich in Süditalien bestand, der auch größtenteils vom Meer umgeben war. Um es zu beherrschen und zu schützen, baute er eine eigene Flotte auf. Seine Untertanen dürften diesen Kurswechsel weniger gut gefunden haben: Um die Seestreitkräfte zu finanzieren, wurde das Volk mit einer Sondersteuer zur Kasse gebeten.

Ludwig der Heilige sammelte begeistert Reliquien aus aller Welt.

EIN FRANZÖSISCHER KÖNIG WAR EIN LEIDENSCHAFTLICHER SOUVENIRJÄGER

wahr

Ludwig IX. von Frankreich hortete Reliquien. Seine eigenen Überreste sind bis heute ebenfalls Wallfahrtsziel.

König Ludwig IX. von Frankreich starb am 25. August 1270 bei Tunis auf dem 7. Kreuzzug. Aufgrund seiner Verdienste um die Kirche und das Christentum wurde er ein paar Jahre später heiliggesprochen. Berühmt war seine Sammlung von Reliquien. Die Liste der Schätze, die er sein eigen nennen durfte, ist wahrhaft beeindruckend. Eine seiner frühesten Erwerbungen war das Kopfkissen des heiligen Franz von Assisi. Glanzstück war die Dornenkrone Jesu. Er hatte sie dem finanziell klammen Kaiser von Byzanz abgekauft, der Stein und Bein schwor, es handele sich um exakt jene Krone, die Helena, die Mutter Konstantins des Großen, im 4. Jahrhundert von ihrer Pilgerreise ins Heilige Land mitgebracht hatte. Weiterhin konnte Ludwig Kostbarkeiten wie den Heiligen Schwamm und die Heilige Lanze seinem Besitz zufügen – jenen Schwamm, den römische Soldaten in Essig tauchten und dem dürstenden Gekreuzigten hinhielten, und jene Lanze, mit der sich die Soldaten davon überzeugten, dass Jesus tot war. Ludwigs eigene Gebeine liegen in Saint-Denis, sein Herz im Dom von Monreale.

DIE MAYA WAREN UMWELTSÜNDER, OHNE ES ZU AHNEN

wahr

Umweltbewusstsein war den Maya kein Begriff. Sie ahnten nicht, dass sie ihre Lebensgrundlage vernichteten, als sie die Wälder um sich herum abholzten.

Hinterher ist man immer klüger. Das gilt auch und vor allem für die Geschichte. Doch unsere Vorfahren mit diesem Maß zu messen, ist ungerecht. Hätten sie gewusst, was wir heute wissen, hätten sie sicher anders gehandelt.

Keine Vorstellung vom ökologischen Gleichgewicht

Vor etwa 4000 Jahren siedelten die ersten Maya im Tiefland Mittelamerikas. Lang war es für die Wissenschaft ein Rätsel, warum sie diese Zentren später freiwillig aufgaben und im 10. Jahrhundert weiter nördlich auf der Halbinsel Yucatán siedelten. Neue Theorien besagen, dass die Maya schwerwiegende Fehler im Umgang mit der Natur machten.

Nicht nur holzten sie die Wälder um sich herum ab, um an den Rohstoff Holz zu kommen. Immer größere Waldflächen wurden auch zur Anlage von Feldern und Städten für die wachsende Bevölkerung brandgerodet. Steinbrüche zerfurchten das Land. Die zunehmende Erosion führte allmählich zu einer Versandung der flachen Seen, die durch Regenfälle immer stärker mit Ablagerungen angefüllt wurden. Die Maya zerstörten so über Jahrhunderte hinweg ihre natürlichen Lebensgrundlagen. Die Zerstörung des tropischen Regenwalds war dabei ein schleichender Prozess, den sie gar nicht bemerkten.

DIE MAYA FEIERTEN KRIEGSERFOLGE MIT EINEM DROGENFEST

wahr

Den europäischen Entdeckern erschien die Kultur der Maya als Buch mit Sieben Siegeln. Heute weiß man ihre Sitten und Gebräuche besser einzuschätzen.

Die Götter spielten eine wichtige Rolle im Leben der Maya. Hunderte verschiedener Gottheiten waren verantwortlich für Naturereignisse wie das Wetter, die Ernte, Leben und Tod. Um mit ihnen in Kontakt zu treten und ihren Willen zu erkunden, wandten die Maya verschiedene Methoden an. Dazu gehörte auch das Ritual, sich nach einer erfolgreich geführten Schlacht in einen Drogenrausch zu versetzen. Aber was in den Augen der Europäer nach Freizeitvergnügen aussah, hatte für die Maya tiefere Bedeutung. Im berauschten Zustand, so glaubten sie, würde sich die Seele auf eine Reise zu den Göttern und Ahnen begeben. Der Rausch nach dem Kampf war eine spezielle Form, den Göttern für das gewährte Kriegsglück zu danken, indem man ihnen nahe kam. Selbstverständlich wachte auch über diese Gelage ein Gott: Akan, der Dionysos der Maya.

> ## Die Indios waren beim Trinken und beim Rausch äußerst hemmungslos.
> Diego de Landa, Missionar

Eines der beliebtesten alkoholhaltigen Getränke war Blache, ein Gebräu aus Rinde, Honig und Wasser. Doch nicht nur Alkohol versetzte die Maya in tranceähnliche Zustände. Eine ganze Palette weiterer Rauschmittel wurde konsumiert, gewonnen aus verschiedenen Substanzen wie Pilzen und Tabak. Allerdings konnte man den erwünschten ekstatischen Zustand auch durch rituelle Tänze erreichen, nach denen es den Beteiligten mit Sicherheit besser ging als nach Alkohol- und Drogenexzessen.

DIE HAUPTSTADT DER AZTEKEN WURDE IN EINEN SEE GEBAUT

wahr

Die Sage liefert eine mythische Erklärung, doch es gab ganz praktische Gründe für den extravaganten Standort.

Im 14. Jahrhundert gründeten die Azteken ihre Hauptstadt Tenochtitlan etwa dort, wo sich heute das Zentrum der Millionenmetropole Mexiko City befindet. Die Lage war mehr als ungewöhnlich: Die neue Residenz wurde von den Stadtplanern in einen See gesetzt. Dieser trug den Namen Texcocosee und ist heute verschwunden. Damals hatte das Gewässer eine Ausbreitung von mehr als 30 Kilometern.

Der Sage nach wurde die Insel aufgrund einer Prophezeiung gewählt. Der Stammesgott Huitzilopochtli soll das Volk auf Wanderschaft geschickt und es angewiesen haben, sich dort niederzulassen, wo es einen auf einem Kaktus sitzenden Adler im Kampf mit einer Schlange entdecken würde. Und so geschah es.

Vor- und Nachteile

In Wirklichkeit war es die strategisch günstige Lage einer Insel, die die Azteken die Suche hier abbrechen ließ. Die Stadt, in der zu Hochzeiten über 200 000 Menschen lebten, war nur über Dämme mit dem Festland verbunden. Hier war man vor Angriffen sicher bzw. konnte sich optimal verteidigen. Ein Vorteil, für den die Azteken auch Nachteile in Kauf nehmen mussten, wie alle Bewohner von Inseln. Bei ungünstigen Wetterbedingungen konnte es bei der Versorgung mit Lebensmitteln schon mal eng werden. Auch auf den Fall einer Belagerung musste man logistisch vorbereitet sein, um am Ende nicht ausgehungert zu werden. Wer isoliert lebt, riskiert außerdem, von wichtigen politischen Entwicklungen und von kulturellem und wissenschaftlichem Knowhow abgeschnitten zu werden.

INKA-HERRSCHER TRUGEN IHRE GEWÄN- DER NUR EINEN TAG

wahr

Inka – der Name steht für eine faszinie- rende Kultur in Südamerika. Ihre Bräuche waren eng verknüpft mit einer reichen Mythenwelt.

Neben den Maya und den Azteken waren die Inka die dritte Hochkultur in Südamerika vor der Erobe- rung durch die Spanier. Die Inka hielten sich für Ab- kömmlinge des Sonnengotts Inti und begründeten im Hochland von Peru einen „Gottesstaat".

Im Inkareich gab es zwei Gesellschaftsschichten. Eine sehr kleine, aristokratische Herrschaftselite mit dem Herrscher an der Spitze, die einen exklusiven Lebensstil pflegte, und die einfache, aber freie Bau- ernschaft, die das möglich machte. Das Privileg, als vornehmer Inka geboren zu sein, brachte Verpflich- tungen mit sich. Das öffentliche und private Leben ging nach strengen Regeln vor sich. Insbesondere gab es viele religiöse und kultische Vorschriften, aus

denen wiederum – nur auf den ersten Blick rätsel- hafte – Rituale und Zeremonien resultierten.

Jeden Tag ein neuer Mensch

Der adlige Inka ging niemals zu Fuß, sondern ließ sich in einer Sänfte tragen. Das hing mit der Vor- stellung zusammen, dass auch die Sonne in einem Wagen oder Schiff über den Himmel zog. Seine Nahrung nahm er nicht selbst zu sich, sondern er ließ sich von seinen Frauen füttern. Er trug auch kei- nes seiner prächtigen Gewänder häufiger als einen Tag. Das war keine Verschwendungsucht. Vielmehr war er nach seiner Auffassung jeden Tag eine andere Person und durfte deshalb nicht in den Kleidern er- scheinen, die er am Vortag getragen hatte. Und weil er sich jeden Tag in neuer Gestalt und Identität prä- sentierte, musste er auch von den Frauen gefüttert werden – sozusagen als Säugling, der täglich neu auf die Welt kommt.

DIE ITALIENER VERDANKEN IHRE LEIBSPEISE MARCO POLO

falsch

Der Weltreisende Marco Polo soll die Nudel aus China nach Italien importiert haben. Zu viel der Ehre: Die Italiener kannten die Pasta längst.

Mal abgesehen davon, dass kritische Geister bezweifeln, dass Marco Polo auf seinen legendären Reisen überhaupt bis nach China kam – das Verdienst, die Speisekarte Italiens um eine Köstlichkeit bereichert zu haben, die man heute in der ganzen Welt mit diesem Land in Verbindung bringt, kommt dem venezianischen Weltenbummler nicht zu, auch wenn das hatnäckig immer wieder behauptet wird.

Fahndung nach den Ursprüngen

Marco Polo, heißt es, erreichte China 1275 und hielt sich dort am Hof des Mongolenherrschers Kublai Khan auf. Zwischen 1275 und 1291 soll er in dessen Diensten in verschiedenen Missionen im Reich der Mitte unterwegs gewesen sein. Anschließend kehrte er nach Europa heim, wo er 1295 in Venedig eintraf. Seinen berühmten Reisebericht *Die Wunder der Welt* diktierte er von September 1298 bis Juli 1299 in einem Genueser Gefängnis seinem Mitgefangenen Rustichello da Pisa in die Feder. Darin findet sich jedoch kein Wort von Teigwaren, deren Herstellung er in China beobachtet haben soll, geschweige denn von einer Kostprobe, die er sich bei seiner dreijährigen Rückreise ins Gepäck gesteckt haben soll.

Es ist gut möglich, das Marco Polo in China Nudeln gegessen hat. Bei Ausgrabungen am Ufer des Gelben Flusses im Nordwesten Chinas fanden Wissenschaftler 2005 unter einer mehrere Meter dicken Sedimentschicht einen 4000 Jahre alten luftdicht verschlossenen Steinguttopf mit einem gut erhaltenen Klumpen neolithischer Nudeln, mehr als einen halben Meter lang … Aber mit einem Import hätte Marco Polo in Europa kaum für eine gastronomische Sensation gesorgt.

Europäische Traditionen

In Europa gab es bereits seit der griechischen Antike Nudelgerichte. Bei den Etruskern stand Mitte des 1. Jahrtausends v. Chr. eine zumindest nudelähnliche Substanz auf dem Speisezettel. Auf Grabreliefs aus dem 4. Jahrhundert v. Chr. fand man Darstellungen von Mehlsack, Nudelholz und Teigrädchen. Ob die Etrusker ihren Verstorbenen die Herstellung der schmackhaften Teigwaren auch im nächsten Leben ermöglichen wollten?

Als die Kultur der Etrusker um 100 v. Chr. im Imperium Romanum aufging, lernten auch die Römer die Nudel schätzen, wie man dem Kochbuch des Apicius entnehmen kann. Darin ist von einer *lagana*, einem dünnen, aus Mehl und Wasser bereitetem Streifen, die Rede, die bei den Römern gut 1000 Jahre vor Marco Polo in aller Munde waren.

Übrigens: Erst seit dem 17. Jahrhundert ist die Pasta ein typisches Volksgericht, was sie auch der Tomate zu verdanken hat, die zu der Zeit als essbar „entdeckt" wurde und von da an die Grundlage für viele Nudelsoßen bildete.

Marco Polos Mitbringsel

Selbst wenn Marco Polo ein Aufschneider gewesen sein sollte und die Schilderungen über seine Reise in die wundersamen Länder des fernen Ostens nur zum Teil der Wahrheit entsprechen – mit seinen Beschreibungen entfachte er in ganz Europa einen anhaltenden China-Boom. Geografen und Kartografen ergänzten abendländische Kartenwerke um die neuen Kenntnisse. Händler und Unternehmer loteten ihre wirtschaftlichen Chancen im Asienhandel aus. Und bei den Reichen und Vornehmen kamen erlesene Waren wie Porzellan, Seide und Mobiliar im China-Stil groß in Mode.

DAS MITTELALTER ENDETE AM 26. APRIL 1336 UM ACHT UHR MORGENS ...., falsch....

Kann eine Bergbesteigung eine Epoche beenden und eine neue beginnen lassen? Besser, man verbucht den prominenten Bezwinger des Mont Ventoux als Pionier des Alpinismus.

Ganze 1912 Meter hoch thront, weithin sichtbar, der Mont Ventoux über der Provence in Südfrankreich. Heute investieren Radprofis der Tour de France und unzählige Freizeitsportler viel Ehrgeiz in die Herausforderung, den Berg mit dem Fahrrad zu bezwingen. Francesco Petrarca seinerzeit erklomm den „windigen Berg" zusammen mit seinem Bruder und zwei weiteren Begleitern ganz ohne Hilfsmittel und, wie er betonte, aus reiner Neugier. Es war der 26. April 1336, morgens um acht Uhr, als sich die kleine Gruppe auf den Weg zum Gipfel machte. Der damals 32-jährige, später so berühmte Gelehrte Petrarca war überwältigt, als er oben ankam. Wohl nicht ganz zufällig hatte er ein Exemplar der *Confessiones* von Augustinus bei sich und stieß darin auf die Worte: „Und es gehen die Menschen hin, zu bestaunen die Höhen der Berge, die ungeheuren Fluten des Meeres, die breit dahin fließenden Ströme, die Weiten des Ozeans und die Bahnen der Gestirne – und vergessen darüber sich selbst."

Auf dem Gipfel der Erkennntnis

In diesem erhabenen Moment war das Mittelalter mit einem Schlag zu Ende. So meinen jedenfalls viele, die sich mit Kultur- und Geschichtsepochen befassen. Ihr Argument: Mit Petrarcas Besteigung des Mont Ventoux brach sich ein neues, für das Mittelalter gänzlich untypisches Denken Bann. Die mittelalterliche Lebenswelt war vor allem geprägt von einer kollektiven Ausrichtung auf das Jenseits, auf das Reich Gottes. Für den frommen Menschen war das „unvollkommene" irdische Leben nur eine Vorstufe des Ewigen Lebens. Seine Umwelt, die er häufig sogar als feindlich erfuhr, besaß deshalb für ihn keinen Wert an sich. Einen hohen Berg zu besteigen, ohne ein praktisches Ziel, nur um der Natur willen – auf diesen Gedanken wären Petracas Mitmenschen nicht gekommen. Darüberhinaus verband Petraca, nicht zuletzt dank der Beschäftigung mit dem Kirchenvater des 4. Jahrhunderts, das ästhetische Naturerlebnis mit Reflexion: Der grandiose Ausblick oben auf dem Mont Ventoux veranlasste ihn dazu, über sich selbst nachzudenken. Nach dem Abstieg schrieb er seine Erlebnisse und Erfahrungen nieder und verfasste damit die erste überlieferte Darstellung der Besteigung eines Gipfels, die an keinen Zweck gebunden war.

> **Einzig von der Begierde getrieben, diese Höhenregion mit eigenen Augen zu sehen.**
> Francesco Petraca

Wendemarken

Das alles war tatsächlich neu und nicht typisch für das Mittelalter. Doch ob das individuelle Erlebnis eines Einzelnen an einem bestimmten Tag ausreicht, um eine neue Ära einzuläuten? Es gibt eine Reihe geeigneterer – und später angesiedelter – Zäsuren, die man als Übergang vom Mittelalter zur Neuzeit nennen kann. Darunter fallen etwa die Eroberung von Konstantinopel durch die Türken 1453, die Erfindung des Buchdrucks mit beweglichen Lettern und der Druck der Gutenberg-Bibel um 1456 in Mainz oder natürlich die Entdeckung Amerikas durch Kolumbus 1492 und die Reformation ab 1517.

Petrarca kam einfach zu früh, um das Mittelalter zu beenden. Einen Ehrentitel aber wird man ihm nicht versagen können: Er dürfte der Urvater der Alpinisten und Bergsteiger sein.

DER ERFINDER DER BRILLE IST EINE ERFINDUNG

wahr

Salvino degli Armati gilt als Erfinder der Brille. Doch man tut gut daran, die Geschichte der Sehhilfe nicht mit ihm beginnen zu lassen.

In einem 1684 veröffentlichten Buch stellte der Gelehrte Ferdinando Leopoldo del Migliore aus Florenz die Behauptung auf, Salvino degli Armati habe zu Beginn des 14. Jahrhunderts die Brille erfunden. Aber Salvino degli Armati ist ein Phantom. Migliore führte dabei angeblich Armatis Grabinschrift von 1317 an, die ihn als *inventor degl'occhiali*, als „Erfinder der Brillengläser", bezeichnete. Sprachforscher wiesen jedoch im 20. Jahrhundert nach, dass das Wort *inventor* im 14. Jahrhundert im Italienischen noch nicht existierte.

Wie so häufig, gibt es auch im Fall der Brille nicht den einen genialen Erfinder. Die Brille stand am Ende einer längeren Entwicklung. Erheblichen Anteil daran hatte ein arabischer Gelehrter. Sein Name lautete Al-Haitham und er lebte zwischen 965 und 1039.

Lesestein und Monokel

Für alle Kurzsichtigen hatte er eine frohe Botschaft: Er war der Ursache des Defekts auf den Grund gekommen und hatte auch eine Idee, wie man durch ein gläsernes Kugelelement Buchstaben vergrößert erscheinen lassen könnte. Um die Mitte des 13. Jahrhunderts wurde sein Werk ins Lateinische übertragen. Nun konnten sich auch europäische Forscher an die Aufgabe machen, müden Augen auf die Sprünge zu helfen. Nach Al-

Haithams Beschreibungen wurden Berylle (von denen das Wort „Brille" abgeleitet ist) und Quarze geschliffen, die man als sogenannte Lesesteine direkt auf einen Text legte. Gelehrte und Vielleser waren für diesen technologischen Fortschritt dankbar. Im Alltag konnte man mit den Lesesteinen noch nicht so viel anfangen.

Eine Brille, fest auf der Nase (jedoch noch nicht hinter den Ohren) installiert, gelang Tüftlern in Oberitalien Ende des 13. Jahrhunderts. Die neue Entwicklung begann mit einem Einglas mit flacherer Linse, das man an einem schmalen Stiel zwischen Auge und zu betrachtendem Gegenstand hielt. Schließlich wurden zwei Eingläser mit einem Niet verbunden, durch die beide Augen gleichzeitig schauen konnten. Mithilfe eines Bügels, meist aus Horn, aber auch aus Silber, über den beide Fassungen verbunden waren, wurde die Brille auf die Nase geklemmt. Fertig!

EIN MONGOLEN-HERRSCHER LIESS PYRAMIDEN AUS SCHÄDELN AUFTÜRMEN

wahr

Timur Lenk gilt als Inbegriff der Grausamkeit. Doch auch wenn manche ihm zugeschriebene Gräueltat erfunden ist – mit Gegnern ging er nicht zimperlich um.

Timur Lenk war rechtsseitig gelähmt. Der grausame Tyrann regierte deshalb vom Pferd aus.

Dschingis Khan war der erste Mongolenherrscher, der die Welt das Fürchten lehrte. Timur Lenk (oder Tamerlan, wie man ihn in Europa nannte), trat im 14. Jahrhundert in seine Fußstapfen. Lang ist die Liste seiner Eroberungen. Mit seiner hoch motivierten Steppenarmee errang er zunächst die Herrschaft im Fernen Osten. Dann wandte er sich nach Westen und brachte sich in den Besitz großer Teile Persiens. Bald kamen Aserbeidschan, Georgien und Armenien hinzu. Danach war Mesopotamien an der Reihe. Schließlich tauchte er in Anatolien auf, wo er den Osmanen, die gerade auf dem Vormarsch Richtung Europa waren, 1402 eine vernichtende Niederlage an der östlich-islamischen Front beibrachte. Zwei Jahre später machte er China zum Kriegsschauplatz. Das sollte allerdings sein letzter Feldzug gewesen sein, denn kurz darauf starb er.

Ein brutaler Kriegsherr

Als barbarisch und grausam wurde Timur Lenk von Zeitgenossen und Geschichtsschreibern dargestellt, wobei sich Dichtung und Wahrheit vermischten. Timur Lenk hatte auch eine zivile Ader. In Samarkand schufen Architekten und Handwerker (die er zum Teil dorthin verschleppen ließ) Bauwerke, die ihresgleichen suchen. Er war ein Freund und Förderer von Kunst und Wissenschaft. Gelehrte aus aller Welt versammelten sich (ebenfalls nicht immer ganz freiwillig) in der Hauptstadt.

Wahr ist aber auch, dass Timur Lenk eine besonders brutale Methode hatte, seine Gegner zu demoralisieren: Aus den Schädeln getöteter Feinde ließ er Pyramiden bauen. Nach der Eroberung von Isfahan 1387 entstanden 28 solcher Türme. Als Eroberer kannte er nur völlige Unterwerfung und Todfeindschaft. Den 1402 bei Ankara gefangen genommenen Osmanen-Sultan Bayazid demütigte er, indem er ihn in einem Eisenkäfig mit sich führte und den er als Schemel benutzte, wenn er sein Pferd bestieg.

PEDRO I. KRÖNTE EINE TOTE ZUR KÖNIGIN

wahr

Die Geschichte von Pedro und Ines ist das portugiesische Pendant zu Romeo und Julia: Die Liebe geht über den Tod hinaus.

Pedro war der Sohn von Alfons IV., König von Portugal von 1325 bis 1357. Als Thronfolger wurde er nach politischen Gesichtspunkten verheiratet. Gattin Nummer 1 hieß Bianca und stammte aus Kastilien. Bei der Hochzeit war Pedro fünf Jahre alt. Gattin Nummer 2 wurde Constanze von Kastilien. Pedros wahre Liebe galt jedoch Ines de Castro, einer Hofdame. Mit ihr hatte er vier gemeinsame Kinder.

Makabere Rache

Beim portugiesischen Adel schrillten die Alarmglocken. Man befürchtete, die verhassten Kastilier könnten über Ines und die Kinder Einfluss auf die politischen Verhältnisse in Portugal gewinnen, und überzeugte den König, dass Ines aus dem Weg geräumt werden müsse.

Die Untat geschah in Abwesenheit Pedros, am 7. Januar 1355. Verschwörer drangen in den Palast ein und schlugen Ines den Kopf ab. Pedro musste seinen Zorn und seine Trauer unterdrücken, bis der Vater starb. Als König übte er fürchterliche Rache. Er ließ die Mörder verfolgen und ihnen das Herz herausreißen. Das Volk rührte es zu Tränen, wie er für seine tote Ines kämpfte. Pedro ließ den Leichnam der verblichenen Geliebten aus dem Kloster in die Kathedrale von Coimbra bringen und dort den Hofstaat versammeln. Die Anwesenden sahen zwei Throne, Pedro auf dem einen, die tote Ines auf dem anderen, beide im vollen Ornat. Der Erzbischof salbte den Leichnam und küsste den Saum des Prunkkleides. Damit war die tote Ines offiziell Königin von Portugal. Pedro soll außerdem befohlen haben, dass die reichlich verweste Hand der frisch Gekrönten zu küssen sei.

ROBIN HOOD WAR DER RÄCHER DER ARMEN

falsch

So schwer es auch fällt: Vom edlen Robin Hood, der den Reichen nahm und den Armen gab, muss man Abschied nehmen.

1377 taucht der Name Robin Hood zum ersten Mal in schriftlicher Form auf. Doch schon lange zuvor war der englische Volksheld in aller Munde. Jedes Kind kannte seine Geschichte: Robin Hood lebte als Anführer einer Schar von Geächteten im Sherwood Forrest bei Nottingham. Von dort aus unternahmen sie ihre Raubzüge. Aber Robin Hood und seine Spießgesellen waren sympathische Räuber. Sie überfielen nur wohlhabende Mitbürger und die klingende Münze und den Schmuck, den sie stahlen, behielten sie nicht etwa für sich, sondern gaben alles an die Armen weiter. So schön diese Legende ist: Eine historische Person, die man damit sicher in Verbindung bringen kann, gibt es nicht. Denkbarer ist, dass es zu verschiedenen Zeiten und an verschiedenen Orten mehrere Robins gab, die sich in der mündlichen Überlieferung zu dem einen verdichteten.

> **Sich erheben, bis aus Lämmern Löwen werden.**
> Aus dem Film „Robin Hood" (2010)

Hoffnungsträger

Hintergrund des Mythos von Robin Hood ist der Groll, den die unterdrückten Angelsachsen gegen den normannischen Adel hegten. Seit der Eroberung Englands durch Wilhelm den Eroberer 1066 hatten die aus Nordwestfrankreich stammenden Normannen zunehmend das Ruder übernommen. Nicht weniger verhasst war der Klerus. Die katholische Kirche hatte reichlich Fett angesetzt, was Reformer wie John Wycliffe (1330 bis 1384) anprangerten. In Robin Hood schufen sich die Angelsachsen einen Hoffnungsträger, wie sie ihn gern gehabt hätten.

DER HUNDERTJÄHRIGE KRIEG DAUERTE 100 JAHRE

falsch

Einhundert Jahre Krieg sind eigentlich unvorstellbar. Und tatsächlich rückt man heute von dieser Bezeichnung, die im 19. Jahrhundert aufkam, wieder ab.

Der „Hundertjährige Krieg" begann 1337 und endete 1453. Das sind eindeutig keine 100, sondern sogar 116 Jahre. Gegner in diesem – vordergründig – längsten Krieg der Militärgeschichte waren England auf der einen und Frankreich auf der anderen Seite. Ausgangspunkt der langwierigen Auseinandersetzung waren Ansprüche des englischen Königs auf den französischen Thron, die dieser nach dem Ende der Dynastie der Kapetinger anmeldete. Was folgte, war der Schrecken aller Schüler und Geschichtsstudenten: Jede Menge Kämpfe, jede Menge Schlachten, jede Menge Intrigen, jede Menge Namen – darunter prominente Namen wie der von Jeanne d'Arc, der „Jungfrau von Orléans", bis heute französische Nationalheldin. Sie fühlte sich von „Stimmen" dazu berufen, Gutes für ihr Vaterland zu tun und Frankreich von den Engländern zu befreien. Zu ihrem unsterblichen Ruhm trug auch ihr tragischer Tod bei: Verurteilt als Zauberin und Ketzerin wurde sie auf dem Scheiterhaufen verbrannt.

Auszeiten inbegriffen

Am Ende siegten die Franzosen. Mit Ausnahme von Calais und den Kanalinseln mussten die Engländer bis 1453 alle eroberten Territorien in Frankreich wieder aufgeben. Der englische König war nicht länger auch „König von Frankreich", wie er sich zeitweilig stolz genannt hatte. Ohne Zweifel haben die Ereignisse des „Hundertjährigen Kriegs" ihren Teil dazu beigetragen, dass Engländer und Franzosen bis heute ein etwas gespanntes Verhältnis haben. Der Begriff ist dennoch unpassend – nicht nur, weil die Auseinandersetzungen genau gerechnet sogar 116 Jahre dauerten.

In all diesen Jahren wurde jedoch nicht ununterbrochen gekämpft. Es gab längere Phasen, in denen die Waffen ruhten. Auf der anderen Seite wurden dem Krieg Geschehnisse zugerechnet, die eigentlich nichts mit dem anglofranzösischen Konflikt zu tun hatten und auf andere Ursachen zurückgingen. Bestes Beispiel ist die Auszeit, die sich die Konfliktparteien 1386 nahmen. Erst einige Jahre später flammten die Auseinandersetzungen wieder auf, jedoch zunächst nicht zwischen Engländern und Franzosen. Vielmehr waren es in den 1390er-Jahren die Herzöge von Burgund und von Orléans, die die Klingen kreuzten. Diesen internen Machtkampf nutzte der englische König Heinrich V. aus. 1415 landete er in Frankreich und besetzte große Teile Nordfrankreichs einschließlich der Hauptstadt Paris.

Vergangenheitsbewältigung

Nicht nur der „Hundertjährige Krieg" wurde nach seiner (vermeintlichen) Dauer benannt, sondern auch der Dreißigjährige Krieg, der von 1618 bis 1648 dauerte, außerdem der Siebenjährige Krieg, der nicht nur in Europa, sondern auch in Amerika tobte. Er begann 1756 und endete 1763.

Andere Kriege wurden nach den beteiligten Kriegsparteien benannt. Dabei bestätigt sich der alte Grundsatz: Der Sieger schreibt die Geschichte. Die Kriege zwischen Rom und Karthago in der Antike bekamen den Namen „Punische Kriege", nach den *poeni* (Puniern), wie die Karthager von den Römern genannt wurden. Die unterlegenen Karthager selbst sprachen vermutlich von den „Römischen Kriegen", doch unter diesem Titel kennt heute niemand mehr diese drei militärischen Auseinandersetzungen.

Wieder andere Kriege wurden schlicht gezählt, wie der Erste Weltkrieg und der Zweite Weltkrieg. Weil man im Ersten Weltkrieg nicht vorhersehen konnte, dass es einen zweiten geben würde, sprachen Zeitgenossen zunächst vom „Großen Krieg".

GRAF DRACULA GAB ES WIRKLICH

wahr

Ein blutsaugendes Monster war Vlad III. nicht, aber finster genug, um als Vorlage für einen Vampir zu dienen.

1897 veröffentlichte der irische Schriftsteller Bram Stoker den Gruselklassiker *Dracula*. Die Geschichte von Graf Dracula, dem Vampir, der in einem einsamen Schloss in Transsilvanien haust und dem der Londoner Kanzleiangestellte Jonathan Harker auf die Schliche kommt, wurde ein Welterfolg. Am Ende der rasanten Abenteuergeschichte wird Dracula von dem Fluch, der seit 400 Jahren auf ihm lastet, erlöst, indem er vor seinem Schloss „fachmännisch" getötet wird und endlich richtig sterben kann.

Tief in den Karpaten

Nicht zufällig verlegte Stoker den Handlungsort seiner Geschichte nach Transsilvanien bzw. Siebenbürgen im heutigen Rumänien, damals Ungarn. Im 15. Jahrhundert herrschte im Fürstentum Walachei ein Fürst, der bei der Bevölkerung nicht die höchsten Sympathiewerte genoss. Sein Name war Vlad III. (1431 bis 1476/77). Grausam und brutal soll er gewesen sein und ein Anhänger der Hinrichtung durch Pfählung. Auch in Westeuropa wurde Vlad bald als Inbegriff eines dämonischen Herrschers bekannt. Von ihm ließ sich Bram Stoker für die Romanfigur des Grafen Dracula inspirieren.

Wer sich heute dem wohlig-gruseligen Dracula-Schauer hingeben möchte, reist auf die Burg Bran in Rumänien. Sie wird medienwirksam als „Dracula-Schloss" verkauft. Doch Vorsicht: In diese Gemäuer haben weder Dracula noch sein historischer Urvater Vlad III. jemals einen Fuß gesetzt, auch wenn sie noch so sehr nach Vampirherberge aussieht.

Statt auf der Burg zu sitzen, arbeitete Vlad III. lieber an der Ausweitung seiner Macht. Das bedeutete an der östlichen Grenze Ungarns vor allem eines: dem Osmanischen Reich die Stirn zu bieten.

In der zweiten Hälfte des 15. Jahrhunderts drangen die Türken immer weiter Richtung Westen vor und hatten dabei auch den Balkan ins Visier genommen.

Leichenschau

Vlad, der als Jugendlicher einige Jahre als Geisel am Hof des Sultans verbracht hatte, wagte es, sich mit den Türken, die 1453 Konstantinopel erobert hatten, anzulegen. Es gelang ihm, den schier übermächtigen Gegner in Schach zu halten. Allerdings um den Preis, seine eigenen Ländereien völlig verwüstet zu haben. Nach seinem Tod soll man seinen Kopf abgetrennt und in Honig eingelegt nach Istanbul transportiert haben. Ein passendes Ende für einen Dracula – historisch jedoch wohl eher in die Kategorie Schauermärchen einzuordnen.

Kollege Frankenstein

Viktor Frankenstein hat ähnlichen Kultstatus wie der rumänische Vampir. Wie Dracula ist auch er eine Romanfigur. Er stammt aus der Feder der britischen Schriftstellerin Mary Shelley. Der Roman „Frankenstein" erschien 1818. Frankenstein ist ein besessener Wissenschaftler, der aus toter Materie eine Kreatur schafft, die sich dann seiner Kontrolle entzieht, aus dem Labor ausbricht und, nachdem die allgemeine Ablehnung der Menschen das Böse in ihm entfacht hat, als Monster rastlos bis in die Arktis wandert. Die Suche nach den historischen Hintergründen gestaltet sich bei Frankenstein schwieriger als bei Dracula. Wahrscheinlich stand der experimentierfreudige Arzt und Alchemist Johann Konrad Dippel (1673 bis 1734) Pate. Sein Geburtsort: Die Burg Frankenstein in der Nähe von Darmstadt.

EIN MÖNCHSORDEN ERHIELT DEN SPITZNAMEN „HUNDE DES HERRN"

wahr

Nicht immer lebten Mönche einsam hinter Klostermauern und verbrachten ihre Zeit mit Beten und Arbeiten. Die Dominikaner waren die höchst aktiven Spürhunde der Inquisition.

Die Inquisition ist kein ruhmvolles Kapitel in der Geschichte der römisch-katholischen Kirche. Im 13. Jahrhundert machte man Jagd auf sogenannte Häretiker, Christen, denen man unterstellte, sie seien Glaubensabtrünnige und Ketzer. Eine Flut von Prozessen vor päpstlichen und auch weltlichen Gerichten war die Folge und in vielen Fällen landeten die Beschuldigten auf dem Scheiterhaufen. Der grausame Feuertod wurde damit begründet, dass auf diese Weise wenigstens die Seelen der Übeltäter gerettet werden könnten.

Vorsicht, bissige Hunde

Wichtigste Helfer der Inquisitoren waren die Dominikaner. Gründer dieses Ordens war 1215 der später heilig gesprochene Dominikus. Seine Ordensbrüder erwarben sich zunächst große Verdienste um die Armenfürsorge. Doch ihr guter Ruf wurde zunehmend finsterer, als sie sich im päpstlichen Auftrag als Speerspitze der Inquisition anwerben ließen. Die beim Aufspüren und Verfolgen von Häretikern gesammelten Erfahrungen setzten sie später auch bei der Hexenverfolgung ein. Lateinkundige Zeitgenossen gaben daraufhin den Dominikanern den wenig schmeichelhaften Beinamen *domini canes* – „Hunde des Herrn".

Es kursierte auch die weniger verfängliche Bezeichnung „Schwarze Brüder". Sie bezog sich auf die Tracht der Dominikaner. Die Angehörigen des Ordens trugen, wenn sie außerhalb des Klosters unterwegs waren, schwarze Kutten mit Kapuze über weißen Untergewändern.

DIE KAISER VON BYZANZ GINGEN AUF EUROPATOURNEE

wahr

Die letzten Kaiser von Byzanz unternahmen eine der erstaunlichsten Rettungsaktionen der Geschichte. Doch Europa war nicht interessiert.

Jahrhundertelang war der Name „Byzanz" ein Markenzeichen. Ein Reich, das sich von Anatolien bis zum Balkan, vom Vorderen Orient bis nach Nordafrika erstreckte. Die Hauptstadt Konstantinopel stellte fast alles in den Schatten. Die Kaiser von Byzanz, gestützt auf die Tradition des antiken römischen Kaisertums, hielten sich für die größten Herrscher der Welt. Nach eigenem Anspruch waren sie auch das Oberhaupt der Christenheit. Geltend machen ließ sich das jedoch nur im Osten, in der griechisch-orthodoxen Kirche. Mit der katholischen Kirche, deren Oberhirte in Rom saß, lag man darüber im Dauerstreit.

Die Türken vor den Türen

Ende des 14. Jahrhunderts war es mit der byzantinischen Herrlichkeit vorbei. Hausgemachte Krisen und außenpolitische Schwierigkeiten brachten die stolzen Kaiser mehr und mehr in Bedrängnis. Heikel wurde es, als die Türken das Reich von Byzanz ins Visier nahmen. Scheinbar unaufhaltsam marschierten die Armeen der osmanischen Sultane voran. Immer kleiner wurde das von Byzanz kontrollierte Gebiet, immer enger zogen sich die türkischen Belagerungsringe. Bald bestand Byzanz nur noch aus der Hauptstadt Konstantinopel plus Umland.

Besondere Situationen verlangen besondere Maßnahmen, sagte sich Manuel II., der zwischen 1399 und 1402 auf dem Thron im Palast von Konstantinopel saß. Heimlich durchbrach er die Reihen der Türken und gelangte auf abenteuerliche Weise nach Europa. Sein Ziel war, gekrönte Häupter für eine gemeinschaftliche Abwehraktion gegen die Türken zu gewinnen, auch wenn zwei Jahre zuvor sein Neffe und Mitregent Johannes VII. bei einer ähnlichen Mission gescheitert war.

Ein unmoralisches Angebot

Johannes VII. hatte dem französischen König einen ungewöhnlichen Deal vorgeschlagen: Seine Rechte am Thron von Byzanz gegen ein Schloss in Frankreich inklusive Jahresrente einzutauschen. Manuel hatte nicht viel mehr Erfolg als Johannes, obwohl er kein Schloss forderte. Ob in Italien, Frankreich, England – überall zeigte man ihm die kalte Schulter. Kein Staatsoberhaupt hatte Lust, sich in ein solches Abenteuer zu stürzen. Nicht wenige einflussreiche Persönlichkeiten an den Königs- und Fürstenhöfen waren ohnehin der Meinung, dass den überheblichen Byzantinern ganz recht geschah. Manuel kehrte mit leeren Händen aus Europa zurück.

Die außenpolitische Lage wurde immer hoffnungsloser. In ihrer Verzweiflung fiel seinen Nachfolgern nichts Besseres ein, als noch einmal ihr Glück im Westen zu versuchen. Johannes VIII. (er regierte zwischen 1425 und 1448) hatte wieder ein besonderes Angebot in der Tasche. Bei einer Kirchenkonferenz 1439 in Florenz lockte er mit dem Zauberwort „Kirchenunion", also Einigung der christlichen Kirchen des Westens und des Ostens. Doch diese Vision hatte bei den Katholiken ihre Zugkraft verloren. Nicht vergessen war ein Vorgang ein paar Jahrzehnte zuvor. Damals war Johannes V. öffentlich zum Katholizismus übergetreten. Das Problem war nur, dass sein Volk ihm darin nicht gefolgt war. So ließ man auch Johannes VIII. mit guten Wünschen, aber ohne jede Hilfszusage wieder nach Konstantinopel zurückkehren.

1453 war es dann so weit. Die Türken eroberten die Metropole am Bosporus, aus Konstantinopel wurde Istanbul, das Kaiserreich von Byzanz war Geschichte.

DIE FLOTTE VENEDIGS WAR NUR IM MITTELMEER UNTERWEGS

falsch

Sie kreuzte zwischen Italien, Spanien und dem Vorderen Orient durch die Gewässer des Mittelmeeres. Doch die Flotte der reichen Handelsrepublik Venedig war auch im hohen Norden unterwegs.

Es wäre wahrscheinlich besser gewesen, die venezianischen Seefahrer wären in heimischen Gewässern geblieben. Hier kannten sie sich aus, für diese Wetterverhältnisse waren ihre Schiffe gebaut. Dennoch trieb es manches Handelsschiff aus der wohlhabenden Lagunenstadt in die rauen Gefilde des Nordmeeres hinaus. Sie liefen dort Städte in Flandern und England an, um Gewürze oder Wein gegen Wolle und Tuch zu tauschen.

Viele dieser Fahrten waren erfolgreich, andere endeten in einer Katastrophe, wie die Nordlandfahrt des venezianischen Kaufmanns und Kapitäns Pietro Querini im Winter 1431/32. In heftigen Unwettern wurde das Schiff, das durch die Straße von Gibraltar und dann Richtung Norden gefahren war, vor der Westküste Frankreichs weit vom Kurs abgetrieben.

Übers Ziel hinausgeschossen

Orientierungslos irrte es auf dem Atlantik umher. Als das Schiff zu sinken drohte, wurden die Rettungsboote gechartert. Zwei Monate war die Besatzung bereits auf dem sturmgepeitschten Nordmeer unterwegs, viele der Seeleute waren den Strapazen nicht gewachsen und gingen an Hunger und Erschöpfung zugrunde. Da kam kurz nach Neujahr Land in Sicht. Ausgezehrt schleppten sich die Überlebenden an Land. Von einheimischen Fischern entdeckt, konnten sie ihre glückliche Rettung feiern. Erst jetzt erfuhren sie, wie weit sie über ihr ursprüngliches Ziel, Brügge in Flandern, hinausgeschossen waren: Die Winde hatten sie bis an die Nordküste Norwegens getragen.

ALLE HANSESTÄDTE LAGEN AM MEER

falsch

Lübeck, Rostock, Stralsund, Königsberg, Riga, Köln. Köln? Ja, denn nicht alle Mitgliedsstädte der Hanse hatten das Meer vor der Tür.

Wer an den mittelalterlichen Bund der Hanse denkt, dem fällt wahrscheinlich zunächst eine Kogge ein. Jenes Segelschiff, auf dem im 14. und 15. Jahrhundert die meisten Männer, die auf den europäischen Nordmeeren Handel trieben, unterwegs waren, leicht zu erkennen an der charakteristischen bauchigen Form.

Die Hanse war ein Zusammenschluss von Kaufleuten, die im Fernhandel aktiv waren, aus dem mit der Zeit ein Städtebund geworden war. In den Kontoren, die die Hanse in den Städten führte, konnten die Hansebrüder Geschäftsbeziehungen aufbauen und Geschäfte machen. Sie konnten sie auch stellvertretend abschließen bzw. füreinander bürgen und mussten dadurch nicht mehr ständig selbst reisen.

Ein großer Teil des Hansehandels wurde tatsächlich über die Seefahrt abgewickelt, weshalb auch die Kogge zum Symbol für die Hanse wurde. Trotzdem waren bei Weitem nicht alle Hansestädte Hafenstädte, zumindest nicht in dem Sinn, dass sie direkten Zugang zum Meer hatten. Der Kern der Hanse bestand zu ihrer besten Zeit – das war im späten Mittelalter – aus 70 See- und Binnenstädten im nördlichen Europa. Dazu kamen etwa 60 weitere Städte, die in einem lockeren Verhältnis zu dem Verbund standen. Viele Hansestädte lagen weit weg vom Meer, wie Dortmund, Köln, Braunschweig, Lüneburg, Erfurt oder Frankfurt an der Oder. Hamburg, das „Tor zur Welt", und Bremen liegen ebenso lediglich an Flüssen (Elbe, Weser), die ins Meer fließen. Doch auch die Binnenstädte trugen mit ihrer wirtschaftlichen Leistungskraft zum Erfolgsmodell Hanse bei.

IM MITTELALTER WURDE NACH HERZENSLUST GEFEIERT UND GEZECHT

wahr

Während das Volk den Gürtel sehr eng schnallen musste, wurde bei Hof rekordverdächtig geschlemmt. Das galt sogar für die Provinz.

Essen und Trinken im Mittelalter, das ist ein Kapitel für sich. Die meisten Menschen fristeten ein karges Dasein. An mehr als ein frugales Mahl war kaum zu denken. Bei Hof und auf den Burgen ging es dagegen so hoch her, wie es in Märchenfilmen und bei Ritterfestspielen gern dargestellt wird. Und das galt nicht nur für Könige und Fürsten. Auch und gerade Provinzgrößen wollten zeigen, was sie an kulinarischen Genüssen aufzufahren in der Lage waren. Den Vogel schoss Graf Eberhard im Bart ab, seines Zeichens erster Herzog von Württemberg. Der seltsame Beiname des 1445 im schwäbischen Urach geborenen Grafen soll auf das Gelübde während einer Pilgerreise zurückgehen, sich künftig nicht mehr den Bart zu scheren.

Hochzeitsschmaus

Zu einer der größten Schlemmereien im gesamten Mittelalter wurde die Feier, die sich an Eberhards Hochzeit mit der Markgräfin Barbara Gonzaga von Mantua anschloss. Das denkwürdige Gastmahl fand am 3. Juli 1474 im Uracher Schloss statt. Am Abend hatten die Vermählten, wie es Brauch war, in der Anwesenheit von Zeugen erstmals die Ehe vollzogen. Was beim anschließenden Festgelage verspeist und getrunken wurde, haben Chronisten buchhalterisch genau festgehalten.

Insgesamt waren nicht weniger als 13 000 Menschen zu verköstigen. Nicht alle bekamen dasselbe serviert. Die feinsten Speisen und Getränke waren, so wollte es die Etikette, für die Damen und Herren mit besonders blauem Blut reserviert. Bei den Gästen fürstlichen Geblüts bestand die Menüfolge aus stolzen 22 Gängen. Am Anfang standen Hühner in weißer Brühe, es folgten Spezialitäten wie grünes Kraut mit Bratwürsten, Wildbret in Pfeffer, heiß gesottener Hecht, gebratene Forellen, gefüllte Oblaten und zum Abschluss Krebse.

Den Konsum der übrigen, in der Adelspyramide weiter unten stehenden Gäste miteingerechnet, wurden auf der Hochzeit des Grafen Eberhard im Bart insgesamt 150 000 Liter Wein getrunken und 165 000 Brote verspeist.

Volksgetränk Bier

Mit der Ernährung des gemeinen Volkes haben die Gaumenfreuden dieses Festtagsmenüs nichts gemeinsam. Der Speiseplan der Bauern und Handwerker war nicht sehr abwechslungsreich, um nicht zu sagen eintönig. Immer wieder Brot, Getreidebrei und Hülsenfrüchte. Das Höchste der Gefühle war ein deftiger Schweinebraten zu Weihnachten oder zur Hochzeit. Bei dieser Gelegenheit wurde auch mal Wein gereicht – ein absoluter Luxus. Dafür gönnte sich das niedere Volk öfter einen Krug Bier.

Feudale Tischordnung

Bei der Hochzeitsorgie von Eberhard im Bart 1474 hatte alles seine Ordnung. Die Sitzordnung folgte streng der protokollarischen Rangfolge. Die Fürsten saßen getrennt vom weniger hohen Adel – das Volk war ohnehin nur Zaungast. Innerhalb der einzelnen Gruppen galt: Männer und Frauen getrennt. Bei den Fürsten nahmen die Herren sieben Tische, die Damen zwei Tische ein. Die Gäste saßen an langen Tafeln, die nur an einer Seite besetzt waren. Auf diese Weise wurde den Pagen das Servieren und Einschenken erleichtert. Höhergestellte bekamen ihr Essen vor denen, deren Status niedriger war.

DIE WELT IM AUFBRUCH
FRÜHE NEUZEIT

Kolumbus und seine wagemutigen Entdecker-
kollegen erschlossen den Europäern bis
dahin unbekannte Horizonte und gaben damit
den Startschuss für eine neue Epoche der
Geschichte. Und die Frühe Neuzeit hatte noch
weitere brisante Themen zu bieten: von der
Reformation über den Dreißigjährigen Krieg
bis hin zu den expansionsfreudigen Osmanen.

KOLUMBUS ENTDECKTE AMERIKA

falsch

Gut 500 Jahre vor dem genuesischen Seefahrer in spanischen Diensten statteten raue Burschen aus dem hohen Norden dem Kontinent einen ersten Besuch ab.

Es war der 12. Oktober 1492, um zwei Uhr nachts, als ein Matrose an Bord der *Santa Maria* Land sichtete. Die *Santa Maria* war das Flaggschiff einer kleinen Flotte, die am 3. August beim südspanischen Huelva in See gestochen war. Ziel der Expedition: Erkundung eines westlichen Seewegs nach Indien. Seit die Osmanen 1453 Konstantinopel erobert hatten, kontrollierten sie den Landweg nach Asien. Die Europäer konnten ihre alten Routen nur noch nutzen, wenn sie hohe Zölle in Kauf nahmen.

Was der aufmerksame Matrose sah, war eine Insel. Die Einheimischen nannten sie „Guanahani", Kolumbus taufte sie „San Salvador" – die Insel des heiligen Retters. Im Verlauf der denkwürdigen Reise erreichten die Schiffe Kuba und Haiti. Auf einer der drei weiteren Reisen erblickte Kolumbus noch mehr Landesteile vom, wie er glaubte, indischen Subkontinent.

Stippvisite in der Neuen Welt

1506 starb er in der Überzeugung, den Seeweg nach Indien gefunden zu haben. In Wirklichkeit war er auf Amerika gestoßen. Und er war auch nicht der erste Europäer gewesen, der dort gelandet war. Die Krone des „Entdeckers von Amerika" gebührt Leif Eriksson (um 975 bis um 1020). Der wackere Wikinger steuerte um das Jahr 1000 ein Drachenboot mit 35 Mann Besatzung von Skandinavien aus bis an die Küste Nordamerikas.

Entdeckergeist war Eriksson in die Wiege gelegt worden. Sein Vater war kein Geringerer als Erik der Rote, seines Zeichens der Entdecker von Grönland. Wo genau Leif an Land ging, weiß man nicht. Heute wird „Vinland", wie er den Küstenstreifen nannte, meistens mit Neufundland gleichgesetzt.

Es wäre trotzdem falsch, den genuesischen Seefahrer aus den Büchern zur amerikanischen Frühgeschichte zu verbannen. Während die Wikinger im späteren „Land der unbegrenzten Möglichkeiten" nur vorbeischauten, war die Ankunft von Kolumbus folgenreich: Amerika rückte dauerhaft in den geografischen Horizont der Europäer und in den folgenden Jahrhunderten machten sich Seefahrer und Siedler auf den Weg in die Neue Welt.

PAPST ALEXANDER VI. TEILTE DIE WELT AUF

wahr

Heute mischt sich der Papst nur mit dem moralischen Zeigefinger in die Politik ein. Im 15. Jahrhundert schlichtete er Streit zwischen zwei Weltmächten.

Alexander VI. war ein Papst der besonderen Art: ausschweifend, gewalttätig, skrupellos, intrigant. Seine Lieblingsmätresse schenkte ihm vier Kinder, für deren angemessene Versorgung er sich auf riskante finanzielle Abenteuer einließ. Außerdem mischte er gern und häufig in der Politik mit. Auf den Stuhl Petri war der schwerreiche Spanier durch Bestechung und Korruption gekommen. Das Datum seiner Wahl war ein historisches: 1492 – das Jahr, in dem Kolumbus seine berühmte Reise nach Indien antrat, die ihn nach Amerika führte. Es war der Beginn des Zeitalters der Entdeckungen. Auf allen Meeren waren unerschrockene Seefahrer unterwegs, um der Welt neue Horizonte zu erschließen.

Schiedsmann im spanisch-portugiesischen Kolonialstreit

Allerdings kamen sich bei den verschiedenen Unternehmungen rund um den Erdball die beiden führenden Kolonialmächte Spanien und Portugal ordentlich ins Gehege. Um ihre Besitzansprüche in den neu entdeckten Territorien zu regeln, schaltete man den diplomatisch erfahrenen Papst ein. 1493 brachte der Pontifex Maximus einen ersten Vorschlag auf den Verhandlungstisch. Sein Plan lief auf eine Teilung der Welt in Nord-Süd-Richtung hinaus. Die Trennlinie verlief westlich der Kapverdischen Inseln durch den Atlantischen Ozean. Alle Gebiete westlich davon (im wesentlichen Amerika) sollten die Spanier in Besitz nehmen, die östliche Welt (mit Afrika und Asien) die Portugiesen.

Doch der portugiesische König erhob Einspruch, weil er wirtschaftliche Nachteile befürchtete. Also machte sich der Papst an eine Nachbesserung. Das Ergebnis wurde am 7. Juni 1494 im spanischen Tordesillas vertraglich besiegelt. Zu Gunsten der Portugiesen war die Trennlinie etwas nach Westen verschoben worden. Da noch niemand an den Küstenlinien entlanggesegelt war, waren die Umrisse des nord- und südamerikanischen Kontinents damals so gut wie unbekannt. Erst später sollte sich zeigen, dass Portugal auf die richtige „Karte" gesetzt hatte: Durch den Vertrag von Tordesillas kam es in den Besitz Brasiliens. Die neue Demarkationslinie verlief so, dass der östliche Teil des brasilianischen Festlands, der weit gen Westen hinausragt, dem portugiesischen Hoheitsgebiet zuzurechnen war.

Der vertauschte Giftbecher

Ein paar Jahre noch sonnte sich Papst Alexander VI. in dem Bewusstsein, dass unter seiner Regie die Welt aufgeteilt worden war. 1503 starb er auf eine Weise, die so ganz seinem turbulenten Leben entsprach: Versehentlich nahm er einen Trunk mit Gift zu sich, den er eigentlich für einen unliebsamen Kardinal bestimmt hatte. Auch wenn es moderne Historiker gibt, die darin nur eine gute Story sehen wollen, ist diese Version vom Tod des 72-Jährigen der von einer tödlichen Malariainfektion unbedingt vorzuziehen.

In päpstlicher Mission

Papst Alexander VI., der selbst Spanier war, erteilte den spanischen Königen und Konquistadoren offiziell den Auftrag, in der Neuen Welt den katholischen Glauben zu verbreiten. Das geschah mit der Bulle „Piis Fidelium" vom 25. Juni 1493. Die Spanier sollten die Missionierung in eigener Veranwortung durchführen. Viele sahen in der Bulle einen Freibrief, den Glauben auch mit Gewalt durchzusetzen, und brachten im Namen der Kirche viel Leid.

BRASILIEN VERDANKTE SEINE ENTDECKUNG EINEM STURM

wahr

Per Zufall stieß Pedro Álvares Cabral auf jenes Land, das später Brasilien genannt wurde – nach dem Brasilholz, das die Kolonisten aus dem Regenwald holten.

Anders als Kolumbus, der zumindest glaubte, in Indien gelandet zu sein, hatte Pedro Álvares Cabral (um 1467 bis 1520) keinerlei Vorstellung davon, wo er an Land ging, nachdem er auf seiner Fahrt nach Indien durch starke Winde schwer vom Kurs abgekommen war.

Für Kreuz und Krone

Stürme und ungünstige Strömungen trieben die stolze, aus 13 Schiffen bestehende Flotte, die am 9. März 1500 den Hafen von Lissabon verlassen hatte, hinter den Kapverdischen Inseln weit Richtung Westen. Am 22. April kam Land in Sicht. Wie alles Neuland, bekam es als Erstes einen Namen: Terra de Vera Cruz, „Land des wahren Kreuzes". Schließlich reiste Cabral nicht nur als Seefahrer, sondern auch als christlicher Missionar. Der Portugiese hatte nicht viel Zeit und setzte seine Fahrt Richtung Indien nach zehn Tagen fort. Er versäumte es aber nicht, ein Schiff in die Heimat zu schicken, um seinen König von der Entdeckung in Kenntis zu setzen. In der Folgezeit steuerten portugiesische Schiffe das Land an der Ostküste Südamerikas planmäßig an, wenn auch die Besiedlung der Küstenstriche nicht vor 1532 begann.

Cabral und seine Mannschaft waren es auch, die das „Kreuz des Südens", das seit dem 19. Jahrhundert das Staatswappen Brasiliens ziert, als Navigationszeichen markierten. Die vier kleinen, aber sehr hellen Sterne wurden von den Kolonisten als christliches Kreuz gedeutet. Bereits antiken Seefahrern hatte das Sternbild als Orientierung gedient, damals war es noch am nördlichen Sternenhimmel zu sehen gewesen.

EL DORADO LIEGT IN KOLUMBIEN

falsch

Bis heute fahnden Entdecker, Forscher und Abenteurer nach dem sagenhaften Goldland. Doch wer in Kolumbien auf die Suche geht, kann sich die Mühe sparen.

El Dorado (spanisch für „der Vergoldete") ist wortwörtlich ein sagenhafter Ort, dessen bloße Erwähnung bei vielen Menschen einen eigentümlichen Glanz in die Augen zaubert. Der Mythos geht zurück auf uralte Erzählungen des Stamms der Chibcha in Kolumbien. Ihr Herrscher soll während der Inthronisation am ganzen Körper mit Goldstaub überzogen auf den heiligen See von Guatavita, in der Nähe der heutigen kolumbianischen Hauptstadt Bogotá, hinausgefahren sein, wo er den Stammesgöttern ein Opfer brachte und anschließend in den See stieg, um den Goldstaub abzuwaschen.

Die Geschichte von diesem Ritual machte ab dem 16. Jahrhundert auch bei den Europäern die Runde und weckte den Traum, diesen Ort zu finden. Im Gefolge der spanischen Eroberer, die in dieser Zeit in das mittlere und südliche Amerika vordrangen, kamen Goldsucher von überallher. Aber sämtliche Expeditionen im Hochland von Kolumbien blieben – bis heute – erfolglos.

Deutscher Konquistador

Einer der großen deutschen Entdeckerpersönlichkeiten der frühen Neuzeit war der 1506 in Ulm geborene Nikolaus Federmann. Er unternahm zwei Entdeckungszüge auf der Suche nach dem sagenhaften El Dorado. 1536 stieß er dabei auf das Volk der Chibcha, deren Reich aber bereits kurz davor von dem spanischen Konquistadoren Gonzalo Jiménez de Quesada eingenommen worden war. Federmann wurde Mitbegründer des heutigen Bogotá. Doch das Gold von El Dorado fand auch er nicht.

MAGELLAN WAR DER ERSTE WELTUMSEGLER · falsch

Versucht hat er es. Aber auf den Philippinen fand das Unternehmen Weltumsegelung für ihn persönlich ein vorzeitiges Ende.

Juan Elcano? Nie gehört. Magellan? Aber natürlich, das war der Seefahrer, der als Erster einmal um die Welt segelte. So ungerecht kann es zugehen. Denn der erste Weltumsegler war Juan Elcano.

Die fünf Schiffe Magellans, der im Auftrag der spanischen Krone eine Westroute zu den Molukken, auch „Gewürzinseln" genannt, finden wollte, verließen den Hafen von Sanlúcar de Barrameda bei Sevilla am 20. September 1519. Über Teneriffa und Guinea erreichten sie am 10. Januar 1520 die Mündung des Rio de la Plata. Am 21. Oktober umsegelte Magellan Kap Hoorn. Wegen dieser Pionierleistung wurde die Wasserstraße zwischen dem Festland und der Insel Feuerland nach ihm benannt.

Nach der Ausfahrt aus der stürmischen Magellanstraße bezeichnete er das ruhige Meer, das er vor sich sah, als „friedlich". Er und die Männer hofften, den Pazifik in ein paar Tagen überquert zu haben, doch die Überfahrt dauerte Monat um Monat.

Am 16. März 1521 erreichte man die Philippinen. Hier starb Magellan am 27. April bei dem gewaltsamen Versuch, eine Insel einzunehmen, von der Hand eines Häuptlings.

Glückliche Heimreise

Nun schlug Kapitän Juan Elcanos (1486 bis 1526) Stunde. Der Spanier übernahm das Kommando über die zwei noch verbliebenen Schiffe. Sechs Monate segelten sie durch die Philippinen. Am 6. November erreichten sie endlich Magellans ursprüngliches Ziel, die Gewürzinseln, und nahmen Ladung an Bord. Als sie wieder aufbrechen wollten, erwies sich nur noch eines der Schiffe, die Vittoria, als seetüchtig. Sie steuerte Elcano sicher durch die Stürme am Kap der Guten Hoffnung und zum Ausgangshafen zurück.

Dort gingen 17 Überlebende einer ursprünglich 265 Mann starken Crew von Bord. Das war am 6. September 1522, gut drei Jahre, nachdem die Expedition Sanlúcar verlassen hatte, um das Abenteuer Weltumsegelung in Angriff zu nehmen. Juan Elcano war die ganze Zeit dabei gewesen. Er hatte die Umrundung der Welt vollendet.

DIE KARTEN DER NEUZEITLICHEN ENTDECKER FÜHRTEN ÖFTER IN DIE IRRE

wahr

Seit Kolumbus schwärmten die Europäer aus, um „neue Welten" zu entdecken. Mit der Kartografie hatten sie allerdings so ihre Schwierigkeiten.

In der Antike gab es so gut wie keine Karten, nach denen man von einem Ort zum anderen hätte reisen könnten. Einige der wenigen erhaltenen Ausnahmen ist die *Tabula Peutingeriana*, die das Straßennetz des Römischen Reichs in der Spätantike zeigt. Damalige Kartenwerke wurden nicht auf der Grundlage geografischer Daten gezeichnet, sondern entstanden in Anlehnung an Mythen oder religiöse Vorstellungen, die sie weitergeben wollten. Daran änderte sich auch im Mittelalter nichts: Mittelalterliche Karten aus Europa stellen stets das christliche Jerusalem als Mittelpunkt der Welt dar. Aber obwohl in der frühen Neuzeit Seefahrer und Entdecker auf allen sieben Meeren unterwegs waren und auf ihren Expeditionen auch fleißig Daten über Küsten, Häfen, Gebirge und Flüsse sammelten, waren zeitgenössische Landkarten nicht viel zuverlässiger. Bei der grafischen Umsetzung der gewonnenen Erkenntnisse haperte es oft gewaltig.

Hautpsache bunt

Zwar kamen in rascher Folge viele Kartenwerke und Atlanten auf den Markt und die Kartenzeichner malten sich die Finger wund, um den Wünschen der vielen Auftraggeber nachzukommen. Doch wer sich mit auf diese Weise entstandenen Karten auf Reisen begab, musste mit Überraschungen der unangenehmen Art rechnen. Viele Angaben waren ungenau oder schlicht falsch, was daran lag, dass schon die Erhebungen der Entdecker nicht präzise genug waren, weil es an geeigneten Instrumenten fehlte, um Positionen zu berechnen, die neu entdeckten Gebiete zu vermessen und zu beschreiben. In Ermangelung von Fakten ließen viele Kartenzeichner ihrer Fantasie freien Lauf. Sie malten Städte oder Flüsse in die Karten, bloß, um weiße Flecken auf den kunstvoll illustrierten Werken zu vermeiden. Mitunter zeichneten sie auch exotische Tiere oder Pflanzen hinein, von denen sie sich vorstellten, dass die Europäer sie für plausibel halten würden. Hinzu kam, dass die Kartografie gerade in der Zeit der großen Entdeckungen eine hochpolitische Angelegenheit war. Konkurrierende Seemächte wie Portugal, Spanien, England oder die Niederlande wachten eifersüchtig darüber, dass ihre Kenntnisse über die fremden Welten nicht in die Hände der Rivalen gerieten. Wirtschaftlich einträgliche Regionen sollten ihnen allein vorbehalten bleiben. So wurden manche Karten erst gar nicht publiziert, sondern im Gegenteil wie ein Staatsgeheimnis gehütet. Die breite Öffentlichkeit konnte sich daher lange Zeit kein richtiges Bild von den neu entdeckten Welten machen. „Amerika" und „Asien" waren für den Normalbürger Bücher mit sieben Siegeln. Diesem Missstand schuf erst Gerhard Mercator Abhilfe. Dem niederländischen Geografen (1512 bis 1594) ist die erste seriöse und maßstabgetreue Weltkarte zu verdanken, die er 1538 herausgab.

> **Zuverlässige Informationen sind unbedingt nötig für das Gelingen eines Unternehmens.**
> Christoph Kolumbus

Neues Bild der Erde

Drei Jahre später fertigte er, von Kaiser Karl V. höchstpersönlich beauftragt, einen Erdglobus und einen Himmelsglobus an.

1554 folgte eine Europakarte, die dem Wahl-Duisburger großen Ruhm bescherte. 1569 produzierte er schließlich sein Meisterstück: eine Seekarte mit später nach ihm benannter zylindrischer Projektion, die eine winkeltreue zweidimensionale Darstellung der Erdkugel lieferte.

DIE HEIRATSPOLITIK DER HABSBURGER BESCHERTE IHNEN EIN WELTREICH

falsch

Schön wär das – ein großes Reich nur durch kluge Verheiratung zu erwerben. Doch auch die ehefreudigen Habsburger mussten zu den Waffen greifen.

„Bella gerant alii, tu feilix Austria nube!" Das berühmte Motto war bereits im 15. Jahrhundert ein geflügeltes Wort an Europas Königshöfen. „Kriege mögen andere führen, du, glückliches Österreich, heirate!" Tatsächlich kannten sich die Habsburger mit Hauptwohnsitz in Österreich gut darin aus, sich durch gezielte Heiratspolitik diplomatische Vorteile zu verschaffen. Bereits in jungen Jahren, meist noch als Kinder, wurden die Erzherzöge und Erzherzoginnen aus dem Hause Habsburg mit Angehörigen anderer gekrönter Häupter in Europa verheiratet. Liebe war dabei kein Hindernis, aber auch nicht unbedingt erwünscht. Ziel war, in allen bedeutenden Königshäusern Mitglieder der eigenen Familie untergebracht zu haben. Dank geschickter Verheiratung kamen die Habsburger sogar in den Besitz eines Weltreichs. Philipp, mit dem viel versprechenden Beinamen „der Schöne", Sohn von Kaiser Maximilian I., heiratete so vorteilhaft nach Spanien, dass er 1505 nicht nur König wurde, sondern damit auch überseeische Besitzungen übernahm.

Habsburger und Frankreich im Dauerstreit

Dennoch darf man die Erfolge der habsburgischen Heiratspolitik nicht überbewerten. Immer wieder blieb der erhoffte politische Effekt aus. So war im 18. Jahrhundert die Heirat Marie Antoinettes, der Tochter Maria Theresias, mit dem französischen Thronfolger und späteren König Ludwig XVI. alles andere als ein kluger Schachzug. Beide starben während der Französischen Revolution unter der Guillotine und Österreich wurde zunächst auf Seiten Frankreichs in die Revolutionskriege verwickelt.

„Bella gerant alii …" ist auch deswegen irreführend, weil die Österreicher jede Menge Kriege geführt haben. Manchmal sogar gerade wegen ihrer Heiratspolitik. Die Franzosen sahen es überhaupt nicht gern, wie sich die Habsburger in Frankreich und um Frankreich herum festsetzten. Die Grande Nation fühlte sich umklammert und es kam vom 16. bis Mitte des 18. Jahrhunderts immer wieder zu kriegerischen Auseinandersetzungen. Wie müsste es also heißen? „Du magst, glückliches Österreich, heiraten – Kriege musst du trotzdem führen." Fehlt nur noch die lateinische Übersetzung.

MAXIMILIAN I. WAR DER LETZTE RITTER

falsch

Gern wäre er ein Ritter gewesen, doch Helden dieser Art waren inzwischen nicht mehr gefragt. Langweilig war das Leben des Habsburgers dennoch nicht.

Manchmal geriet der Kaiser des Heiligen Römischen Reichs ins Schwärmen. Er träumte von Hoffesten, von Minne, von einem Feldzug an der Spitze eines Kreuzritterheers. Wegen solcher Fantasien und einer Vorliebe für Turniere bekam Maximilian I. (1459 bis 1519) den Beinamen „der letzte Ritter". Tatsäch-

Peter Paul Rubens stellte Maximilian I. in einem Idealbildnis als Ritter in voller Montur dar.

lich war die Zeit über die adligen Herren, die auszogen, um unsterblichen Ruhm zu erwerben, längst hinweggegangen.

Im Tagesgeschäft war Maximilian kein Träumer. Er machte sich daran, die politische Landkarte Europas massiv zu verändern. Er gewann Böhmen und Ungarn für die Habsburger und schuf die Grundlagen für das habsburgisch-spanische Weltreich.

Geld oder Liebe

Auch, indem er mehrmals heiratete. Seine erste Angebetete war die reiche Maria aus dem Herzogtum Burgund. Er liebte sie unter anderem, weil er im Gegensatz zu ihr finanziell chronisch klamm war. Als er sich auf Brautwerbetour Richtung Burgund begab, blieb er in Köln hängen, weil ihm das Reisegeld ausgegangen war. Erst als Maria ihm Geld schickte, konnte er die Reise fortsetzen. Sonst hätte sicher auch die in Augsburg ansässige immens reiche Familie der Fugger gern ausgeholfen, weil sie dafür Privilegien erhielt.

Ehefrau Nummer zwei war Anna aus dem Herzogtum Bretagne. Die Hochzeit wurde 1490 gefeiert. Allerdings ohne Maximilian, der, wie damals nicht unüblich, die Trauung durch Bevollmächtigte durchführen ließ. Viel wurde aus dieser Ehe nicht mehr. Maximilian heiratete ein drittes Mal: Bianca Maria Sforza, Nichte des Herzogs Ludovico von Mailand. Bei dieser Heirat betätigte sich der Kaiser einzig und allein als Mitgiftjäger. Die 300 000 Gulden, die die Gattin in die Ehe einbrachte, hatte Maximilian bereits ausgegeben, als die Trauung stattfand.

Seine Finanzen bekam der edle Ritter nie in den Griff. Wenn er unterwegs war, zitterten die Wirte davor, dass er mit seinem Gefolge bei ihnen einkehren würde. Denn bezahlt wurde nie, der Kaiser ließ anschreiben. Ganz Mutige verweigerten die Aufnahme. Ritterliche Tugenden standen bei Maximilian in Sachen Geld und Liebe eher hinten an.

EINE AUGSBURGER UNTERNEHMERFAMILIE ERFAND DEN SOZIALEN WOHNUNGSBAU

`• wahr`

Die Fugger waren unermesslich reich. Aber sie hatten auch ein Herz für die Armen.

Hätte es im 16. Jahrhundert bereits eine Forbes-Liste der Milliardäre der Welt gegeben, so wäre den Fuggern ein Spitzenplatz sicher gewesen. In Augsburg beheimatet, gelang es dieser Kaufmannsfamilie, ein weitverzweigtes Wirtschafts- und Finanzimperium aus dem Boden zu stampfen. Unter anderem verfügten sie über das Monopol für Kupfer in Europa und machten im Fernen Osten ein Vermögen mit dem Gewürzhandel. Sie mischten auch kräftig in der Politik mit. Nicht wenige Päpste und Kaiser verdankten ihnen und ihrem Geld ihre Machtposition.

Täglich drei Gebete

Die Fugger waren knallharte Bankiers. Sie hatten aber auch eine soziale Ader. Am 23. August 1521 setzte Jakob Fugger (1459 bis 1525), damals Chef des Bankhauses, seine Unterschrift unter eine Stiftungsurkunde. Sie galt dem Bau einer Wohnsiedlung, Fuggerei genannt. In ihr sollten bedürftige Augsburger Bürger eine menschenwürdige Unterkunft finden.

Die Konditionen für die jährliche Kaltmiete waren geradezu märchenhaft: Die Mieter mussten nicht mehr als einen einzigen Rheinischen Reichsgulden auf den Tisch legen. Darüber hinaus waren sie verpflichtet, drei Mal am Tag für den Stifter und seine Familie zu beten. Im Gegenzug bot die Fuggerei einigen Komfort: Die Wohnungen mit Küche, Wohn- und Schlafstube waren geräumig, sauber und solide eingerichtet. Bis 1523 waren bereits 52 Häuser fertiggestellt, alle nach demselben Grundriss. Im Lauf der Zeit kamen weitere hinzu.

Die Fuggerei, in die nun vor allem Handwerker und Tagelöhner mit ihren Familien einzogen,

> **Die beste Sprache ist immer jene des Kunden.**
> Anton Fugger

war nicht als soziale Hängematte gedacht, sondern als „Hilfe zur Selbsthilfe". Die Mieter sollten ohne Sorge um eine Unterkunft arbeiten, sich wirtschaftlich verbessern und dann die Wohnung für andere freimachen, die sich ebenfalls, mit der Sicherheit der preisgünstigen Behausung im Rücken, um ihre Zukunft kümmern sollten. Ende des 16. Jahrhunderts büßte das Augsburger Handels- und Bankhaus seine marktbeherrschende Position ein. Auch deswegen, weil die Fugger sich bei ihren Geschäften verspekuliert hatten. Das war aber nicht das Ende der Fuggerei. Die Sozialsiedlung blieb, finanziert aus dem Stiftungskapital, bestehen. Im Zweiten Weltkrieg wurde sie zerstört, doch bald wieder aufgebaut. Bis heute wohnen dort, wie vor 500 Jahren, bedürftige Mitbürger – zu denselben Bedingungen wie zu Zeiten der Fugger. Nur wird die Jahresmiete statt mit dem Rheinischen Gulden inzwischen in Euro bzw. Cent bezahlt.

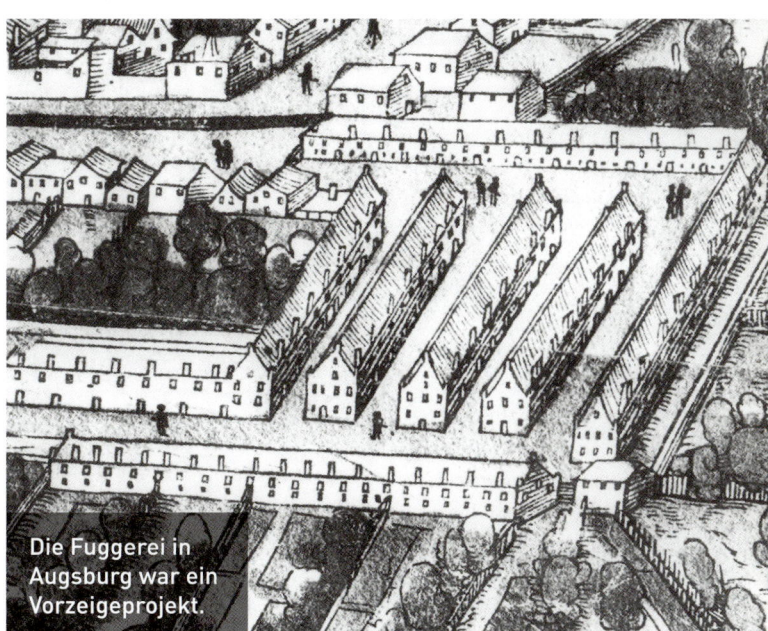

Die Fuggerei in Augsburg war ein Vorzeigeprojekt.

DER BAUERNKRIEG WURDE VON BAUERN AUSGETRAGEN

falsch

Mit Mistgabeln gegen Villen und Paläste? Mitnichten – der Bauernkrieg war ein Aufstand unterschiedlicher Gruppen und nur ein Teil von ihnen war Bauern.

Zwischen 1524 und 1526 tobte im Süden und in der Mitte Deutschlands der Bauernkrieg. So steht es in den Geschichtsbüchern. Wahr ist, dass an den damaligen Unruhen Bauern beteiligt waren. Aber sie stellten nur eine Gruppe unter vielen anderen. Außer der Landbevölkerung engagierten sich in diesen blutigen Auseinandersetzungen die Unterschichten in den Städten, die Bergleute und sogar sozial schwache Adlige, die es nicht so weit gebracht hatten wie ihre Standesgenossen.

Wenige Jahre zuvor hatte Martin Luther die Reformation der Kirche eingeleitet. Das war für viele Menschen das Signal, gegen die Obrigkeit aufzustehen. Missstände wie hohe Steuerabgaben, Leibeigenschaft, Willkürherrschaft der geistlichen und weltlichen Herren

Räuberische und mörderische Rotten
Luther über die Aufständischen

schürten allerorten Unzufriedenheit, die sich 1524 in einem heftig geführten Bürgerkrieg entlud.

Die Aufständischen fanden entschlossene und begabte Anführer. Der berühmteste war Thomas Müntzer. Er war von Haus aus Theologe und ein Anhänger Luthers, distanzierte sich aber bald von dem Reformator und entwickelte immer radikalere politische Vorstellungen, die er zusammen mit einer großen Schar Gleichgesinnter auch gewaltsam durchsetzen wollte. Es war ein Kampf David gegen Goliath, die Aufständischen hatten keine Chance. Müntzer selbst wurde nach einer vernichtenden Niederlage seiner Truppen bei Frankenhausen im Mai 1525 gefangengenommen und öffentlich enthauptet.

BERLICHINGENS FLUCH IST DICHTERISCHE FREIHEIT

falsch

Auch der echte Götz von Berlichingen war ein Freund offener und klarer Worte. Goethe hat nur sauber recherchiert und ihn zitiert.

Das berühmteste Zitat aus Johann Wolfgang von Goethes Schauspiel *Götz von Berlichingen* – das übrigens schon in der zweiten Ausgabe getilgt wurde – fällt im dritten Akt: „Sag deinem Hauptmann: Vor Ihro Kaiserliche Majestät hab ich, wie immer, schuldigen Respekt. Er aber, sag's ihm, er kann mich im Arsch lecken."

Rauflustiger Held mit eiserner Hand
Sagte so etwas ein schwäbischer Reichsritter? Denn diesen Titel trug Götz von Berlichingen, geboren 1480 in Jagsthausen, gestorben 1562 in Neckarzimmern. Dazwischen war er ein rauflustiger Geselle, der keiner Gefahr aus dem Weg ging und demzufolge ein mehr als turbulentes Leben führte. Wiederholt verfiel er in die Reichsacht und gelegentlich landete er auch im Gefängnis. Im Bauernkrieg spielte er eine wichtige Rolle, später kämpfte er im Dienst Kaiser Karls V. in Ungarn gegen die Türken. Und auch gegen die Franzosen mischte er ordentlich mit. Schon zu Lebzeiten nannte man Götz von Berlichingen den „Ritter mit der eisernen Hand". In seiner Jugend hatte ihm eine Musketenkugel die rechte Hand zertrümmert und er trug eine Prothese aus Eisen, die ihm ein Büchsenmacher angefertigt hatte.

Aber was ist nun mit dem Kraftausdruck, den ihm Goethe in den Mund legte? Der Dichter und Denker hatte für sein Stück, das zur Zeit des Bauernkriegs spielt, gut recherchiert: Götz von Berlichingen hat die berühmten Worte im Jahr 1519 tatsächlich einem kaiserlichen Unterhändler an den Kopf geworfen und diese Begegnung in seine Lebensbeschreibung aufgenommen.

SULTAN SÜLEYMAN WAR EIN GEBURTS-HELFER DER REFORMATION

wahr

Ohne die türkische Belagerung von Wien hätte es der Protestantismus in Deutschland wohl schwerer gehabt.

Im Oktober 1517 hatte Martin Luther seine Thesen öffentlich gemacht. Als im Oktober 1520 der Habsburger Karl V. den deutschen Thron bestieg, wurden sie heiß diskutiert. Die mächtigen Reichsfürsten verlangten nach einer Klärung der Angelegenheit, denn gerade unter den einfachen Menschen hatte Luther viele Anhänger gewonnen. Auf dem Reichstag in Worms im April 1521 wurde über den streitbaren Gottesmann, der nicht von seinen Lehren abwich, die Reichsacht ausgesprochen. Damit war er vogelfrei. Sein ihm wohlgesonnener Landesherr brachte ihn inkognito auf der Wartburg bei Eisenach unter.

Ungleiche Verbündete

Im selben Jahr hatte Süleyman der Prächtige, ebenfalls seit 1520 im Amt, Belgrad erobert. 1522 war die griechische Insel Rhodos an der Reihe und sein Eroberungshunger noch lange nicht gestillt. 1526 fiel ihm Ungarn in die Hände. Das Königreich entwickelte sich zum Zankapfel zwischen Osmanen und Habsburgern.

Luther war zwischenzeitlich wieder zurück in der Heimat, weil die größte Gefahr vorüber war. Gegen den erbitterten Widerstand vieler katholischer Fürsten, des Kaisers und des Papstes stürmte die Reformation weiter voran und gewann immer mehr Sympatisanten unter den Reichsfürsten – und sei es nur aus Opposition gegen den Kaiser. Im April 1529 sollte auf dem Reichstag in Speyer über die Folgen der Reformation und die Zukunft des Reiches beraten werden. Am Ende stand eine „Protestnote" der Reformationsfreunde, die sich den Katholiken nicht länger unterordnen wollten. Auch die Osmanen waren in Speyer ein Thema: Zehn Tage zuvor war Süleyman in Konstantinopel aufgebrochen. Mit der

Belagerung der Habsburger-Metropole Wien sollte der Kaiser in der Ungarn-Frage unter Druck gesetzt werden. Die türkische Belagerung Wiens dauerte vom 27. September bis zum 14. Oktober 1529 und musste schließlich abgebrochen werden.

Dankschreiben schickten ihm die deutschen Protestanten nicht, doch ohne den Muslim hätte die Reformation vermutlich nicht so schnell an Boden gewonnen. Denn der katholische Kaiser Karl V. musste der protestantischen Fraktion im Reichstag große Zugeständnisse machen, damit sie ihm die notwendige finanzielle Unterstützung für den Kampf gegen Süleyman bewilligte.

Unter Süleyman erreichte das Osmanische Reich seine größte Ausdehnung – bis kurz vor Wien.

TÜRKISCHE SULTANE BRACHTEN ZU BEGINN IHRER HERRSCHAFT IHRE BRÜDER UM

wahr

Es klingt grausam, aus der Sicht der Sultane aber war der Brudermord eine politisch notwendige Maßnahme.

Mehmet III. war von 1595 bis 1603 Sultan des Osmanischen Reichs. Seine erste Amtshandlung nach der Thronbesteigung bestand darin, seine 19 jüngeren Brüder umzubringen. Damit folgte er einer Tradition, die bei den Osmanen bereits einige Jahrzehnte praktiziert wurde. Begründet hatte sie Mehmet II., der 1453 als der Eroberer von Konstantinopel in die Geschichte eingegangen ist. Er wollte auf diese Weise verhindern, dass nach dem Tod eines Sultans Machtkämpfe unter den Nachkommen und Erbberechtigten ausbrachen.

Sicher ist sicher

Tatsächlich gab es immer viele Kandidaten, denn der Sultan hatte eine Hauptfrau, jede Menge Nebenfrauen und dazu noch einen Harem. Zwar benannte jeder Sultan vor seinem Tod seinen Favoriten auf die Nachfolge. Doch daran hielt man sich fast nie, ein Herrscherwechsel bedeutete jedes Mal Mord und Totschlag. Diesem Treiben ein Ende zu setzen, war das Ziel Mehmets II. gewesen, als er seinen Nachfolgern geradezu die Pflicht auferlegte, alle ihre Brüder rechtzeitig aus dem Weg zu räumen, um in Ruhe herrschen zu können.

Das Massaker, das Mehmet III. anrichtete, muss aber doch nachdenklich gestimmt haben. Jedenfalls war danach mit dieser Vorsichtsmaßnahme Schluss. Nun wurden die brüderlichen Konkurrenten nicht mehr getötet, sondern bekamen Hausarrest oder mussten in die Verbannung gehen. Bevorzugt schickte man sie auf eine kleine Inselgruppe im Marmarameer, direkt vor Istanbul. Die Inseln heißen bis heute „Prinzeninseln". Eine stattliche Anzahl von Prinzen lebte hier im unfreiwilligen Exil.

OHNE KARL V. GÄBE ES KEIN DOLLARZEICHEN

wahr

Kurz nach Kolumbus Landung in Amerika designte ein Habsburger das Zeichen, das rund 200 Jahre später zum Währungssymbol der USA wurde.

Karl V. (1500 bis 1558) war ein Mann mit Visionen. Kein Wunder, denn als Erbe des spanischen Weltreichs dachte er global. Auf der Suche nach einem geeigneten Wappensymbol kam er auf die „Säulen des Herakles". So bezeichnete man in der Antike die Straße von Gibraltar, nach dem unermüdlichen Helden der griechischen Mythologie, der auch hier Abenteuer zu bestehen hatte. Für die Seefahrer der Antike bedeutete die Meerenge das Ende der Welt. *Nec plus ultra* pflegten die Römer zu sagen, frei übersetzt: „Weiter geht es nicht."

Der stolze Karl machte daraus die Devise *Plus ultra* – eine Aufforderung, in die große weite Welt hinaus zu segeln. Aus dem Symbol, das er auch auf seine Münzen prägen ließ, wurde später das Vorbild des Dollarzeichens: zwei Säulen, von einem Spruchband umwunden. Die Bezeichnung „Dollar" leitet sich ab von *dolaro*, der spanischen Variante des niederländischen *daler* bzw. „Taler."

Freiheit im Geldhandel

Kaiser Karl V. kippte das eherne Gesetz der christlichen Lehre, wonach es jedem aufrechten Christenmenschen untersagt war, Zinsgeschäfte zu betreiben. Bei Zuwiderhandlung drohte die Exkommunikation. Doch der weltweit vernetzte, ökonomisch bewanderte Kaiser dachte praktisch. 1543 erhielten erstmals Kaufleute aus den Niederlanden die offizielle Genehmigung, Geld gegen Zinsen zu verleihen. Damit war der Bann gebrochen. Das kirchliche Zinsverbot ließ sich, allen moralischen Bedenken zum Trotz, nicht aufrechterhalten.

SPANISCHE MÖHREN RETTETEN NIEDER-LÄNDERN DAS LEBEN

wahr

Jedes Jahr feiern die Bewohner der Stadt Leiden ihr Möhrenfest. Der Anlass liegt rund 450 Jahre zurück.

Man schreibt das Jahr 1554. Die Niederländer lehnen sich gegen die Herrschaft der Spanier auf, die das Land seit langer Zeit besetzt halten. Sie wollen, dass aus den „Spanischen Niederlanden" wieder die „Niederlande" werden. Dieser Wunsch stößt, wen wundert es, bei den Spaniern auf wenig Gegenliebe. Der Statthalter und seine Truppen versuchen alles, um die Unruhen zu ersticken. Stadt für Stadt wird belagert, um die aufständischen Bewohner mürbe zu machen.

Ein Husarenstück aber gelingt der Stadt Leiden im Süden des Landes. Zwei Jahre lang bemühen sich die Spanier vergeblich, die tapfer kämpfenden Verteidiger in die Knie zu zwingen. Endgültig vertrieben werden sie durch einen raffinierten Trick: Man flutet das Land, woraufhin die erschreckten Spanier in der Nacht zum 3. Oktober 1554 die Flucht ergreifen.

Triumphzug in die Stadt

Im verlassenen Lager der Spanier entdecken die Leidener einen großen Kochtopf, erfreulicherweise mit Inhalt: Vor ihrem überstürzten Aufbruch haben die Spanier darin eine köstliche Mahlzeit zubereitet, einen Möhreneintopf mit Zwiebeln und Kartoffeln. Sofort wird der Topf in die Stadt transportiert, eskortiert von einer jubelnden Menge. Die Ration reicht aus, um bei der ausgehungerten Bevölkerung von Leiden die Lebensgeister wieder zu wecken. Der Triumph über die Spanier ist perfekt. Noch heute hat der „Hutspot" genannte Eintopf einen festen Platz in der niederländischen Küche. Und die Leidener feiern im Gedenken an diese Ereignisse bis heute am 3. Oktober ihr traditionelles Möhrenfest.

FÜR DEN NAMEN DES US-BUNDESSTAATS VIRGINIA STAND ELISABETH I. PATE

wahr

Die Benennung Virginias nach der Jungfräulichkeit der Monarchin war als Kompliment gemeint.

Königin Elisabeth I. von England (1533 bis 1603) hatte etwas von einer eisernen Jungfrau. Die Tochter Heinrichs VIII. aus dessen zweiter Ehe (mit Anna Boleyn) kam nach einigen Turbulenzen 1558 auf den Thron. Mit ihrem Namen ist der Aufstieg Englands zur Weltmacht verbunden.

> **Als Jungfrau gelebt zu haben und begraben zu werden.**
> Lebensziel Elisabeths I.

Glanzvoller Auftakt war der Sieg über die gefürchtete spanische Armada 1588. Besondere Bekanntheit brachte Elisabeth der Dauerkonflikt mit ihrer Rivalin Maria Stuart, Königin von Schottland.

Geheiratet hat Elisabeth nie. Ihr Beiname *The Virgin Queen*, die „jungfräuliche Königin", unterstellt darüberhinaus ein enthaltsames Leben. Ihre (tatsächliche oder vermeintliche) Jungfräulichkeit gab einem der ersten amerikanischen Bundesstaaten seinen Namen. Sir Walter Raleigh, ein enger Vertrauter der Queen, führte eine Expedition nach Amerika. Den Landstrich, den er 1584 an der Ostküste betrat, taufte er zu Ehren der Königin und als Hommage an die weite, unberührte Natur, die vor ihm lag, „Virginia".

Nach dem Tod seiner Gönnerin Elisabeth 1603 geriet Raleighs Karriere in erhebliche Turbulenzen. Beim neuen König James I. (1566 bis 1625) fiel er in Ungnade und landete schließlich sogar als Gefangener im Tower von London. In der Haft schrieb er eine Weltgeschichte. Nach der Entlassung wieder in der Welt unterwegs, wurde er auf Betreiben der Spanier erneut verhaftet, zum Tode verurteilt und am 29. Oktober 1618 in London hingerichtet.

HEINRICH VIII. TÖTETE SEINE FRAUEN

falsch

Die Frauen Heinrichs VIII. hatten meist kein schönes Schicksal. Doch für ihren Tod war Heinrich nicht in jedem Fall verantwortlich.

Zeitgenössische Porträts von Heinrich VIII. zeigen eine massige, kraftstrotzende Gestalt. Einen Mann, wie man so sagt, in den besten Jahren. 1491 geboren, seit 1509 König von England, später auch von Irland, gestorben 1547. Seine Regierungszeit ist vor allem deswegen wichtig, weil Heinrich VIII. mit der katholischen Kirche brach und eine bis heute existierende, autonome englische Kirche, die anglikanische Kirche, aus der Taufe hob. Warum er das tat? Der Grund war eine Frau, genauer eine seiner Frauen.

Heinrich VIII. war sechs Mal verheiratet. Die Liste liest sich schillernd: Ehefrau Nummer 1 war Katharina von Aragon. Sie war die Witwe seines Bruders Arthur und die Tochter des spanischen Königs. Die Ehe wurde 1509 geschlossen. Nach 24 Ehejahren hatte Heinrich genug. Wenn man es genau nimmt, schon vorher.

So lustig wie in dem Film „Das Privatleben Heinrichs VIII." (1931) ging es in Wahrheit nicht zu.

Denn Anna Boleyn war ins Spiel gekommen. Die Eheschließung mit seiner langjährigen Geliebten war schwierig, da der Papst eine Scheidung ablehnte. Heinrich ließ die Ehe mit Katharina trotzdem für ungültig erklären und heiratete 1533 Anna. Katharina stellte er unter Arrest, bis sie 1536 starb.

Anna Boleyn unter Verdacht

Aber auch Anna Boleyn fiel in Ungnade, wegen angeblichen Ehebruchs. Sie schmachtete im Tower von London und wurde 1536 auf Befehl des Königs hingerichtet. Ehefrau Nummer 3 wurde im selben Jahr die Hofdame Jane Seymour. Sie starb bereits ein Jahr später bei der Geburt eines Sohnes.

Drei Jahre lang war der König nicht verheiratet, dann gab er Anna von Kleve das Jawort. Die Daten lassen nichts Gutes erahnen: Hochzeit 1540, Scheidung 1540. Ehe Nummer 4 dauerte ein halbes Jahr. Anna durfte aber weiter am Hof leben, ausgestattet mit dem Ehrentitel „Schwester des Königs".

Rosenkrieg mit Katharina Howard

Noch im gleichen Jahr traute sich Heinrich zum fünften Mal, Katharina Howard ging das Wagnis ein. Wieder handelte es sich um eine Hofdame. Die Ehe gestaltete sich ähnlich wie die mit Anna Boleyn. Skandale, Intrigen, Affären, Verleumdungen prägten die beiderseits unglückliche Beziehung, die 1542 durch die von Heinrich veranlasste Hinrichtung Katharinas ein jähes Ende fand.

Bleibt noch Eheschließung Nummer 6. Heinrichs letzte Angetraute hieß Katharina Parr. Sie wurde 1543 seine Frau und war es auch noch, als er vier Jahre später starb. Die Bilanz lautet also: Nur zwei Ehefrauen starben tatsächlich „auf seine Anordnung". Zeitgenossen, die den Überblick nicht verlieren wollten, fanden die folgende einprägsame Formel: Geschieden – Geköpft – Gestorben – Geschieden – Geköpft – Überlebt.

ZEHN TAGE IM JAHR 1582 HAT ES NIE GEGEBEN

wahr

Papst Gregor XIII. nahm eine Reform des Kalenders vor und stellte fest, dass zehn Tage gestrichen werden mussten.

Unser heutiger Kalender mit seinen 365 Tagen pro Jahr und der Regel für die Schaltjahre ist das Werk Papst Gregors XIII. bzw. seiner kundigen Fachleute. 1502 in Bologna geboren, war er zwischen 1572 und 1585 der oberste Hirte der katholischen Kirche. Einiges brachte er während seines Pontifikats zustande, regelrecht bahnbrechend war die Kalenderreform. Nach ihm nennt man den heutigen Kalender auch den gregorianischen Kalender. Als solcher löste er den julianischen Kalender ab, der nach Julius Cäsar (100 bis 44 v. Chr.) benannt ist.

Ein zusätzlicher Tag

Cäsar hatte dafür gesorgt, dass der römische Kalender sich nicht mehr an den Mondphasen orientierte, sondern am Sonnenstand. Sein Vorbild war der Kalender der Ägypter, die schon lange mit dem Sonnenjahr rechneten. Allerdings dauert das Sonnenjahr nicht genau 365 Tage, sondern noch ein kleines bisschen länger, nämlich 365,2422 Tage. Das sind fast sechs Stunden mehr. Ein Unterschied, der nach vier Jahren knapp einen Tag ausmacht, der aber im ägyptischen Kalender unberücksichtigt geblieben war.

Um diese Ungenauigkeit zu korrigieren, kamen Cäsar und seine chronologischen Chefberater auf die Idee, mit Schaltjahren zu operieren. Wenn man alle vier Jahre einen zusätzlichen Tag in das Kalenderjahr einbaute, war der Vorsprung des Sonnenjahrs dem Kalender gegenüber wieder ausgeglichen. So wurde alle vier Jahre ein Schalttag angehängt und zwar Ende Februar, denn der Februar war der letzte Monat im römischen Kalender. Das erklärt übrigens, woher der September, von lateinisch *septem* für „sieben", und der November, von lateinisch *novem* für „neun", ihre Namen haben.

Allerdings war auch Cäsars Kniff noch nicht die perfekte Lösung, eben weil der Unterschied zwischen Kalender- und Sonnenjahr nicht genau sechs Stunden, sondern nur fünf Stunden und etwa 49 Minuten betrug. Mit anderen Worten: Der julianische Kalender war durch zu viele Schalttage zu lang geworden. Zwar nur etwas mehr als elf Minuten, aber das genügte, um über die Jahrhunderte für Turbulenzen zu sorgen.

Bis 1582, dem Jahr, in dem sich Papst Gregor XIII. an die Reform von Cäsars Reform machte, hatten sich Sonnenjahr und Kalenderjahr schon ziemlich voneinander entfernt – gut zehn Tage. Um den Kalender wieder auf Vordermann zu bringen, ließ Gregor XIII. zehn Tage streichen. Auf Donnerstag, den 4. Oktober 1582 folgte Freitag, der 15. Oktober 1582. Die Tage dazwischen hat es nie gegeben. Pech, wer genau da Geburtstag hatte. Glück, wer in dieser Zeit einen unangenehmen Termin gehabt hätte.

Gut geschaltet

Um zu verhindern, dass eine solche Korrektur in der Zukunft noch einmal nötig werden würde, setzte Gregor eine Neuordnung der Schaltregelung durch: Innerhalb eines Zeitraums von 400 Jahren sollten jeweils drei Schalttage wegfallen, und zwar in jenen vollen Jahrhunderten, die nicht exakt durch 400 teilbar waren. Das bedeutete: 1600 war ein Schaltjahr, 1700 nicht, 1800 nicht, 1900 nicht, dafür aber wieder 2000. Reichlich kompliziert, aber doch so exakt, dass damit fast genau die Übereinstimmung von Kalenderjahr und Sonnenjahr erzielt wurde.

Nicht überall kam der gregorianische Kalender sofort zur Anwendung. Zu den ersten Ländern zählten Italien, Spanien und Portugal, die sehr katholisch waren. Anderswo dauerte es länger: In Russland etwa wurde Gregors Kalender erst 1918, in China sogar erst 1949 eingeführt.

DIE SPANISCHE ARMADA WURDE VON DEN ENGLÄNDERN BESIEGT

falsch

Sir Francis Drake ist ein Nationalheld. Ganz oben auf der Liste seiner Verdienste steht der Sieg über die als unbesiegbar geltende spanische Flotte.

Armada – dieser Name war im Europa des 16. Jahrhunderts ein absolutes Gütesiegel. Die „bewaffnete Macht", so die Übersetzung, war die stärkste Flotte ihrer Zeit und hielt mögliche Feinde in respektvollem Abstand von den Küsten Spaniens. Sie war der ganze Stolz König Philipps II., der 1556 die Nachfolge Karls V. angetreten hatte. Machtbewusst und gläubig wie er war, strebte Philipp danach, Spaniens Großmachtstellung nicht nur zu erhalten, sondern auszubauen und Europa wieder zum Katholizismus zurückzuführen.

Ein Dorn im Auge waren ihm die Engländer. Königin Elisabeth I. setzte alles daran, die Spanier in die Schranken zu weisen und zwar nicht nur in Europa, sondern auch in den Kolonialgebieten. Konkreter Anlass des Großangriffs, den Philipp 1588 gegen das Inselreich startete, war der Tod Maria Stuarts. Elisabeth hatte ihre katholische Rivalin im Jahr zuvor hinrichten lassen – für Philipp das Signal, seine hochgerüstete Flotte Richtung Norden zu schicken.

> **Gott blies und sie wurden zerstreut.**
> Elisabeth I. zum Untergang der Armada

Am 15. Mai 1588 lief die gefürchtete Armada im Hafen von Lissabon aus. 130 Schiffe mit 30 000 Mann Besatzung und 2630 Kanonen an Bord nahmen Kurs auf England. Elisabeth vertraute den Abwehrkampf den bewährten Kapitänen Charles Howard und Francis Drake (um 1540 bis 1598) an. Drake hatte bereits Erfahrung im Kampf gegen die Spanier. Im Jahr zuvor hatte er vor Cadiz eine spanische Flotte besiegt. Außerdem hatte er sich als Freibeuter in den Gewässern Westindiens bewährt.

Zahlenmäßig war die englische Flotte, die die Armada vor dem Ärmelkanal erwartete, hoffnungslos unterlegen. 105 Schiffe hatte man zur Verteidigung bereitgestellt. Doch waren die englischen Schiffe deutlich wendiger als die Formation der spanischen Kriegsmarine. Zwischen dem 31. Juli und dem 8. August kam es zu mehreren Seegefechten, in denen mal die Spanier, mal die Engländer die Nase vorn hatten.

Ein schwerer Schlag für die Spanier war der Verlust einer Reihe von Schiffen, die vor Calais ankerten, um spanische Truppen aus den Niederlanden an Bord zu nehmen. Drake ließ mit Schießpulver und brennbarem Material aller Art beladene und mit Teer bestrichene Schiffe auf die Gruppe zutreiben und in Brand setzen. Die spanischen Schiffe gingen sofort in Flammen auf, aber eine Entscheidung war immer noch nicht gefallen.

Unerwarteter Verbündeter

Da kamen den Engländern die Naturgewalten zu Hilfe. Kräftige Winde aus Westen machten der Armada schwer zu schaffen. Die Schiffe wurden durch den Sturm weit in die Nordsee hinaus getrieben und waren gezwungen, um die Küsten von Schottland und Irland herumzusegeln. Dabei ging fast die Hälfte der Schiffe verloren, nachdem sich die Verluste in den Auseinandersetzungen mit den Engländern in Grenzen gehalten hatten.

Der Rest kehrte geschlagen nach Spanien zurück. Der Plan Philipps II., England zu erobern, war grandios fehlgeschlagen. Nicht einem einzigen spanischen Soldaten war es gelungen, englischen Boden zu betreten. „Ich habe", sagte Philipp, als er von dem Desaster hörte, „meine Flotte nicht gegen Sturm und Wellen, sondern gegen Menschen ausgesandt." Die Niederlage der Armada markierte einen Wendepunkt: Es begann der Zerfall der spanischen Weltmachtstellung und der Aufstieg Englands zur überseeischen Macht.

Die handgreifliche Auseinandersetzung im Hradschin hatte höchst politische Motive.

DER PRAGER FENSTER-STURZ ENDETE IN EINEM MISTHAUFEN

wahr

Der Dreißigjährige Krieg begann mit einer spektakulären Aktion und Glück im Unglück.

Am 23. Mai 1618 überstanden die Herren von Slavata, von Martinitz und Fabricius einen Sturz aus etwa 17 Metern Höhe ohne schlimmere Folgen. Ohne einen an rechter Stelle platzierten Misthaufen, wäre es vermutlich um sie geschehen gewesen. Sie fielen aus einem Fenster des Grünen Zimmers im Hradschin, der Königsburg von Prag. Hier residierten Wilhelm von Slavata und Jaroslav von Martinitz als Statthalter König Ferdinands II. aus dem Hause Habsburg. Durch eine rigorose Politik der Rekatholisierung des protestantischen Böhmens hatte sich der König unbeliebt gemacht und die aufgebrachten Böhmen beschlossen, ein Exempel zu statuieren.

An jenem Morgen im Mai war es so weit. Unter Führung des Grafen Heinrich Matthias von Thurn zog eine bewaffnete Abordnung durch die Stadt. Ihnen folgte eine ständig wachsende Schar neugieriger Menschen. Der Zug passierte die Tore des Hradschin und marschierte bis ins Grüne Zimmer. Dort stieß er auf die zitternden Vertreter des Königs. Ein kurzes Wortgefecht heizte die aufgeladene Atmosphäre weiter an. Als die Menge sich anschickte, die Herren aus dem Fenster zu befördern, sahen die ihre letzte Stunde gekommen. Martinitz, der als Erster an die Reihe kam, flehte zu Jesus und Maria und stürzte dann über den Fenstersims. Slavata leistete Widerstand, aber schließlich verschwand auch er, betäubt von einem heftigen Schlag gegen den Kopf, in der Tiefe. Drittes Opfer war der zufällig anwesende Sekretär Fabricius. Nur wenige Augenblicke später wurde aus der Tragödie eine Komödie. Denn zu allseitiger Überraschung tauchten die Gestürzten wieder am Fenster auf. Ein Misthaufen hatte den Fall abgefedert. Allen dreien gelang die Flucht.

Sturz nach Plan

Graf Thurn war über den glimpflichen Ausgang nicht unglücklich. Die Aktion war auch nicht, wie manche meinten, das Ergebnis spontanen Volkszorns, sondern genau so geplant gewesen. Der Prager Fenstersturz sollte zum Sturz der habsburgischen Herrschaft in Böhmen führen. Er führte aber auch, was damals keiner der Beteiligten ahnte, zum längsten und schwersten Krieg, den die Alte Welt bis dahin erlebt hatte: zum Dreißigjährigen Krieg, in den nicht nur Deutschland, sondern nach und nach auch die meisten anderen europäischen Staaten hineingezogen wurden.

VOR 400 JAHREN GING EINES DER GRÖSSTEN BANKHÄUSER DER WELT PLEITE

wahr

Die Welser gingen als Finanziers bei den Mächtigen ein und aus. Doch auch für die Liquidesten kann es bei Risikogeschäften schnell abwärts gehen.

Anton Welser gründete 1498 in Augsburg eine Handelsgesellschaft, die dank seines unternehmerischen Geschicks bald florierte. Nicht nur der Handel, auch Finanzgeschäfte spülten viel Geld in die Kasse. Ein zweites Standbein wurde der Bergbau.

Noch steiler ging es bergauf, als 1525 die Brüder Bartholomäus und Anton Welser (der Jüngere) in den Handel mit der Neuen Welt einstiegen. Kein Geringerer als Kaiser Karl V. verschaffte ihnen entscheidende Privilegien. Kein Wunder, bei seiner Wahl zum Kaiser hatten die Welser mit viel Geld nachgeholfen und Karl zeigte die erwartete Dankbarkeit. Bartholomäus Welser erwarb 1528 das Recht zur Kolonialisierung des heutigen Venezuela und wurde 1532 in den Adelsstand erhoben.

Venezuela erwies sich als Goldgrube. Die Ausbeutung der Bodenschätze und der Handel mit Perlen, Edelhölzern und Sklaven machte diesen Geschäftszweig zu einer außerordentlich lukrativen Angelegenheit. Die Welser gehörten zur Crème de la Crème der internationalen Finanzwelt und waren auch auf diplomatischem Parkett gern gesehen.

Doch dann begann ein rapider Absturz. Die Welser leisteten sich eine veritable Fehlspekulation: Sie investierten Unsummen in die vergebliche Suche nach dem sagenhaften El Dorado. 1556 dankte Karl V. ab, womit die Augsburger ihren wichtigsten Gönner verloren. Die enge Bindung an das Haus Habsburg rächte sich, das Geld, das sie der spanischen Krone zur Verfügung gestellt hatten, ließ sich nicht mehr eintreiben. Schwere Einbußen erlitten die Welser auch durch die Religionskriege. Frankreich und die Niederlande meldeten Bankrott an und konnten ihre Schulden ebenfalls nicht mehr zurückzahlen.

1610 musste die Filiale in Nürnberg geschlossen werden. Vier Jahre später kam der traurige Schlussakt: Am 1. Juli 1614 meldeten die Welser Konkurs an. Damit endete das frühneuzeitliche Lehrbeispiel von Aufstieg und Fall eines großen Bankhauses.

JAMES I. STARTETE DIE ERSTE NICHTRAUCHER-KAMPAGNE

· wahr

Mit drastischen Worten zog ein englischer König gegen den blauen Dunst zu Felde.

Ein Misokapnos ist jemand, der keine Raucher mag. Heute gibt es viele Menschen, die sich zu dieser Abneigung bekennen. Vor gut 400 Jahren war das Rauchen dagegen stark im Kommen. In den Kolonien Nordamerikas lernten die Europäer die Tabakpflanze kennen und auch Verfahren zu ihrer Weiterverarbeitung. Die Tabakspfeife oder auch, moderner, die Zigarre gehörten bald nicht nur für den Gentleman, sondern auch in bürgerlichen Haushalten zum guten Ton.

In England war es der Seefahrer Sir Walter Raleigh, ein enger Vertrauter und Ratgeber von Königin Elisabeth I., der das Rauchen salonfähig machte. Die Freunde des Tabaks sahen darin nicht nur ein Genussmittel. Man glaubte an eine belebende, ja heilsame Wirkung für Geist und Körper.

Der Majestät stinkt es

Ausgerechnet der Nachfolger Elisabeths, der aus dem Hause Stuart stammende König James I. (1566 bis 1625), seines Zeichens König von Schottland, England und Irland, setzte sich zu Beginn des 17. Jahrhunderts an die Spitze einer geharnischten Anti-Raucher-Kampagne. In einer Schrift mit dem Titel „Misokapnos" las er den Rauchern ordentlich die Leviten: „Wenn endlich, oh, ihr Bürger, noch eine Scham in euch ist, so gebt jenen heillosen Gebrauch auf, der aus der Schande entsprungen, aus Irrtum angenommen, aus Dummheit in Gang gekommen, dem Gesicht unangenehm, dem Geruch empfindlich nachteilig, der Lunge schädlich ist – der, wenn ich mich so ausdrücken darf, durch die Wolken des schwarzen Rauches den Ausdünstungen der Hölle vollkommen ähnlich ist."

Auch in anderen Teilen Europas ging es den Rauchern an den Kragen. Zar Michael Feodoro untersagte 1634 seinen Untertanen das Rauchen mit der Androhung, Zuwiderhandelnden die Nase abschneiden zu lassen.

Einführung der Tabaksteuer

Nirgendwo aber war das Los der Raucher härter als in der Türkei: Die osmanischen Sultane ließen die Tabakhäuser niederreißen, in denen sich Gleichgesinnte versammelten, um ihrem Laster zu frönen, und drohten Tabakhändlern wie Verbauchern mit dem Tod durch Enthauptung.

In Europa wechselte man die Strategie. Selbstverständlich in der Absicht, die Volksgesundheit zu schützen, führten die Regierungen hohe Tabakzölle ein, was jedoch eine weitere Ausdehnung des Konsums nicht verhinderte. Übrigens: 1618 ließ Misokapnos James I. Walter Raleigh hinrichten – allerdings aus politischen Gründen.

Europas erster Raucher

Rodrigo de Jerez heißt der Mann, der für sich die zweifelhafte Ehre in Anspruch nehmen darf, als erster Europäer geraucht zu haben. Er gehörte zur Besatzung der Schiffe, mit denen Kolumbus Amerika entdeckte. Die Einheimischen versorgten die Fremden mit vielen Gaben, auch mit Tabak. Jerez ließ sich zeigen, wie man ihn rauchte. Zurück in der Heimat, versetzte der Rauch, der ihm aus Mund und Nase strömte, die Menschen in Angst und Schrecken. Man glaubte, er sei mit dem Teufel im Bund und sperrte ihn sicherheitshalber ein. Als er ein paar Jahre später wieder auf freien Fuß kam, dürfte er seinen Augen kaum getraut haben: Überall auf der Straße sah man jetzt rauchende Menschen.

INDIANER RETTETEN DIE PILGERVÄTER

wahr

Siedler und Indianer vertrugen sich nicht? Es gab auch Ausnahmen.

Die *Mayflower* ist zu einem Mythos geworden. Auf ihr brachen im September 1620 die „Pilgerväter" von Plymouth Richtung Nordamerika auf. Sie waren Puritaner und damit Anhänger einer religiösen Strömung, die im anglikanischen England nicht gern gesehen war. Daher suchten sie ihr Glück in dem Land, das man später das „Land der unbegrenzten Möglichkeiten" nennen sollte. Doch vor 400 Jahren waren die Möglichkeiten noch sehr begrenzt. Als die 102 Männer, Frauen und Kinder im November im heutigen Massachusetts an Land gingen, erwartete sie ein kalter Winter. Den Kolonisten fehlte es an allem. Viele wurden krank, manche starben. Da erschienen Indianer als Retter in der Not. Sie versorgten die Siedler mit Nahrung, zeigten ihnen den besten Ackerboden und halfen bei der Jagd und beim Fischen. So überlebten die Pilgerväter die schwierige Anfangsphase. Sie bewiesen ihre Dankbarkeit mit einem Fest, das sie nach der ersten eigenen Ernte gemeinsam mit den Indianern feierten: Thanksgiving.

Eine ungewöhnliche Verbindung

1614 heiratete der eingewanderte Tabakpflanzer John Rolfe die Tochter des Algonkin-Häuptlings Powhatan. Sie hieß Pocahontas. Die Kämpfe, die bis dahin zwischen Siedlern und Indianern geführt worden waren, wurden daraufhin eingestellt. 1616 reiste das Paar nach England, wo es für einiges Aufsehen sorgte. König James I. ließ es sich nicht nehmen, es zu einem Empfang an seinen Hof zu laden. Lange währte das Glück nicht. Pocahontas starb 1617 mit 22 Jahren an einer Krankheit.

IN DEN NIEDERLANDEN FÜHRTE EIN TULPEN-BOOM ZUM WIRTSCHAFTSCRASH

wahr

Aus dem Hype um eine Blume entwickelte sich erst ein Riesengeschäft und dann ein wahrer Alptraum.

In weiten Teilen Europas wütete 1634 der Dreißigjährige Krieg. In den Niederlanden tobte der Krieg um die höchsten Preise für eine Tulpe. Ein ganzes Land spielte verrückt wegen des frühblühenden Zwiebelgewächses.

Spekulationsgeschäfte

Mitte des 16. Jahrhunderts war die Tulpe aus der Türkei nach Mitteleuropa eingeführt worden, wo sie sich rasch zu einer Modeerscheinung entwickelte. Die Fremdartigkeit dieser Blume faszinierte viele Menschen, sodass die Tulpe bald zum Statussymbol und die Niederlande zum Zentrum der europäischen Tulpenzucht wurden. Auf dem Höhepunkt der Manie wollte jeder die Pflanze haben. Die Gärtner kamen mit der Zucht kaum nach und die Preise stiegen aufgrund der enormen Nachfrage ins Astronomische. Für eine einzige besondere Tulpenzwiebel wurden sage und schreibe 13 000 Gulden verlangt – und bezahlt. Andere ließen sich eine Tulpe mit einem Stück Land von 48 000 Quadratmeter Größe vergüten.

Schließlich wurde die Tulpe zum Objekt dessen, was man heute einen Leerhandel nennt: Es wurde gekauft und verkauft, ohne dass die Ware wirklich den Besitzer wechselte. Spekulanten betrieben auf diese Art reine Scheingeschäfte, bei denen die Zwiebeln zum Teil mehrmals am Tag den Besitzer wechselten. Die Preise stiegen weiter, bis 1637, drei Jahre nach dem Beginn des Booms, das ganze System zusammenbrach. Damit sich so ein Crash nicht wiederholte, legte die niederländische Regierung in der Folgezeit einen garantierten Höchstpreis von 50 Gulden pro Tulpe fest und stellte Spekulation im Tulpenhandel unter Strafe.

DIE FRAUEN LIEBTEN GUSTAV II. ADOLF VON SCHWEDEN

falsch

Er war ein großer König und ein stattliches Mannsbild. Doch seine Beziehungen zum anderen Geschlecht standen unter keinem glücklichen Stern.

1882 schrieb der Schweizer Schriftsteller Conrad Ferdinand Meyer die Novelle Gustav Adolfs Page. Darin erscheint der König, der die Großmachtstellung Schwedens in Nordeuropa begründete und im Dreißigjährigen Krieg mit seinen Armeen kräftig mitmischte, als besonders von Frauen umschwärmter Monarch. Aber der wirkliche Gustav II. Adolf (1594 bis 1632) war offenbar weder ein Mann zum Verlieben noch zum Heiraten – auch wenn er verheiratet war.

Die Ehe mit Maria Eleonora von Brandenburg, die er 1620 einging, war nicht glücklich, obwohl die Königin ihn auf seine Feldzüge begleitete und auch zwei Töchter zur Welt brachte, von denen eine die spätere schwedische Königin Christina war. Nach dem Tod des Königs in der Schlacht von Lützen 1632 war aus Hofkreisen nicht viel Gutes über die Gemahlin zu hören, was aber auch daran lag, dass sie ins politische Abseits gestellt werden sollte.

Fehltritte

Seine Jugendliebe, eine schwedische Adlige, hatte Gustav II. Adolf einem anderen überlassen müssen, weil seine Mutter gegen die Verbindung war. 1616 kam ein unehelicher Sohn zur Welt, den Gustav II. Adolf in einer Beziehung mit der Frau eines niederländischen Offiziers am schwedischen Hof gezeugt hatte. Die Angelegenheit konnte nicht im Verborgenen gehalten werden und sorgte im protestantischen Schweden für Empörung – umso mehr,

als sich der König offen zur Vaterschaft bekannte. Weitere amouröse Affären des Mannes, an dessen Mythos Geschichtsschreiber wie Dichter seit seinem frühen Tod mit 38 Jahren strickten, gehören ins Reich der Fabel. Gegönnt hätte man es ihm.

WAR DIE FRÜHE NEUZEIT EINE EPOCHE DER KRIEGE?

Bauernkrieg, Dreißigjähriger Krieg, Türkenkriege, Religionskriege – fast sieht es so aus, als habe man im 16. und 17. Jahrhundert kaum etwas anderes getan, als einander bekämpft. Aber die frühe Neuzeit war auch eine Epoche der Entdeckungen und des Aufbruchs.

Christoph Kolumbus hatte mit der Entdeckung Amerikas die Richtung vorgegeben. Nach seinem Vorbild machten sich die Seefahrer auf den Weg, um Europa neue Horizonte zu erschließen. Waren es anfangs noch die Spanier und die Portugiesen, die bei dem kolonialen Wettrennen in Amerika die Nase vorn hatten, mischten bald auch andere Mächte wie die Niederlande, England und Frankreich kräftig mit. Als die Interessen kollidierten, griff Papst Alexander VI. in die Auseinandersetzungen ein und teilte die zu erobernde Welt zwischen den konkurrierenden Mächten auf.

Ein neues Weltbild

Mit den Entdeckungen gingen in der frühen Neuzeit auch eine Vielzahl von Erfindungen und Neuerungen einher. Dies machte sich auf dem Gebiet der Technik ebenso bemerkbar wie in den Wissenschaften. Die Erfindung des Buchdrucks schuf neue Kommunikationsformen, die auch das Alltagsleben erheblich beeinflussten.

Gelehrte wie Kopernikus und Kepler stellten das mittelalterliche Weltbild auf den Kopf, indem sie die Kirchenoberen mit der Beobachtung schockten, dass sich die Planeten um die Sonne bewegen und die Erde nicht im Mittelpunkt des Universums steht. Zukunftsweisend war auch die Kalenderreform von 1582, die auf Initiative Papst Gregors XIII. durchgeführt wurde und die Zeitrechnung auf den neuesten Stand brachte.

1492
Kolumbus landet in Amerika

Gerhard Mercator zeichnete 1587 diese Karte der damals bekannten Welt.

1517
Beginn der Reformation

Martin Luthers Thesen von 1517 führten zur Glaubensspaltung.

Diese Ereignisse belegen, dass die frühe Neuzeit mehr war als eine Epoche der Glaubenskämpfe und der Kriege, als die sie auf den ersten Blick erscheint. Kriege gehörten dennoch zum Alltag der Menschen. Die Gründe für diese Kriege waren vielfältig. Wie in der Antike und im Mittelalter ging es um Macht, Geld und Einfluss. Als neues Element kamen in der frühen Neuzeit bewaffnete Konflikte hinzu, die wegen der Religion geführt wurden. Mit Luthers Reformation, die 1517 begann, spaltete sich die christliche Welt in Europa in Katholiken und Protestanten. Etwas später tauchten die Türken erstmals vor Wien auf, wobei sie von den inneren Auseinandersetzungen in West- und Mitteleuropa profitierten. Der Vorgang sollte sich 1683 noch einmal wiederholen.

Der Absolutismus

Der Dreißigjährige Krieg, der zwischen 1618 und 1648 tobte, war der erste ganz große Konfessionskrieg in der Geschichte. Er begann in Deutschland und entwickelte sich durch das Eingreifen anderer europäischer Mächte wie Frankreich, Dänemark und Schweden zu einem internationalen Konflikt.

Geführt wurde er von allmächtigen Monarchen, denn das 17. Jahrhundert war geprägt vom System des Absolutismus. Vorreiter war Ludwig XIV. von Frankreich, der in Versailles residierte und sich als „Sonnenkönig" bezeichnen ließ. Nach seinem Vorbild sahen sich viele gekrönte Häupter als Herrscher an, die nicht an das Gesetz gebunden waren, sondern ihre Macht direkt von Gott ableiteten. Dabei führten sie, wie das Beispiel Ludwigs XIV. ebenfalls zeigt, ihre Reiche häufig an den Rand des finanziellen Ruins. Aus Frankreich strömten zu dieser Zeit Glaubensflüchtlinge, die Hugenotten, nach Deutschland, wo sie ihr wirtschaftliches Potenzial entfalteten.

1618 – 1648
Dreißigjähriger Krieg

1588
Niederlage der spanischen Armada

Der Westfälische Friede 1648 beendete drei Jahrzehnte Krieg in Europa.

1638 – 1715
Ludwig XIV. von Frankreich

DIE POSTKUTSCHE ERZEUGTE EINEN GESCHWINDIGKEITS-RAUSCH

wahr

Rasend schnell waren sie ja – aus heutiger Sicht – nicht. Doch für damalige Verhältnisse stellten die Postkutschen eine Revolution dar.

Im 17. Jahrhundert kam die Postkutsche als ein Verkehrsmittel in Mode, das nicht nur zur Beförderung von Briefen und Paketen, sondern auch von Menschen genutzt wurde. Allerdings war das keine besonders bequeme Angelegenheit, denn die Reisenden hatten sich mit ungefederten Leiterwagen und einfachen Holzbänken zu begnügen – anders als die gesellschaftliche Oberschicht, die sich in komfortablen Luxuskarossen über die schlecht oder gar nicht gepflasterten Straßen ziehen ließ.

Unterwegs im Knochenknacker

Der gewöhnliche Reisende zählte nach einer längeren Fahrt erst einmal seine Knochen. Deswegen bekam das neue Gefährt im Volksmund auch wenig schmeichelhafte Namen wie „Knochenknacker" oder „Marterkasten". Trotz der Unannehmlichkeiten erkannten die Reisenden schnell die Vorteile: Bestimmte Routen wurden quasi fahrplanmäßig bedient und der Verkehr war so gut organisiert, dass mit Ausnahme des Pferdewechsels keine Verzögerungen drohten.

Distanzen wurden in einem Tempo zurückgelegt, das die Menschen der frühen Neuzeit bis dato nicht kannten. Objektiv gab es keinen Grund für den „Geschwindigkeitsrausch": Um 1700 legten die meisten Postkutschen nicht mehr als zwei Kilometer in der Stunde zurück. In den folgenden Jahrzehnten änderte sich dies jedoch gravierend: Bessere Straßen und technische Fortschritte bei den Kutschen steigerten die Leistung auf imposante zehn Stundenkilometer. Neue Maßstäbe in Sachen Geschwindigkeit setzte erst wieder die Eisenbahn im 19. Jahrhundert.

EINE KUTSCHEN-PARADE LÖSTE EINE BILATERALE KRISE AUS

wahr

Geplant war ein würdevoller Aufzug. Doch dann flogen die Fäuste und am Ende waren sogar Tote zu beklagen.

Am 30. September 1661 bewegte sich in London ein Konvoi prächtiger Kutschen auf die königliche Residenz von Whitehall Palace zu. In der ersten Karosse saß der neue schwedische Botschafter, um dem Monarchen seine Aufwartung zu machen. Traditionell wurde er vom Diplomatischen Corps begleitet. Plötzlich entbrannte direkt hinter ihm eine heftige Rangelei. Die Streithähne waren der Marquis d'Estrade, Botschafter Frankreichs, und Baron Jean Charles de Watteville, Gesandter seiner Majestät des Königs von Spanien. Beide Exzellenzen bestanden auf dem zweiten Platz im Kutschenzug. Die Franzosen wurden rabiat. Mit Gewalt versuchten sie, die spanische Kutsche von der Straße zu drängen. Das wollten sich die Spanier nicht bieten lassen. Schließlich wurde zu den Waffen gegriffen. Mehrere Franzosen sowie die Kutschpferde wurden getötet.

Der französische König Ludwig XIV. zeigte sich empört. Der spanische Botschafter in Frankreich musste das Land verlassen, gleichzeitig wurde der französische Botschafter in Spanien nach Paris zurückbeordert und Ludwig XIV. drohte mit der Annexion der spanischen Niederlande. Der spanische König hielt es für klüger, einzulenken und sprach eine Entschuldigung aus, womit er zugleich den politischen Vorrang Frankreichs anerkannte. In der Gerüchteküche brodelte es, der „Sonnenkönig" habe den Vorfall in London ganz bewusst provoziert, um genau dieses Ziel zu erreichen.

> **Die Kunst der Politik besteht darin, sich der Zeitumstände richtig zu bedienen.**
> Ludwig XIV.

NEW YORK WURDE VON DEN ENGLÄNDERN GEGRÜNDET *falsch*

Die amerikanische Metropole war in ihren Anfängen eine Kolonie der Niederländer. Die Engländer kamen erst später.

Schon in der ersten Hälfte des 16. Jahrhunderts war das Gebiet rund um die Insel „Manahatta", wie sie in der Sprache der Indianer hieß, die auf den umliegenden Hügeln lebten und auf der Insel auf die Jagd gingen, ins Visier europäischer Entdecker geraten.

Der erste Europäer, der sich in die Vorgeschichte der späteren Weltstadt eintrug, war der britische Seefahrer Henry Hudson. Geografische Unsterblichkeit erlangte er durch den nach ihm benannten Hudson River (im östlichen Teil des Bundesstaats New York) und durch die Hudson Bay in Kanada. Hudson war 1609 im Auftrag der Niederländischen Westindien-Kompanie unterwegs, als er auf die Insel aufmerksam wurde. Sie lag perfekt an der Mündung dreier großer Ströme, mit den besten Möglichkeiten, von hier aus das Landesinnere zu erschließen.

Der weiße Mann kauft Manhattan

Die Kompanie sicherte sich die Besitzrechte. Ein Name für die Neuerwerbung musste her. Die niederländischen Großhändler entschieden sich für „Nieuw Niederlandt", die „Neuen Niederlande". Solche Bezeichnungen waren üblich; so nahm man ein Stück Heimat mit in die Fremde und markierte gleichzeitig sein Terrain. Wie es ebenfalls gängige Praxis war, wurden Siedler geschickt. 1624 kamen 30 Familien aus den Niederlanden. Ihre Führung übernahm Peter Minuit, ein wallonischer Glaubensflüchtling mit holländischen Wurzeln.

Die Indianer waren nicht erfreut, als die Niederländer an der Südküste eine Siedlung anlegten. Die Niederländer störten sich umgekehrt daran, dass die Indianer ihre direkten Nachbarn waren. Es wurde verhandelt. Am 4. Mai 1626 fanden die entscheidenden Gespräche zwischen Peter Minuit und den Chefs der Indianer statt. Das Ergebnis: Die Indianer zogen ihre Ansprüche zurück und bekamen im

Gegenzug Waren im Wert von 60 Gulden, umgerechnet etwa 24 Dollar. Die allmählich wachsende Siedlung wurde „Nieuw Amsterdam" getauft, die verstreut lebenden Siedler an der Spitze der Insel zusammengezogen. Ein Fort sorgte für die Sicherheit der Pioniere.

1647 beauftragte die Niederländische Westindien-Kompanie einen fähigen Verwaltungsexperten mit der Führung der Kolonie. Peter Stuyvesant rechtfertigte das in ihn gesetzte Vertrauen. Nachdem es in den Jahren zuvor immer wieder zu Auseinandersetzungen unter den Siedlern und auch mit den Indianern gekommen war, sorgte Stuyvesant für Ruhe. 1653 erhielt Neu-Amsterdam das Stadtrecht.

Damals führten die Niederländer ständig Kriege zur See mit ihren englischen Rivalen. 1664 erschien eine englische Flotte vor Neu-Amsterdam und die Stadt kapitulierte. Nun waren die Engländer am Ruder. Sie nannten die Stadt New York, nach dem Herzog von York, ihrem ersten Kommandanten und Bruder des amtierenden Königs Karl II. 1667 wurde die Übernahme der Kolonie durch die Engländer Schwarz auf Weiß fixiert. Im Frieden von Breda verzichteten die Niederländer auf alle Ansprüche in New York und erhielten im Gegenzug Surinam im Nordosten Südamerikas.

Peter Stuyvesant übergibt das Fort Nieuw Amsterdam an die Engländer.

OLIVER CROMWELL STARB ZWEI MAL

wahr

Er gehört zu den schillerndsten Figuren der englischen Geschichte. Für Furore sorgte er nicht nur als Lebender, sondern auch als Toter.

Am 30. Januar 1649 starb König Karl I. von England. Dies geschah auf unschöne Art und Weise, denn der Monarch wurde vor dem Banqueting House in London öffentlich hingerichtet. Verantwortlich für dieses höchst ungewöhnliche und aus Sicht der Royalisten auch unerhörte Ereignis war Oliver Cromwell (1599 bis 1658). Er hatte sich zum Anführer einer einflussreichen Gruppe im Parlament aufgeschwungen, die dem König den Kampf angesagt hatte. Ständig gab es Reibereien, die 1642 in einen Bürgerkrieg mündeten. Cromwell, der aus einem puritanischen Elternhaus stammte, übernahm das Kommando über eine bewaffnete Reitertruppe. Sie bewährte sich in den Auseinandersetzungen mit der Armee des Königs so ausgezeichnet, dass sie den Ehrentitel „Ironsides" (in etwa: die Eisenharten) erhielt.

Cromwell ruft die Republik aus

Weil er so erfolgreich war, erhielt Cromwell bald den Oberbefehl über das gesamte Heer der Aufständischen. Schließlich musste sich der König geschlagen geben. Cromwell überzeugte seine Mitstreiter davon, dass der Bürgerkrieg nur dann endgültig beendet werden könne, wenn der König aus dem Weg geräumt würde. Im Dezember 1648 wurde Karl I., der Enkel der berühmten schottischen Königin Maria Stuart, zum Tode verurteilt. Nach der Hinrichtung erklärte Cromwell die Monarchie offiziell für abgeschafft, an ihre Stelle trat die Republik des „Commonwealth of England".

Die Unruhen im Land hörten jedoch nicht auf. Die Gegner der Monarchie waren untereinander zerstritten und die Freunde der Monarchie ließen nichts unversucht, um den neuen Machthabern das Leben schwer zu machen. Um die Fäden in der Hand zu behalten, nahm Oliver Cromwell im Dezember 1653 den Titel „Lordprotektor" an. Damit hatte er praktisch die Alleinherrschaft inne. Viele Engländer fragten sich, worin denn jetzt eigentlich der Unterschied zur abgeschafften Monarchie bestand. Cromwell war klug genug, die ihm angebotene Krone abzulehnen und blieb bis zu seinem Lebensende Lordprotektor.

Dieses Lebensende trat am 3. September 1658 ein. Da starb Oliver Cromwell, der Mann, der König und Monarchie den Krieg erklärt hatte, im Alter von 59 Jahren an den Folgen einer Niereninfektion. Sein zweiter Tod fand am 30. Januar 1661 statt, auf den Tag genau zwölf Jahre, nachdem auf seine Veranlassung hin König Karl I. hingerichtet worden war. Das war kein Zufall, denn Karl II. nahm Rache für den Tod seines Vaters.

> **Was mit Gewalt gewonnen wird, hat keine Dauer.**
> Oliver Cromwell

Abschreckendes Beispiel

Karl II. war der älteste Sohn Karls I. Nach dem Tod Cromwells war er auf den englischen Thron gelangt, weil die Gegner der Monarchie mit Cromwell auch die Galionsfigur des Parlamentarismus verloren hatten. Cromwells Sohn Richard konnte sich nicht als dessen Nachfolger im Amt des Lordprotektors durchsetzen und die Anhänger von König und Königtum gewannen wieder Oberwasser. Im Mai 1660 verlieh das englische Parlament Karl II. die Königswürde. Der ließ das Grab Cromwells öffnen, seinen Leichnam exhumieren und nach einer symbolischen Hinrichtung den Kopf, auf einer Stange aufgespießt, vor Westminster Hall ausstellen – eine makabre, abschreckende Warnung an all diejenigen, die mit dem Gedanken spielten, sich mit der Monarchie anzulegen, wie Cromwell es getan hatte.

DER STRAHLENDE HELD DES DREISSIGJÄHRIGEN KRIEGS WAR SCHWER-KRANK

wahr

Kaum einer wusste, dass der erfolgreiche Feldherr Wallenstein von massiven gesundheitlichen Problemen geplagt wurde.

Albrecht von Wallenstein (1583 bis 1634) war ein Feldherr modernster Prägung. Ein Kriegsunternehmer, der seine Truppen für gutes Geld zur Verfügung stellte und dafür von denen, für die er kämpfte, mit vielen Privilegien ausgestattet wurde. Im Dreißigjährigen Krieg, der von 1618 bis 1648 in Europa wütete, stand er in den Diensten der katholischen Habsburger. Wallenstein eilte von Erfolg zu Erfolg und stieg schließlich zum obersten Befehlshaber der kaiserlichen Truppen auf. Seinen Reichtum investierte er in umfangreiche Ländereien. In Prag besaß er ein Palais, das es mit dem Hradschin und der Hofburg in Wien aufnehmen konnte. Die 300 Pferde in den angrenzenden Stallungen nahmen ihr Futter aus marmornen Krippen zu sich.

Wallensteins Krankenlager

Hinter der Fassade des siegreichen Feldherrn und wohlhabenden Adligen verbarg sich jedoch ein schwerkranker Mann. Zeit seines Lebens hatte Wallenstein mit Gebrechen und Schmerzen zu kämpfen. Am meisten Schwierigkeiten bereitete ihm eine chronische Entzündung in den Fußgelenken, die ihn häufig daran hinderte, sich normal zu bewegen. Nur selten konnte er reiten und immer öfter war er auf eine Sänfte angewiesen. Gegen Ende seines Lebens kamen die Symptome einer fortgeschrittenen Syphiliserkrankung hinzu. Gestorben ist er an seinen Beschwerden

indes nicht. Wallenstein wurde Opfer eines Mordanschlags, der am 25. Februar 1634 in Eger (heute Tschechien) auf ihn verübt wurde. Zu diesem Zeitpunkt war er 50 Jahre alt. Viel älter wäre er angesichts seines angegriffenen Gesundheitszustands wohl ohnehin nicht geworden.

IN CHINA WAR EIN BAUER DREI TAGE LANG KAISER

wahr

Li Zicheng legte eine bemerkenswerte Karriere hin. Am Ende war der Bauer sogar Kaiser. Doch nicht für lange Zeit.

Zwischen 1368 und 1644 herrschte im Reich der Mitte die Dynastie der Ming. Sie war am Ruder, als die ersten Europäer an den chinesischen Hof kamen. Während im fernen Europa im 17. Jahrhundert chinesische Vasen immer mehr Liebhaber fanden, tobte in China ein erbitterter Machtkampf.

Kometenhafter Aufstieg

Die Einfälle fremder Völker hatten die Ming viel Kredit bei den Chinesen gekostet, weil man sich unter ihnen nicht mehr sicher fühlte. So begann es mehr und mehr zu brodeln. Einheimische Fürsten machten den Kaisern die Herrschaft streitig. Auch im Volk regte sich Widerstand. Epidemien, denen Tausende von Menschen zum Opfer fielen, und Naturkatastrophen wie Heuschreckenplagen und Missernten verschärften die Lage zusätzlich.

In dieser Situation rief Li Zicheng zum Kampf gegen das Ming-Regime auf. Der Rebellenführer hatte bereits eine abwechslungsreiche berufliche Laufbahn hinter sich. Begonnen hatte er als Schafhirt und Bauer. Danach betätigte er sich als Weinverkäufer, Postbediensteter und Metallarbeiter. Nun aber konnte er seine Fähigkeiten als Volksführer unter Beweis stellen. Er trommelte eine Armee aus unzufriedenen Bauern und enttäuschten Regierungssympathisanten zusammen und zog am 25. April 1644 in die Hauptstadt Peking ein. Dort hatte sich der letzte Ming-Herrscher bereits erhängt, als er von Li Zichengs Armee hörte. Der ehemalige Bauer hatte freie Bahn, obwohl er zuvor eine Niederlage gegen die Mandschu hatte einstecken müssen. Hinter diesem Namen verbarg sich ein Zusammenschluss von Stämmen aus dem Nordosten Chinas. Ihre Führer strebten ebenfalls danach, die Ming zu beerben.

Dessen ungeachtet bestieg Li Zicheng am 3. Juni 1644 den Thron und nannte sich Kaiser von China. Viele Freunde machte er sich in dieser Zeit nicht. Seine marodierenden Leute erwiesen sich als nicht zimperlich. Sie bedrohten Adel und Volk, Folterungen waren an der Tagesordnung. Li Zicheng verlor völlig die Kontrolle über seine Soldaten.

Am 5. Juni zogen die Mandschu in Peking ein. Der Bauernkaiser ergriff die Flucht und kam dabei ums Leben – auf welche Weise, ist ungewiss. Manche Quellen sagen, er wurde von Leuten aus den eigenen Reihen getötet. Andere berichten, er sei von Anhängern der entthronten Ming umgebracht worden oder der Dreitagekaiser habe Selbstmord begangen. Seine Mitstreiter wollten von einem gewaltsamen Tod gar nichts wissen. Sie verbreiteten die Kunde, Li Zicheng habe sich aus dem Trubel der Welt verabschiedet, indem er Mönch geworden sei. Seine Nachfolge traten die Mandschu an. Chinas Geschicke wurden nun für lange Zeit von der Qing-Dynastie gelenkt. So lange sogar, wie das chinesische Kaisertum überhaupt existierte, nämlich bis zum 1. Januar 1912, als nach der Absetzung des letzten Kaisers die Republik China ausgerufen wurde.

Unter Mao ein Held

Li Zicheng regierte nur kurze Zeit. Doch nach seinem Tod wurde er von den Bauern zum Volkshelden erhoben. Man bewunderte seine militärischen Fähigkeiten und feierte ihn als den Mann, dem es gelungen war, die einst so mächtigen Ming vom Sockel zu stürzen. Sein Ruhm reichte bis ins 20. Jahrhundert. Revolutionsführer Mao Tse-tung ließ ihn als Vorkämpfer für die Rechte der Bauern und des einfachen Volkes feiern. Damals wurde in der Hauptstadt sogar ein Standbild errichtet, das Li Zicheng hoch zu Ross zeigte.

TAUWETTER RETTETE DEN KAISER VOR EINEM ANGRIFF DER SCHWEDEN

wahr

Statt mit einem genialen Plan als Held in die Kriegsgeschichte einzugehen, wurde dem Feldherrn Johan Banér ein Wetterumschwung zum Verhängnis.

Im Januar ist die Donau häufig zugefroren, so auch im Winter 1641. Noch immer tobte der Dreißigjährige Krieg. Die Schweden unter ihrem berühmten Feldherrn Johan Banér hatten einen kühnen Plan: Mit einem Überraschungsangriff wollten sie die Stadt Regensburg einnehmen, wo derzeit der Kaiser und Stände des deutschen Reichs einen Reichstag abhielten. Banérs Truppen und ein französisches Kontingent tauchten am Ufer der zugefrorenen Donau auf, um sie zu überqueren und dann den Gegner in die Knie zu zwingen.

Ungewöhnlich war diese Aktion, weil sogar im Dreißigjährigen Krieg normalerweise die Waffen im Winter ruhten. „Der Krieg ernährt den Krieg", hieß es: Die Armeen lebten von dem, was auf den Feldern wuchs. In den kargen Wintermonaten hielten sie sich in Lagern auf. Aber Banér wollte seinem König einen Coup der besonderen Art präsentieren. Er wollte beweisen, dass er einer der besten Feldherren seiner Zeit war. Nicht umsonst hatte sich auch der katholische Kaiser, den er nun zu überfallen gedachte, um seine Dienste bemüht.

Eiskalt erwischt

Das Unternehmen endete in einem Fiasko. Als die Truppen am 17. Januar daran gingen, den Fluss zu überqueren, brachen sie im Eis ein. Womit niemand gerechnet hatte: Die Donau taute. Hals über Kopf suchten die Überlebenden ihr Heil in der Flucht. Unter größten Strapazen zogen sich Banér und seine Leute nach Sachsen zurück. Unterwegs befiel den verhinderten Helden von Regensburg hohes Fieber. Ein paar Tage später, am 18. Mai 1641, starb er 44-jährig in Halberstadt.

EIN VETERAN DES DREISSIGJÄHRIGEN KRIEGS WURDE ZUM BESTSELLERAUTOR

wahr

Mit seinem „Simplicissimus" sicherte sich von Grimmelshausen einen festen Platz in der europäischen Literaturgeschichte.

Hans Jakob Christoffel von Grimmelshausen (um 1622 bis 1676) aus Gelnhausen in Hessen war erst 17 Jahre alt, als der Dreißigjährige Krieg begann. Er trat als einfacher Dragoner in die Armee ein und war später Sekretär eines Regiments. Wahrlich keine atemberaubende Karriere. Heute würde niemand mehr etwas von ihm wissen, hätte er nicht nach dem Krieg einen Roman geschrieben. 1669 erschien *Der abenteuerliche Simplicissimus*. In der Geschichte eines Soldaten verarbeitete Grimmelshausen eigene Erlebnisse und ließ ansonsten seiner Fantasie und seiner Lust am Fabulieren freien Lauf. Der einfach gestrickte Held lebt bei einem Einsiedler, muss dann in die Welt hinaus und wird in allerlei Abenteuer verwickelt, die ihn bis nach Paris führen. Am Ende lässt er sich im Schwarzwald nieder und wird selbst Einsiedler.

Der *Simplicissimus* war das richtige Werk zur richtigen Zeit. Der Krieg hatte Schrecken und Unheil gebracht. Grimmelshausen ging das Thema in satirischer Form an und half so der Leserschaft, sich diesem Trauma zu nähern. Bald war der Roman in aller Munde. Wer lesen konnte, besorgte sich das Buch, wer nicht, ließ sich vorlesen oder erzählen. Dass der Held am Ende zum Einsiedler wird, war zwar nicht für jeden nachahmenswert, doch fromme Menschen schätzten daran, dass nach all dem Leid, das durchlebt war, wenigstens der Weg zu Gott offenstand.

Als der Erfolgsautor 1676 starb, durfte er sich freuen, eines der populärsten Werke seiner Zeit verfasst zu haben. Wundern würde er sich wahrscheinlich darüber, dass sein Werk auch heute noch zur ganz großen Literatur zählt.

DER IMMERWÄHRENDE REICHSTAG TAGTE UNUNTERBROCHEN

falsch

Die Formulierung legt nahe, dass die Ständevertretung im Heiligen Römischen Reich permanent zusammensaß. Es gab jedoch deutlich mehr Unterbrechungen als nur die parlamentarische Sommerpause.

Am 20. Januar 1663 trafen in Regensburg Kaiser, Kurfürsten, Fürsten und Städtevertreter zum Reichstag zusammen. Diese Versammlung gab es seit dem Mittelalter. Hier wurden alle wichtigen politischen Fragen besprochen und Entscheidungen getroffen, die für das gesamte Reich von Bedeutung waren. Man tagte je nach Bedarf in unregelmäßigen Abständen und zunächst auch in verschiedenen Städten, etwa in Augsburg, Nürnberg, Speyer oder Worms, seit 1594 jedoch nur noch in Regensburg. Der Reichstag von 1683 war ein besonderes Datum: Ohne dass dies geplant gewesen wäre, wurde er zum Startpunkt des sogenannten Immerwährenden Reichstags.

Endlose Debatten

Üblicherweise wurde ein Reichstag aufgelöst, wenn alles beredet war. Die Teilnehmer trennten sich und zogen wieder nach Hause, um erst wieder zusammenzukommen, wenn der Kaiser den nächsten Reichstag einberief. So gesehen, dauerte der Reichstag von Regensburg 143 Jahre, genau bis zum Jahr 1806, in dem das „Heilige Römische Reich Deutscher Nation" aufgelöst wurde.

Tatsächlich ging man 1683 nicht, wie sonst, nach ein paar Wochen oder auch Monaten wieder auseinander. Anfangs waren es akute Themen wie die Bedrohung durch die Türken, über die man sich die Köpfe fortwährend heiß redete. Anschließend ging es um grundsätzliche politische Probleme wie etwa das Verhältnis der Großen des Reichs zum Kaiser, über das sich langwierig streiten ließ.

Im Lauf der Jahre gewöhnte man sich an die quasi dauerhafte Einrichtung und verzichtete schließlich auf eine Beendigung. Der Reichstag wurde ganz offiziell als das bezeichnet, was längst aus ihm geworden war: als „Immerwährender Reichstag". Die Stadt Regensburg war stolz darauf, die Ständevertretung und deren berühmte Mitglieder in den Mauern ihrer schönen Stadt beherbergen zu dürfen.

Beraten, beschlossen, gefeiert

Allerdings müssen diesbezüglich einige wichtige Einschränkungen geltend gemacht werden. Pausenlos tagte auch dieser Regensburger Reichstag nicht. Zwischen den Zusammenkünften gab es längere, sich teilweise über Monate hinziehende Unterbrechungen. Und die Prominenz des Reichs, das heißt der Kaiser sowie hohe geistliche und weltliche Würdenträger, hatte weder Zeit noch Lust andauernd vor Ort zu sein. Sie ließen sich schon bald von ihren Gesandten vertreten. Damit war der Immerwährende Reichstag immerhin ein erster Schritt hin zu einer repräsentativen Versammlung – allerdings noch weit entfernt von einem Parlament, denn das Volk hatte bei der Auswahl der Delegierten keinerlei Mitspracherecht, geschweige denn die Wahl.

Schließlich eine dritte Einschränkung: Nicht immer gab es etwas Wichtiges zu beraten. So gewöhnten sich die Teilnehmer daran, statt politische Debatten zu führen, auch mal rauschende Feste zu feiern. Die Devise lautete immer seltener „Der Reichstag tagt" und immer häufiger „Der Reichstag tanzt".

Frauen gab es unter den Delegierten nicht, mit einer Ausnahme: Die Äbtissin des Stifts Niedermünster hatte in dem erlauchten Kreis Sitz und Stimme. Immer wieder kam es zu Spannungen zwischen katholischen und protestantischen Ständen. Als sich die Protestanten aus Lübeck und Osnabrück sogar weigerten, neben Katholiken zu sitzen, wurde ihnen ein kleiner, separater Tisch zugewiesen. Die Katholiken nannten ihn spöttisch „Ketzertisch". Später wurde daraus der „Katzentisch".

UNTER ZEITDRUCK SETZTEN FRANZÖSISCHE OFFIZIERE EINEN NEUEN MODETREND

• wahr

Frankreich ist bekannt für seine Modeschöpfer. Eine Kreation der eigenen Art präsentierten, wenn auch unabsichtlich, im 17. Jahrhundert französische Soldaten.

Die Franzosen waren begeisterte Krawattenträger. Auch zur Offiziersuniform gehörte im 17. Jahrhundert – selbst im Krieg – ein geknoteter Langbinder.

Es war im Jahr 1692 und der Pfälzische Erbfolgekrieg war in vollem Gang. In der Schlacht von Steenkerke, einer Stadt in Belgien, kämpften französische Truppen gegen eine Koalition von Gegnern, die unter anderem aus Niederländern, Engländern, Dänen und Württembergern bestand.

Letztlich gelang es den Franzosen, sich der feindlichen Übermacht zu erwehren. Doch immer wieder war es während der Gefechte zu brenzligen Situationen gekommen. Einige Offiziere hatten, dermaßen unter Druck geraten, keine Zeit mehr, ihre Krawatten vorschriftsmäßig zu binden. Sie begnügten sich damit, die Binde locker um den Hals zu legen und die Enden in die Knopflöcher ihrer Uniformjacke zu stecken. Was die Militärs nicht ahnten: Sie schrieben Modegeschichte. Viele Männer in Europa, vor allem in Paris und London, wollten danach ihre Halsbinden so leger tragen, wie es die Offiziere in Steenkerke getan hatten. Und wie sollte das neue Kleidungsstück heißen? Natürlich „Steenkirk" (oder deutsch „Steinkirke"), nach dem Ort, der Schauplatz der denkwürdigen Kreation gewesen war.

Krawatten im Stil der Kroaten

Die Soldaten von Steenkerke haben die Krawatte revolutioniert, nicht aber erfunden. Zur Zeit des Dreißigjährigen Kriegs beschäftigte der französische König Ludwig XIII. in seiner Armee auch Soldaten aus Kroatien, die für ihre Reitkünste berühmt waren. Die Kleidung der Söldner erregte sehr bald die Aufmerksamkeit der modebewussten Franzosen,

besonders die leuchtenden Seidentücher, die sie um den Hals trugen. Der Monarch mit einem Faible für Accessoires sah sich die kunstvoll geknoteten Tücher genauer an und beschloss, den eleganten Halsschmuck zu übernehmen. Es dauerte nicht lange und das Tuch „à la croate" (nach Art der Kroaten) zierte auch die Hälse des Adels. Aus der anfänglichen Bezeichnung wurde „la cravate" und schließlich das deutsche Wort „Krawatte". Das Binden des neuen Kleidungsstücks stellte allerdings eine Herausforderung dar. Am Hals des Königs machte es schon mal eine eher traurige Figur.

Willhelm III. von Oranien-Nassau ging mit der Zeit und ließ sich mit Muff und Steenkirk darstellen.

IN LONDON ERSCHIEN 1693 DIE ERSTE ZEITSCHRIFT NUR FÜR FRAUEN

wahr

England hatte in Sachen Frauenemanzipation historisch die Nase vorn. Hier startete nicht nur die Frauenbewegung, hier gab es auch die erste Frauenzeitschrift.

Von der altehrwürdigen *Times* war auf dem Zeitungsmarkt weit und breit noch nichts zu sehen, als der Londoner Buchhändler John Dunton (1659 bis 1733) einen kühnen Plan in die Tat umsetzte. Nichts weniger als eine Zeitschrift für Frauen hatte er im Sinn. Das müsste eine lukrative Angelegenheit sein, dachte er sich, denn gerade in den Kreisen des gehobenen Bürgertums gab es viele Frauen – Mütter wie Töchter –, die dankbare Abnehmer frauengerechter Informationen sein würden.

Bewahren Sie Stillschweigen!
The Ladies Mercury

Zunächst startete Dunton einen Versuchsballon: In seiner bei den Herren der Schöpfung bereits etablierten Wochenzeitschrift *The Athenian Mercury* eröffnete er eine Rubrik, die sich direkt an Frauen richtete und demzufolge Themen brachte, von denen Dunton meinte, sie würden Frauen interessieren. In der Tat schlug das Experiment bestens ein.

So wagte der Buchhändler und Verleger den nächsten Schritt. Am 27. Juni 1693 kam die erste Ausgabe von *The Ladies Mercury* auf den Markt – eine Zeitschrift exklusiv für Frauen. In der Ankündigung schürte Dunton große Erwartungen: Die Leserinnen würden Antworten finden „auf alle feinen und neugierigen Fragen, seien sie Jungfern, Ehefrauen oder Witwen". Gleich zu Anfang wurde der Fall einer Frau mit dunkler Vergangenheit präsentiert, die zur Tugend zurückgefunden hatte und sich fragte, ob sie ihrem ehrbaren Gatten ihr Vorleben beichten sollte oder besser nicht. Die Redaktion von *The Ladies Mercury* riet übrigens dringend von Geständnissen ab.

Die Idee findet Nachahmer

Duntons Beispiel machte Schule. Bald erschienen auch außerhalb Englands erste Gazetten für eine rein weibliche Leserschaft. Deutsche Leserinnen durften sich ab 1725 über ein Wochenjournal mit dem viel versprechenden Titel *Die vernünftigen Tadlerinnen* beugen, herausgegeben von dem Schriftsteller Johann Christoph Gottsched (1700 bis 1766).

UNTER LUDWIG XIV. STAND FRANKREICH VOR DEM STAATSBANKROTT

wahr

Der nach außen hin so strahlende Sonnenkönig hatte von Finanzwirtschaft keine Ahnung. Er führte sein Reich an den Rand des wirtschaftlichen Ruins.

Prunk und Luxus waren die Kennzeichen seiner Hofhaltung. Im Schloss von Versailles feierte er glanzvolle Feste. Stolz präsentierte sich der französische König Ludwig XIV., der sich als „Sonnenkönig" bezeichnen ließ, im teuersten Ornat des unumschränkten, des absoluten Herrschers. Die berühmten Worte „*L'état, c'est moi*" (Der Staat bin ich) wurden ihm zwar nur in den Mund gelegt, treffen aber ziemlich genau das Selbstverständnis eines Königs, der glaubte, alles tun zu dürfen, was er wollte. Seine Herrschaft leitete er direkt von Gott ab und bezog daraus seine Legitimation. Er regierte Frankreich über eine lange Zeit, von 1643 – er erbte den Thron als Fünfjähriger – bis 1715, und führte das Land in die Riege der europäischen Großmächte. Doch hinter der glanzvollen Fassade taten sich Abgründe auf.

Zwar verfügte der König in Jean-Baptiste Colbert über einen genialen Wirtschaftsfachmann, der ihm mit dem Export von Luxuswaren die Staatskasse ordentlich füllte. In Europa schätzte der Adel kostbare Möbel und Kleider mit dem Gütesiegel der Herkunft aus Frankreich. Doch Ludwig gab das Geld mit vollen Händen gleich wieder aus – nicht nur für seinen verschwenderischen Lebensstil und einen aufgeblähten Beamtenapparat, sondern auch für die vielen Kriege, die er in ganz Europa führte.

Außerdem vertrieb er die Hugenotten aus dem Land. Ein verhängnisvoller Fehler, denn diese protestantische Minderheit im überwiegend katholischen Frankreich war eine der wichtigsten Stützen der Wirtschaft gewesen. Die Vertriebenen ließen sich vor allem in Brandenburg und Preußen nieder, wo sie ebenfalls zu Motoren eines wirtschaftlichen Aufschwungs wurden.

Klaffendes Haushaltsloch

Gegen Ende der Herrschaft Ludwigs XIV. war ein Schuldenberg in der gigantischen Höhe von 2,8 Milliarden Livres aufgelaufen. Nur durch eine ständige Erhöhung der Steuern konnte der Staatsbankrott verhindert werden, allerdings auf Kosten einer völligen Verarmung breiter Schichten vor allem auf dem Land.

Als Ludwig XIV. am 1. September 1715 in seinem Prunkschloss in Versailles starb, stand das Land finanziell am Abgrund. Die Unzufriedenheit mit einer verschwenderischen Monarchie, die deswegen bei der Bevölkerung aufkam, war eine der Ursachen für die Französische Revolution, die 74 Jahre nach dem Tod des Sonnenkönigs ausbrach und dem royalen Regime den Kampf ansagte.

Ludwig XIV. im Brennpunkt der Kritik

Versailles-Insider wussten über Ludwig nicht viel Gutes zu berichten. Man schilderte ihn als höchstens mittelmäßig geeignet. Außerdem hatte er nie richtig Lesen und Schreiben gelernt. Von Politik, Geschichte, Kultur und Wirtschaft soll er keine Ahnung gehabt haben. Dafür war er immer offen für Schmeicheleien. Wer sich ihm auf diese Weise näherte, durfte hoffen, in den elitären Kreis des engsten Hofzirkels aufgenommen zu werden. Die charakterlichen Defizite führte man auf eine vernachlässigte Erziehung zurück. Schon im Alter von fünf Jahren war Ludwig König von Frankreich geworden, seine Mutter hatte die Regentschaft übernommen.

DURCH DIE TÜRKEN LERNTEN DIE WIENER DEN KAFFEE KENNEN

wahr

Was wäre Wien ohne seine Kaffeehäuser? Doch ohne die Türken gäbe es diese nicht.

Schon einmal hatte Wien eine türkische Belagerung überstanden. Sultan Süleyman der Prächtige hatte 1529 den vergeblichen Versuch unternommen, die Donaumetropole zu erobern. Im Juli 1683 rückten die Türken mit einer Armee von 200 000 Mann erneut an. Die Verteidiger waren zahlenmäßig weit unterlegen und doch gelang es ihnen, auch dank der tatkräftigen Mithilfe auswärtiger Truppen, in der legendären Schlacht am Kahlenberg die Türken zu besiegen, die damit zum zweiten Mal als Verlierer das Feld räumten. Trotzdem „eroberten" die Türken damals Wien – zwar nicht mit militärischen Mitteln, dafür aber mit ihrem Kaffee. Das braune, aromatische Heißgetränk gehörte bei der türkischen Armee zur Grundversorgung. Wie die Wiener in seinen Besitz kamen, darüber wird unterschiedlich berichtet.

Am populärsten ist die Geschichte von Georg Franz Kolschitzky, der wegen großer Verdienste im Kampf ein paar Säcke mit Kaffeebohnen erhielt, die die Türken bei ihrer Flucht zurückgelassen hatten. Unter anderem hatte er sich, als Türke verkleidet, durch die feindlichen Linien geschlagen, um wichtige Nachrichten zu überbringen. Kurz darauf eröffnete Kolschitzky das erste Kaffeehaus in Wien. Heute gehören die Kaffeehäuser zum festen Inventar der Wiener Kultur.

Ob Kolschitzky wirklich die Ehre gebührt, als erster Kaffeehausbesitzer von Wien genannt zu werden, ist allerdings nicht sicher. Andere Quellen liefern abweichende Versionen. So heißt es anderswo, das erste Kaffeehaus in Wien sei 1685 von einem armenischen Spion namens Deodato eröffnet worden, der den Habsburgern gute politische Dienste geleistet und deswegen die Konzession für ein Kaffeehaus erhalten haben soll. Den Wienern ist es gleich.

KAISER LEOPOLD I. KOMPONIERTE SEIN EIGENES REQUIEM

Als „vielseitig interessiert", wie er allseits beschrieben wurde, kümmerte sich der Habsburger auch um den musikalischen Rahmen seiner eigenen Beerdigung.

Leopold I., der von 1640 bis 1705 lebte, war Kaiser des Heiligen Römischen Reichs Deutscher Nation, König von Ungarn und König von Böhmen. Dauernd war er in Kriege verwickelt. Besonders hart machten ihm die Türken zu schaffen, die 1683 mit ihrer Armee sogar vor den Toren Wiens standen. Auch mit dem eroberungsfreudigen Ludwig XIV., König von Frankreich, stand Leopold auf Kriegsfuß und im Norden unternahmen die Preußen als neue aufstrebende Macht erste Vorstöße auf dem internationalen politischen Parkett.

Ein Mann mit Talenten

Es ist beachtlich, dass der vielbeschäftigte Kaiser bei allem politischem Handlungsbedarf noch die Zeit hatte, sich um die Architektur, die Künste und die Wissenschaften zu kümmern. Die barocke Umgestaltung Wiens geht ebenso auf Leopolds Initiative zurück, wie der Neubau von Schloss Schönbrunn. Den Künstlern seines Landes stellte er mit der Gründung der Akademie der bildenden Künste die erste Kunsthochschule Mitteleuropas zur Verfügung. Er unterstützte die Gründung von Universitäten in Innsbruck und Breslau sowie Forschungsgesellschaften.

Doch Leopold förderte nicht nur, er war auch selbst in hohem Maß künstlerisch interessiert und, wie es scheint, in dieser Hinsicht sogar überdurchschnittlich begabt. Vor allem die Musik hatte es ihm angetan. Der Kaiser spielte mehrere Instrumente, trat als Dirigent auf und überraschte die Öffentlichkeit mit anspruchsvollen Kompositionen. Im Lauf seines Lebens komponierte er nicht weniger als 230 von der Kritik gut aufgenommene Werke.

Weil er so viel Freude am und Talent zum Komponieren hatte, hegte Leopold den Wunsch, auch zu seiner eigenen Beerdigung die Musik beizusteuern. In der Produktion solcher Musikstücke hatte er Erfahrung, denn bereits die Trauerfeiern seiner beiden verstorbenen Ehefrauen hatte er künstlerisch mitgestaltet. Rechtzeitig vor seinem Ableben am 5. Mai 1705 machte er sich an die Arbeit. Heraus kam ein Requiem in g-moll, dem Anlass entsprechend. Noten und Partitur sind erhalten.

Monumentale Trauerfeierlichkeiten

Die Trauergäste waren beeindruckt. Nicht nur von der Musik, sondern auch von den Feierlichkeiten. Ganz im Sinne Leopolds wurde jeder nur denkbare höfische Pomp inszeniert. Künstler und Handwerker waren im Dauereinsatz, um das Begräbnis so zu gestalten, wie es der Kaiser gewünscht hatte. Besonders bestaunt wurde das Trauergerüst, eine prunkvoll verzierte Holzkonstruktion zu Ehren des Verstorbenen, wie sie damals beim Tod hochgestellter Persönlichkeiten errichtet wurde. Das Trauergerüst für Kaiser Leopold I. stellte alles bisher Dagewesene in den Schatten: Fünf Aufbauten wurden gleichzeitig hochgezogen.

Barocke Lebenslust

1666 heiratete Leopold I. seine Angebetete Margarita Theresa von Spanien. Die Hochzeit geriet zu einer Demonstration barocker Prachtentfaltung, die Feierlichkeiten zogen sich über zwei Jahre hin. Opernkomponist und Hofkapellmeister Antonio Cesti komponierte eine Oper. Zur nicht uneingeschränkten Freude des Komponisten ließ Leopold es sich nicht nehmen, einige Passagen beizusteuern. Die Aufführung war eine Sensation. Um seine Braut zu beeindrucken, hatte der Monarch sogar Elefanten auf die Bühne bringen lassen.

DIE GLOCKE DES WIENER STEPHANSDOMS WURDE AUS TÜRKISCHEN KANONEN GEGOSSEN

wahr

Die „Pummerin" läutete 233 Jahre nur zu besonderen Anlässen. Bei ihrer Herstellung war man ungewöhnliche Wege gegangen.

Der Stephansdom ist ein Wahrzeichen von Wien. Wenn sein Geläut ertönt, horchen die Bürger auf, denn dies geschieht nicht jeden Tag, sondern nur zu besonderen Anlässen, zum Beispiel zum Jahreswechsel. Im April 1945, in den letzten Tagen des Zweiten Weltkriegs, wurde die Vorgängerin der heutigen Glocke zerstört.

Die „Pummerin", wie die Wiener die alte Glocke nannten, wurde im Jahr 1711 gegossen. Kaiser Joseph I. höchstpersönlich gab sie in Auftrag. Ihr monströses Gewicht von 402 Zentnern machte es zur logistischen und technischen Herausforderung, sie in den Glockenturm zu hieven. Am 26. Januar 1712 läutete sie in Anwesenheit von Kaiser Karl VI., der dem kurz zuvor verstorbenen Joseph auf den Thron gefolgt war, zum ersten Mal.

Um die Ecke gedacht

Damals war es in Kriegszeiten Gang und Gäbe, Glocken einzuschmelzen und daraus Waffen zu machen. Bei der „Pummerin" ging man den umgekehrten Weg: Sie wurde aus etwa 200 Kanonen gegossen, die die Türken nach der gescheiterten Belagerung von Wien 1683 zurückgelassen hatten. Das war nicht nur eine pragmatische Weiterverarbeitung des Materials, sondern auch eine Erinnerung an den denkwürdigen Sieg.

Auch in der „Neuen Pummerin" finden sich noch Spuren der türkischen Kanonen. Denn bei ihrer Herstellung 1951 kamen wiederum Teile der alten Glocke zur Verwendung, die nach dem verheerenden Dombrand ganz am Ende des Zweiten Weltkriegs aus den Ruinen geborgen werden konnten.

FRANKREICHS BESTER MANN KÄMPFTE FÜR DEN AUFSTIEG ÖSTERREICHS

wahr

Ludwig XIV. wird sich geärgert haben. Vom Sonnenkönig vergrault, machte Prinz Eugen bei den Habsburgern Karriere.

Blauer konnte Blut nicht sein als dasjenige, das in den Adern von Eugen, Prinz von Savoyen-Carignan floss. Seine Familie gehörte zum französischen Hochadel und ging beim König und den berühmtesten Persönlichkeiten des Landes ein und aus. 1663 in Paris geboren, träumte der Prinz schon früh von einer Karriere beim Militär. Doch die Familie hatte andere Pläne mit ihm, in denen sie von König Ludwig XIV. höchstpersönlich unterstützt wurde. Der absolutistisch regierende Herrscher ordnete an, dass Eugen eine geistliche Laufbahn einschlagen sollte.

Flucht aus Frankreich

Die Begeisterung des Prinzen hielt sich in Grenzen. Er bat den König, ihm das Kommando über ein Regiment zu übertragen, wie es einem Blaublütigen seines Standes zukam. Ludwig XIV. aber lehnte ab mit dem Hinweis, für einen Soldaten sei Eugen zu schmächtig und nicht kräftig genug. Da er um keinen Preis im Kirchendienst enden wollte, kehrte Eugen Paris und Frankreich 1683, im Alter von 20 Jahren, fluchtartig den Rücken zu und versuchte sein Glück in Österreich.

Der Habsburger Kaiser Leopold I. war erfreut, als Prinz Eugen ihm den Vorschlag machte, bei ihm anzuheuern und in die kaiserliche Armee einzutreten. Er konnte jede Hilfe brauchen, auch die eines kleinen Franzosen mit bestem Stammbaum. Die Türken machten Leopold schwer zu schaffen. Im Sommer desselben Jahres waren die Heerscharen des osmanischen Sultans in Österreich aufgetaucht und machten sich nun an die Belagerung von Wien. Bei der Verteidigung der Residenzstadt

erwarb sich der Neuzugang aus Frankreich seine ersten militärischen Sporen im Gastland. Mit dem kleinen Dragonerregiment, das man ihm anvertraut hatte, trug er entscheidend zur Abwehr der Türken bei. Nun begann der kometenhafte Aufstieg des Franzosen in österreichischen Diensten.

Prinz Eugen siegte und siegte. Sein kaiserlicher Gönner Leopold kam mit Beförderungen und fürstlichen finanziellen Zuwendungen kaum noch hinterher. In den nächsten Jahren kämpfte der begnadete Feldherr immer wieder gegen die Türken. Er vertrieb sie aus Ungarn und anderen von ihnen besetzten Gebieten in Osteuropa. Die Herrschaft dort übernahmen – dank des Franzosen Eugen – die Österreicher. Sie wurden dadurch zu einer neuen Großmacht auf der Bühne der internationalen Politik. Prinz Eugen konnte zum Dank immer neue Titel auf seine Visitenkarte setzen lassen: In den Kriegen gegen die Türken war er nacheinander zum Generalfeldwachmeister, zum Feldmarschall und schließlich zum Oberbefehlshaber der kaiserlichen Truppen ernannt worden.

Aktiver Ruhestand

Endgültig zum Mythos wurde er, als er am 11. September 1697 die Türken in der Schlacht von Zenta besiegte. Dieser Erfolg Eugens in Ungarn fand Eingang in jede Sammlung denkwürdiger Schlachten der Weltgeschichte. Sultan Mustafa II. und seine Truppen hatten keine Chance gegen die bestens aufgestellten Kontingente Prinz Eugens. Reich war die Beute, die Eugen nach dieser Schlacht dem begeisterten Kaiser überreichen konnte: Wagen, Geschütze, Pferde, Kamele, Ochsen, Zelte und, nicht zu vergessen, die immer noch prall gefüllte Kriegskasse des Sultans. Die wichtigste Trophäe aber war das Siegel von Sultan Mustafa. In den Händen von Prinz Eugen war es das denkbar deutlichste Symbol für die Niederlage der Türken.

1703 tauschte er den gefährlichen Posten an der Front gegen den des Präsidenten des Hofkriegsrats. Nun wurde aus dem Feldherrn Prinz Eugen der Diplomat Prinz Eugen. Auch auf diesem Parkett bewährte er sich hevorragend, sodass die Bewunderung der Österreicher ins Grenzenlose stieg. 1736 starb Prinz Eugen im Alter von 72 Jahren in seiner Wahlheimat in Wien.

Prinz Eugen von Savoyen siegte in der Schlacht von Zenta 1697.

DIE HUGENOTTEN GABEN DEM BERLINER STADTTEIL MOABIT SEINEN NAMEN

wahr

Ohne die Hugenotten, aber auch ohne Moses, den Sonnenkönig Ludwig XIV. und den Großen Kurfürsten Friedrich Wilhelm I. gäbe es diesen Stadtteil nicht. In „Moabit" steckt also jede Menge Geschichte.

Charlottenburg, Wilmersdorf, Neukölln, Kreuzberg, Pankow – so heißen Berliner Stadtteile und niemand wundert sich darüber. Aber „Moabit"? Der Name klingt doch recht fremd. Dabei spiegelt gerade er viel Regional- und Stadtgeschichte.

1685 hob der französische König Ludwig XIV. das Edikt von Nantes auf. Es hatte den Hugenotten, einer protestantischen Minderheit im überwiegend katholischen Frankreich, Religionsfreiheit zugestanden. Der Sonnenkönig fuhr stattdessen einen Kurs der harten Konfrontation. Es kam zu Verfolgungen, Morden und Hinrichtungen. In Scharen verließen die Hugenotten daraufhin die Heimat, um Leib und Leben zu retten und sich in der Fremde eine neue Existenz aufzubauen.

Bevorzugtes Ziel war Brandenburg. Der Grund war, dass der dortige Herrscher Friedrich Wilhelm I. (1620 bis 1688), der „Große Kurfürst", wie man ihn nannte, die Hugenotten ausdrücklich aufgefordert hatte, sich in seinen Landen niederzulassen. Dahinter stand keine reine Menschenfreundlichkeit. Vielmehr wusste der Große Kurfürst, dass die Hugenotten in Frankreich Motoren des wirtschaftlichen Lebens gewesen waren. Sie waren erfolgreiche Kaufleute, Gewerbetreibende und kundige Handwerker. Solche Leute konnte er beim wirtschaftlichen und kulturellen Aufbau seines Staats gut gebrauchen, deshalb wurden den Glaubensflüchtlingen in Brandenburg lauter rote Teppiche ausgerollt.

Das Edikt von Potsdam, ebenfalls aus dem Jahr 1685, ermöglichte den Hugenotten nicht nur den Zuzug nach Brandenburg, sondern gewährte ihnen auch weitreichende Privilegien. Hierzu zählten Befreiungen von Steuern und Zöllen und Subventionen für Wirtschaftsunternehmen. So folgten mindestens 20 000 Hugenotten diesem Ruf.

Der Große Kurfürst heißt die Hugenotten in Berlin willkommen.

Maulbeerbaumplantage

Sie siedelten sich in vielen kleinen Ortschaften rings um Berlin, vor allem aber in der Residenzstadt selbst an. Um 1700 waren von den knapp 28 500 Einwohnern etwa 6000 Hugenotten. 20 Familien wurde ungefähr in dieser Zeit ein Gebiet nördlich der Spree zugewiesen, mit der Auflage, hier Maulbeerbäume zur Seidenraupenzucht anzupflanzen. Diese kleine Siedlung wurde zur Keimzelle von Moabit.

Die Franzosen nannten das ihnen überlassene Land *terre de moab* – das Land Moab. Bibelfest wie sie waren, wählten sie diesen klangvollen Namen aus dem Alten Testament. Moses, so ist dort zu lesen, befreite die „Kinder Israels" von der Fronherrschaft, die der ägyptische Pharao über sie ausübte, und führte sie auf teils wundersame Weise in einer langen Wanderschaft zurück in das Heilige Land. Auf dem Weg dorthin kamen sie in das Land der Moabiter. Die Moabiter waren ein Volk, das östlich des Jordans lebte. Mit den Israeliten auf der anderen Seite des Flusses kam es regelmäßig zu Auseinandersetzungen. Doch als Moses mit seinem Zug nahte, gewährten die Moabiter ihnen eine freundliche Aufnahme, die so weit ging, dass sie ihnen eine Art religiöser Partnerschaft vorschlugen. Für Moses war im Land der Moabiter allerdings Endstation: Er wurde im biblischen Alter von 120 Jahren vom Herrn zu sich gerufen.

Religiöse und soziale Integration

An diese Geschichte dachten die Hugenotten, als sie ihren Stadtteil Moabit nannten. Jedenfalls ist dies, wie hinzugefügt werden muss, die wahrscheinlichste Deutung des bemerkenswerten Umstands, dass ein Stadtviertel in Berlin nach einem Volksstamm im Ostjordanland benannt wurde. Die Parallele ist deutlich: So, wie Moses und seine Leute sich der gastlichen Aufnahme von Seiten der Moabiter hatten erfreuen dürfen, so schätzten die Hugenotten die Tatsache, dass man ihnen in Berlin und Brandenburg eine neue Heimat gewährt hatte. Sogar in Sachen Religion gab es eine Parallele: Auch in Brandenburg wurde daran gearbeitet, innerprotestantische Konfessionsgegensätze zwischen Lutheranern und Hugenotten aufzuweichen.

Blühendes Geistesleben

Nicht nur als Beschleuniger der wirtschaftlichen Entwicklung waren die Hugenotten in ihrer Wahlheimat erfolgreich. Sie machten sich darüber hinaus auch um die Förderung sozialer Einrichtungen verdient. Waisen, Kranke und Arme durften sich bei den Hugenotten gut aufgehoben fühlen. Vielerorts prägten Hugenotten auch Kultur und Wissenschaft. Hugenottische Verleger und Buchhändler in Berlin waren Brückenbauer zur französischen Geisteswelt. Sie brachten Werke in französischer Sprache auf den Markt, die von Deutschen, die zur gebildeten Elite gehören wollten, geradezu verschlungen wurden. 1696 wurde in Berlin die Akademie der Künste, 1700 die Akademie der Wissenschaften mit zahlreichen Hugenotten als Mitgliedern gegründet.

> **Durch Arbeiten lernt man Arbeiten.**
> Friedrich Wilhelm I.

Auf gut Französisch

Die Hugenotten prägten in mancherlei Weise ihre neue Heimat. Vor allem fanden französische Ausdrücke Eingang in die Sprache der Brandenburger und der Berliner. Wer vorher von einem „Sofa" gesprochen hatte, sagte jetzt „Chaiselongue". Das Geld führte man jetzt nicht mehr im „Geldbeutel", sondern im „Portemonnaie" bei sich. Und zum Arbeiten ging man nicht mehr ins „Geschäft", sondern ins „Bureau".

WANDEL UND REVOLUTION
18. UND 19. JAHRHUNDERT

Könige, Kaiser, Kanzler und Präsidenten drückten der Geschichte ihren Stempel auf. Die Deutschen verehrten Friedrich den Gro-ßen, die Österreicher Maria Theresia, die Franzosen Napoleon, die Amerikaner Abra-ham Lincoln. In den USA gab es eigentlich nur Präsidenten und keine Kaiser – mit einer heute fast vergessenen Ausnahme.

EIN ADLER HALF BEI DER GRÜNDUNG VON SANKT PETERSBURG

wahr

Ein majestätischer Adler erschien genau in dem Moment, als der Zar den Grundstein für seine neue Hauptstadt legte – war das ein Gotteszeichen?

Um die Gründung von Sankt Petersburg rankt sich mancher Mythos. So wird in einigen Quellen berichtet, der russische Zar Peter der Große (1672 bis 1725) habe mit einem Blick die günstige Lage des Gebiets an der Newa-Mündung erfasst und den Bau einer neuen Hauptstadt an dieser Stelle beschlossen. Hier müssen jedoch Chronisten am Werk gewesen sein, die als treue Anhänger des Zaren jede seiner Handlungen als Ruhmestaten darzustellen pflegten. Tatsächlich wurde das zukünftige Zentrum des zaristischen Russland an einem Ort errichtet, der auch vorher schon dicht besiedelt war. Eine Gründung „auf der grünen Wiese" darf ins Reich der Legende verwiesen werden.

Vogelflugschau

Aber nicht alles, was im Zusammenhang mit der Stadtgründung erzählt wird, ist aus der Luft gegriffen. So wird glaubwürdig von einem Adler berichtet, der bei der Grundsteinlegung für die Peter-und-Paul-Festung am 16. Mai 1703 eine wichtige Rolle spielte. Augenzeugen schworen Stein und Bein, dass der Vogel gerade in dem Augenblick auftauchte, als man einen Schrein mit Reliquien des Apostels Andreas in eine dafür vorgesehene Öffnung einließ, und während der gesamten Zeremonie über dem Schauplatz des Geschehens kreiste. Der Apostel Andreas zählt in der russisch-orthodoxen Kirche zu den meistverehrten Heiligen und Peter der Große hatte ihn somit dazu ausersehen, die neue Gründung zu beschützen.

Nach diesem ersten feierlichen Akt ließ der Zar zwei Birken fällen und ihre Kronen so aneinanderbinden, dass sie die Form eines Stadttores bildeten.

Wieder trat der Adler in Aktion. Schwungvoll stieß er aus der Höhe nieder und ließ sich mitten auf dem Birkentor nieder. Was für ein Bild!, dachten die Zuschauer ergriffen. Wie konnte man diese Szene anders deuten, als dass der Himmel selbst in Gestalt des Adlers der Stadt Sankt Petersburg seinen Segen erteilte. Und das konnte nur bedeuten, dass die Stadt eine große Zukunft vor sich hatte.

Erfolgreiche Gründung

Aber nicht alle glaubten an ein Wunder. Es hieß, der umsichtige Zar habe bei dem göttlichen Vorzeichen ein wenig nachgeholfen. Der Vogel sei dressiert gewesen und habe seinen vom Zar erteilten Auftrag perfekt erfüllt.

Auch wenn es sich vermutlich tatsächlich um eine Inszenierung gehandelt hat, entwickelte sich Sankt Petersburg in den folgenden Jahren zur wichtigsten Stadt in Russland. Der pulsierende Ostseehafen war Handels- und Wirtschaftszentrum sowie, als Residenz des Zaren, politischer Mittelpunkt zugleich. Wegen ihrer vielen Kanäle und Brücken nannte man die Stadt bald auch „Venedig des Nordens".

Metropole Moskau

Sankt Petersburg ist auch heute noch ein kulturelles und wirtschaftliches Zentrum Russlands. Politisch aber ist die Stadt längst von Moskau überflügelt worden. Im Gegensatz zu Sankt Petersburg ist Moskau eine Stadt gewesen, die langsam, aber unaufhaltsam anwuchs. Im 18. Jahrhundert entwickelte sie sich zu einer Großstadt. Hauptstadt aber blieb, solange die Zaren regierten, Sankt Petersburg. Erst als Folge der Russischen Revolution wurde Moskau am 12. März 1918 zur Hauptstadt des nunmehr sowjetischen Reiches erklärt.

UNTER PETER DEM GROSSEN MUSSTEN SICH DIE RUSSEN TÄGLICH RASIEREN

wahr

Liebhaber wallender Bärte hatten unter dem weltoffenen Zaren schlechte Karten.

Zar Peter der Große, der 1689 an die Macht kam, hatte ein großes Ziel: Er wollte aus Russland ein modernes Land machen. Als Vorbild dienten ihm die fortschrittlichen Staaten in Westeuropa, die der Zar auf einer Reise – inkognito – kennengelernt hatte.

Auf Vordermann gebracht

Die langen, wallenden Vollbärte der Russen galten Peter dem Großen als Symbol für die Rückständigkeit und Provinzialität seines Volkes. Die Bartträger waren anderer Ansicht: Bärte hatten eine lange Tradition und die Religiösen unter ihnen sahen in dieser Zierde ein Symbol ihres Glaubens. Doch solchen Einwänden gegenüber war der Zar taub. Seine Devise lautete: Runter mit den alten Bärten! Auf diese Weise hoffte er, die Bevölkerung zur Loslösung vom Althergebrachten zu bewegen und eine Modernisierung auch auf anderen Gebieten anzustoßen.

Zupackend, wie er war, legte er bei dieser Aktion auch selbst Hand an. Während eines Empfangs für die Würdenträger seines Reichs auf einem seiner Schlösser griff Peter der Große zum Messer und schnitt den hohen Herren die langen Bärte ab. Das wurde bald zur allgemeinen Praxis. Wenn der Zar an einem Bankett teilnahm, konnte man davon ausgehen, dass diejenigen, die mit Bart gekommen waren, die Veranstaltung ohne Bart wieder verließen.

Natürlich konnte sich der Zar nicht persönlich um alle Bärte in seinem großen Reich kümmern. Es mussten daher entsprechende Maßnahmen getroffen werden. Per Verordnung wurden alle Russen angewiesen, sich täglich einmal zu rasieren. Ausnahmen galten nur für Geistliche und für Bauern. Beamte erhielten die Anordnung, bei jedem Mann, den sie mit Bart antrafen, eine Rasur vorzunehmen.

Wer trotz allem nicht auf seinen Bart verzichten wollte, hatte die Möglichkeit, sich mit einer Bartsteuer von dieser Verpflichtung freizukaufen. War die Abgabe entrichtet, erhielt man eine Plakette, die man um den Hals trug und die als Nachweis galt, dass dies hier ein legaler Bartträger war. Peters Barbiere mussten in solchen Fällen nicht eingreifen.

PETER DER GROSSE WAR ÜBER ZWEI METER GROSS

wahr

Bei Weitem nicht jeder, der wegen seiner politischen Leistungen als Großer gilt, war auch von großem Wuchs. Bei Peter I. traf das jedoch zu.

Peter der Große war eine imposante Erscheinung, darin stimmen alle Beschreibungen überein. Mit einer stattlichen Körpergröße von 2,04 Metern überragte er seine Umgebung stets um mehr als nur um Haupteslänge und war daher schon von Weitem zu erkennen. Dazu kamen breite Schultern und kräftige Muskeln – der Monarch hätte einen guten Athleten abgegeben.

Seine Fitness kam nicht von ungefähr. Der Zar widmete sich gern und ausgiebig der körperlichen Ertüchtigung. Beim Aufbau seiner Kriegsflotte mischte er sich unter die Arbeiter und nahm selbst die Axt in die Hand, und dies nicht, wie es bei den Politikern heute der Fall ist, bloß symbolisch. Seine Verbundenheit mit dem tätigen Leben der einfachen Bevölkerung zeigte sich auch darin, dass er meistens nicht in einem der großen Paläste wohnte, sondern ein bescheidenes Domizil mit zwei Zimmern vorzog.

Die großen Männer der Geschichte im Vergleich

Wären Peter der Große und der Preußenkönig Friedrich der Große nebeneinander hergegangen, was nie der Fall war, wäre das gewiss ein lustiger Anblick gewesen: Der Russe hätte den Preußen um mehr als 40 Zentimeter überragt.

Auch andere Große waren nicht groß: Der Makedonenkönig Alexander der Große erreichte etwa 1,70 Meter, ähnlich wie der Korse Napoleon Bonaparte. Dagegen war Karl der Große für damalige Verhältnisse auch körperlich groß: Der Frankenkönig und Kaiser des Heiligen Römischen Reichs brachte es auf immerhin 1,84 Meter.

DER „MANN MIT DER EISERNEN MASKE" WAR DER ZWILLINGSBRUDER LUDWIGS XIV.

falsch

Die Identität des berühmten Gefangenen ist bis heute ein Rätsel – wer war er nur?

Am 19. November 1703 starb in Paris ein Mann im Alter von etwa 60 Jahren. Vier Jahre lang war er in der Bastille inhaftiert gewesen. Unter komfortablen Bedingungen, zugleich aber auf das Schärfste bewacht. Sein Gesicht hatte er hinter einer Eisenmaske verbergen müssen, um nicht erkannt zu werden. Zuvor hatte er in verschiedenen Gefängnissen gesessen, unter anderem auf der Festungsinsel Sainte-Marguerite. Sein Tod sorgte für wilde Spekulationen. Der Philosoph Voltaire setzte das Gerücht in die Welt, es könne sich nur um den Zwillingsbruder des Sonnenkönigs handeln. Doch dafür gab es keine Beweise, ebensowenig für die Behauptung, er sei ein Sohn des englischen Reformers Oliver Cromwell gewesen. Oder ein Kammerdiener im Besitz von Staatsgeheimnissen. Die Identität ist bis heute ungeklärt.

DIE OSTERINSEL HAT MIT OSTERN NICHTS ZU TUN

falsch

Die Insel im Südostpazifik, weltbekannt durch die kolossalen Steinköpfe, die Moais, verdankt ihren Namen tatsächlich dem christlichen Auferstehungsfest.

Auf der Osterinsel lebte vermutlich ab 300 bis 500 n. Chr. eine polynesische Bevölkerung. Die einzelnen Stämme führten verlustreiche Kriege gegeneinander und dezimierten sich auf diese Weise gegenseitig. Um 1862 entführten peruanische Sklavenhändler einen Teil der Insulaner. Die wenigen Überlebenden, die zurückkehrten, brachten Seuchen mit, denen die restliche Bevölkerung beinahe vollständig zum Opfer fiel. Im 19. Jahrundert lebten nur noch etwa 100 Menschen dort.

Der Pionier, der als erster Europäer das Eiland betreten hatte, hieß Jakob Roggeveen und stammte aus den Niederlanden. Als Befehlshaber über eine Flotte mit drei Schiffen war er im Auftrag der Westindischen Handelskompanie im Pazifik unterwegs, als er am 5. April 1722, Ostersonntag, die völlig isoliert liegende Insel sichtete und aus gegebenem Anlass „Paaschen Eilandt" (Osterinsel) taufte.

Namensfindung

Fast immer steckt in geografischen Namen etwas von der Geschichte eines Ortes. Besonders häufig gilt das für Orte, die im Rahmen der europäischen Kolonialisierung entdeckt oder neu gegründet wurden. Rio de Janeiro bedeutet „Fluss des Januar", weil die Portugiesen die Meeresbucht, die sie am 1. Januar 1502 entdeckten und an der heute die Stadt liegt, fälschlicherweise für die Mündung eines großen Flusses hielten. Venezuela heißt übersetzt „Klein-Venedig". Der Name geht auf italienische Seefahrer zurück, die sich angesichts der Pfahlbauten der einheimischen Stämme an die Lagunenstadt in ihrer Heimat erinnert fühlten.

AUGUST DER STARKE TAUSCHTE KAVALLERISTEN GEGEN CHINESISCHE VASEN

wahr

Das Geschäft, das der Kurfürst von Sachsen mit dem Preußenkönig abschloss, war selbst für die, die ihn gut kannten, ungewöhnlich.

Der Kurfürst von Sachsen und König von Polen in Personalunion, August der Starke (1670 bis 1733), war, das wussten seine Zeitgenossen, immer für eine Überraschung gut. Gemeinsam mit Friedrich Wilhelm I., dem „Soldatenkönig" und Vater Friedrichs des Großen, war August zum Beispiel der Gründer der „Gesellschaft zur Bekämpfung der Nüchternheit". Ihre Mitglieder feierten regelmäßig rauschende Feste, bei denen der Alkohol in Strömen floss.

1717 aber staunten auch diejenigen, die meinten, August gründlich zu kennen. Er war berühmt-berüchtigt für seine Prunksucht und hatte ein begehrliches Auge auf die reichen Porzellanbestände des mit ihm befreundeten Friedrich Wilhelm I. (1688 bis 1740), seines Zeichens König in Preußen und Markgraf von Brandenburg, geworfen. Schon vor einigen Jahren hatte August die Leidenschaft für ostasiatische Vasen gepackt und er hatte begonnen, in Dresden eine Sammlung aufzubauen. Der Kaufpreis, den August für insgesamt 151 Vasen unterbreitete: Er bot Friedrich Wilhelm 600 sächsische Reiter aus seiner Armee. Ein Angebot, das der Soldatenkönig nicht ausschlagen konnte. Das Geschäft wurde gemacht – selbstverständlich ohne die betroffenen Tauschobjekte auf sächsischer Seite zu befragen. Sie formierte Friedrich Wilhelm I. anschließend zum Dragoner-Regiment von Wuthenow. August aber war sehr stolz auf seine Neuerwerbungen, darunter die berühmten Dragonervasen, chinesische monumentale Deckelvasen mit kobaltblauer Unterglasurbemalung, die noch heute im Zwinger bewundert werden können.

AUGUST DER STARKE WAR WIRKLICH STARK

wahr

Der Kurfürst von Sachsen machte seinem Beinamen Ehre, was seine körperliche Kraft anbelangte, und er war auch stark im Geldausgeben. Seine politischen Stärken hielten sich hingegen in Grenzen.

Über die Körperkraft von August dem Starken kursieren viele Anekdoten. Wenn auch nicht wenige unter der Rubrik „gut erfunden" abgelegt werden müssen, so bleibt doch unterm Strich: Mit Ausnahme von Zar Peter dem Großen vielleicht dürfte es kein anderer

August II. der Starke war König von Polen und als Friedrich August I. Kurfürst von Sachsen.

europäischer Monarch dieser Zeit mit der körperlichen Konstitution Augusts aufgenommen haben. Mit seinen 1,76 Metern war er zwar nach heutigen Maßstäben nicht besonders groß, damals aber galt er damit bereits als Hüne. Außerdem brachte er stattliche 110 Kilogramm auf die Waage. So dürften die kraftmeierischen Kunststückchen, von denen man immer wieder liest, tatsächlich der Wahrheit entsprechen, wie zum Beispiel seine gern und ausgiebig öffentlich demonstrierte Fähigkeit, Hufeisen zu verbiegen und Münzen zu zerbrechen. Auf der Brühlschen Terrasse in Dresden, heute eine der Hauptattraktionen für die Touristen, die in Scharen in die einstige Residenzstadt Augusts des Starken kommen, wird an einem Geländer ein Fingerabdruck gezeigt, den der starke August höchstpersönlich an dem Metallgeländer hinterlassen haben soll.

Verlorene Schlachten, barocker Prunk

Politisch war August nicht so erfolgreich wie bei der Demonstration seiner Körperkraft. 1670 in Dresden geboren, war er seit 1694 Kurfürst von Sachsen. Als sich ihm die Chance bot, darüberhinaus die polnische Königskrone zu erwerben, scheute er weder Kosten noch Mühen, um dieses Ziel zu erreichen. Er trat sogar zum katholischen Glauben über – eine unabdingbare Voraussetzung für die Wahl zum polnischen König. Die Entrüstung im protestantischen Sachsen nahm er gelassen. Als er 1697 tatsächlich polnischer König war, wurde er mit dieser Würde nicht recht glücklich. Im Krieg gegen die Schweden büßte er die polnische Krone 1704 sogar vorübergehend ein, kehrte aber 1709 an die Macht zurück.

Für sehr viel mehr Furore sorgte August der Starke mit seiner Kunstliebhaberei und seinen finanziellen Eskapaden. Rauschende Feste waren sowohl in Dresden als auch in seinen polnischen Residenzen an der Tagesordnung. Sein großes Vorbild in Sachen Prunk und Luxus war der französische König Lud-

EIN ABGESCHNITTENES OHR MÜNDETE IN EINEN KOLONIALKRIEG

wahr

wig XIV., der Sonnenkönig. Ihm eiferte August in vielerlei Hinsicht nach und übersah dabei geflissentlich, dass der Monarch Frankreichs das Geld buchstäblich aus dem Fenster warf und damit den Staat an den Rand des Bankrotts brachte. Wenn es darum ging, die politischen Misserfolge mit kulturellem und künstlerischem Glanz zu übertünchen, spielte auch für August Geld keine Rolle. Der sächsische Kurfürst ließ seine Residenzstadt zu einer prächtigen Metropole ausbauen. Ganz Europa sollte Sachsen beneiden. Namhafte Architekten und Künstler machten mit viel bewunderten Bauwerken, wie dem Zwinger, aus Dresden das „Florenz an der Elbe".

Unermüdlich trat August auch als Förderer von Kunst und Wissenschaft auf. Das Opernhaus, das er bauen ließ, war mit 2000 Plätzen das größte in Deutschland. Der in der Politik glücklose Kurfürst war ein viel beachteter Sammler von Kunstwerken, Münzen und Waffen; zudem ist sein Name für immer mit dem berühmten Meißner Porzellan verbunden.

Augusts Mätressen

August wurden unzählige Liebschaften nachgesagt. Nach französischem Vorbild lebten an seinem Hof „Mätressen", offiziell anerkannte Geliebte, teils mit einigem Einfluss auf Politik und Finanzgeschäfte. Das galt besonders für Augusts Favoritin, die aus einem Holsteinischen Adelsgeschlecht stammende Gräfin von Cosel. Später fiel sie in Ungnade und wurde bis zu ihrem Tod 1765 fast 50 Jahre lang auf Schloss Stolpen in Haft gehalten. Verheiratet war August auch. Die duldsame Ehefrau mit Namen Christiane Eberhardine stammte aus Bayreuth. Sie blieb protestantisch und verweigerte, polnischen Boden zu betreten.

Ein in Alkohol eingelegtes Ohr gab den Ausschlag: Die Briten bliesen zum Krieg gegen Spanien.

Kapitän Robert Jenkins befand sich mit seinem Schiff *Rebecca* auf der Heimfahrt von den Westindischen Inseln nach England, als sein Schiff am 9. April 1731 von einer spanischen Patrouille geentert wurde. Auf der Suche nach Schmuggelware durchstöberten die Spanier die Laderäume. Sie fanden zwar nichts, doch bevor sie von Bord gingen, schnitten sie Kapitän Jenkins ein Ohr ab.

Kleine Ursache, große Wirkung

Obwohl sich Jenkins bei König Georg II. höchstpersönlich über die Spanier beschwerte, verlief die Sache zunächst im Sand. Acht Jahre später hatte Jenkins einen großen Auftritt vor dem britischen Parlament und präsentierte dabei ein in Alkohol eingelegtes Ohr, das er als eben jenes ausgab, das ihm die Spanier abgeschnitten hatten. Diese Demonstration hatte den gewünschten Erfolg, zumal die Presse eine antispanische Kampagne startete. Unter dem öffentlichen Druck sah sich die Regierung zum Handeln gezwungen.

Im Oktober kam es zum Krieg, der als „Krieg um Jenkins Ohr" in die Annalen einging. Drei Jahre lang führten die beiden Seemächte eine erbitterte Auseinandersetzung, deren Schauplatz vor allem die Karibik und die südlichen Kolonien in Nordamerika waren, wo Spanien traditionell die Vorherrschaft beanspruchte. Zunächst feierten die Briten einige Erfolge. So gelang ihnen das Husarenstück, die Hafenstadt Portobelo in Panama zu besetzen. Dann aber wendete sich das Blatt. Auch weil die Briten in den tropischen Regionen mit unbekannten Krankheiten zu kämpfen hatten, zogen sie sich 1742 aus dem Krieg zurück, der erst 1748 offiziell beendet wurde.

EIN LANGER KERL MUSSTE MINDESTENS SECHS FUSS GROSS SEIN

wahr

Das Gardemaß begann bei 1,88 Meter. Männer dieser Größe hatten alle Chancen, beim Soldatenkönig unterzukommen.

Das muss ausgesehen haben wie David neben Goliath: Mit 2,17 Meter Körpergröße war der Ire James Kirkland gut einen halben Meter größer als Friedrich

Der Soldatenkönig begutachtet seine „Langen Kerls".

Wilhelm I., zwischen 1713 und 1740 König in Preußen und wegen seiner Vorliebe für alles Militärische „Soldatenkönig" genannt. Friedrich Wilhelms Passion: eine Elitetruppe aus Privatsoldaten, von denen keiner kleiner war als sechs rheinische Fuß, das sind 1,88 Meter. James Kirkland war der Rekordhalter unter den „Langen Kerls", wie der Volksmund die Riesengardisten nannte. Die offizielle Bezeichnung klang respektvoller: Altpreußisches Infanterieregiment Nummer 6.

Unter Friedrich Wilhelm I. wuchs die Heeresstärke der preußischen Armee von 30 000 auf 80 000 Mann an. Ziel war es, Preußen in die erste Riege der europäischen Mächte zu hieven. Die „Langen Kerls" aber waren die absolute Attraktion. Bis zum Tod des Königs erreichte das Regiment eine numerische Stärke von nicht weniger als 4000 Mann. Diese zusammen zu bekommen, war nicht einfach.

Ein einziger Einsatz

Bei der Rekrutierung waren die königlichen Werbekommandos nicht zimperlich. Während manche Kandidaten regelrecht verschleppt wurden, lockte man andere mit üppigen Geldsummen. Wo die geforderte Länge nur beinahe erreicht wurde, drückte man ein Auge zu. Befreundete Monarchen sicherten sich die Sympathie des Preußenkönigs dadurch, dass sie überdurchschnittlich große Männer in seine Dienste schickten. Zar Peter der Große revanchierte sich auf diese Weise für die Überlassung des berühmten Bernsteinzimmers.

Den Unterhalt der Truppe ließ sich der König einiges kosten. Die „Langen Kerls" wurden besser versorgt als andere preußische Soldaten. Eine militärische Funktion hatten die „Langen Kerls" nicht. Nur einmal, 1715 im Nordischen Krieg, kamen sie an der Front zum Einsatz. Friedrich der Große führte den Kult nicht fort, sondern löste das Regiment unmittelbar nach dem Tod seines Vaters auf.

FRIEDRICH DER GROSSE LIESS KARTOFFELFELDER BEWACHEN

wahr

Kartoffeln standen nicht auf den Speisekarten der Preußen. Unter dem „Alten Fritz" änderte sich das schlagartig.

Im Jahr 1756 befindet sich das Königreich Preußen in einer schwierigen Lage. Man steht an der Schwelle eines Kriegs mit Österreich. Auf dem Land werden junge Leute massenweise zwangsrekrutiert, um die Armeen zu verstärken. Für die Feldarbeit fallen sie aus.

Was der Bauer nicht kennt …

Aber wozu hat man einen weitsichtigen König? Friedrich der Große (1712 bis 1786) erkennt sofort: Man muss die Landwirtschaft umstellen – weg vom Getreide, hin zur Kartoffel. Die genügsame, widerstandsfähige Knollenpflanze hat im preußischen Ackerbau bis dahin kaum eine Rolle gespielt, obwohl sie in anderen Teilen Europas längst als Nahrungsmittel geschätzt wird. Botaniker kennen sie allenfalls als Zierpflanze, die jedoch als ungenießbar gilt. Dazu kamen tragische Missverständnisse: Bauern haben die grünen Beeren der Pflanze für die essbare Frucht gehalten, nicht die Knolle, was zu schweren Vergiftungen führte. Eine Kampagne für die Kartoffel erforderte daher einiges an Überzeugungsarbeit.

Friedrich der Große sah in der Kartoffel nichts geringeres als eine Überlebensgarantie in den anbrechenden schweren Zeiten. Deshalb ließ er Setzlinge ausgeben und erteilte am 24. März 1756 Befehl zum Kartoffelanbau. Als ihm zu Ohren kam, dass die Bauern die Pflanzen an das Vieh verfütterten, organisierte er ein einmaliges Kontrollsystem: Soldaten reisten bis in alle Winkel des Königreichs und überwachten die Durchsetzung der Anordnung. Nun wagte kein Bauer mehr, die Kartoffelpflanzen wieder auszugraben und stattdessen, wie gewohnt, Getreide anzubauen.

FRIEDRICH DER GROSSE BESCHÄFTIGTE KAFFEESCHNÜFFLER

wahr

Im 18. Jahrhundert wurden die Preußen zu Kaffeetrinkern. Der Staat witterte einträgliche Geschäfte und entwickelte originelle Methoden, um schwarzen Schafen das Handwerk zu legen.

Im Jahr 1786 konnte man in Berlins Gassen mitunter finstere Gestalten um die Häuser streichen und Witterung aufnehmen sehen. Was verdächtig aussah, war indes kein Grund, nach einem Ordnungshüter zu rufen, denn die Schnüffler waren in amtlicher Mission unterwegs. Sie sollten herausbekommen, ob illegal Kaffee geröstet wurde.

Kaffee war im Lauf des 18. Jahrhunderts groß in Mode gekommen. Über Wien, Paris und andere europäische Metropolen hatte das aromatische Getränk mit der anregenden Wirkung schließlich auch seinen Weg nach Berlin und in andere Städte im Königreich Preußen gefunden. Der Staat verdiente ordentlich mit: Wie Tee und Schokolade wurde auch der Kaffee zum Luxusgut deklariert und entsprechend besteuert, sodass die Preise für viele unerschwinglich waren. Der Schmuggel blühte. Das rief die Politik auf den Plan. König Friedrich der Große monopolisierte den Kaffeehandel und stellte auch das Rösten außerhalb der staatlichen Kaffeeröstereien unter Strafe.

Zwei Fliegen mit einer Klappe

Um die Einhaltung dieses Gesetzes zu kontrollieren, schickte der König seine Schnüffler los. Sie sollten feststellen, wo Privatleute weiterhin Kaffee rösteten, und hatten das Recht, bei Verdacht jedes Haus und jedes Zimmer zu betreten. Die Schnüffler rekrutierte Friedrich aus vormals beschäftigungslosen Veteranen und Invaliden aus dem Siebenjährigen Krieg. Sie dürften neben König und Fiskus die Einzigen gewesen sein, die dem neuen Kurs etwas abgewinnen konnten.

DIE ENGLÄNDER HULDIGTEN FRIEDRICH DEM GROSSEN AUF WIRTSHAUSSCHILDERN

...wahr

Der Preußenkönig gewann die Schlacht von Rossbach und sorgte damit europaweit für Begeisterung.

Der 18. Juni 1757 war ein schwarzer Tag für die preußische Armee. Bei Kolin in der Nähe von Prag erlebte sie gegen die Österreicher ein militärisches Debakel. Der Nimbus der Unbesiegbarkeit, der die Preußen bis dahin umgeben hatte, schien dahin zu sein. Die Aussichten in jenem Krieg, der als Siebenjähriger Krieg in die Geschichte eingehen sollte, waren plötzlich mehr als trübe. Doch Friedrich der Große gab nicht auf. Er sann auf Revanche – zum einen, um im Kampf um Böhmen nicht hoffnungslos ins Hintertreffen zu geraten, zum anderen, um das angeschlagene Renommee seiner Armee wiederherzustellen. Nur wenige Monate später erstrahlte der preußische Stern in altem Glanz: Am 5. November 1757 kam es bei Rossbach in Sachsen zu einem Gefecht mit Österreichs Bündnispartner Frankreich und dieses Mal war der Sieg auf der Seite Friedrichs.

König der Kneipe

Kaum eine Schlacht der Geschichte erlebte eine ähnliche Vermarktung wie die Schlacht von Rossbach. In Preußen war der Jubel grenzenlos. Friedrich der Große selbst übte sich in gespielter Bescheidenheit und sprach von einem „Spaziergang". Dichter überschlugen sich in Freudenbekundungen, Lobredner hatten Hochkonjunktur. Sogar in Frankreich wurden anerkennende Stimmen laut, wenn auch überwiegend aus der Ecke von Kritikern, die der Außenpolitik des französischen Königs ablehnend gegenüber standen.

Die Kunde vom Ruhm, den sich Friedrich der Große erworben hatte, drang bis in die englischen und französischen Kolonien in Nordamerika herüber. Das verbündete Großbritannien feierte ihn als Helden, wenn auch die Schadenfreude über eine Niederlage der Franzosen dabei mehr wog, als die Freude über den Sieg der Preußen. Das englische Volk erwies dem „Alten Fritz" eine besondere Reverenz: An zahlreichen Gaststätten wurden die Wirtshausschilder, die dort zu Ehren von King George hingen, gegen solche mit der Aufschrift „The King of Prussia" (Der König von Preußen) ausgetauscht.

EIN ERDBEBEN IN LISSABON STÜRZTE EUROPA IN EINE SCHWERE KRISE

wahr

Im Jahr 1755 wütete in Portugal ein schweres Erdbeben. Danach redeten sich nicht nur die Gelehrten die Köpfe heiß.

Am 1. November 1755 strömten auch in Lissabon, der Hauptstadt des Königreichs Portugal, die Menschen in die Kirchen, um den Allerheiligen-Gottesdiensten beizuwohnen. Da begann um 9 Uhr 40 die Erde zu beben. Drei gewaltige Stöße erschütterten die Stadt. In kürzester Zeit standen Gebäude in Brand. Menschen wurden von den Trümmern erschlagen, andere unter ihren Häusern begraben. In Panik flohen die Überlebenden zum Hafen und an die Ufer des Tejo, wo viele von einer Serie von Flutwellen erfasst wurden.

Auch andere Regionen Portugals bekamen die Auswirkungen des Erdbebens zu spüren, ebenso Teile Spaniens. Schlimm wütete die Katastrophe auch in Nordafrika. Ausläufer der Flutwellen erreichten sogar die Küsten Englands. Am meisten aber beschäftigte die europäische Öffentlichkeit das Schicksal von Lissabon, damals eine strahlende Metropole und das „Tor zur Welt". Lissabon war eine der größten Städte Europas. Fast 300 000 Menschen lebten hier.

Die genaue Zahl der Todesopfer ist nicht bekannt. In der Hauptstadt kamen vermutlich weit über 30 000 Menschen ums Leben, insgesamt forderte die Naturkatastrophe an die 90 000 Todesopfer. 80 Prozent der Gebäude von Lissabon wurden zerstört. Der Wiederaufbau des darniederliegenden Lissabon war das Werk des Marques de Pombal (1699 bis 1782). Schnell und unbürokratisch leistete der Staat den verzweifelten Menschen Hilfe. Die hungernde Bevölkerung erhielt Lebensmittel und die Händler bekamen die Anweisung, die Notlage nicht auszunutzen, indem sie für ihre Waren Wucherpreise verlangten. Gegen Plünderer wurde Militär eingesetzt.

> **Beerdigt die Toten und ernährt die Lebenden.**
> Marques de Pombal

Dann ging es an die Beseitigung der Trümmer. Die neuen Straßen wurden im Schachbrettmuster angelegt. Pombal achtete dabei in außerordentlich fortschrittlicher Weise auf erdbebensicheres Bauen.

Naturkatastrophe oder Strafe Gottes?

Noch während der Aufräumarbeiten ließ er die Bevölkerung befragen. Er wollte wissen, wann das Beben begonnen und wie lange es gedauert hatte. Er erkundigte sich nach der Richtung, aus der die Erdstöße kamen. Und danach, ob die Häuser beim Zusammenstürzen eher von Norden nach Süden oder von Süden nach Norden gefallen waren. Die Ergebnisse seiner Umfragen flossen in zahlreiche Präventionsmaßnahmen ein.

Doch bei allem Krisenmanagement, das der Marques de Pombal, ein Anhänger der Aufklärung, an den Tag legte, hatte die Naturkatastrophe die Menschen tief verunsichert. Die Kirche legte die Katastrophe wie alles andere Übel in der Welt als eine Folge der Erbsünde und Strafe Gottes aus.

Der Fortschrittsglaube der Aufklärung geriet ins Wanken. Der deutsche Philosoph Leibniz hatte zuvor von „dieser Welt" als „der besten aller Welten" gesprochen und von dieser Annahme auf die Existenz eines guten und gerechten Gottes geschlossen. Diesen Optimismus wollten andere Gelehrte nicht mehr teilen. Der französische Philosoph Voltaire stellte in seinem 1759 erschienenen Roman *Candide oder Die beste aller Welten* die Frage: „Wenn dies die beste aller möglichen Welten ist, wie müssen dann die anderen aussehen?" Man begann, an einer gerechten göttlichen Ordnung der Welt zu zweifeln. Die Krise, die das Erdbeben von Lissabon auslöste, führte zu der Diskussion über die „Theodizee", also das Problem, wie das Böse in der Welt mit einem gütigen Gott in Einklang zu bringen sei.

Die Kämpfe wurden bis nach Nordamerika getragen, wo selbst Indianer Verbündete wurden.

DER SIEBENJÄHRIGE KRIEG WAR EIN WELTKRIEG

wahr

In dem Krieg, auch der dritte Schlesische Krieg genannt, ging es beileibe nicht nur um Schlesien.

Friedrich der Große gegen Maria Theresia – so lautete das Duell, als das der Krieg, der von 1756 bis 1763 dauerte, begann. Der preußische König und die Regentin aus Wien stritten sich, zum wiederholten Mal, um den Besitz von Schlesien. Die ersten Gefechte fanden denn auch in diesem Teil von Mitteleuropa statt.

Wechsel der Allianzen

Doch der Krieg nahm bald weit größere Ausmaße an und wurde in dem Sinn zu einem Weltkrieg, dass die stärksten Mächte der Zeit direkt in ihn verwickelt waren. Das hatte sich schon in den Allianzen angedeutet, die sich vor Ausbruch des Krieges gebildet hatten. Die Spannungen zwischen den Kolonialmächten Großbritannien und Frankreich in Nordamerika waren groß und hatten dazu geführt, dass die Briten das Bündnis mit Preußen suchten,

woraufhin sich die Franzosen, die bis dahin mit den Preußen im Bunde gestanden hatten, auf die Seite Österreichs schlugen, wie etwas später auch Russland, dessen Herrscherin Elisabeth I. zu Friedrichs großen Gegnern gehörte.

Angesichts dieser brisanten Situation entschloss sich der Preuße zum Präventivkrieg. Er fiel in Sachsen und Schlesien ein und errang eine Reihe von militärischen Erfolgen. Inzwischen hatte sich auch Schweden der gegnerischen Koalition angeschlossen, sodass die Lage immer brenzliger wurde.

Doch Preußen hatte Glück. Nach dem Tod Elisabeths 1762 scherte Russland unter dem neuen Zaren Peter III. aus der Schar der Preußengegner aus. Das änderte sich auch nicht, als Peter kurz darauf starb und seine Tochter Katharina, die man später „die Große" nannte, den Thron bestieg. Peter III. stammte aus einer deutschen Dynastie und hatte als Offizier in preußischen Diensten gestanden. So kam es mit dem Frieden von Hubertusburg am 15. Februar 1763 zum Ende des Krieges, in dem Preußen seine Stellung als Großmacht gefestigt hatte.

MARIA THERESIA WAR KAISERIN VON ÖSTERREICH

falsch

Kriegsschauplätze auf drei Kontinenten

Soweit zum europäischen Teil des Siebenjährigen Krieges. Zur gleichen Zeit fanden in Nordamerika heftige Gefechte zwischen Briten und Franzosen statt. Sie hatten sich überhaupt nur deswegen in den Krieg in Europa eingelassen, weil sie hofften, den jeweils anderen so schwächen zu können, dass dieser seine Ambitionen in Übersee aufgeben würde. Das war jedoch nicht der Fall. Erst hatten die Franzosen das Kriegsglück auf ihrer Seite, dann bekamen die Briten Oberwasser. Die Entscheidung fiel 1759. In diesem Jahr gelang es Großbritannien, in der Bucht von Quiberon die französischen Nachschubwege unter Kontrolle zu bekommen. Die Franzosen mussten sich nach weiteren schweren Niederlagen mit ihren Besitzungen in Kanada begnügen. Infolge der Schlappe in den nordamerikanischen Kolonien verloren die Franzosen auch ihre Gebiete in der Karibik.

Den Briten dagegen bescherte der Sieg die Rolle der unumschränkten Supermacht auf den Sieben Meeren. Daran konnte auch das Eingreifen der Spanier nichts ändern. Im Gegenteil, im Kampf gegen sie eroberten die Briten auch noch Kuba und die Philippinen. Selbst in Afrika und Asien hinterließ der Siebenjährige Krieg Spuren. Hier nahmen die Engländer den Franzosen die Besitzungen im Senegal ab und gewannen die Herrschaft über Indien.

Der Ausgang des Krieges

Im Frieden von Paris 1763 zeigte sich deutlich, dass Frankreich seine Großmachtstellung eingebüßt hatte. Im Norden Amerikas blieben nur ein paar unbedeutende Inseln in seinem Besitz, in Indien überließ ihnen der Sieger großzügig ein paar kleine Häfen. Immerhin wurde den französischen Bewohnern Nordamerikas in der Provinz Québec eine gewisse Autonomie zugestanden.

Maria Theresia war Erzherzogin von Österreich und Königin von Ungarn und Böhmen.

Die populäre Herrscherin regierte das große Reich der Habsburger bis zu ihrem Tod 1780 – aber nicht als Kaiserin. Ihre ungewöhnliche Karriere begann 1740, als sie 23 Jahre alt war. Damals starb ihr Vater Karl VI., der mit der „Pragmatischen Sanktion" eine Revolution durchgesetzt hatte: Um den Hausbesitz der Habsburger unteilbar zu machen, hatte er 1713 (also noch vor der Geburt der Tochter) die weibliche Thronfolge eingeführt. So folgte sie ihm als Regentin. Bereits 1736 hatte sie Herzog Franz Stephan von Lothringen geheiratet. Keine schlechte Wahl: 1745 wurde er als Franz I. zum Kaiser des Heiligen Römischen Reichs gewählt. Offiziell gab es zwischen den Ehegatten eine klare Arbeitsteilung: Franz trug die Reichskrone und Maria Theresia herrschte über die habsburgischen Länder. Aber alle wussten, wer in Wien die Regierungsgeschäfte führte. Nach dem Tod des Gemahls 1765 machte Maria Theresia ihren Sohn Joseph, der gleichzeitig zum Nachfolger seines Vaters gewählt wurde, zum Mitregenten.

Maximale Mütterlichkeit

Maria Theresia hatte nicht weniger als 16 Kinder. Ihre Mutterrolle war ihr nach eigenem Bekunden sogar wichtiger als die Rolle der Landesmutter. Sechs der Kinder starben allerdings noch zu Lebzeiten der Regentin. Das traurigste Schicksal wartete auf ihre Tochter Marie Antoinette. Als Königin von Frankreich starb sie während der Französischen Revolution unter der Guillotine.

MARIA THERESIA GRÜNDETE EIN INSTITUT FÜR BIENENFORSCHUNG

wahr

Die Förderung der Bienenzucht lag der Monarchin am Herzen. Sie hatte dabei auch die Wirtschaft im Auge.

Maria Theresia (1717 bis 1780) regierte über das habsburgische Österreich, Ungarn und Böhmen und gehörte damit zu den mächtigsten Herrschern in Europa. Sie schnitt manchen alten Zopf ab, etwa indem sie die Leibeigenschaft einschränkte und die Schulpflicht einführte. Als Förderin der Wirtschaft war sie fortschrittlicher als die meisten anderen Monarchen ihrer Zeit.

1769 gründete sie im Wiener Augarten die erste staatliche Imkerschule der Welt. In der „Theresianischen Imkerschule" wurde zu allem geforscht, was mit Bienenhaltung und Honiggewinnung zu tun hatte. Durch den Import von Rohrzucker aus den Kolonialländern der Neuen Welt hatte der Honig seine wirtschaftliche Bedeutung eingebüßt. Diesen Abwärtstrend wollte die Monarchin aufhalten. Die Schule, die schnell einen guten Ruf genoss, existierte jedoch nur acht Jahre. Maria Theresias Sohn, Kaiser Joseph II., löste sie ein Jahr nach dem Tod der Mutter auf.

DAS EAU DE COLOGNE WURDE IN KÖLN ERFUNDEN

falsch

Wo Kölnischwasser drauf steht, muss auch Kölnisches Wasser drin sein? Da müssen die Freunde von 4711 umdenken.

Die Spur führt tatsächlich nach Köln. Im Jahr 1792 nahm man in der Kölner Glockengasse die Herstellung einer wohlriechenden und dazu wohltuenden Essenz aus Alkohol und Blütenölen auf. Es war der Beginn einer in der Welt der Düfte nahezu einmaligen Erfolgsgeschichte. Unter dem Namen „Kölnischwasser" – oder vornehmer „Eau de Cologne" – eroberte das Erzeugnis die Welt. Bekannt wurde es auch unter der Zahlenfolge „4711". Das war die Hausnummer der Produktionsstätte in der Glockengasse, denn auf Veranlassung der französischen Besatzungstruppen unter Napoleon war 1796 eine flächendeckende Nummerierung der Kölner Häuser vorgenommen worden.

Alles deutet also auf Köln als Entstehungsort hin. Doch es gibt deutliche Hinweise, dass der Parfümklassiker viele Jahre früher in Italien als aqua mirabilis entwickelt wurde. Die Ehre, den besonderen Duft kreiert zu haben, gebührt dem Italiener Giovanni Paolo Feminis aus der Stadt Crana bei Mailand. Für die Verbreitung sorgte sein Landsmann Giovanni Maria Farina. Dieser lebte seit 1709 in der Domstadt am Rhein. Das italienische *aqua mirabilis* alias Kölnischwasser genoss keinen Produktschutz und so wurde es in Köln von verschiedenen Fabrikanten hergestellt – besonders erfolgreich als „4711" in der Glockengasse.

AUSTRALIENS ERSTE SIEDLER WAREN TASCHENDIEBE

wahr

Volle Gefängnisse in England bescherten dem fünften Kontinent Gäste mit dunkler Vergangenheit.

Noch nie hatte Kapitän Arthur Philipp eine solche Fracht an Bord gehabt, obwohl er zu den erfahrensten Männern der britischen Marine zählte. Genau 759 Strafgefangene befanden sich auf den Schiffen der sogenannten First Fleet, der ersten Flotte, die am 13. Mai 1787 von Plymouth aus mit einem speziellen Auftrag Richtung Australien aufbrach. Es war noch nicht lange her, dass James Cook den fünften Kontinent für die britische Krone in Besitz genommen hatte. Mit nicht geringer Enttäuschung hatte man jedoch festgestellt, dass das neue Land als Kolonie nicht so viel hergab, wie erhofft.

Handverlesene Passagiere

Jemand kam auf die Idee, die Weiten Australiens zur Lösung eines drängenden Problems zu nutzen: Die Gefängnisse im Königreich platzten aus allen Nähten. Bislang hatte man Sträflinge, für die es in den Strafanstalten keinen Platz gab, in die Kolonien Nordamerikas abgeschoben. Doch die Überseegebiete hatten sich inzwischen unabhängig gemacht und verständlicherweise kein Interesse daran, weiterhin Straftäter aus Europa aufzunehmen. Andererseits nahm die Zahl der Straftaten und damit auch die Zahl der Verurteilten gerade in dieser Zeit dramatisch zu, da infolge der Industriellen Revolution und der damit verbundenen Verarmung viele Menschen in die Kleinkriminalität getrieben wurden.

Mit der Gründung von Sträflingskolonien in Australien wollte man zwei Fliegen mit einer Klappe schlagen: die Entlastung der Gefängnisse im Mutterland und die Nutzbarmachung des neuen Territoriums. Zielgebiet war die Ostküste, hier befanden sich nach Einschätzung kundiger Forscher ausreichend fruchtbare Gebiete, um die Sträflinge und ihre Be-

gleiter sich selbst überlassen zu können. Neben den Sträflingen nahmen 211 Marinesoldaten samt ihren Angehörigen sowie Verwaltungsbeamte an dem großen Abenteuer teil. Die Inhaftierten hatte man sorgfältig ausgesucht. Schwerverbrecher wie Mörder und Vergewaltiger kamen nicht in Frage, um keine Meutereien und Unruhen zu riskieren. Vielmehr versammelte sich unter den Fahnen der First Fleet eine bunte Truppe von überwiegend Klein- und Kleinstkriminellen, von denen Taschen- und Ladendiebe die absolute Mehrheit stellten. Es dauerte acht Monate, bis die Schiffe die mehr als 23 000 Kilometer zurückgelegt hatten – nicht ohne Verluste: 48 Personen überlebten die Strapazen nicht.

Sträflingsleben in Übersee

Die Hoffnung der britischen Behörden, dass sich die Sträflingskolonie selbst ernähren könnte, war zu optimistisch gewesen. Der Boden gab nicht viel her. Mit der Urbarmachung schränkten die unfreiwilligen Siedler den natürlichen Lebensraum der Ureinwohner ein. Bald begannen sie auch, in die Jagdgebiete der Aborigines vorzudringen. Gewaltsame Konflikte ließen nicht lange auf sich warten. In den Lagern selbst herrschten harte Bedingungen: Die Sträflinge mussten in Ketten arbeiten, nachts lagen sie, je 20 bis 30 Mann, angekettet in ihren Baracken.

James Cook

Was James Cook (1728 bis 1779), der Entdecker Australiens, noch so alles entdeckt hat, lässt sich an den Namen vieler Inseln und Territorien vornehmlich in der Südsee ablesen. So gibt es in Neuseeland eine Cook-Straße, die Cook-Inseln und einen Mount Cook. Auch ein Mondkrater ist nach James Cook benannt – den hat er ausnahmsweise nicht selbst betreten.

DIE ERSTE MODERNE VERFASSUNG EUROPAS WURDE IN POLEN ERLASSEN

wahr

England? Frankreich? Oder gar Deutschland? Alles nicht. Die Polen entpuppten sich als die wahren Erben von Aufklärung und Revolution.

Polnischer Nationalfeiertag ist der 3. Mai, jener Tag, an dem sich die Polen im Jahr 1791 eine Verfassung gaben, die zum fortschrittlichsten gehörte, was Europa bis dahin zu bieten hatte. Zwar blieb Polen weiterhin eine Monarchie. Der König war es auch, der die Verfassung verkündete. Aber sie enthielt Paragraphen, die den gekrönten Häuptern anderer Staaten Europas die Haare zu Berge stehen ließen – weswegen sie auch sofort heftige Kritik übten.

Flucht nach vorne

Doch die Polen waren willens, ihren eigenen Weg zu gehen. Das Land hatte eine Reihe von Auseinandersetzungen mit Nachbarländern hinter sich, in denen die Könige, die bis dahin allein den Kurs vorgegeben hatten, sich als schwach und hilflos erwiesen hatten.

Vorbilder für das neue politische Rahmenwerk waren die amerikanische Verfassung von 1776, das Gedankengut der Aufklärung und die Ideen der Französischen Revolution, die 1791 in vollem Gange war. Menschenrechte, Bürgerrechte, Freiheit – das waren zentrale Inhalte, die in der polnischen Verfassung von 1791 verankert wurden.

Die treibende Kraft war Hugo Kollataj (1750 bis 1812), seines Zeichens der bedeutendste Vertreter der Aufklärung in Polen. Seine Handschrift war deutlich erkennbar, etwa wenn es hieß, dass jede Staatsgewalt in der menschlichen Gesellschaft aus dem Willen der Nation entsteht und nicht etwa aus dem Willen eines unumschränkt herrschenden Monarchen. Auch das Prinzip der Gewaltenteilung fand Anwendung – fortschrittlich!

DIE FRANZÖSISCHE REVOLUTION WURDE VOM VOLK ANGEZETTELT

falsch

Revolution kommt immer von unten. Doch ausgerechnet beim Klassiker der Revolutionen war dies nicht der Fall.

Die Franzosen feiern ihren Nationalfeiertag am 14. Juli in Erinnerung an die Ereignisse vom 14. Juli 1789. An diesem Tag stürmten etwa 8000 bewaffnete Männer und Frauen die Bastille.

Die Pariser Stadtfestung hatte in früherer Zeit als Prominenten-Gefängnis gedient, jetzt verbüßte nur noch eine Handvoll Insassen in den heruntergekommenen Verliesen ihre Strafe. Trotzdem galt die Bastille als Symbol für ein verhasstes Regime: König Ludwig XVI. regierte, wie seine Vorgänger, als selbstherrlicher, absoluter Monarch. Auch finanziell befand sich Frankreich in einer schweren Krise, unter anderem auch deswegen, weil die Verantwortlichen das Geld mit vollen Händen ausgaben. Auf dem Land befanden sich viele Bauern in bitterer Not.

> **Wir sind hier durch den Willen der Nation.**
> Comte de Mirabeau

Unspektakuläres Ereignis

Der Effekt der Bastille-Aktion war gering. Sie war nicht der Auftakt oder gar Auslöser der Revolution. Beim Sturm auf die Bastille verschaffte sich zwar der Zorn der Massen Luft, doch die Revolution brodelte anderswo. Der Umsturz begann ganz oben und in der Mitte der Gesellschaft – beim Adel und beim gehobenen Bürgertum.

Das Bürgertum, zu dem Ärzte, Juristen und wohlhabende Kaufleute zählten, bildete in Frankreich den Dritten Stand nach Klerus und Adel. Alle drei Stände zusammen bildeten die Ständeversammlung, deren Hauptaufgabe die Steuerbewilligung war. Doch schon seit einiger Zeit forderte das Bürgertum mehr politische Rechte. Als

Das Volk bewaffnete sich am 14. Juli 1789, um die Bastille zu stürmen, Adlige und Bürger aber hielten die Fäden in der Hand.

Ludwig XVI. im Mai 1789 die Stände zusammenrief, kam es zum Aufstand: Am 17. Juni 1789 erklärte sich der Dritte Stand zur Nationalversammlung.

Umstürzler aus der Oberschicht

Die Beteiligten leisteten den sogenannten Ballhausschwur: Sie wollten nicht auseinandergehen, bevor ihnen nicht eine Verfassung zugestanden wurde, die den Bürgern mehr Rechte verlieh. Dem König, der mächtig unter Druck geraten war, blieb nichts anderes übrig als nachzugeben. Erst nach diesen Ereignissen fand der Sturm auf die Bastille statt. Das Volk blieb während der gesamten Französischen Revolution in der Statistenrolle. Ebenso falsch, wie die Vorstellung vom Volk als Revolutionstreiber ist aber auch die vom Adel als Verlierer der Revolution. Verloren hat die Monarchie – und das nicht nur, weil der König und seine Gemahlin Marie Antoinette hingerichtet wurden. Vielmehr wurde im Verlauf der Revolution das Königtum an sich abgeschafft und Frankreich wurde eine Republik.

Abenteuerliche Flucht

Als die Lage immer brenzliger wurde, suchte König Ludwig XVI. sein Heil in der Flucht. Am 20. Juni 1791 bestieg er unter strengster Geheimhaltung mit seiner Familie eine Kutsche. Seine Absicht war es, im Ausland bei befreundeten Monarchen um Hilfe zu bitten und dann nach Frankreich zurückzukehren. Doch der Plan ging schief. In Varenne wurde der inkognito reisende Monarch von einem Postmeister erkannt.

Je länger die Revolution dauerte, desto radikaler wurde sie und desto mehr lief sie aus dem Ruder. Einzelne politische Gruppen, allen voran die gefürchteten Jakobiner unter ihrem Anführer Robespierre, wüteten mit Mord und Totschlag sowohl in den Reihen der Gegner als auch unter den eigenen Leuten. Wieder musste das Volk zuschauen, während Adel und Bürgertum das Geschehen diktierten.

Angetreten waren die bürgerlichen Revolutionäre 1789 mit dem Ziel, ihre Position im Staat zu verbessern. Anfangs dachten sie nicht daran, die Monarchie zu beseitigen. Doch nach der Hinrichtung Ludwigs XVI. 1793 lag das nahe. Am Ende kam paradoxerweise aus der Revolution doch wieder eine Monarchie heraus. Napoleon Bonaparte verstand es, sich in dem ganzen Chaos als Retter zu präsentieren. In der Hoffnung auf Ruhe und Ordnung stattete man ihn mit weitgehenden Rechten aus. Am 2. Dezember 1804 krönte er sich in der Kathedrale Notre-Dame in Paris selbst zum Kaiser der Franzosen. Die Revolution hatte das Königtum beseitigt und sich dafür einen Kaiser eingehandelt.

DER KOMPONIST DER MARSEILLAISE WAR ANHÄNGER DES KÖNIGS

wahr

Die französische Nationalhymne wurde zur Zeit der Französischen Revolution geschrieben, aber mit der Revolution hatte der Komponist nichts am Hut.

„Allons enfants de la patrie, le jour de gloire est arrivé" – der Anfang der französischen Nationalhymne (und vielleicht auch noch etwas mehr) ist auch außerhalb Frankreichs bekannt. „Auf, Kinder des Vaterlandes, der Tag des Ruhmes ist da." Geschrieben mitten in den Wirren der Französischen Revolution, die sich den Kampf für Freiheit, Gleichheit und Brüderlichkeit auf die Fahnen geschrieben hatte.

Kriegslied für die Rheinarmee

Text und Melodie stammen aus der Feder von Claude-Joseph Rouget de Lisle (1760 bis 1836). Er schrieb das Lied in einer einzigen Nacht im April 1792, allerdings nicht in der südfranzösischen Hafenstadt Marseille, wie man meinen könnte, sondern in Straßburg, wo er als Offizier stationiert war. Dass aus seinem Werk das Lied der Revolutionäre werden könnte, hatte der Urheber nicht im Sinn gehabt. Im Gegenteil, aus seiner Sympathie für König und Königtum machte er keinen Hehl. Die Hymne verfasste er als Kriegslied für die französische Rheinarmee, unmittelbar nachdem Frankreich im Rahmen der Revolutionskriege (1792 bis 1815) Österreich den Krieg erklärt hatte. Später saß Rouget de Lisle wegen seiner königsfreundlichen Haltung sogar eine Zeit lang im Gefängnis.

Zur „Marseillaise" und zur Freiheitshymne wurde das patriotische Kriegslied am 30. Juli 1792. Da marschierten republikanische Truppen aus Marseille in Paris ein, um an den Aufständen teilzunehmen, und sangen dabei eben jenes Lied. Durch seine rasche Popularität wurde es am 14. Juli 1795 zur französischen Nationalhymne erklärt.

DIE GUILLOTINE WAR DAS WERK EINES FRANZOSEN

falsch

Gebaut wurde das Hinrichtungsinstrument, das in der Französischen Revolution traurige Berühmtheit erlangte, von einem Deutschen.

40 000 Menschen starben während der Französischen Revolution (1789 bis 1799) unter dem Fallbeil. Erst mussten die Gegner der Revolutionäre dran glauben – prominenteste Opfer waren König Ludwig XVI. und seine Frau Marie Antoinette. Dann köpften sich die Revolutionäre gegenseitig. Auch hier fanden sich illustre Namen unter den Geschädigten wie etwa Robespierre, der als Führer der Jakobiner selbst für viele Hinrichtungen verantwortlich gewesen war.

Der Erfinder der Enthauptungsmaschine mit der perfiden Eigenschaft, den Kopf präzise und in Sekundenschnelle vom Rumpf zu trennen, war aber nicht der, nachdem sie benannt wurde. Der Arzt Joseph Ignace Guillotin (1738 bis 1814) gab lediglich den Anstoß zu ihrer Entwicklung, als er vor dem Parlament eine Hinrichtungsart für alle und keine zusätzlichen Qualen, sondern einen „schnellen und sauberen" Tod forderte. Eine Maschine zum Köpfen erschien ihm sinnvoll.

> **Ich sterbe ohne Schuld.**
> Ludwig XVI.
> unter der Guillotine

Die erste Guillotine baute ein Deutscher: Der Auftrag erging an den in Paris lebenden Klavierbauer Tobias Schmidt. Nach Tests mit Tieren und Leichen wurde die Form des Fallbeils noch einmal verändert und ab April 1792 wurde die Maschine für alle öffentlichen Hinrichtungen verwendet. Dass sie nach Guillotin benannt wurde, darüber war der Namenspatron nicht begeistert. Seine Kinder änderten nach seinem Tod sogar ihren Familiennamen, um nicht mehr mit dem Gerät in Verbindung gebracht zu werden.

IN DEN ARMEEN DER FRANZÖSISCHEN REVO-LUTIONÄRE KÄMPFTEN AUCH FRAUEN

wahr

Reine Männersache? Nicht in Frankreich. Da griffen auch Frauen zu den Waffen.

Jeanne D'Arc hatte es vorgemacht. Sie kämpfte im 15. Jahrhundert gegen die Engländer, landete dann zwar auf dem Scheiterhaufen, brachte es posthum aber zur französischen Nationalheiligen.

Während der Französischen Revolution wandelten viele Frauen auf den Spuren der legendären „Jungfrau von Orléans". Zur Ikone der französischen Amazonen wurde Thérigne de Méricourt (1762 bis 1817). Sie stammte eigentlich aus den Niederlanden und kam über London nach Paris. Dort schloss sie sich den Jakobinern an und war aktiv am Sturm auf die Tuilerien, die königliche Residenz in Paris, beteiligt. Wegen erwiesener Tapferkeit wurde sie danach mit einer Bürgerkrone ausgezeichnet. Sie war auch eine Vorkämpferin für das Recht der Frauen, wie die Männer Waffen zu tragen. „Lasst uns den Männern zeigen, dass wir ihnen weder an Mut noch an Tugend unterlegen sind", schrieb sie denen ins Stammbuch, die stets den Männern den Vortritt ließen.

Emanziaption auf Zeit

Auch wenn Thérigne de Méricourt ihren Traum von einer rein weiblichen Armee nicht realisieren konnte, waren Frauen in der Zeit der Französischen Revolution militärisch auf dem Vormarsch. Noch während der Revolution begannen die Kriege gegen europäische Mächte wie Österreich, Preußen und Großbritannien. Diese machten gegen Frankreich mobil, weil sie befürchteten, die revolutionäre Welle könne auch zu ihnen herüberschwappen. Die Koalitionäre staunten nicht schlecht, als ihnen in der Schlacht Frauen gegenüberstanden, die leidenschaftlich kämpften.

Eine dieser Frauen, Rose Bouillon, focht Seite an Seite mit ihrem Ehemann und hörte auch nicht auf zu kämpfen, als dieser neben ihr gefallen war. Zwei

Schwestern, Felicitas und Theophile Fernig, verdienten sich ihre militärischen Sporen im Gefecht gegen die Österreicher. In einem zeitgenössischen Bericht wird ihr Einsatz lobend erwähnt und von ihrem General erhielten sie eine Auszeichnung.

Jedoch war dies nicht der Durchbruch zur Emanzipation der Frau. Die meisten Männer der Zeit waren der Ansicht, Frauen sollten sich der Familie widmen und nicht auf den Schlachtfeldern tummeln.

Die militanten politischen Aktivistinnen der Revolution wurden „Tricoteuses" (Strickerinnen) genannt.

ZWEI KAISER LIESSEN DEN KÖNIG VON PREUSSEN IM REGEN STEHEN

wahr

Diese Geschichte war für Friedrich Wilhelm III. ein sicheres Zeichen, dass er im Konzert der Mächtigen nur eine Statistenrolle spielte.

Friedrich Wilhelm III. bekleidete das Amt des Königs von Preußen von 1797 bis zu seinem Tod 1840. Eine lange Regierungszeit – nur übertroffen von der Friedrichs der Großen. Aber er hatte zweifaches Pech: Zum einen musste er es mit Napoleon aufnehmen, der in dieser Zeit seinen Siegeszug durch Europa startete und dabei auch den Preußen heftige Niederlagen zufügte. Zum anderen stand er, da es ihm an Format und Ausstrahlung fehlte, stets im Schatten seiner Ehefrau Luise.

Napoleon und Alexander

Der Ruhm von Königin Luise strahlte umso heller. Sie war diejenige, die im Hintergrund die Fäden zog und sich kräftig in die hohe Politik einmischte. Als sie 1810, im Alter von nur 34 Jahren, starb, war die Trauer nicht nur in Preußen groß. Friedrich Wilhelm aber sollte noch 30 Jahre ohne sie regieren.

Seine schwärzeste Stunde erlebte der Preußenkönig 1807. Im Jahr zuvor hatte er seinen neutralen Kurs gegenüber Napoleon aufgegeben und sich in die Riege der Gegner des französischen Kaisers eingereiht. Keine gute Idee, wie sich bald zeigen sollte. In der Doppelschlacht von Jena und Auerstedt im Oktober 1806 erteilte Napoleon dem blassen König und seinen überforderten Soldaten eine militärische Lektion. Napoleon marschierte triumphierend in Berlin ein, Friedrich Wilhelm ergriff samt Familie die Flucht nach Ostpreußen.

Auch dem russischen Zaren Alexander gelang es nicht, den Vormarsch der Franzosen zu stoppen. Im Frühjahr 1807 mussten seine Truppen eine schwere Niederlage hinnehmen. Der Zar bat um einen Waffenstillstand, und am 25. Juni 1807 traf man sich in Tilsit, um über einen Friedensvertrag zu verhandeln. Der Ort des Treffens war ungewöhnlich – zwei Pontonboote mitten auf der Memel. Der Fluss markierte die Grenze zwischen dem Russischen Reich und den Gebieten, die Napoleon inzwischen unter seiner Kontrolle hatte. Dort verhandelten die beiden Kaiser über alle wichtigen Angelegenheiten. Dazu gehörte auch das Schicksal Preußens. Da wäre eigentlich die Meinung von König Friedrich Wilhelm III. gefragt gewesen. Der war auch vor Ort, an der Konferenz teilnehmen ließen ihn die beiden anderen aber nicht. Während Alexander und Napoleon Weltpolitik machten, stand Friedrich Wilhelm im strömenden Regen, bekleidet mit einem geborgten russischen Soldatenmantel, am Ufer der Memel und wartete darauf, was sie für Beschlüsse fassen würden.

Deutlicher konnte Friedrich Wilhelm nicht vor Augen geführt werden, dass die Zeiten, in denen man von Preußens Glanz und Gloria gesprochen hatte, erst einmal vorüber waren. Am Ende aber überlebte der bei Tilsit düpierte Preußenherrscher sowohl Napoleon als auch Zar Alexander.

Königin der Herzen

König Friedrich Wilhelm III. war steif und linkisch, Königin Luise das genaue Gegenteil, weshalb ihr auch die Herzen der Untertanen zuflogen. Viele Anekdoten sind über die ebenso kluge wie strahlende Monarchin im Umlauf. Berühmtheit erlangte ihre Begegnung mit Kaiser Napoleon am 6. Juli 1807 in Tilsit. Auf die Frage des siegreichen Franzosen, wie es die Preußen hatten wagen können, ihn, den großen Napoleon, herauszufordern, antwortete die Königin mit den Worten: „Der Ruhm Friedrichs des Großen hat uns über unsere Mittel getäuscht."

BENJAMIN FRANKLIN ERFAND DEN HOSENTRÄGER

wahr

Franklin war ein vielseitig begabter Mann. Neben dem Blitzableiter war der Hosenträger seine segensreichste Erfindung.

Die Liste der von Benjamin Franklin (1706 bis 1790) ausgeübten Tätigkeiten war lang. Er war Staatsmann und in dieser Eigenschaft einer der Gründerväter der Vereinigten Staaten von Amerika, Verleger, Schriftsteller, Drucker, Wissenschaftler und – Erfinder.

Von jedem etwas

Auch die Liste seiner Erfindungen kann sich sehen lassen. Stets war er dabei von dem Drang getrieben, den Menschen Gutes zu tun. In Philadelphia rief er die erste Freiwillige Feuerwehr ins Leben. Auch die Gründung der ersten Leihbibliothek in den Vereinigten Staaten ist mit seinem Namen verbunden. Dass die Menschen bei Gewitter in ihren Häusern nicht mehr vor Angst zittern mussten, verdankten sie ebenfalls dem umtriebigen Franklin, denn er erfand einen Blitzableiter. Wen wundert es da, dass Franklin auch Vater des Hosenträgers ist? Insbesondere die Wertschätzung beleibter Herren dürfte dem Sohn eines Seifen- und Kerzenmachers damit dauerhaft sicher gewesen sein. Erproben ließ Franklin seine revolutionäre Erfindung zum ersten Mal 1736 von eben jenen Feuerwehrleuten in Philadelphia. Die elastischen Bänder (in X-Form; die Y-Form ist eine Variante jüngeren Datums) gehörten fortan zu ihrer Uniform.

Eine amerikanische Karriere

Nachdem er sich in solcher Weise um die Menschheit verdient gemacht hatte, stürzte sich Franklin in die Politik, wo er, seinem Naturell entsprechend, ebenfalls sehr umtriebig war. So kam der soziale Aufsteiger bis nach Europa, wo er zwischen 1776 und 1785 als Diplomat im vorrevolutionären Frankreich die Interessen der Vereinigten Staaten vertrat. Als er 1790 ein paar Monate nach seinem 84. Geburtstag starb, waren sich alle einig: Mit Franklin hatte man eine bedeutende Persönlichkeit der Zeit verloren.

DEUTSCH SOLLTE IN DEN USA AMTSSPRACHE WERDEN

falsch

Seit dem 19. Jahrhundert tauschten Millionen Deutsche die Alte Welt gegen die Neue. Ihr Einfuss auf die amerikanische Kultur war groß – aber nicht so groß.

Am 6. Oktober 1683 betraten die ersten deutschen Siedler amerikanischen Boden. Sie gründeten in der Nähe des heutigen Philadelphia eine Stadt, der sie den englischen Namen Germantown gaben (nicht etwa „Deutschstadt"). Bis 1820 kamen 150 000 Deutsche nach Amerika, danach stiegen die Zahlen rasant an. Zwischen 1820 und 1932 waren es 6,5 Millionen. In den Staaten New York und Pennsylvania war ihr Anteil an der Bevölkerung sehr hoch. Von den 300 000 Einwohnern Pennsylvanias sprach zeitweise jeder Dritte Deutsch. Bezogen auf die Gesamtbevölkerung der USA machte der Anteil der deutschen Zuwanderer jedoch nie mehr als zehn Prozent aus.

Knappes Resultat

Behauptungen, es habe die Überlegung gegeben, Deutsch zur Amtssprache zu machen, berufen sich auf eine Abstimmung 1828 in Pennsylvania, bei der die Befürworter nur um Haaresbreite verloren haben sollen – eine einzige Stimme habe gefehlt. Ausgerechnet ein Deutscher namens Mühlenberg habe mit seinem ablehnenden Votum den Ausschlag für das Englische gegeben. Doch diese Geschichte geht auf das Konto englisch stämmiger Amerikaner, die damit ihre Führungsrolle gegenüber den Deutschen behaupten wollten. Was es tatsächlich gegeben hat, war eine Petition deutscher Einwanderer in Virginia an das US-Repräsentantenhaus 1794, in der sie darum baten, bei der Veröffentlichung von Gesetzestexten eine deutsche Übersetzung beizufügen, weil viele Schwierigkeiten mit der englischen Sprache hatten. Der Antrag wurde mit 42 zu 41 Stimmen abgelehnt.

DAS WORT „SABOTAGE" STAMMT VOM HOLZSCHUH AB

wahr

Wenn man bei Sabotage an Holzpantinen denkt, wird ein Schuh draus.

Nach üblicher Lexikon-Definition versteht man unter „Sabotage" die Vereitelung eines Ziels durch böswillige geheime Gegenwirkung oder durch passiven Widerstand. Unter den Begriff fällt insbesondere die vorsätzliche Zerstörung von Anlagen und Maschinen oder von Infrastruktur wie Straßen, Eisenbahngleisen und Brücken.

Das Wort kommt aus dem Französischen. Es ist abgeleitet von *sabot*, womit die Franzosen einen Holzschuh bezeichnen. Wie aus den Holzpantinen der Sabotageakt werden konnte, darüber kursieren unterschiedliche Versionen, von denen aber einige den Nachteil haben, wenig wahrscheinlich zu sein. Am glaubwürdigsten ist folgende Herleitung.

Landarbeiter in der Armutsfalle

Im Lauf des 19. Jahrhunderts erreichte die Industrielle Revolution, die in Großbritannien ihren Anfang genommen hatte, auch Frankreich. In allen Arbeitsbereichen hielt die Technik Einzug. Arbeits- und kostensparende Innovationen standen auf der Liste der Unternehmer ganz oben. Der Staat förderte diese Entwicklung, weil man sich mit besseren und kostengünstiger hergestellten Produkten mehr Chancen auf den internationalen Märkten ausrechnete.

Auch die Landwirtschaft bekam die Auswirkungen dieses Wandels zu spüren. Hier setzte man auf praktische und günstige Mähmaschinen und Dreschmaschinen. Das brachte viele Landarbeiter um Lohn und Brot, denn sie wurden nicht mehr gebraucht. Daraufhin machten sie ihrem Unmut in einer ungewöhnlichen Protestaktionen Luft: Sie warfen ihre *sabots* ins Getriebe der Maschinen, die ihre Arbeit nun übernahmen – damit waren das die ersten Sabotageakte der Geschichte.

DIE NATIONALHYMNE DER USA BERUHT AUF EINEM TRINKLIED

wahr

Kaum eine Nationalhymne wurde als solche komponiert. Beim „sternen-besetzten Banner" ist das nicht anders.

Im britisch-amerikanischen Krieg, der seit 1812 tobte, nahmen die Briten am 13. November 1814 mit ihrer Flotte das Fort McHenry in der Nähe von Baltimore unter Beschuss. Doch gelang es ihnen nicht, die Bastion sturmreif zu schießen. Am nächsten Morgen wehte immer noch die amerikanische Flagge über dem Fort. Dieses Bild beeindruckte den Augenzeugen Francis Scott Key so sehr, dass er in kürzester Zeit den Text zu Papier brachte, den die Amerikaner seit 1931 singen, wenn sie die Nationalhymne anstimmen.

Lied nach Vorschrift

Die Melodie ist noch älter. Sie gehörte zu einem Trinklied, das der englische Organist John Stafford Smith für einen Londoner Club – die Anacreontic Society – geschrieben hatte und das die Mitglieder bei geselligen Anlässen anzustimmen pflegten.

Zur Zeit des Ersten Weltkriegs erteilte Präsident Woodrow Wilson amerikanischen Militärkapellen Weisung, es bei offiziellen Anlässen zu spielen. Unter der Präsidentschaft von Herbert Hoover wurde es dann mit dem Text von Key ganz offiziell zur Hymne der USA.

NAPOLEON ERFAND DEN RECHTSVERKEHR

wahr

Neben vielen anderen Talenten hatte der Kaiser der Franzosen ein Gespür für Verkehrsplanung.

Fast überall auf der Welt wird im Straßenverkehr rechts gefahren. Nur dort, wo die Briten einmal das Sagen hatten oder immer noch haben, fahren die Verkehrsteilnehmer auf der linken Straßenseite – eine Ausnahme ist Japan, wo britische Ingenieure, die beim Bau der Eisenbahn halfen, den Linksverkehr salonfähig machten.

Bis ins 18. Jahrhundert gab es diesbezüglich keine Vorschriften. Man fuhr, wo Platz war. Bei hohem Verkehrsaufkommen führte das schon mal zu schweren Unfällen. „Vorfahrt für rechts" hieß es erstmals in Paris während der Französischen Revolution. Militärfahrzeuge sollten sich auch außerhalb der Stadt rechts halten. Der Wunsch, den Militärverkehr zu organisieren, dürfte auch dazu geführt haben, dass man sich schließlich grundsätzlich für rechts entschied. Napoleon war es dann, der diese Regel in die Welt hinaustrug – jedenfalls dorthin, wo er aufgrund seiner vielen Eroberungen in Europa eine Zeit lang herrschte. Die meisten Länder blieben dabei, auch als der Kaiser schon längst von der politischen Bühne verschwunden war; weitere Länder in Europa schlossen sich an.

EIN 17-JÄHRIGER DEUTSCHER WOLLTE NAPOLEON TÖTEN

wahr

Beinahe wäre es ihm auch gelungen. Aber er wurde entdeckt und büßte den Plan mit dem eigenen Leben.

Was wäre wohl passiert, wenn das Attentat geglückt wäre? Der Name Friedrich Stapß wäre in den Geschichtsbüchern dick unterstrichen und Napoleon wäre nicht 1821 im Exil auf der Insel St. Helena, sondern schon 1809 in Wien gestorben. Und wer weiß, wie die Geschichte dann verlaufen wäre … Aber das sind Spekulationen. Fakt ist, dass sich Friedrich Stapß (auch Staps geschrieben), 1792 in Naumburg an der Saale als Sohn eines Pfarrers geboren, fest vorgenommen hatte, den Kaiser der Franzosen zu töten. Eine tollkühne Absicht: Stapß war ein 17-jähriger Jüngling, der dabei war, den ehrbaren Beruf eines Kaufmanns zu erlernen. Napoleon stand im Zenit seiner Macht, er hatte halb Europa unterworfen.

Stapß sah in Napoleon einen Dämon, der seine Heimat Deutschland in Not und Elend gestürzt hatte, und fühlte sich von Gott beauftragt, den Kaiser zu beseitigen. Er ahnte, dass das Attentat – ob es

nun glückte oder nicht – auch sein eigenes Leben kosten würde. Das schrieb er in einem Abschiedsbrief an seine Eltern, den er zurückließ, ohne darin zu erklären, was genau er vorhatte.

Stapß reiste nach Wien. Dort hielt sich der Kaiser auf, um nach dem Sieg über die Österreicher den Friedensvertrag zu unterzeichnen. Für den 8. Oktober war in Schloss Schönbrunn eine Truppenparade angesetzt. Bei dieser Gelegenheit wollte Stapß die Tat mit einem einfachen Küchenmesser durchführen. Er mischte sich unter die Menge der Schaulustigen, aber er drängelte sich so auffällig an Napoleon, der zu Fuß ging, heran, dass ein General Verdacht schöpfte. Stapß wurde der Wache übergeben und durchsucht. Man entdeckte das Messer und er wurde verhaftet. Beim Verhör, das Napoleon persönlich vornahm, machte der junge Mann keinen Versuch, seine Absicht zu leugnen, sondern erklärte unumwunden, dass er den Kaiser ermorden wollte.

Daraufhin wurde er vor ein Kriegsgericht gestellt und zum Tode verurteilt. Das Urteil wurde am 16. Oktober vollstreckt. Napoleon hatte kein Interesse daran, die Angelegenheit an die große Glocke zu hängen und damit möglicherweise größeren Verschwörungen Vorschub zu leisten. Erst viele Jahre später wurde der Fall öffentlich gemacht. Die Familie wurde sogar erst 22 Jahre nach dem Tod des Sohns offiziell benachrichtigt.

So starb Napoleon wirklich

Nach dem Tod des Ex-Kaisers am 5. Mai 1821 auf St. Helena kamen Gerüchte auf, es sei dabei nicht alles mit rechten Dingen zugegangen. Man munkelte, er sei auf Anstiften der Engländer, die ihm auch im Exil noch alles zutrauten, vergiftet worden. Der offizielle Befund aber konnte diese Theorie nicht bestätigen. Demnach starb der 51-Jährige an einer schweren Krankheit, bei der es sich vermutlich um Magenkrebs handelte.

Nach dem gescheiterten Attentat lehnte Stapß (links) eine Begnadigung durch Napoleon (rechts) ab.

NAPOLEON IST DER ERFINDER DER KONSERVENDOSE

falsch

Das stimmt nicht, aber ohne ihn gäbe es die luftdicht verschlossenen Behältnisse vermutlich auch nicht.

Natürlich darf man sich die Angelegenheit nicht so vorstellen, dass der kleine Korse mit dem großen Kämpferherz in seiner knapp bemessenen Freizeit noch über segensreiche Erfindungen wie die Konservendose tüftelte. Vielmehr dachte der Kaiser der Franzosen über die Ernährung seiner Soldaten nach. Napoleon hatte große Eroberungspläne. Feldzüge standen an. Die Logistik inklusive der Lebensmittel war dabei ein wichtiger Aspekt.

Soldatenkost

12 000 Goldfranken, so die öffentliche Ausschreibung, war dem Kaiser das Patent auf ein Verfahren zum Haltbarmachen von Lebensmitteln wert, das weniger umständlich als Salzen und Pökeln war. Sein Landsmann Nicolas Appert, von Beruf Koch und Bäcker, experimentierte monatelang herum und präsentierte dann dem beeindruckten Kaiser in Glasbehältern luftdicht abgefülltes, durch Erhitzen haltbar gemachtes Fleisch und Gemüse.

Der Experimentierphase folgte eine Testphase. Napoleon ließ die Nahrung aus der Glaskonservendose von Flottensoldaten ausprobieren. Erst als die Marine grünes Licht gab, wurde die gesamte französische Armee damit versorgt. Eine gewisse Schwierigkeit war allerdings die Zerbrechlichkeit der Behälter. Diesem Missstand schuf ein paar Jahre später der Franzose Peter Durand Abhilfe. Während der Französischen Revolution war er nach England ausgewandert und dort meldete er am 25. August 1810 seine Erfindung zum Patent an. Genau genommen war es eine Weiterentwicklung dessen, was Appert ausgetüftelt hatte. Nur dass Durand die Lebensmittel in Blechbüchsen füllte. Die waren viel stabiler und strapazierfähiger und damit ideal für den Transport im Gepäck von Soldaten – ein klarer Vorteil für die englische Armee, während die Franzosen weiterhin mit Glaskonserven unterwegs waren.

Bleivergiftung aus der Dose

Den Dosenöffner hatte Durand bedauerlicherweise nicht gleich miterfunden. So war das Öffnen der Verpflegungspakete mitunter eine arge Plackerei. Man hantierte mit Messern, Hämmern oder anderen Werkzeugen und holte sich dabei häufig blutige Finger. Erst 1855 kam der praktische und ersehnte Dosenöffner auf den Markt.

Bis dahin war auch ein anderes Übel behoben, das für böse und sogar tödliche Folgen gesorgt hatte. Viele englische Soldaten starben nach dem Verzehr von Essen aus der Dose qualvoll an Lebensmittelvergiftung, denn anfangs waren die Behälter noch mit giftigem Blei verlötet.

Eiserne Ration

Waren die französischen Soldaten mit Konservendosen gut ausgerüstet, freuten sich die Angehörigen der preußischen Armee über ihre „Eiserne Ration". 1870 wurde sie in Form der „Erbswurst" erstmals im Deutsch-Französischen Krieg erprobt. Dabei handelte es sich nicht um eine richtige Wurst, sondern um Tabletten aus Erbsenmehl, Rinderfett, Speck und Gewürzen, handlich verpackt zu einer „Wurstrolle" aus Pergamentpapier. Der stolze Erfinder war der Berliner Fabrikant Johann Heinrich Grüneberg. 1867 bot er das praktische Produkt der preußischen Armee an, die seine Erbswurst für den stolzen Preis von 35 000 Talern abkaufte. Die Gebrüder Knorr aus Heilbronn entwickelten etwas später aus der Erbswurst die Fertigsuppe.

BRACHTEN AUFKLÄRUNG UND REVOLUTIONEN BESSERE VERHÄLTNISSE?

1789
Französische
Revolution

Friedrich der Große war ein leidenschaftlicher Vertreter der Aufklärung.

1776
Unabhängigkeits-
erklärung der USA

Die Ideen der Französi-schen Revolution wurden erst 1830 umgesetzt.

Im 18. Jahrhundert wehte ein frischer Wind durch Amerika und Europa. Ideen wie Freiheit und Gleichheit machten die Runde und brachten manchen Monarchen zum Zittern. Die Amerikanische und die Französische Revolution setzten neue politische Maßstäbe. Doch Kriege, Not und soziale Umbrüche blieben auch in dieser Zeit Wegbegleiter der Menschheit.

„Aufklärung" hieß das Zauberwort des 18. Jahrhunderts. Es war in aller Munde, jedenfalls beim Bürgertum, weniger im einfachen Volk, das andere Sorgen hatte. Vernunft, Freiheit, Gleichheit, Kampf gegen etablierte Systeme – das waren einige der Schlagworte, mit denen die Anhänger der Aufklärung unter den absolutistisch regierenden Monarchen à la Ludwig XIV. Nervosität hervorriefen. Kluge Herrscher wie der Preußenkönig Friedrich der Große gaben sich daraufhin als „aufgeklärte" Herrscher. Sie waren aufgeschlossen, kümmerten sich um die täglichen Probleme ihrer Untertanen und ließen sie gewähren, solange sie Herrschaft und Ordnung nicht störten.

Mehr politische Rechte

Vorreiter bei der Umsetzung der fortschrittlichen Ideen waren die Amerikaner. Sie gaben sich 1776 eine Verfassung, die ganz ohne König auskam und stattdessen einen Präsidenten einsetzte, der maximal acht Jahre im Amt bleiben durfte und sich der Wahl durch das Volk zu stellen hatte.

In Frankreich stürzte man sich 1789 in eine Revolution, die bis heute als der Klassiker aller Revolutionen gilt. Die Gründe dafür, dass man auf die Barrikaden stieg, waren vielfältig. Ein selbstherrlicher König, wirtschaftliche Krisen, vor allem Missernten brachten das Volk auf. Doch Motor der Revolution war das gehobene Bürgertum, das nach mehr politischen Rechten strebte. Im weiteren Verlauf lief die Revolution aus dem Ruder. Erst wurde König Ludwig XVI. gestürzt und hingerich-

Eine der wichtigsten Erfindungen der Industriellen Revolution: die Eisenbahn.

1835
Erste deutsche Eisenbahnverbindung

1871
Gründung des Deutschen Reichs

1813–15
Befreiungskriege gegen Napoleon

tet, dann die Monarchie ganz abgeschafft, und schließlich kämpften die Revolutionäre gegeneinander, sodass die Guillotine im Dauereinsatz war.

Freiheit und wirtschaftlicher Fortschritt

Dem Chaos ein Ende machte Napoleon Bonaparte, der wie kein Zweiter die Umbruchszeit zwischen dem 18. und dem 19. Jahrhundert prägte. Aus einer Revolution, die nach bürgerlicher Freiheit gestrebt hatte, entstand eine neue Monarchie. Als Kaiser der Franzosen führte Napoleon in halb Europa Krieg. Er gewann Schlacht um Schlacht, bevor mit Waterloo 1815 der tiefe Fall kam. Jedoch war Napoleon kein Autokrat alten Stils. Viele Errun-

genschaften der Französischen Revolution blieben erhalten. Sie fanden beispielsweise Eingang in den „Code Napoléon", eine Sammlung liberaler Rechtssätze, die ihre Gültigkeit teils bis in die Gegenwart behalten haben.

In Sachen Freiheit hatten die Menschen also tatsächlich Fortschritte gemacht. Auch in der Wirtschaft ging es bergauf. Dafür sorgte die Industrielle Revolution, die gegen Ende des 18. Jahrhunderts in Großbritannien begann und sich dann auf den Kontinent und auf Amerika, später auch auf Asien ausdehnte. „Maschinen statt Menschen" lautete die Devise, die den Unternehmern hohe Gewinne bescherte, andererseits viele Menschen, die ihre Arbeit verloren, in

Not und Elend stürzte. Gigantische technische Unternehmungen wie der Bau des Suezkanals bedeuteten aber auch einen wichtigen Brückenschlag zwischen Europa und Asien, durch den die Welt zusammenrückte.

Das Zeitalter der Vernunft und des Fortschritts blieb nicht von Kriegen verschont: Napoleon kämpfte gegen Europa, Europa gegen Napoleon. In den USA führten Nord- und Südstaaten den erbitterten Sezessionskrieg gegeneinander, den der Norden schließlich gewann. Die deutschen Länder kämpften gegen den Erzfeind Frankreich, bevor sie unter Kaiser Wilhelm I. und auf besonderes Betreiben von Otto von Bismarck 1871 in einem Reich vereint wurden.

DIE SCHLACHT VON WATERLOO WURDE DURCH EINEN REGEN- GUSS ENTSCHIEDEN

falsch

In seiner letzten Schlacht erlebte Napoleon ein militärisches Desaster. Daran war aber nicht das Wetter schuld.

Hätte es 1815 schon verlässliche Wettervorhersagen gegeben, wäre Napoleon nicht in die Schlacht von Waterloo gezogen. Dort, bei dem kleinen Dorf in Belgien, das durch diese Ereignisse Weltruhm erlangte, fand die Laufbahn des Mannes aus Korsika, der als Kaiser der Franzosen halb Europa beherrschte, ein definitives Ende. Aber lag das wirklich am Wetter? Dieser Mythos hält sich hartnäckig, entspricht aber nicht den Tatsachen.

Nachdem ihn sein Kriegsglück im Feldzug gegen Russland verlassen hatte, war es den europäischen Großmächten, allen voran Preußen, Großbritannien und Russland gelungen, weiteren Eroberungen Napoleons einen Riegel vorzuschieben. Nach der Niederlage in der Völkerschlacht bei Leipzig (16. bis 19. Oktober 1813) hatte er bald auch in Frankreich selbst schlechte Karten. Am 2. April 1814 sprach der Senat in Paris die Absetzung des Kaisers aus, der daraufhin am 6. April abdankte und ins Exil auf Elba verschwand.

Herrschaft der Hundert Tage
Von dort kehrte er jedoch noch einmal zurück, zu seinem letzten fulminanten Auftritt auf der Bühne der Geschichte. Er landete am 1. März 1815 in der damals noch beschaulichen Hafenstadt Cannes und es gelang ihm, eine große Armee aus erfahrenen Veteranen zusammenzutrommeln.

Napoleon, so schien es, war wieder da und seinen Gegnern in Frankreich und in Europa wurde mulmig zumute. Am 25. März schlossen Großbritannien, Österreich, Russland und Preußen erneut einen Koalitionsvertrag und zogen eine Armee gegen Napoleon zusammen. Ein preußisches Heer un-

ter der Führung von Generalfeldmarschall Blücher, das sich ihm am 16. Juni bei Ligny entgegenstellte, wurde besiegt. Napoleon ging davon aus, dass er damit die alliierten Truppen erfolgreich voneinander getrennt hätte. Er nahm an, die Preußen hätten erst einmal genug und würden sich über den Rhein zurückziehen. Ein verhängnisvoller Irrtum, wie sich zeigen sollte.

Napoleon bläst nicht zum Angriff

Tags darauf, am 17. Juni, stieß er südlich von Waterloo auf eine Armee aus Briten, Niederländern und Deutschen, die von dem britischen Feldmarschall Wellington kommandiert wurde. Der Herzog war ein erfahrener Politiker, der aber auch als Militär bereits viele Lorbeeren eingeheimst hatte. Im Zuge der Rückkehr Napoleons hatte er den Oberbefehl über die in den Niederlanden stationierten Truppen der Koalition erhalten. Wäre es nach Napoleon gegangen, hätte das Duell Napoleon gegen Wellington noch am selben Tag begonnen. Der Franzose war sich seines Sieges völlig sicher und wollte schon zum Angriff blasen, da machte ihm das Wetter einen Strich durch die Rechnung. Dicke Wolken zogen am Himmel auf und es begann heftig und dauerhaft zu regnen. Aus den Straßen und Wegen, die Napoleon für die Attacke auf Wellington vorgesehen hatte, waren unpassierbare Schlammmoränen geworden.

Am nächsten Tag war das Wetter wieder besser, ganz im Gegensatz zur Stimmung von Napoleon, der der verpassten Chance eines schnellen und spontanen Angriffs nachtrauerte. Von einem Sieg war er aber weiterhin überzeugt. Napoleon plante, Wellington mit einer neuen Taktik zu überraschen. Er hatte sich für einen frontalen Angriff entschieden. Doch es gelang ihm nicht, die Reihen der Verbündeten zu durchbrechen. Der Gegner hatte aus früheren Niederlagen gelernt.

Die Preußen kommen

Wahrscheinlich hätte Napoleon dennoch die Oberhand behalten, wäre nicht gerade noch rechtzeitig General Blücher mit seinen neu geordneten Streitkräften auf dem Schlachtfeld erschienen. Das war für Napoleon der entscheidende Schlag, denn mit den Preußen hatte er nicht mehr gerechnet. Gegen Eng-

länder und Preußen zusammen aber hatte der Franzose keine Chance. Er wurde mit seiner Armee in die Zange genommen und erlebte sein seither sprichwörtlich gewordenes Waterloo. Der sieggewohnte Korse mobilisierte alles, was noch kampffähig war. Doch die Truppen Wellingtons und der Preußen hielten dem letzten Aufgebot der Franzosen stand. Den Siegern fiel reiche Beute in die Hände, darunter die gesamten Waffen und die gesamte Ausrüstung der Franzosen. Für Napoleon bedeutete die Niederlage das definitive Ende seiner ruhmreichen Karriere. Er kehrte zwar noch einmal nach Paris zurück, wurde dann aber auf Beschluss der Siegermächte in die Verbannung nach St. Helena geschickt, wo er ein paar Jahre später krank und vereinsamt starb.

Materialschlacht

Waterloo rangiert nicht nur in der politischen Bedeutung ganz oben auf der Liste der wichtigsten Schlachten der Weltgeschichte. Auch die Zahl der am Geschehen beteiligten Soldaten ist rekordverdächtig: Von insgesamt 136 560 Soldaten kämpften 67 660 Mann auf Seiten der Koalition, Napoleon schickte 68 900 Mann ins Gefecht. Extrem hoch war auch die Zahl der Toten und Verwundeten. Allein auf Seiten der Franzosen kamen 35 000 Soldaten ums Leben. Bei den Briten betrugen die Verluste 11 000, bei den Preußen 7000 Mann.

Napoleon auf Elba

Sein erstes Exil, zwischen dem 4. Mai 1814 und dem 26. Februar 1815, verbrachte Napoleon auf der Mittelmeerinsel Elba. Schlecht ging es ihm hier nicht. Man hatte sie ihm als persönlichen Besitz vermacht, außerdem durfte er sich hier weiter Kaiser der Franzosen nennen, obwohl er das Amt faktisch verloren hatte. Zwei Villen dienten ihm als repräsentativen Wohnsitz. Schön war auch, dass seine Heimatinsel Korsika nebenan lag. Das zweite Exil, in das ihn die Siegermächte schickten, um auf Nummer sicher zu gehen, war die Insel St. Helena im Südatlantik – eine Reise ans Ende der Welt ohne Wiederkehr.

DER LEICHNAM VON ADMIRAL NELSON WURDE IN RUM EINGELEGT

wahr

Seeleute lieben harte Getränke. Im Fall des britischen Nationalhelden ging es aber nicht um die berauschende Wirkung von Alkohol.

Eisern und unbeirrt steht Lord Nelson heute in luftiger Höhe mitten auf dem Trafalgar Square in London. Der Name des belebten Platzes erinnert an den größten Triumph des Seehelden. Am 21. Oktober 1805 besiegte die von ihm kommandierte britische Flotte bei Trafalgar an der Südküste Spaniens die Schiffe der Verbündeten Frankreich und Spanien. Dieser Erfolg machte Nelson endgültig zur Legende. Mehrfach hatte er bereits die englischen Farben auf allen Sieben Meeren zu bedeutenden Siegen geführt. Zu seiner imposanten Leistungsbilanz zählte unter anderem der Erfolg in der Seeschlacht von Abukir, in der er am 1. August 1798 keinen Geringeren als Napoleon in die Schranken verwiesen hatte.

> **England erwartet, dass jeder seine Pflicht tut.**
> Admiral Nelson

Bis zum bitteren Ende
Immer wieder hatte er sich furchtlos ins Getümmel gestürzt und dabei jede Menge Verwundungen erlitten. Keine konnte ihm etwas anhaben – bis auf jene, die er sich ausgerechnet in der Schlacht von Trafalgar einhandelte. Die Kugel eines französischen Soldaten traf ihn tödlich. Kurz nach dem Ende der Schlacht erlag er seiner Verletzung.

Um den toten Helden während der langen Überführung von Spanien nach England präsentabel zu halten, transportierte man den Leichnam in einem Fass, dass mit Rum gefüllt war. Nach einem Staatsbegräbnis fand Nelson seine letzte Ruhestätte in der St. Paul's Cathedral in London.

NACH EINEM VULKANAUSBRUCH FEIERTEN DIE WÜRTTEMBERGER EIN FEST

wahr

Man soll die Feste feiern, wie sie fallen – und wenn es ein Vulkan am anderen Ende der Welt ist, der den Anlass gibt.

Man schreibt das Jahr 1815. In Europa geht noch einmal das Schreckgespenst Napoleon um. Der Kaiser hat sein Exil auf der Insel Elba verlassen und versammelt eine große Armee um sich. Zum gleichen Zeitpunkt, genau am 5. April, bricht im fernen Indonesien der Vulkan Tambora aus. Davon bekommt in Europa niemand etwas mit, doch die darauffolgende Klimaveränderung hat auch hier drastische Folgen.

Das Jahr ohne Sommer
Wenige Wochen später: Vor Napoleon fürchtet sich nach dessen Untergang in der Schlacht von Waterloo am 18. Juni niemand mehr. Hingegen macht sich die Naturkatastrophe auf der fernen indonesischen Insel Sumbawa bemerkbar, ohne dass die Europäer sich dessen bewusst sind. Was sie bemerken, ist, dass die Natur verrückt spielt. Die Ernten sind in vielen Ländern ein kompletter Reinfall. Der folgende Winter ist einer der kältesten seit Menschengedenken. Der Sommer 1816 fällt quasi aus und auf den Feldern gedeiht kaum etwas. In diesem Jahr kommt es in Mitteleuropa zu Hungerkatastrophen. Die Situation ist umso schwieriger, als man sich noch kaum von den Folgen der napoleonischen Kriege erholt hat. Die haben in den Jahren zuvor die Bauern bereits an den Rand des Ruins getrieben. Und nun diese Wetterkapriolen.

Ungeheure Naturkräfte
Heute weiß man, dass der Vulkan Tambora der Übeltäter war. Die gewaltige Eruption schleuderte rund 100 Kubikkilometer Asche und Gesteinsmassen bis zu einer Höhe von 70 Kilometern in

den Himmel, der daraufhin über Tage hinweg pechschwarz war. Die freigesetzte Sprengkraft entsprach der von 170 000 Hiroshima-Bomben. Die Schäden waren verheerend. In der unmittelbaren Umgebung ging die Zahl der Todesopfer in die Zehntausende, unzählige Menschen starben an den folgenschweren Auswirkungen. Die Staubteilchen, die durch die Gewalt des Ausbruchs in die Atmosphäre geraten waren, traten ihre Reise um die Welt an und waren unter anderem für die teilweise drastischen klimatischen Veränderungen in Mitteleuropa verantwortlich.

Württemberg feiert den Wiederaufschwung

Zu den Betroffenen zählte auch die Bevölkerung des Königreichs Württemberg. Rings um die Hauptstadt Stuttgart wollten die Klagen der Bauern nicht verstummen. Der Winter 1815/16 schien kein Ende zu nehmen. Noch tief bis in den Mai hinein fiel Schnee. Danach führten Regen, Hagel und Gewitter zu großen Ernteeinbrüchen. Ohne Getreide und Gemüse hungerten die Menschen und blickten voller Sorgen in eine scheinbar trostlose Zukunft.

Damals wurde Württemberg von König Wilhelm I. regiert. Gerade hatte er das Zepter von seinem Vater übernommen. Missernten und Hungersnöte waren für den jungen Monarchen ein denkbar schlechter Einstand. Zusammen mit seiner russischen Ehefrau, der Zarentochter Katharina, sann er auf Abhilfe. Man ließ seine Beziehungen spielen und konnte mit Getreidelieferungen aus Russland die größte Not etwas lindern.

1817, zwei Jahre nach dem Ausbruch, konnten dann wieder die ersten Ernten eingefahren werden. Das musste gefeiert werden, sagte sich der König und rief zu diesem Zweck erstmals im Herbst 1818 ein großes Fest ins Leben. Es fand am 28. September, dem Geburtstag des Königs, in Bad Cannstatt statt und sollte als Leistungsschau der württembergischen Agrarwirtschaft ein Signal setzen, dass man die

Krise überwunden hatte. Landwirte, die sich mit ihren Produkten besonders gut präsentierten, wurden mit Preisen ausgezeichnet. Die 30 000 Menschen, die sich auf dem großen Festplatz tummelten, zeigten, dass der König mit seinem Einfall goldrichtig gelegen hatte. Dieses Fest, so verfügte er, sollte von da an alljährlich im September stattfinden.

Seit rund 200 Jahren

Das ist bis heute so geblieben: Der „Cannstatter Wasen" zählt zu den größten Volksfesten der Welt. Und neben all den Spektakeln, die ein solches Volksfest für die Besucher bereithält, gibt es in Erinnerung an die denkwürdigen Zeiten nach dem Ausbruch des Tambora im fernen Indonesien nach wie vor eine Präsentation von Erzeugnissen aus der württembergischen Landwirtschaft.

Der Cannstatter Wasen mit Volksfest und Landwirtschaftsschau feierte die gute Ernte 1818.

IN PREUSSEN GALT TURNEN ALS STAATSGEFÄHRDEND

wahr

Leibesübungen und die Preußen, bei denen militärische Fitness ganz hoch im Kurs stand, das hätte eigentlich zusammenpassen müssen. Doch jahrzehntelang war das ganz anders.

Turnvater Jahn – der Name ist Programm. Friedrich Ludwig Jahn (1778 bis 1852) war ein Pionier der deutschen Sportgeschichte. Turnen war für den in Berlin tätigen Pädagogen aber nicht nur eine Sache der körperlichen Ertüchtigung. Turnen stärkte nach seiner Überzeugung auch den Geist, den Charakter und die Moral. Nicht ganz unerheblich für ihn war auch, dass er die deutschen Männer nach den schlechten Erfahrungen in den Befreiungskriegen gegen Napoleon künftig in besserer Form sehen wollte. Die Moral, die Jahn predigte, entsprach eigentlich guten preußischen Tugenden. Deswegen fiel er auch aus allen Wolken, als das preußische Kabinett ihm mit Datum vom 2. Januar 1820 mitteilte, Seine Majestät der König sehe das Turnen als staatsgefährdende Angelegenheit an. Den Worten folgten Taten. Alle 100 Turnvereine in Preußen, in denen 10 000 Turner nach Leibeskräften aktiv waren, wurden noch im selben Monat verboten.

Politische Untergrundbewegung

Hinter dieser Entscheidung standen natürlich politische Gründe. So harmlos, wie sie wirkten, waren die Turner nicht. Wenn sie nicht turnten, führten sie heftige Debatten. Ihre Zusammenkünfte wurden neben den Burschenschaften zur Keimzelle der Nationalbewegung, die einen liberalen deutschen Nationalstaat forderte – ein rotes Tuch für die deutschen Fürsten und Monarchen. Der wackere Turnvater wurde verhaftet und zu einer Festungsstrafe verurteilt. Nach der Entlassung stand er noch für viele Jahre unter Polizeiaufsicht.

EIN BAYER MACHTE ATHEN ZUR HAUPTSTADT VON GRIECHENLAND

wahr

An die glorreiche antike Vergangenheit erinnerte zu dieser Zeit nichts mehr – bis Otto kam und ordentlich aufräumte.

Kümmerliche 3000 Einwohner lebten zu Beginn des 19. Jahrhunderts in Athen. Wehmütig dachten geschichtskundige Griechen an die Zeit zurück, als die Stadt zu Füßen der Akropolis eine der größten Metropolen der antiken Welt gewesen war. Damals, in den glanzvollen Zeiten eines Perikles, eines Sokrates oder eines Platon drängten sich hier mehrere Zehntausend Menschen.

Europa und die Griechen

Schon in nachantiker Zeit war der Ruhm der Stadt verblasst. Vollends verlor sie an Bedeutung, als im 15. Jahrhundert die osmanischen Sultane die Herrschaft in Griechenland übernahmen. 1821 aber bliesen griechische Freiheitskämpfer zum Angriff auf die ungeliebten Besatzer. Mit europäischer Unterstützung gelang es ihnen, nach anfänglichen Rückschlägen, die Türken zu besiegen. 1827 setzten die Vertreter Großbritanniens, Russlands und Frankreichs in London ihre Unterschrift unter einen Vertrag, der den Griechen auf dem Festland die Unabhängigkeit zusicherte.

Aber wer sollte die Griechen regieren? Die europäischen Garantiemächte trauten es den Hellenen nicht zu, die Sache selbst in die Hand zu nehmen. Deshalb wurde Ausschau nach einem geeigneten Herrscher von auswärts gehalten. Die Wahl fiel schließlich auf Otto, den Sohn des bayerischen Königs Ludwig I. Als man ihm 1832 die Krone offerierte, war der Prinz gerade einmal 17 Jahre alt. Die griechische Nationalversammlung stimmte dem Vorschlag zu und so bestieg der Bayer im Februar 1833 den verwaisten Thron.

Die erste Hauptstadt nach Erlangung der Unabhängigkeit war Nauplion gewesen. Doch Otto zog es nach Athen, auch deswegen, weil sein Vater ein glühender Verehrer des klassischen Griechenland war. 1834 erwachte das triste Dorf mit der großen Geschichte dank der Tatkraft des bayerischen Monarchen aus seinem Dornröschenschlaf. Er sorgte dafür, dass die neue Hauptstadt ein ansprechendes Format bekam.

Reinheitsgebot auf dem Peloponnes

Die Einwohnerzahl stieg an, zahlreiche Bauten, von Otto in Auftrag gegeben mit der Maßgabe, sie in antiker Weise zu gestalten, gaben der Stadt ein repräsentatives Aussehen. Ludwig I. sandte seinen Stararchitekten Leo von Klenze, damit dieser die Wiederherstellung der Akropolis überwachte, die über die Jahrhunderte zur Festung aufgebaut und stark heruntergekommen war. Ausländische Investoren witterten große Geschäfte und gründeten in der aufblühenden Stadt Niederlassungen. Bayerische Brauereien versorgten die Griechen mit Bier.

Doch so richtig glücklich waren die Griechen mit ihrem weiß-blauen König nicht, schließlich handelte es sich auch bei der Regentschaft Ottos um eine Fremdherrschaft. Nach zehn Jahren kam es zum ersten Aufstand. 1862 putschte das Militär, Otto wurde gestürzt und verließ das Land. An das bayerische Intermezzo erinnert bis heute die weiß-blaue Nationalflagge der Griechen.

Im bayerischen Exil

Nach seiner Vertreibung aus Athen kehrte der entthronte König in die Heimat zurück und lebte mit seiner Frau Amalie in Bamberg. Bis zu seinem Tod trauerte er Griechenland nach. Das Ehepaar trug stets griechische Tracht und zwei Stunden am Tag redeten sie nur Griechisch miteinander. Als Otto 1867 starb, ließ er sich in der Gruft der Theatinerkirche im Ornat des griechischen Königs bestatten.

IM 19. JAHRHUNDERT WAREN HÜTE AUSDRUCK DER POLITISCHEN GESINNUNG

wahr

Man kann Kopfbedeckungen tragen, um sich vor Wind und Wetter zu schützen. Oder um mit der Mode zu gehen. Oder aber, wie die Geschichte zeigt, um Politik zu machen.

Während der Französischen Revolution dienten Hüte erstmals als politische Erkennungszeichen. Man setzte sich eine Zipfelmütze auf den Kopf und demonstrierte damit für die Freiheit. Und in Schwe-

Der radikaldemokratische Revolutionär Friedrich Hecker stand Pate für den „Heckerhut".

den gab es im 18. Jahrhundert eine politische Gruppierung, die „Hattarne" (Hüte) genannt wurde.

Eine weitere Blütezeit erlebte die politische Kopfbedeckung 1848, als die Deutschen zum ersten Mal den Versuch unternahmen, eine Revolution auf die Beine zu stellen. Als stilbildend profilierte sich dabei der aus Baden stammende Revolutionär Friedrich Hecker (1811 bis 1888). Er machte den „Kalabreser" salonfähig – so genannt, weil der breitkrempige Filzhut mit dem spitz zulaufenden Kopf zuerst von italienischen Freiheitskämpfern aus Kalabrien getragen wurde.

Berufsbekleidung eines Revolutionärs

Heckers Kopfbedeckung wurde zum Markenzeichen der deutschen Revolutionäre, sodass sich dafür auch die Bezeichnung „Heckerhut" einbürgerte.

Die Revolution, die Hecker und Konsorten angezettelt hatte, brach jedoch im April 1848 im Feuer württembergischer Regierungstruppen in sich zusammen. Für Hecker war das Grund genug, in Deutschland seinen Hut zu nehmen. Später tauchte er, nach einem Zwischenstopp in der Schweiz, in den Vereinigten Staaten auf. Er setzte sich dort für die Abschaffung der Sklaverei und die Wahl Abraham Lincolns zum Präsidenten ein und beteiligte sich als Oberst auf Seiten der Union am Sezessionskrieg. 1881 starb er in St. Louis.

Das Establishment schlägt zurück

Gar nichts Revolutionäres hatten die Träger des Zylinders im Sinn. Im Gegenteil: Der steife, meist schwarze Hut mit breiter Krempe war das Aushängeschild des gut situierten Bürgertums. Er kam im 19. Jahrhundert in Großbritannien auf und startete von da aus seinen Siegeszug auf dem Kontinent. Auch bestimmte Berufsgruppen wie Schornsteinfeger und Kutscher entdeckten den Zylinder und trugen ihn stolz als Zeichen ihres Metiers.

EIN AMERIKANISCHER PRÄSIDENT WAR NUR EINEN MONAT IM AMT

wahr

Der Präsident mit der kürzesten Amtszeit hielt immerhin die längste Antrittsrede. Viel mehr konnte er in der Zeit aber auch nicht auf die Beine stellen.

William Henry Harrison war der 9. Präsident der Vereinigten Staaten von Amerika. Er bekleidete dieses Amt von 1841 bis 1841. Genauer: vom 4. März bis zum 4. April. Mit nur 30 Tagen an der Spitze der USA ist er einsamer Rekordhalter, was die Dauer der Amtszeit angeht. Natürlich war das so nicht vorgesehen. Harrison war voller Pläne, nachdem er sich im Wahlkampf gegen den bisherigen Amtsinhaber Martin Van Buren durchgesetzt hatte. Er hatte auch schon einiges an politischer Erfahrung vorzuweisen. So war er 1801 Gouverneur des neuen Territoriums Indiana geworden. Zwischen 1816 und 1819 gehörte er dem Repräsentantenhaus an. Und von 1825 bis 1828 bekleidete er das Amt eines Senators.

Hemdsärmeliger Auftritt

Am 4. März 1841 fand in Washington die feierliche Zeremonie der Vereidigung statt. Ihr folgte traditionell die Antrittsrede des neuen Präsidenten. Harrison stellte die Geduld seiner Zuhörer auf eine harte Probe. Denn er sprach so lange, wie kein Präsident vor und bisher auch keiner nach ihm. Geschlagene zwei Stunden unterbreitete er dem Publikum seine Absichten. Einige haben genau nachgezählt: Diese Rede enthielt 8495 Wörter. Das waren 8360 Wörter mehr, als in der Rede des ersten Präsidenten George Washington gefallen waren, der sich mit bescheidenen 135 Wörtern begnügt hatte.

George Washington sprach wenig, tat aber viel. Dazu hatte er in den acht Jahren, die er im Amt war, auch genug Gelegenheit. Ganz im Gegensatz zu William Henry Harrison. Zwar stürzte Harrison sich mit Eifer in die Arbeit, doch dann erkrankte er an einer Lungenentzündung, an deren Folgen er am

4. April starb. Möglicherweise hatte die kalte Luft bei der Inaugurationsfeier und während der langen Rede, die er ohne Mantel vor dem Kapitol gehalten hatte, dem 68-Jährigen zugesetzt.

So musste Hals über Kopf sein Vize John Tyler die Präsidentschaft übernehmen. Auch dies war ein Novum: Tyler war der erste Präsident, der durch den Tod des Vorgängers in das Amt kam. Er war robuster als Harrison und hielt die gesamte Periode bis zum März 1845 durch.

Nur als Lückenbüßer

Besonders erfolgreich war er als Präsident jedoch nicht. Seine vier Jahre hinterließen in der amerikanischen Politik keine sichtbaren Spuren. Als Tyler 1844 Anstalten machte, sich um seine Wiederwahl zu bemühen, gaben ihm seine politischen Kollegen deutlich zu verstehen, dass er keine Chance haben würde. So zog sich der Vizepräsident, der so überraschend erster Mann im Staat geworden war, nach Ablauf seiner Amtszeit auf seine große Plantage zurück. Als er 1862 starb, tobte der Bürgerkrieg zwischen den Staaten des Nordens und des Südens.

Altersrekorde

Noch einen weiteren Rekord hielt Harrison lange: Er war bei seinem Amtsantritt 68 Jahre alt und damit älter als alle seine Amtsvorgänger zum Zeitpunkt ihrer Wahl. Dieser Rekord wurde erst 140 Jahre später gebrochen, denn Ronald Reagan war knapp 70 Jahre alt, als er 1981 in das Weiße Haus einzog.

Der jüngste Präsident der Vereinigten Staaten war bisher Theodore Roosevelt, der 1901 mit 42 Jahren ins Amt gewählt wurde – dicht gefolgt von John F. Kennedy, bei seiner Wahl 43 Jahre alt.

DIE SCHWEIZER FÜHRTEN 1847 ZUM LETZTEN MAL EINEN KRIEG

wahr

Glückliche Schweiz! Während es in der Welt immer wieder brannte, betrieb das Alpenland konsequent Neutralitätspolitik.

An Kriege kann sich heute kein Schweizer mehr erinnern, jedenfalls nicht an solche, die im eigenen Land stattfanden. Das ist bei den Eidgenossen Geschichte. Im Mittelalter kreuzte man häufig die Klingen mit den Habsburgern. Aus dieser Zeit stammt auch die berühmte Sagengestalt Wilhelm Tell, die seither als Symbol für die Stärke und den Freiheitswillen der Schweizer herhält. Ansonsten gingen die meisten Kriege in Europa an der Schweiz vorbei.

Im Ersten und Zweiten Weltkrieg war sie nicht direkt in die kriegerischen Ereignisse verwickelt. Die Schweiz wurde zum Inbegriff eines neutralen Landes, das man als Vermittler bei internationalen Streitigkeiten heranzog oder auch als Fluchtort wählte.

Kein Sonderweg

Die letzte Schlacht auf Schweizer Boden fand im Jahr 1847 statt. Damals kämpften die Schweizer allerdings nicht gegen eine fremde Macht, sondern untereinander. Es herrschte Bürgerkrieg. 100 Tote und 500 Verletzte waren am Ende zu beklagen.

Hintergrund waren ständige Reibereien zwischen den 25 Kantonen, die nach der Verfassung von 1815 einen Staatenbund bildeten. Die Gegensätze waren teils politischer, teils konfessioneller Art. Bereits 1845 hatten sich einige Kantone zu einem „Sonderbund" zusammengeschlossen: Uri, Schwyz, Obwalden, Nidwalden, Luzern, Zug, Freiburg und Wallis – alle konservativ und streng katholisch ausgerichtet. Ihnen gegenüber standen die liberalen, mehrheitlich reformierten Kantone. Sie fürchteten, von den Katholiken unterdrückt zu werden und forderten daher die Auflösung des Bundes, der zunächst geheim gehalten worden war. Als die Auflösung im Juli 1847 von der Versammlung der Kantonsabgeordneten

tatsächlich beschlossen und angeordnet wurde, war das ein Affront, den die katholischen Kantone nicht hinnehmen wollten. Daher holten die Bürger ihre Waffen aus den Schränken und schlugen aufeinander ein. Die Sonderbundstruppen, die am 3. November die Kriegshandlungen eröffneten, hatten keine Chance. Bereits am 29. November erfolgte die Kapitulation. Am längsten konnte sich der Kanton Wallis halten.

Kluge Reformen

Dass es danach unter den Schweizern zu keinen weiteren Auseinandersetzungen kam, lag daran, dass die Beteiligten aus dem Konflikt die richtigen politischen Schlüsse zogen. 1848 wurde die Schweiz vom Staatenbund in einen Bundesstaat umgewandelt. Die Väter der bis heute bestehenden Bundesverfassung nahmen sich die USA zum Vorbild: Die Kantone behielten viele Rechte und Befugnisse. Damit waren alle zufrieden.

Inbegriff der Neutralität

Die Schweizer sind stolz auf ihre Unabhängigkeit und ihre Neutralität. Der Grundsatz, sich nicht in die Angelegenheiten anderer Länder einzumischen und dafür erwarten zu dürfen, dass die anderen ihrerseits die Eidgenossen in Ruhe lassen, ist uralt: 1515 erhoben die Schweizer diesen Anspruch nach einem Krieg gegen die Franzosen. So waren sie auch nicht an den vielen internationalen Kriegen beteiligt, die seitdem tobten. Im Gegenzug wurde die Schweiz zum begehrten Zielpunkt von Flüchtlingen und Verfolgten. Viele Organisationen, wie das Internationale Rote Kreuz, haben ihren Sitz in der neutralen Schweiz. Gegründet wurde das Rote Kreuz 1863 von dem Schweizer Geschäftsmann Henri Dunant. Bis heute ist die Zentrale des Unternehmens in Genf angesiedelt.

EHEMALIGE SKLAVEN GRÜNDETEN EINEN EIGENEN STAAT

wahr

Der Name war Programm: Liberia sollte ein freier Staat für ausgemusterte Sklaven sein. Die Amerikaner leisteten eigennützig Schützenhilfe.

1847 wurde die afrikanische Republik Liberia unabhängig. Das war lange, bevor die anderen Länder auf dem Schwarzen Kontinent sich von den europäischen Kolonialmächten lösen konnten. Tatsächlich ist Liberia, neben Äthiopien, das einzige Land in Afrika, das nie unter europäischer Kolonialherrschaft stand. Liberia, „das freie Land", blieb eine Domäne der Afrikaner.

Unabhängigkeit bedeutete im Fall von Liberia, dass die Amerikaner, die als Geburtshelfer des neuen Staats fungiert hatten, sich zurückzogen. Sie hatten das Territorium an der Westküste Afrikas als neue Heimat für die vielen ehemaligen Sklaven auserkoren, die inzwischen als Freie in den Nordstaaten lebten. Neben ihnen gab es um 1815 in den USA etwa 200 000 „Free Blacks": Schwarze, die nicht mehr als Sklaven geboren worden waren. Die amerikanische Regierung reagierte mit ihren Repatriierungsplänen auf die zunehmenden Schwierigkeiten, die es zwischen der weißen und der schwarzen Bevölkerung gab. Außerdem erhoffte man sich wirtschaftliche Vorteile, wenn man einen Fuß auf den afrikanischen Kontinent setzen konnte.

Amerika im Gepäck

In diesem Sinn forcierten amerikanische Politiker in den folgenden Jahren die Auswanderung der Schwarzen aus den USA und ihre Ansiedlung in Afrika. 1820 war es soweit: Das erste Schiff mit ehemaligen Sklaven und deren Nachkommen an Bord machte sich auf den Weg.

Inmitten der einheimischen Bevölkerung richteten sich die Neuankömmlinge in der Kolonie ein. Aller Anfang war schwer: Viele starben an tödlichen Krankheiten wie Gelbfieber. 1821 gründeten sie die Stadt Monrovia, benannt nach dem damaligen US-Präsidenten James Monroe. Viele weitere Siedlungen und Städte wurden gegründet. Mit Unterstützung der Amerikaner wurde eine Infrastruktur aufgebaut. Stetig kamen weitere Schiffe mit schwarzen Einwanderern aus den USA.

Diplomatische Anerkennung

Als Mitte des 19. Jahrhunderts ein neuer Wettlauf der Großmächte um die Kolonien in Afrika losbrach, verzichteten die USA darauf, Anspruch auf Liberia zu erheben. Stattdessen wurde fieberhaft an einer Verfassung nach amerikanischem Vorbild gearbeitet. 1847 wurde sie in einem Referendum angenommen.

Noch im gleichen Jahr erklärte das Land seine Unabhängigkeit. Erster Präsident wurde Joseph Jenkins Roberts (1809 bis 1876), der als Sohn befreiter Sklaven in Virginia geboren wurde und zuvor den Posten des Gouverneurs bekleidet hatte. Schon 1848 wurde der neue Staat von Großbritannien und Frankreich anerkannt, viele andere folgten ihrem Beispiel. Die USA, die bei der Gründung eine so aktive Rolle gespielt hatten, ließen sich bis 1862 Zeit. Das war mitten im Sezessionskrieg, der auch wegen der Frage der Sklaverei ausgebrochen war. Die amerikanischen Regierungen hatten gezögert, weil man befürchtete, die mit der Anerkennung verbundene Entsendung eines schwarzen Botschafters nach Washington würde zu Unruhen führen.

> **Schickt sie nach Liberia, in ihre ursprüngliche Heimat.**
> Abraham Lincoln

EIN GESCHÄFTSMANN ERNANNTE SICH SELBST ZUM KAISER VON AMERIKA
`wahr`

Amerika war immer ein Hort der Demokratie. Doch einmal in der Geschichte gab es einen Kaiser, den alle liebten und einige für verrückt hielten.

Gekrönt hatte ihn keiner und gewollt eigentlich auch keiner – jedenfalls nicht von Anfang an. Joshua Abraham Norton erklärte sich schlicht und ergreifend selbst zum Kaiser von Amerika. Das war am 17. September 1859. Da außer ihm kaum jemand davon Notiz genommen haben dürfte, machte er den Karrieresprung dadurch publik, dass er Briefe an die Tageszeitungen von San Francisco schrieb, wo er lebte. Darin teilte er mit, dass er sich selbst zum wörtlich „Emperor of These United States" gemacht habe und zwar, wie er eigens betonte, in Vorwegnahme der Forderung einer großen Mehrheit der amerikanischen Bürger.

Die Straßen von San Francisco
Die Menschen in seiner Umgebung reagierten belustigt, die Zeitungen wurden neugierig: Was war das für ein Mann? Allmählich kam seine bewegte Vergangenheit ans Tageslicht. Von Haus aus war der amerikanische Kaiser Engländer, geboren vermutlich (ganz genau war das nicht zu ermitteln) im Jahr 1811. Er kam nach Amerika und betätigte sich dort in verschiedenen Geschäften, deren Erfolge sich aber in so engen Grenzen hielten, dass er, kurz bevor er sich zum Kaiser ernannte, pleite war.

Einen Palast hatte Kaiser Norton I. nicht. Sein Tummelplatz waren die Straßen von San Francisco. Hier sah man ihn in einer schmucken blauen Uniform, die ihm Offiziere zur Verfügung gestellt hatten, umherwandeln. Er redete mit den Passanten und gab Anordnungen, an die sich niemand hielt. Im Lauf der Zeit wurde der falsche Kaiser zu einer Attraktion und lokalen Berühmtheit. Jedes Kind kannte ihn und wusste, wer er war.

Populärer Volksheld
Geld hatte er infolge seines wirtschaftlichen Bankrotts nur wenig, doch gab es viele Mitbürger, die ihn unterstützten. Gastronome luden ihn zum Mittag- oder Abendessen ein und spekulierten dabei völlig zu Recht auf einen Werbeeffekt für ihr Lokal. Die Tageszeitungen, wie zum Beispiel das *San Francisco Bulletin*, überschlugen sich, zumindest in der Anfangszeit, mit neuen Nachrichten über den Kaiser.

Sie waren auch das Medium, über das Norton mit „seinem Volk" kommunizierte. Seine auf diesem Weg veröffentlichten Erlasse nährten allerdings den Verdacht, dass Norton geistig nicht ganz gesund war. 1867 wurde er von der Polizei in Gewahrsam genommen. Als das bekannt wurde, ging ein Schrei der Empörung durch die Stadt und die Zeitungen. Der Polizeipräsident sah sich gezwungen, den populären Volkshelden wieder auf freien Fuß zu setzen – was dieser unter der Bedingung annahm, dass die Polizeibeamten künftig salutieren sollten, wenn sie ihm auf der Straße begegneten.

Breitenwirkung
Wie es sich für einen Herrscher gehörte, ließ der falsche Kaiser sogar Banknoten mit seinem Konterfei drucken. Er brachte sie in Umlauf und sie wurden, weil alle Bescheid wussten, auch nicht eingezogen und in den Geschäften durchaus angenommen. Später waren sie ein begehrtes Souvenir für Sammler und die Touristen, die inzwischen auch wegen des Kaisers in die Stadt kamen. Schließlich wurde Norton sogar über die Grenzen der Vereinigten Staaten hinaus bekannt – auch deswegen, weil er persönliche Briefe an Könige, Regenten und Präsidenten in aller Welt richtete.

Nach 21-jähriger Herrschaft starb Norton I. am 21. Januar 1880. Man sammelte für ein prächtiges Begräbnis und mehr als 30 000 Menschen folgten dem Sarg.

ANLASS FÜR DEN AMERIKANISCHEN BÜRGERKRIEG WAR DIE SKLAVEREI · falsch ·····

Zwar stand das Thema Sklaverei ganz oben auf der Tagesordnung, doch noch wichtiger war die Einheit des Landes.

Über 4 Millionen Sklaven gab es um 1860 in den Vereinigten Staaten von Amerika. Die meisten von ihnen kamen auf den Baumwollplantagen in den Südstaaten zum Einsatz, während der industrialisierte Norden zumeist auf freie Arbeiter setzte. Die Sklaverei war dort weitgehend abgeschafft.

Zerrissene Nation

In diesem Jahr war Abraham Lincoln zum US-Präsidenten gewählt worden. Er machte sich zum Sprachrohr derjenigen, die die Sklaverei abschaffen wollten. Daraufhin verließen am 20. Dezember 1860 South Carolina und in der Folge sechs weitere Südstaaten die Union. Sie gründeten im Februar 1861 die Gruppe der Konföderierten und bestimmten mit Jefferson Davis einen eigenen Präsidenten. Lincoln und seine Mitstreiter hatten vor allem eine Befürchtung: die Einheit der Vereinigten Staaten könne auseinanderbrechen. Das hätte enorme politische und wirtschaftliche Folgen. So setzte man auf die Karte Krieg, um den abtrünnigen Süden wieder auf Kurs zu bringen.

Die Befreiung der Sklaven war ein Argument, mit dem der Norden Pluspunkte in der Bevölkerung sammeln und sich die Unterstützung europäischer Regierungen sichern wollte. Am 1. Januar 1863 erklärte Lincoln die Sklaven in den Südstaaten für frei. 1865, in dem Jahr, in dem der Bürgerkrieg mit der Kapitulation der Konföderierten endete, wurde das Sklavereiverbot Verfassungszusatz.

Lincolns Tod

Kurz darauf starb Abraham Lincoln durch die Kugeln eines Attentäters. Am 14. April besuchte der Präsident ein Theater in Washington, ganz in der Nähe des Weißen Hauses. Der Mörder John Wilkes Booth drang in Lincolns Loge vor und traf ihn von hinten in den Kopf. Er gab sich als fanatischer Anhänger der Südstaaten zu erkennen und wollte die Niederlage des Südens im Bürgerkrieg rächen.

Das Denkmal in Washington erinnert an Abraham Lincolns Engagement zur Befreiung der Sklaven.

DIE FREIHEITSSTATUE IST VON GRUND AUF AMERIKANISCH

falsch

Das Wahrzeichen von New York repräsentiert den amerikanischen Traum, war aber eine Idee der Franzosen.

Majestätisch thront die „Statue of Liberty" auf Liberty Island im Hafen von New York. Seit der Einweihung am 28. Oktober 1886 ist sie das monumentale Empfangskomitee für alle Schiffsreisenden.

Doch wer weiß, was heute dort stehen würde, wäre nicht der Journalist und Jurist Édouard René de Laboulaye (1811 bis 1883), seines Zeichens Präsident der Französisch-Amerikanischen Gesellschaft, ein so großer Bewunderer der USA und ihrer Politik gewesen. 1865, als in Amerika gerade der Bürgerkrieg zu Ende ging, gab er in seinem Haus in Versailles ein Abendessen, bei dem er die Idee vortrug, den Amerikanern ein Denkmal als Symbol für Freiheit und Unabhängigkeit zu stiften. Der französische Bildhauer Fréderic-Auguste Bartholdi nahm die Anregung begeistert auf.

Made in France

Doch die Umsetzung verzögerte sich, weil der Krieg gegen Deutschland 1870/71 und die Absetzung Kaiser Napoleons III. Frankreich in heftige politische Turbulenzen stürzte. Zum 100. Jahrestag der amerikanischen Unabhängigkeitserklärung am 4. Juli 1876 war noch nichts erreicht, obwohl es so geplant gewesen war. Unermüdlich reiste Bartholdi auf der Suche nach Geldgebern durch die Welt. Schließlich machte er sich ans Werk. Die Statue wurde in Einzelteilen verschifft und vor Ort zusammengesetzt. Viel Prominenz, darunter US-Präsident Grover Cleveland, war anwesend, als das Geschenk seiner Bestimmung übergeben wurde.

DIE NORDSTAATEN GEWANNEN DEN BÜRGERKRIEG WEGEN BESSERER STIEFEL

wahr

Die Yankees waren motivierter, besser bewaffnet, kriegserfahrener! Alles richtig – aber sie hatten noch einen weiteren Vorteil auf ihrer Seite.

Vier Jahre lang, von 1861 bis 1865, kämpften im amerikanischen Bürgerkrieg die Soldaten des Nordens und die Soldaten des Südens gegeneinander. Keine der beiden Seiten hatte mit einer Dauer von mehr als einem Jahr gerechnet. Dass der Norden siegte, hatte viele Gründe: Elf Staaten des Südens traten gegen 24 Staaten des Nordens an. Der Norden hatte mehr und bessere Waffen, denn dort gab es eine hoch entwickelte Stahlindustrie. Während der Norden jährlich eine Million Tonnen Stahl produzierte, brachte es der Süden auf vergleichsweise bescheidene 36 000 Tonnen. Der Norden schwamm im Geld, weil in seinen Banken zwei Drittel des US-Kapitals lagerten.

Und doch – wer weiß, ob das alles gereicht hätte. Weil der Norden reich war und industriell die Nase vorn hatte, marschierten die Truppen in ordentlichem Schuhwerk. Daran haperte es bei den Südstaatlern erheblich. Viele Soldaten waren sogar barfuß unterwegs und nicht wenige deshalb in den Schlachten praktisch kampfunfähig.

Die Schlacht von Gettysburg

Die berühmteste Schlacht war die Schlacht bei Gettysburg in Pennsylvania im Juli 1863. Dass die Kleinstadt zum Schauplatz eines Aufeinandertreffens der beiden Armeen wurde, lag daran, dass eine Vorausdivision der Südstaatler in Erfahrung gebracht hatte, dort befände sich ein Schuhlager. Die zum großen Teil barfüßigen Soldaten mussten ihr Glück versuchen … Doch sie trafen auf eine hier stationierte Abteilung des Nordens. So brach der große Kampf aus, der mit einer entscheidenden Niederlage der Konföderierten endete.

DER ERSTE DEUTSCHE KANZLER HIESS OTTO VON BISMARCK

wahr

Der pragmatische Politiker war 82 Jahre vor Konrad Adenauer im Amt.

1862 machte König Wilhelm I. Otto von Bismarck zum Ministerpräsidenten von Preußen. Von Anfang an verfolgte Bismarck das Ziel, aus dem politisch zersplitterten Deutschland einen Nationalstaat unter der Führung Preußens zu formen.

Der Lotse geht an Bord

Traditionell beanspruchten die Kaiser aus dem Haus Habsburg die Vorherrschaft in Deutschland. Doch für Bismarck war klar: Für Preußen und Österreich zusammen war kein Platz in Deutschland. Preußen musste seine Ansprüche mit den Mitteln des Krieges durchsetzen. Die Entscheidung fiel am 3. Juli 1866 in der Schlacht von Königgrätz. Die preußischen Truppen errangen einen unerwartet leichten Sieg gegen die Armee des Kaisers Franz Joseph I. Nun konnte Bismarck ein Deutschland nach seinen Vorstellungen schaffen. Das Ergebnis war die Gründung des Norddeutschen Bundes. Dieser Bundesstaat bestand aus Preußen sowie 17 Kleinstaaten, alle nördlich des Mains. Was südlich des Mains lag, blieb, wie die Österreicher, erst einmal außen vor. Sämtliche Machtbefugnisse in diesem neuen Gebilde lagen beim König von Preußen und vor allem beim preußischen Ministerpräsidenten. Am 14. Juli 1867 wurde Bismarck zum Kanzler und gleich auch noch zum Außenminister ernannt. Damit war er der erste deutsche Kanzler, lange vor Konrad Adenauer, der 1949 zum ersten Kanzler der Bundesrepublik gewählt wurde. 1871 tauschte Bismarck im Zuge der Gründung des Deutschen Reichs den Titel des „Bundeskanzlers" gegen den des „Reichskanzlers".

> **Politik ist die Kunst des Möglichen.**
> Otto von Bismarck

BEI DER ERÖFFNUNG DES SUEZKANALS WURDE VERDIS OPER „AIDA" URAUFGEFÜHRT

falsch

So war es geplant, aber die Premiere fand mit zwei Jahren Verspätung statt.

„Aida" ist eines der populärsten Werke aus der Feder des italienischen Komponisten Giuseppe Verdi (1813 bis 1901). Die Oper spielt im alten Ägypten und handelt von der Liebe des glorreichen Feldherrn Radames zur äthiopischen Sklavin Aida, für die er sogar die Pharaonentochter Amneris verschmäht, die er hätte heiraten sollen. Die tragische Geschichte wird garniert durch mitreißende Arien und große Szenen wie die Triumphszene samt Marsch. Eine Oper, wie geschaffen für einen feierlichen Anlass.

So dachte auch der ägyptische Vizekönig Ismael Pascha. 1869 war endlich der Suezkanal fertig geworden, jene Wasserstraße, die das Mittelmeer mit dem Roten Meer verbindet und den Seeweg von Europa nach Asien um mehr als 7000 Kilometer verkürzt. 13 Jahre war es her, dass der Franzose Ferdinand de Lesseps von dem türkischen Sultan, der damals über das Land am Nil herrschte, mit dem Bau des Kanals beauftragt worden war. Drei Jahre später hatten nach umfangreichen technischen und finanziellen Vorbereitungen die Bauarbeiten begonnen.

Ismael Pascha, der Neffe und Nachfolger des 1863 verstorbenen Said Pascha, plante zur Einweihung des Kanals eine großartige Feier mit prominenten Gästen aus der ganzen Welt. Dazu gehörte natürlich ein würdiger musikalischer Rahmen. In Kairo war eigens zu diesem Zweck das erste Opernhaus auf afrikanischem Boden gebaut worden. Und da Ismael Pascha ein Kenner und Liebhaber der europäischen Opernszene war, gab es für ihn nur einen Komponisten, der die Feierlichkeiten mit seiner Musik krönen sollte: Verdi, der gefeierte und erfolgsverwöhnte Komponist aus Italien.

Ihn bat Ismael um die Bearbeitung einer stofflichen Vorlage, die der berühmte französische Ägyptologe Auguste Mauriette (1821 bis 1881), der sich große Verdienste um das Ägyptische Museum in Kairo erworben hatte, lieferte. Als der Tag der Eröffnung gekommen war, wurde im Rahmen der Feierwochen im Kairoer Opernhaus tatsächlich ein Werk von Verdi aufgeführt. Allerdings nicht „Aida", sondern „Rigoletto", eine Oper, die 18 Jahre zuvor in Venedig Premiere gefeiert hatte.

Triumphmarsch

Offenbar war etwas schiefgelaufen. Erst zwei Jahre später, am 24. Dezember 1871, wurde „Aida" in Kairo uraufgeführt. Da war schon viel Wasser durch den Suezkanal geflossen. Woran genau es gehapert hatte, ist umstritten. Die gängigste Version lautet: Verdi forderte zu viel Geld. Eine weitere: Er wurde nicht rechtzeitig fertig. Und die dritte: Er hatte keine Lust auf eine Auftragsarbeit. Was auch immer der Grund war, die Oper mit Schauplatz Ägypten zur Zeit der Pharaonen eroberte in der Folgezeit die Welt und wurde zu Verdis größtem Erfolg. Bis heute ist keine Oper häufiger gespielt worden als „Aida". Verdi genoss den Triumph, verordnete sich eine schöpferische Pause und schrieb erst 16 Jahre später eine neue Oper.

Erfolgsgeschichte Suezkanal

Der Suezkanal erfüllte die Hoffnungen, die die Investoren in ihn gesetzt hatten. Besonders der britische Indienhandel profitierte von der neuen Wasserstraße. 1887 passierten insgesamt 3137 Schiffe mit 5903024 Nettoregistertonnen Laderaum den Kanal. Die Zahl der Reisenden betrug in diesem Jahr 182998 Personen. Die Eigentümer konnten gigantische Gewinne verbuchen. Der Erbauer Lesseps hatte weniger Glück: Sein nächstes Projekt, der Bau des Panamakanals, geriet zu einem finanziellen Fiasko.

DIE EISENBAHN FUHR IN DEUTSCHLAND DURCH VERSCHIEDENE ZEITZONEN

wahr

Bahnreisen im Deutschen Reich konnten ein echtes Abenteuer sein, denn die Uhren gingen überall anders.

In den Ländern, in denen es die Sommerzeit gibt, müssen Reisende zweimal im Jahr wachsam sein, nämlich dann, wenn die Uhr umgestellt wird. Bis vor etwa 120 Jahren mussten Bahnkunden mit Anschlussverbindungen das ganze Jahr auf der Hut sein. Denn wer quer durch Deutschland reiste, kam durch verschiedene Zeitzonen.

Das hing damit zusammen, dass Deutschland erst 1871 ein einheitliches Reich geworden war und auch nach der Reichsgründung die einzelnen Länder zunächst viele eigene Traditionen beibehielten, wozu auch die Zeitbestimmung nach Sonnenstand gehörte. In Bayern galt die „Münchener Ortszeit", in Preußen richtete

man sich nach der „Berliner Zeit" – und war den Bayern um sieben Minuten voraus.

Erst ab dem 1. April 1893 galt in Deutschland einheitlich die Mitteleuropäische Zeit (MEZ). Per Gesetz wurde die mittlere Sonnenzeit des 15. Längengrads östlich von Greenwich als Standard eingeführt. Vorreiter waren das Königreich Bayern, das Großherzogtum Baden und das Königreich Württemberg gewesen, hier herrschte schon ein Jahr früher MEZ. Die Deutschen fanden dadurch Anschluss an die internationale Praxis. Nicht zuletzt mit dem Ausbau eines europaweiten Eisenbahnnetzes wurde eine einheitliche Zeit immer wichtiger.

Orientierungspunkt für die internationale Zeitmessung ist bis heute Greenwich. Der Stadtteil im Südosten von London markiert nach wissenschaftlicher Konvention den Nullmeridian. Dabei handelt es sich innerhalb des Gradnetzes der Erde um jenen Meridian, von dem aus die geografische Länge von Osten nach Westen gezählt wird.

EINE FRAU OHNE WAHLRECHT WOLLTE PRÄSIDENTIN DER USA WERDEN

wahr

1872 wurde der Amtsinhaber Grant als US-Präsident wiedergewählt. Viele Frauen hätten aber lieber den Namen Woodhull in der Zeitung gelesen.

Doch Kandidat(in) Woodhull war zur Wahl nicht zugelassen worden. Die offizielle Begründung lautete nicht etwa, dass Frauen nicht zur Wahl um die Präsidentschaft in den Vereinigten Staaten von Amerika antreten dürfen. Vielmehr wurde darauf verwiesen, dass Victoria Claflin Woodhull (1838 bis 1927) nicht das vorgeschriebene Mindestalter hatte: Sie war 34. Jeder Kandidat, für die Präsidentschaft wie für die Vizepräsidentschaft, muss mindestens 35 Jahre alt sein.

Die Frauenrechtlerin Victoria Claflin Woodhull war auch Verlegerin und Börsenmaklerin.

Die Behörden waren dennoch höchst irritiert, als die engagierte Frauenrechtlerin ihre Bewerbung einreichte. 1872 stand auf Bundesebene noch nicht einmal das aktive Wahlrecht für Frauen auf der Agenda, geschweige denn hatten die Herren Politiker einen Gedanken daran verschwendet, Frauen in politische Ämter wählen zu lassen. Am fortschrittlichsten war noch der Bundesstaat Wyoming, der drei Jahre zuvor Frauen den Gang an die Urnen gestattet hatte.

Schwarzer Vizepräsidentschaftskandidat

Victoria Woodhull gehörte der Bürgerrechtsbewegung „Equal Rights Party" an. Neben anderen Mitstreiterinnen war sie als eine engagierte Verfechterin des Frauenrechts bekannt. Bei ihrer Bewerbung um die Kandidatur hatte sie nicht ernsthaft damit gerechnet, US-Präsidentin zu werden. Es ging ihr darum, ein Zeichen zu setzen, die Gesellschaft aufzurütteln und für die Interessen der amerikanischen Frauen zu werben. Dennoch hatte sie ihre Kandidatur so professionell vorbereitet, dass sie sogar einen Vizepräsidentschaftskandidaten parat hatte. Dass es sich dabei um einen Schwarzen und zudem um einen ehemaligen Sklaven handelte, sorgte für ebenso großes Aufsehen wie die Tatsache, dass eine Frau ins Weiße Haus einziehen wollte. Der Name Woodhull beherrschte die Schlagzeilen und spaltete die Nation: Die einen hielten sie für eine Hoffnungsträgerin, für die anderen war sie ein Schreckgespenst.

Die verhinderte Präsidentin ließ sich nicht entmutigen. 1877 siedelte sie nach Großbritannien über, wo sie zum dritten Mal heiratete und die fortschrittliche Zeitschrift *Humanitarian* herausgab. Victoria Woodhull musste lange warten, aber sie erlebte es noch, dass ihr Kampf Früchte trug. 1920 erhielten die Frauen in den USA das allgemeine aktive Wahlrecht. Eine Präsidentschaftskandidatin gab es erst 2008 wieder mit Hillary Clinton, jedoch nur in den Vorwahlen, nicht im entscheidenden Schlussduell.

DIE JAPANER LIESSEN BEI DER ERSTEN ZUGFAHRT IHRE SCHUHE AM BAHNSTEIG ZURÜCK

wahr

Die Einführung des Zugverkehrs wurde von den Japanern begeistert und mit Höflichkeit aufgenommen.

Reisende aus dem Ausland staunten nicht schlecht, wenn sie zu Beginn des Eisenbahnzeitalters in Japan einen Bahnhof betraten. Überall auf dem Bahnsteig standen Schuhe, fein säuberlich Paar für Paar aneinandergereiht. Was dahinter steckte, konnten sie gleich beobachten: Bevor die Japaner in den wartenden Zug stiegen, zogen sie ihre Schuhe aus und betraten die Waggons barfuß beziehungsweise auf Strümpfen.

Ein Land macht sich auf die Socken
Diese Eigenart war das kuriose Ergebnis einer Begegnung von Tradition und Fortschritt. Erst Mitte des 19. Jahrhunderts hatte Japan eine etwa 200 Jahre andauernde selbstgewählte Isolation aufgegeben und sich gegenüber dem Westen geöffnet. Entschlossen, die aus dieser Abschottung resultierende Rückständigkeit wettzumachen, wurden Wirtschaft und Technik nach amerikanischem und europäischem Vorbild neu organisiert. Dazu zählte auch der Bau einer Eisenbahn. Der erste Zug fuhr am 14. Oktober 1872 von Tokio nach Yokohama. Die Japaner waren begeistert: Er legte die 40 Kilometer lange Strecke, für die man zu Fuß gut sieben oder acht Stunden brauchte, in nur knapp 60 Minuten zurück.

Aber die Japaner wussten, was sich gehört. Wenn sie ein Gebäude betraten, zogen sie sich die Schuhe aus. Und so hielten sie es auch mit dem Zug. Sie sahen in ihm ein Gebäude – dass sich allerdings kurz darauf qualmend und laut schnaufend in Bewegung setzte. Zum Glück gewöhnten sich die Japaner schnell an die neuen Verhältnisse. Und so verschwanden denn auch rasch die Schuhe aus den japanischen Bahnhöfen.

MADE IN GERMANY WAR IMMER SCHON EIN GÜTESIEGEL

falsch

Großbritannien wollte seine Konsumenten vor deutschen Waren warnen. Doch der Schuss ging nach hinten los.

In der Zeit nach der Reichsgründung 1871 rauchten im Deutschen Reich die Schornsteine. Die industrielle Produktion stieg kontinuierlich an. Viele Erzeugnisse waren für den Export bestimmt und überschwemmten die Märkte.

Deutschlands erstes Wirtschaftswunder
Nicht überall wurde der Boom mit Wohlgefallen registriert. Besonders in Großbritannien ärgerte man sich über deutsche Billigprodukte, die die einheimische Wirtschaft in Bedrängnis brachten. Ein anderes Ärgernis waren die vielen Kopien: Haushaltswaren, Textilien, Taschen und andere Produkte, die angeblich in Großbritannien hergestellt worden waren. Um diese Missstände zu beseitigen, verabschiedete das britische Parlament am 23. August 1887 den „Merchandise Marks Act". Darin wurde festgelegt, dass alle Importe mit der Herkunftsbezeichnung „Made in …" (hergestellt in) versehen werden mussten. Diese Information sollte die Konsumenten vor Billigware und Plagiaten warnen und die einheimische Wirtschaft fördern. Besonders hatten es die Briten auf die Deutschen abgesehen. „Made in Germany" war als Warnung gedacht, doch die Deutschen nahmen die Herausforderung an. Die Devise lautete: „Made in Germany" zu einem Qualitätssiegel zu machen. In den folgenden Jahren wurde beim Export vermehrt auf hochwertige Industriewaren gesetzt. Man investierte viel Geld in Menschen, Material und Maschinen. Mit Erfolg, wie sich zeigte.

> **Eine Gratis-Werbung für deutsche Waren.**
>
> E. E. Williams, englischer Journalist

DIE ERSTE FAHRPRÜFUNG FÜR AUTOFAHRER FAND IN FRANKREICH STATT

wahr

Gesetze, Vorschriften und Verordnungen: Normalerweise haben in solchen Dingen die deutschen Bürokraten die Nase vorn. Beim Autofahren verhielt es sich anders.

Als das Automobil noch in den Kinderschuhen steckte, war Autofahren ein Abenteuer mit unbekanntem Ausgang. Zum einen wusste man nie, ob die Technik mitspielte. Zum anderen musste man darauf vertrauen, dass die Herren am Steuer die Sache einigermaßen im Griff hatten. Zwar war die Zahl der Fahrzeuge, die auf den Straßen unterwegs waren, noch ziemlich überschaubar, aber es gab auch nur wenige Verkehrsregeln.

Gegen Ende des 19. Jahrhunderts nahm die Zahl der Autos zu. Vor allem in den Städten wuchs die Zahl der motorisierten Verkehrsteilnehmer schnell. Das Ergebnis war ein latenter bis offener Kriegszustand zwischen Autofahrern und Autofahrern einer-

seits und Autofahrern und Fußgängern andererseits. Die Zahl der Unfälle nahm mancherorts erschreckende Ausmaße an, auch wenn die beteiligten Fahrzeuge meist nicht mehr als 2,5 PS unter der Haube hatten. Blech- und Personenschäden waren an der Tagesordnung.

Selbsthilfe bei der Autopanne ...

Diesem Chaos sagte 1893 Louis Lépine den Kampf an. Er war kaum in sein neues Amt als Polizeipräsident von Paris eingeführt worden, als er die Gemeinschaft der Automobilisten mit einer Nachricht überraschte: Künftig sollte sich nicht jeder, der wollte, einfach hinter das Steuer setzen dürfen. Voraussetzung für die Teilnahme am Straßenverkehr mittels eines Autos sollte das erfolgreiche Absolvieren einer Prüfung sein. Die erste Fahrprüfung fand am 14. August 1893 in Paris statt. Die organisatorische Durchführung war, in Ermangelung einer entsprechenden

EIN ELEKTROTAXI VERURSACHTE DEN ERSTEN AUTOUNFALL-TOD IN DEN USA

wahr

Verkehrsbehörde, den Ingenieuren des Bergbauamtes übertragen worden. Jeder Autofahrer hatte ein „Certificat de Capacité" zu erwerben. Um in den Besitz dieses frühen Exemplars des Führerscheins zu gelangen, musste man sich einer aus drei Teilen bestehenden Prüfung unterziehen. Im praktischen Teil war nachzuweisen, dass man die Technik des Fahrens beherrschte: Anfahren, Steuern, Bremsen. Im theoretischen Teil wurden die technischen Kenntnisse abgefragt. Und schließlich ging es um das Knowhow bei einer Panne. Die französischen Autofahrer sollten nicht hilflos sein, wenn das Auto mal stehenblieb. Bei der Prüfung wurden die Bewerber aufgefordert, vor den strengen Augen der Prüfer selbstständig bestimmte Reparaturen durchzuführen.

... und sittliche Reife zum Lenken

Im Rahmen dieser Reglementierung wurde auch festgelegt, wer überhaupt eine Auto steuern durfte. Die Grundanforderung lautete: Männlich, Mindestalter 21 Jahre. Alle anderen mussten sich nach einem Chauffeur umsehen.

Zunächst galt die Fahrprüfung nur für Autofahrer in Paris und Umgebung. Aber schon wenige Jahre später wurde sie auf ganz Frankreich ausgedehnt. Andere Länder zogen rasch nach. In Deutschland galt die Regel „Erst zur Prüfung, dann ans Steuer" ab 1901. Mit der Pflicht zur Fahrprüfung entstanden auch die ersten Fahrschulen, in denen professionelle Fahrlehrer tätig waren. In Deutschland gab es die erste Einrichtung dieser Art in Aschaffenburg, wo ein gewisser Rudolf Kempf eine „Auto-Lenkerschule" gründete. Voraussetzung zum Erwerb eines Führerscheins war hier ein Mindestalter von 17 Jahren sowie die Vorlage eines amtlichen „Sittenzeugnisses", das die charakterliche Befähigung zum Lenken eines Automobils attestierte.

Keiner kennt heute noch den Namen von Henry Bliss. Damals füllte er für einen Tag die Gazetten.

Am 13. September 1899 starb Henry Bliss. Diese Nachricht allein wäre keine Meldung in einer Tageszeitung Wert gewesen, denn er war keine Person des öffentlichen Interesses. Und doch füllte sie am Tag danach die Gazetten. Zum ersten Mal in der Geschichte der USA war eine namentlich bekannte Person Opfer eines tödlichen Unfalls im Straßenverkehr geworden.

Der 69-jährige Immobilienmakler hatte an der Ecke West 74th Street und Central Park West die Straßenbahn verlassen wollen. Beim Aussteigen wurde er von einem Taxi erfasst, das er nicht hatte kommen hören, denn es handelte sich um ein Elektroauto, wie es bei fast allen New Yorker Taxis in dieser Zeit üblich war. Bliss blieb regungslos auf der Straße liegen. Schwere Kopf- und Brustverletzungen wurden festgestellt. Alle ärztliche Kunst war vergebens. Der Unfallverursacher wurde zunächst in Haft genommen, doch der Taxifahrer beteuerte seine Unschuld und kam wieder frei.

Unfallopfer Mary Ward

Einige Statistiken führen die Irin Mary Ward als „frühestes Opfer im Straßenverkehr". Allerdings lag der Fall bei ihr etwas anders als bei Bliss. Die Wissenschaftlerin kam 1869 ums Leben, als sie aus ihrem eigenen Wagen geschleudert wurde. 1896 starb in London eine Frau namens Bridget Driscoll, die ein Wagen mit einer Geschwindigkeit von etwa sechs Stundenkilometern erfasst hatte. Sie gilt als erstes Unfallopfer in Europa. So oder so dürfte die Erfindung „Auto" schon vorher zahlreiche namenlose Opfer gefordert haben.

IM WEISSEN HAUS KAM BISHER NUR EIN EINZIGES KIND ZUR WELT

wahr

Entweder waren die Präsidenten nicht mehr in dem Alter, in dem man Vater wird, oder mit der Politik voll ausgelastet. An Nachwuchs dachte jedenfalls nur einer.

In dreifacher Hinsicht hat Grover Cleveland Geschichte geschrieben. Er ist der einzige US-Präsident, der zwei Amtszeiten absolvierte, die nicht direkt aufeinander folgten. Die erste Amtsperiode dauerte von 1885 bis 1889. Er stellte sich zur Wiederwahl, unterlag aber seinem republikanischen Herausforderer Benjamin Harrison. Doch unverdrossen trat Cleveland ein weiteres Mal an und wurde prompt wiedergewählt für eine zweite Amtszeit, die von 1893 bis 1897 dauerte.

> ## Nichts umräumen, in vier Jahren sind wir zurück.
> **Frances Cleveland beim ersten Auszug**

Politisch machte sich Cleveland in den acht Jahren seiner Präsidentschaft einen Namen als engagierter Kämpfer gegen die Korruption und als umsichtiger Außenpolitiker. Außerdem war er derjenige Präsident, der die Freiheitsstatue in New York einweihen durfte.

Dennoch sind von Cleveland vor allem privatpersönliche Alleinstellungsmerkmale im Gedächtnis geblieben. Er ist der erste und bisher einzige Präsident der Vereinigten Staaten von Amerika, der während seiner Amtszeit heiratete. Und er ist der erste und bisher einzige, dessen Frau während der Präsidentschaft im Weißen Haus ein Kind zur Welt brachte.

Hochzeit in der ersten Amtszeit

Die „First Lady", die erst durch die Heirat zu diesem Ehrentitel kam, hieß Frances Folsom. Cleveland heiratete sie 1886, im zweiten Jahr seiner ersten Amtszeit. Der Präsident war zum Zeitpunkt der Eheschließung 49 Jahre alt, seine Frau gerade einmal 21. Nach der Hochzeit räumte Clevelands Schwester Rose, die bis dahin die Rolle der „First Lady" übernommen hatte, das Feld. 1891 kam das erste Kind der Clevelands zur Welt. Das war zwischen den beiden Amtszeiten. Dann zog Cleveland nach vierjähriger Pause wieder in das Weiße Haus ein. Wenig später, am 9. September 1893, wurde seine Frau Frances ebendort von der gemeinsamen Tochter Esther entbunden. Dieses Novum sorgte in der amerikanischen Presse für die entsprechenden Schlagzeilen. Eine weitere Tochter namens Marion wurde 1895 geboren – aber nicht in Washington, sondern in einer Kleinstadt in Massachusetts.

Die Clevelands bekamen noch weitere Kinder, die alle nach der zweiten Präsidentschaft geboren wurden. Cleveland, den schon länger gesundheitliche Probleme plagten, starb am 24. Juni 1908. Seine Frau heiratete ein zweites Mal und lebte noch bis 1947. Esther Cleveland heiratete später einen englischen Stahlbaron und starb 86 Jahre nach ihrer Geburt im Amtssitz des Präsidenten der Vereinigten Staaten in New Hampshire.

Oval Office

Der berühmteste Raum im Weißen Haus ist das Arbeitszimmer des Präsidenten. Wegen seiner ovalen Form wird es auch „Oval Office" genannt. Anlegen ließ es William Taft, der 27. Präsident der Vereinigten Staaten (von 1909 bis 1913). Allerdings befindet sich das Büro schon lange nicht mehr an seinem ursprünglichen Ort. Mehrfach wanderte das Oval Office unter verschiedenen Präsidenten durch das Weiße Haus.

KAISER WILHELM II. BRACHTE DIE MATROSENANZÜGE IN MODE

wahr

Erst der künftige deutsche Kaiser, dann Schulkinder und noch später Donald Duck – alle trugen sie Marine-Look. Begonnen hat alles mit einem Geschenk von der Oma.

Queen Victoria hatte 40 Enkel und 88 Urenkel. Ein Enkel war Wilhelm II., von 1888 bis 1918 deutscher Kaiser. Und weil sie ihn gern mochte, schenkte die britische Königin ihm einen Matrosenanzug. Da war Wilhelm im zarten Alter von drei Jahren. Fotos von dem Kleinen in seinem neuen Kleidungsstück gelangten natürlich auch in die Öffentlichkeit und lösten sofort Begeisterung aus. Eltern aus begüterten Kreisen wollten, dass ihre Sprösslinge die gleiche Kleidung trugen wie der künftige Kaiser. So liefen denn bald Jungen wie Mädchen im dunkelblauen Hemd mit viereckigen Exerzierkragen mit drei weißen Streifen, dazu Schlips und kurze Hose beziehungsweise Faltenrock durch die Straßen.

Kieler Bluse

Die neue Kindermode, die der aristokratische Trendsetter ausgelöst hatte, blieb ungebrochen, auch nachdem aus dem Kleinkind Wilhelm der flottenbegeisterte Kaiser Wilhelm II. geworden war, der die Marine nach Kräften förderte. Auch seine eigenen Kinder staffierte er mit jenem Kleidungsstück aus, an dem sich die Kieler Hersteller bald eine goldene Nase verdienten. Wegen der Herkunft aus dem hohen Norden Deutschlands nannte man den Anzug damals auch „Kieler Bluse".

Wilhelm musste 1918 abdanken und aus dem Kaiserreich wurde eine Republik. Der Matrosenanzug aber war inzwischen so etabliert, dass er weiterhin zu den Klassikern in der Kindergarderobe zählte. Erst in den 1930er-Jahren kam er allmählich aus der Mode.

DIE OLYMPISCHEN SPIELE 1896 DROHTEN AN GELDMANGEL ZU SCHEITERN

wahr

Bevor die Jugend der Welt nach Athen gerufen werden konnte, gab es eine Reihe von Schwierigkeiten aus dem Weg zu räumen.

Die Olympischen Spiele der Antike hatten immer in Olympia stattgefunden. Und so war es kein Wunder, dass auch die ersten Spiele der Neuzeit wieder in Griechenland über die Bühne gehen sollten. So hatte es sich jedenfalls der Initiator, der Franzose Pierre Baron de Coubertin, ausdrücklich gewünscht. Am 6. April 1896 wurden die Spiele in Athen feierlich eröffnet. 241 Athleten (ausschließlich Männer) kämpften vor meist gut gefüllten Rängen um die begehrten Medaillen.

Spendensammlung für den Sport

Noch wenige Wochen zuvor hatte die Wiederbelebung der Spiele am seidenen Faden gehangen. Es stellte sich heraus, dass die Kosten dreimal so hoch liegen würden, wie von Coubertin kalkuliert. Gastgeber Griechenland war jedoch knapp bei Kasse. So empfahlen interne Gutachter, auf die Austragung zu verzichten.

Eine solche Blamage aber wollte der griechische Kronprinz Konstantin, der die Idee von Anfang an unterstützt hatte, nicht hinnehmen. Er stellte sich selbst an die Spitze des Organisationskomitees und startete eine gigantische Spendensammelaktion. Sowohl in Griechenland als auch bei im Ausland lebenden Griechen fanden diese Bemühungen eine überwältigende Resonanz. So kamen innerhalb kurzer Zeit nicht weniger als 330 000 Drachmen zusammen. Weitere 400 000 Drachmen erbrachte der Verkauf von Sonderbriefmarken. Zusammen mit dem Erlös aus den Eintrittskarten war auf diese Weise genügend Geld vorhanden, um Athen für zehn Tage zum Mittelpunkt der internationalen Sportwelt zu machen.

DER REICHSTAG WOLLTE BISMARCK NICHT ZUM GEBURTSTAG GRATULIEREN

wahr

Selten ging es im deutschen Parlament so hitzig zu. Dabei ging es „nur" um den Geburtstag des ehemaligen Reichskanzlers.

Schon als er noch in Amt und Würden war, hatten sich an Otto von Bismarck die Geister geschieden. Der „Eiserne Kanzler" mit seinem großen Einfluss und mit seiner direkten, häufig verletzenden Art war nicht eben jedermanns Geschmack.

Zwar hatte er während seiner Kanzlerschaft soziale Reformen wie die Kranken- und Unfallversicherung auf den Weg gebracht, doch die Sozialisten als Sprachrohr der linken Arbeiterschaft bekämpfte er ebenso hart wie die rechte Zentrumspartei und die katholische Kirche. So freuten sich viele, als Kaiser Wilhelm II. Bismarck das Vetrauen entzog und ihn am 20. März 1890 aufs Altenteil schickte.

Der damals knapp 75-Jährige zog sich verbittert auf seine Güter im Sachsenwald zurück, begann, seine Memoiren zu schreiben, ärgerte sich über die politische Berichterstattung und wurde für seine Umgebung zunehmend ungenießbar.

Viel Feind, viel Ehr

Am 1. April 1895 feierte Bismarck seinen achtzigsten Geburtstag. Noch einmal stand er im Rampenlicht. Wäschekorbweise trafen Glückwunschtelegramme und Geschenke ein, und Delegationen der Bevölkerung erschienen vor seinem Schloss, um ihm zu gratulieren. Selbst der Kaiser, mit dem Bismarck seit der Entlassung über Kreuz lag, meldete sich bei seinem ehemaligen Weggefährten.

Die Parlamentarier im Reichstag jedoch taten sich schwer, in den allgemeinen Jubelchor mit einzustimmen. Viele Gegner des Ex-Kanzlers sahen in seinem runden Geburtstag eine gute Gelegenheit, alte Rechnungen zu begleichen. Über den Antrag, eine gemeinsame Grußadresse in den Sachsenwald zu entsenden, kam es zu einer überaus hitzigen Debatte. Befürworter und Gegner schenkten sich nichts.

Da keine Einigung erzielt wurde, kam es zu einer Kampfabstimmung. Das Ergebnis: 146 Abgeordnete stimmten für den Antrag, aber 163 dagegen. So fand sich in Bismarcks Geburtstagspost kein Telegramm mit dem Absender „Deutscher Reichstag".

DAS ATTENTAT AUF ELISABETH VON ÖSTERREICH BERUHTE AUF EINEM ZUFALL · wahr

Damals wie heute hatte „Sisi" im Volk viele Verehrer. In Genf wurde sie das Zufallsopfer eines Monarchiefeinds.

Elisabeth von Österreich war, trotz ihrer Eskapaden, ungemein beliebt. Die Nachricht von ihrem Tod sorgte für Entsetzen. Mitten in Genf, an der Uferpromenade des Genfer Sees, wurde sie 60-jährig am 10. September 1898 von einem italienischen Anarchisten namens Luigi Lucheni erstochen.

Der Hinweis kam aus der Presse

16 Jahre alt war sie gewesen, als die aus Bayern stammende Prinzessin 1854 in einer Traumhochzeit Kaiser Franz Joseph I. von Österreich geheiratet hatte. Alle Welt bewunderte die Schönheit und Klugheit der Kaiserin, die sich aber am Wiener Hof mit seinem starren Protokoll nie so recht wohlfühlte. Aus diesem Grund zog es die Kaiserin immer wieder in die Ferne – nach Ungarn, Italien, Griechenland, Madeira. Es gab Zeiten, in denen die Österreicher sie überhaupt nicht zu Gesicht bekamen. Ihrer Popularität tat dies keinen Abbruch. Die Bevölkerung schätzte sie unter anderem, weil es ihr gelungen war, die Ungarn wieder für das Reich der Habsburger zu gewinnen.

Warum wurde sie dann ermordet? Ihr Mörder, Luigi Lucheni, war zum Zeitpunkt der Tat 25 Jahre alt. Sein Leben war in eher tristen Bahnen verlaufen. In Genua hatte er sich als Gelegenheitsarbeiter durchgeschlagen. Dort hatte er auch Kontakte zur Szene der italienischen Anarchisten geknüpft. Sie waren erklärte Feinde der Monarchie – in Italien, aber auch grundsätzlich.

Von Genua siedelte Lucheni in die Schweiz über, weil ihm dort eine Arbeit als Steinmetz angeboten worden war. Zur selben Zeit ließ der italienische König Umberto I. einen Arbeiteraufstand in Mailand blutig niederschlagen. Das war für den intellektuell einfach gestrickten Lucheni der unmittelbare Anlass, Mordpläne zu schmieden. Er wollte einen Vertreter der verhassten Oberschicht töten – egal wen.

Kaiserin Elisabeth war am 9. September in Genf eingetroffen. Sie folgte einer Einladung der Familie Rothschild. Für den nächsten Tag war eine Schiffstour auf dem Genfer See mit dem Ziel Caux, dem „Balkon des Genfer Sees", geplant. Mittags gegen 13.30 Uhr machte sich Elisabeth in Begleitung einer Hofdame auf den Weg zur Anlegestelle des Dampfers. Auch Lucheni war inzwischen unterwegs und auf der Suche nach einem Opfer. Er hatte vorgehabt, Prinz Heinrich von Orléans, den Spross eines der bedeutendsten Adelshäuser in Europa, zu töten. Doch der hatte seinen geplanten Besuch in Genf kurzfristig abgesagt – eine, wie sich zeigen sollte, für ihn lebensrettende Entscheidung. Aus der Zeitung erfuhr der Italiener, dass Elisabeth von Österreich im Genfer Hotel Beau Rivage abgestiegen war.

Todessehnsucht oder Todesahnung?

Lucheni kannte die Kaiserin nicht, doch auch sie war eine Repräsentantin des ihm verhassten Systems. An der Promenade erwartete der Attentäter sein Opfer. Ohne Ankündigung stürzte er auf Elisabeth zu und stach ihr mit einer Feile ins Herz, die er vorher mit einem festen Griff präpariert und gespitzt hatte. Die Wunde war kaum sichtbar. Sisi erhob sich, bedankte sich bei den Passanten, die ihr aufgeholfen hatten, und ging noch weiter bis zum Schiff, wo sie zusammenbrach. Man brachte sie zurück ins Hotel, dort starb sie kurz darauf. Elisabeth, die Zeit ihres Lebens unter depressiven Zuständen litt, hatte erst kurz zuvor im Kreis ihrer Vertauten davon gesprochen, bald sterben zu wollen.

Der Attentäter hoffte, mit einer öffentlichen Hinrichtung noch einmal die Aufmerksamkeit auf sich zu lenken, wurde jedoch zu lebenslanger Haft verurteilt und erhängte sich 1910 in seiner Zelle.

20. JAHRHUNDERT

Ein Jahrhundert der Großereignisse:
Die beiden Weltkriege und ihre Schrecken
stellten alles bisher Bekannte in den Schatten. Den heißen Kriegen folgte der Kalte
Krieg, bevor mit dem Ende des Ostblocks das
große Tauwetter einsetzte. Und dann glich
eine TV-Neujahrsansprache bis aufs Wort
der Rede vom Vorjahr.

DER TEDDYBÄR WURDE NACH EINEM PRÄSIDENTEN BENANNT

wahr

Man kann sich schlechter verewigen, als für ein allseits beliebtes Kuscheltier den Namen zu stiften.

Der Teddybär hat bis heute in den Kinderzimmern sein festes Zuhause. Schon gegen Ende des 19. Jahrhunderts war der brummige Spielkamerad auf den amerikanischen Markt gekommen. Doch „Teddy" hieß er erst seit 1902. Damals regierte in den USA Präsident Theodore Roosevelt (1858 bis 1919). Von seinem politischen Wirken ist vor allem in Erinnerung geblieben, dass er 1906 für seine Vermittlerrolle im Russisch-Japanischen Krieg mit dem Friedensnobelpreis ausgezeichnet wurde.

Ein Herz für Tiere

Weniger bekannt ist, dass er als Namenspatron für den Teddybär Pate stand. Denn inoffiziell wurde der Präsident von Freunden, der Presse und bald allen Amerikanern nicht „Theodore" Roosevelt genannt, sondern kurz „Teddy". Wie aber kam der Spitzname des Präsidenten zum Stoffbär? Eine Anekdote liefert dazu folgende Begründung: 1902 machte der Präsident in Mississippi Jagd auf Bären. Allerdings blieb ihm das Glück des Waidmanns versagt. Seine Begleiter wollten ihm eine Freude bereiten, fingen einen kleinen Bären, banden ihn an einen Baum und gaben ihn dem Präsidenten zum Abschuss frei. Doch „Teddy" hatte Mitleid mit dem Bären.

Mit Knopf im Ohr

Die Kunde von dieser Begnadigung machte rasch die Runde. Auch die Presse bekam Wind davon. Der Karikaturist der *Washington Post* war es schließlich, der das Fass zum Rollen brachte. Er porträtierte den Bären so niedlich, dass ihn die Amerikaner ins Herz schlossen. Und Präsident Roosevelt wurde von nun an mit kleinem „Teddy"-Bären dargestellt. Als die deutsche Firma Steiff kurz darauf an die Produktion der kleinen Spielzeugbären mit beweglichen Armen und Beinen ging, wurde der Name übernommen. Die Idee wurde ein Riesenerfolg.

IN DRESDEN WURDEN FINGERABDRÜCKE GESAMMELT

wahr

Für professionelle Langfinger begann das neue Jahrhundert nicht gut. Die Wissenschaft lieferte den Kriminalisten eine neue Methode, um Verbrechern auf die Schliche zu kommen.

Kaum ein Mensch kennt heute noch den Namen Paul Koettig. Zwischen 1904 und 1919 war er Polizeipräsident von Dresden. Ein Jahr, bevor er diesen verantwortungsvollen Posten antrat, hatte der Kripo-Mann Post bekommen. Absender: Robert Heindl. Der 20-jährige Münchner hatte Jura studiert und interessierte sich nicht nur für die Bestrafung, sondern auch für die Bekämpfung von Verbrechern. Heindl war auf einen Zeitungsartikel gestoßen, in dem beschrieben wurde, wie ein britischer Gouverneur in Bengalen bei der Aufklärung von Straftaten auf Fingerabdrücke setzte.

Eine gute Spürnase

Nicht nur Koettig, sondern auch andere hohe Polizeibeamte in ganz Deutschland machte Heindl per Brief auf diese revolutionäre Methode aufmerksam. Aber nur bei Koettig stieß er auf offene Ohren. Die anderen Kollegen waren skeptisch und setzten lieber auf die althergebrachte „Bertillonage". Diese Methode war nach dem Franzosen Alphonse Bertillon (1853 bis 1914) benannt. Der seinerzeit berühmte Kriminalist und Anthropologe hatte erkannt, dass es keine zwei Menschen mit den exakt gleichen Körpermaßen gibt. Also musste man auch einen Gesetzesbrecher, so er denn am Tatort Spuren hinterließ, eindeutig identifizieren können. Doch so richtig funktionierte diese Methode in der Praxis nicht. Aber gab es etwas Besseres? Was sollte man schon mit Fingerabdrücken erreichen?

Koettig jedoch war begeistert von dem, was Heindl ihm vortrug. Auf seine Initiative hin wurde die „Bertillonage" durch die „Daktyloskopie" – wörtlich: die Untersuchung von Fingerabdrücken – ersetzt. Jeder Mensch hatte, so lautete die Erkenntnis, seinen eigenen, unverwechselbaren Fingerabdruck. Und das galt natürlich auch für jeden Verbrecher.

Echter und genetischer Fingerabdruck

Im März 1903 war es so weit: Als erste deutsche Polizeidirektion führte Dresden eine Kartei mit Fingerabdrücken ein. Ab jetzt musste jeder, der in die Fänge der Polizei geriet (ob schuldig oder unschuldig), einen Fingerabdruck abliefern. Dieser kam in die Kartei und wurde mit bald Tausenden anderen zum Vergleich herangezogen, wenn an einem Tatort ein unvorsichtiger Krimineller sein individuelles Erkennungszeichen hinterlassen hatte. Für vorausschauende Täter lautete daher jetzt die Devise: Straftaten nur noch mit Handschuhen begehen!

Wie genial diese Identifizierungsmethode ist, zeigt sich selbst im Zeitalter von DNA-Analysen noch. Sogar eineiige Zwillinge, die die exakt identische DNA aufweisen, unterscheiden sich noch durch ihren Fingerabdruck – und werden damit eindeutig überführbar.

Peinliche Panne

In Frankreich arbeitete die Polizei ab 1914 mit Fingerabdrücken. Anlass dazu gab eine Blamage. Am 21. August 1911 hatte der italienische Kunstdieb Vincenzo Perrugia das weltberühmte Gemälde mit der Mona Lisa aus dem Pariser Louvre gestohlen. Zwar entdeckte man am Tatort seine Fingerabdrücke, doch da diese nirgendwo registriert waren, man stattdessen noch umständlich mit der Bertillon-Methode arbeitete, blieb der Dieb lange Zeit unerkannt. Dann beging er 1913 den Fehler, das Bild einem Museumsdirektor anzubieten. In Italien wurde Perrugia als Held gefeiert. Die Franzosen aber beeilten sich, die Fingerabdruck-Kartei einzuführen.

IN DER SCHWEIZ RECHNETE MAN BIS INS 20. JAHRHUNDERT WIE IN DER STEINZEIT

wahr

Wer etwas auf dem Kerbholz hat, ist mit Vorsicht zu genießen. Ursprünglich bezieht sich diese Redensart jedoch auf das Schuldenmachen.

30 000 v. Chr. irgendwo in Europa: Zwei Steinzeitmenschen ritzen Zeichen in einen Knochen. Es ist ihre Art, die Tage zu zählen oder eine Anzahl von Dingen wie Schafe oder Speere festzuhalten. Szenenwechsel. 1910 auf einer Alm in den Schweizer Alpen: Zwei Bauern ritzen Zeichen in einen Holzstab. Der eine hat beim anderen Schulden. Den Stab haben sie zunächst in zwei Teile gespalten. Dann werden in beide Hälften identische Muster eingeritzt. Sie zeigen, wie hoch die Schulden sind, die der Gläubiger einfordern darf. Jeder bekommt nun eine Hälfte, als Nachweis für die Abmachung. So wissen beide, was der Schuldner „auf dem Kerbholz" hat.

Nicht manipulierbar

Die Bauern wenden eine uralte Buchführungsmethode an. Was die Steinzeitmenschen in Ermangelung einer Schrift praktizierten, wurde auch in späteren Epochen intensiv gepflegt, selbst wenn es inzwischen ausgefeiltere Mittel und Wege des Zählens, des Rechnens und der Buchhaltung gab. Aber das gute alte Kerbholz kam einfach nicht aus der Mode – nicht bei den Römern, nicht im Mittelalter, nicht im alten China, nicht einmal in der Zeit Kaiser Napoleons oder im aufgeklärten England des 19. Jahrhunderts.

Ganz besonders lang erfreute sich die Merkhilfe einer großen Beliebtheit bei den traditionsbewussten Bergbauern der Schweizer Alpen. Während in der Finanzmetropole Zürich globale Transaktionen über die Bühne gingen, genügte ihnen für ihre Geschäfte immer noch der schlichte Stab aus der Steinzeit.

DER KAUGUMMI TRAF IN EUROPA NICHT DEN ZEITGEIST

wahr

Chewing Gum – eine Marke, die von Amerika aus die Welt eroberte. Am Anfang aber gab es bei dem Versuch, die europäischen Märkte zu erobern, erhebliche Schwierigkeiten.

Wer hat den Kaugummi erfunden? Darüber reden sich die Gelehrten bis heute die Köpfe heiß. Waren es prähistorische Menschen? Die alten Ägypter? Oder die Azteken? Die Europäer waren es jedenfalls nicht. Auch nicht die Amerikaner. Doch clevere US-Unternehmer sind es gewesen, die gegen Ende des 19. Jahrhunderts aus der klebrig-süßen Masse ein Erfolgsprodukt entwickelten.

Allen voran war das Spearmint von William Wrigley jr. (1861 bis 1932) in aller Munde. Nachdem der Fabrikant zuvor auf Seife und Backpulver gesetzt hatte, versuchte er es nun mit Kaugummi. Praktisch an jeder Ecke in den großen amerikanischen Städten gab es das Erfolgsprodukt zu kaufen. Zuversichtlich ging Wrigley daran, auch die Europäer für das Chewing Gum zu gewinnen. Doch die Kaugummi-Kampagnen hatten hier nicht den geringsten Erfolg. Erst 1911 fanden sich in Großbritannien einige Händler dazu bereit, Kaugummi unters Volk zu bringen. Trotz massiver Werbung war der Effekt bescheiden und die meisten Süßwarenhändler weigerten sich, Kaugummi in ihr Sortiment aufzunehmen. So verfiel man auf den Ausweg, das Produkt in Europa wenigstens in Automaten anzubieten.

Auf diesem Umweg fanden die europäischen Verbraucher langsam Gefallen am Kaugummi. Der endgültige Durchbruch gelang erst im Zweiten Weltkrieg, als amerikanische Soldaten, die GIs, Kaugummi nach Europa brachten und vor allem bei den Jugendlichen einen wahren Boom auslösten. Er schmeckte nach Freiheit und einer besseren Welt.

DIE TITANIC WAR DAS GRÖSSTE SCHIFF IHRER ZEIT

falsch

Der schwimmende Mega-Palast brach viele, aber nicht alle Rekorde.

Die *Titanic* war 1912 ein Schiff der Superlative. Keine Kosten und Mühen hatte die Reederei White Star Line gescheut, um ein Schiff zu bauen, wie es die Welt noch nicht gesehen hatte. Ein Schiff mit allen Annehmlichkeiten und Schikanen – jedenfalls für die besser zahlende Kundschaft in der Ersten Klasse. In den anderen Klassen ging es deutlich weniger vornehm zu. Aber was zählte, waren Glanz und Glamour für die Reichen.

Traumschiff mit Abstrichen

Die *Titanic* sollte nach dem Willen der Erbauer allein schon durch ihre pure Größe die Konkurrenz erstarren und die Gäste erstaunen lassen. Und tatsächlich waren die Dimensionen des Luxusliners außergewöhnlich.

Das Schiff war 269 Meter lang, 28 Meter breit und 53 Meter hoch. Damit schien es im damals tobenden Wettstreit der Reedereien um das schönste, größte und beste Schiff die Nase vorn zu haben. Doch dies war nur teilweise der Fall. Das Schwesterschiff *Olympic*, ebenfalls ein Werk der White Star Line, wies die gleichen Maße auf. Man hatte bei der *Titanic* nur etwas Raum geschaffen – aber größer als die *Olympic* war die *Titanic* nicht.

Übertroffen wurde das Schiff, das auf seiner Jungfernfahrt im April 1912 mit 2200 Passagieren an Bord im eisigen Nordmeer versank, noch von einem anderen Ozeanriesen. Dieser wurde ein paar Wochen nach dem Untergang der *Titanic* im Auftrag der Reederei Hamburg-America vom Stapel gelassen. Das deutsche Renommierschiff hieß *Imperator* und stellte in Sachen Ausmaße alles bisher Dagewesene in den Schatten. In der Länge übertraf es die *Titanic* immerhin um drei Meter – und ausgemustert wurde sie erst 1946.

DAS FLIESSBAND WURDE VON DER AUTO-INDUSTRIE ERFUNDEN

falsch

Henry Ford brachte es zur Perfektion. Doch die Urheberrechte gebühren einem Mechaniker aus Newport.

Das Fließband hat die Wirtschaft revolutioniert und die Produktion beschleunigt. Der amerikanische Automobilpionier Henry Ford setzte das Fließband 1911 als Erster erfolgreich im Autobau ein. Das Fließband ist so eng mit dem Namen Ford verbunden, dass man meinen könnte, es sei von ihm erfunden worden. Doch der wahre Erfinder hieß Oliver Evans. Der Tüftler aus Newport/Delaware erwarb 1790 das Patent auf eine automatische Getreidemühle, die mit einem eingebauten Förderband arbeitete. Auf diesem wurden pro Stunde 300 Scheffel Getreide in den obersten Stock einer Mühle transportiert. Das sparte Zeit und Mühe. Später erweiterten englische Bäcker das Einsatzspektrum, um massenweise Schiffszwieback zu fabrizieren. Dazu bildeten sie eine Menschenkette und reichten sich die Zutaten von Hand zu Hand weiter. 1833 entwickelte sich aus beiden Ideen das moderne Fließband, Henry Ford musste es nur sinnvoll einsetzen.

Das Ford T-Modell wurde als erstes Auto am Fließband hergestellt und dadurch unglaublich günstig.

EINE ENGLISCHE FRAUENRECHTLERIN SCHEITERTE AM PFERD DES KÖNIGS

wahr

Emily Davison war eine streitbare Person. Unermüdlich kämpfte sie in England für die Rechte der Frauen, bis ein mysteriöser Unfall ihrem Leben am 4. Juni 1913 ein abruptes Ende setzte.

Bis zu jenem verhängnisvollen Tag hatte Emily Davison (1872 bis 1913) im Einsatz für die Frauenbewegung schon vieles durchgemacht. Sie war insgesamt acht Mal inhaftiert worden. Ihr Sündenregister war imposant: Man warf ihr Sachbeschädigung, Körperverletzung und Brandstiftung vor. Und auch hinter Gittern kämpfte sie unbeirrt weiter für die Rechte der Frauen, organsierte Hungerstreiks und versuchte sogar einmal, Selbstmord zu begehen.

Gegen alle Normen

Eine solch turbulente Karriere war Emily Davison nicht in die Wiege gelegt worden. Geboren wurde sie 1872 als Tochter eines wohlhabenden Londoner Kaufmanns. Nach der Schule nahm sie – was für die damalige Zeit eher ungewöhnlich war und in keiner Weise den gesellschaftlichen Normen entsprach – ein Studium der Literatur auf, das sie nach dem Tod des Vaters zunächst abbrechen musste, weil das Geld fehlte. Doch sie gab nicht auf, suchte sich Arbeit und finanzierte damit ein weiteres Studium, diesmal der Naturwissenschaften. Eine Aussicht auf eine akademische Laufbahn bot dieses jedoch nicht, zudem wurde ihr wie allen Frauen der Zeit der akademische Titel verwehrt.

1906 schloss sich Emily Davison einer Gruppe von Aktivistinnen an, die mehr Rechte für Frauen und insbesondere das Frauenwahlrecht forderte. Aber die männliche Staatsmacht war nicht bereit, diese Forderungen umzusetzen, und ging hart und brutal gegen die Frauenrechtlerinnen vor. Davison und ihre Mitstreiterinnen ließen sich jedoch nicht

Taten, keine Worte.
Emily Davison

einschüchtern und schockierten die Öffentlichkeit mit immer neuen Aktionen. Davison selbst war dabei stets in vorderster Front zu finden. Besonders gern legte sie sich mit den führenden Politikern an. So wurde sie im März 1909 verhaftet, weil sie dem Premierminister eine Schrift überreichen wollte, in der das Wahlrecht für Frauen gefordert wurde. Später deponierte sie im Haus des Schatzkanzlers eine Bombe, die schwere Schäden anrichtete.

Dann kam der verhängnisvolle 4. Juni 1913. An diesem Tag fand wie in jedem Jahr das traditionsreiche English Derby in Epson statt, das zu den Großereignissen des englischen Pferdesports gehört. Zu den Besuchern, die in Scharen zur Rennbahn strömten, gehörte auch die Frauenaktivistin Emily Davison. Alle verfolgten gebannt den Start des Rennens, das prominent besetzt war, sowohl was die Pferde als auch was die Reiter betraf. Zu den Favoriten gehörte Anmer aus dem Stall des englischen Königs George V. mit seinem Jockey Herbert Jones.

Spannende Kämpfe um die besten Positionen und begeisterte Zuschauer prägten zunächst das Geschehen. Dann aber lief plötzlich eine Frau von der Tribüne auf die Rennbahn, mitten zwischen die rasenden Pferde. Im Laufschritt steuerte sie auf das Pferd des Königs zu und versuchte es an den Zügeln zu packen. Der Jockey konnte nicht mehr rechtzeitig stoppen. Die Frau fiel zu Boden, landete unter dem galoppierenden Pferd und wurde von ihm überrannt. Sie wurde schwer verletzt in das Krankenhaus von Epson gebracht, wo sie vier Tage später, am 8. Juni 1913, verstarb, ohne das Bewusstsein wiedererlangt zu haben.

Märtyrertod oder Leichtsinn?

Bei der Frau handelte es sich um Emily Davison. Bis heute konnte nicht zweifelsfrei geklärt werden, welche die Beweggründe für ihr Handeln waren.

Spekulationen werden nach wie vor geäußert, so auch am 4. Juni 2013, als sich das tragische Ereignis zum 100. Mal jährte. War es eine leichtsinnige Demonstration ohne Sinn und Verstand gewesen? Das passte eigentlich nicht zu Emily Davison, auch wenn sie nie vor ungewöhnlichen und radikalen Aktionen zurückgeschreckt hatte. Oder wollte sie auf spektakuläre Weise Selbstmord begehen – so, wie sie es früher bereits einmal versucht hatte –, um damit in drastischer Weise auf ihre politischen Anliegen aufmerksam zu machen? Favorisiert wird heute die Version, dass es ihr um eine Demonstration für die Einführung des Frauenwahlrechts ging, der tödliche Ausgang jedoch nicht eingeplant war. Vielleicht wollte sie dem königlichen Jockey eine Petition zustecken oder eine Flagge mit dem Symbol der Frauenrechtsorganisation um den Hals des Tieres hängen.

Wie es sich auch immer verhalten haben mag, mit den dramatischen Vorgängen beim Epson-Derby wurde Emily Davison endgültig zu einer Ikone der internationalen Frauenbewegung.

Eheboykott

In Deutschland trat am 1. Januar 1900 das Bürgerliche Gesetzbuch (BGB) in Kraft, welches das deutsche Privatrecht vereinheitlichte. Das darin verortete Gesellschaftsbild stieß bei der Frauenrechtsbewegung auf scharfe Kritik: Der Mann wurde der öffentlichen Sphäre, die Frau dem häuslichen Bereich zugeordnet. Frauen hatten mit der Eheschließung den Namen des Mannes zu führen, der Gatte durfte den Wohnort bestimmen, frei über das Vermögen der Ehefrau verfügen und ihr Arbeitsverhältnis ohne Rücksprache kündigen. Die erste promovierte Juristin Deutschlands, Anita Augspurg (1857 bis 1943), rief daraufhin dazu auf, die Ehe zu boykottieren.

EIN GEKNACKTER CODE VERANLASSTE DIE USA ZUM KRIEGSEINTRITT

wahr

Zwar dauerte der Erste Weltkrieg vier Jahre, doch der Verlust eines Schiffs ganz zu Anfang brachte den Deutschen am Ende einen mächtigen Gegner ein.

In den frühen Morgenstunden des 26. August 1914, wenige Wochen nach Ausbruch des Ersten Weltkriegs, lief der Kreuzer *Magdeburg* mit knapp 400 Mann Besatzung an Bord vor der estnischen Insel Odensholm auf Grund. Dichter Nebel hatte zu der Havarie geführt. Vergeblich versuchten der Kapitän und seine Leute, das Schiff wieder seetüchtig zu machen. Plötzlich näherten sich zwei russische Aufklärungsschiffe. Der Kapitän gab der Mannschaft den Befehl, sich in Sicherheit zu bringen, und ließ das Schiff sprengen.

Der Zwischenfall hatte einen Begleitumstand, der den Deutschen im weiteren Kriegsverlauf erheblich schadete. Als sich die russischen Kreuzer näherten, versuchte die Besatzung der *Magdeburg* das Signalbuch im Meer verschwinden zu lassen. In dem Buch war der Code für die deutschen Funksprüche verzeichnet. Doch das streng geheime Verzeichnis fiel den Russen in die Hände und half den Alliierten im weiteren Kriegsverlauf, den Funkverkehr der deutschen Militärs zu überwachen. 1917 gelang damit die Entschlüsselung der berühmten „Zimmermann-Depesche". Dabei handelte es sich um ein Telegramm des Staatssekretärs im Auswärtigen Amt, Arthur Zimmermann, das dieser über die deutsche Botschaft in Washington an den deutschen Gesandten in Mexiko senden ließ. Darin wurden Mexiko Gebiete in den USA versprochen, sollte es sich im Fall eines Kriegseintritts der bisher neutralen USA auf die Seite Deutschlands schlagen. Mithilfe des geknackten Codes erfuhren die USA von dem Deal, woraufhin sie tatsächlich in den Krieg gegen Deutschland eintraten und dieses zu Fall brachten.

DIE RUSSISCHE OKTOBERREVOLUTION FAND IM NOVEMBER STATT

wahr

Die russische Oktoberrevolution ist identisch mit der Novemberrevolution. Die unterschiedliche Benennung hängt mit der Koexistenz von julianischem und gregorianischem Kalender zusammen.

1917 folgte in Russland eine Revolution auf die andere. Nachdem mit der Februarrevolution 1917 das monarchische Regime der Zaren ein Ende gefunden hatte, kam es in der Folge zu bewaffneten Auseinandersetzungen zwischen den Revolutionären selbst. Diese Kämpfe konnten schließlich die sogenannten Bolschewiki unter der energischen Führerschaft von Lenin für sich entscheiden. Der Tag der Machtübernahme war der 25. Oktober 1917. Oder war es der 7. November? Eigentlich ist beides richtig, je nachdem, welchen Kalender man zugrunde legt.

Welcher Kalender gilt?

Der Grund für die Uneinigkeit war die Tatsache, dass in Russland im Jahr 1917 noch der julianische Kalender Gültigkeit hatte, der auf Julius Cäsar zurückgeht, während man sich in den meisten Teilen Europas nach dem gregorianischen Kalender richtete, benannt nach Papst Gregor XIII.

Dieser hatte 1582 eine Reform des julianischen Kalenders mit einer Neuregelung der Schalttage durchgeführt, wodurch sich die Differenz zwischen julianischem und gregorianischem Kalender stetig vergrößert hatte. Jedoch führten nicht alle Staaten die vom katholischen Rom vorgeschriebene neue Kalenderplanung ein. Besonders im Geltungsbereich der konkurrierenden orthodoxen Kirche, zu deren Lager auch die russische Kirche zählt, hielt man noch bis zum Ende der Zarenherrschaft am julianischen Kalender fest. Nach diesem fand die Revolution tatsächlich im Oktober statt, während sie sich nach gregorianischer Zeitrechnung im November ereignete.

Eine neue Zeit bricht an

Nach dem Sieg der Bolschewiki kam es dann durch Lenin auch in Russland zur längst überfälligen Kalenderreform. Dies hatte sowohl pragmatische als auch ideologische Gründe. Zum einen dachte man an die Weltrevolution, an die Vernetzung mit Revolutionären anderer Staaten, und wie sollte dies funktionieren, wenn es in den meisten Ländern der Welt einen anderen Kalender gab? Zum anderen instrumentalisierte man die Reform als Angriff auf die orthodoxe Kirche und ihre Machtstellung. So wurde am 14. Februar 1918 in Moskau und in allen anderen Städten und Dörfern in Sowjetrussland der julianische durch den gregorianischen Kalender ersetzt. Um den Anschluss vom einen zum anderen Kalender herzustellen, mussten 13 Tage übersprungen werden: Auf den 31. Januar folgte entsprechend unmittelbar der 14. Februar.

Treu geblieben ist der alten Zeitrechnung die russisch-orthodoxe Kirche: Sie rechnet bis heute nach dem julianischen Kalender, weshalb russisch-orthodoxe Christen Weihnachten nicht am 25. Dezember, sondern am 7. Januar feiern.

Einführung der Fünf-Tage-Woche

1929 wurde in der UdSSR die Sieben-Tage-Woche abgeschafft. Um im Staat der Arbeiter und Bauern die Wirtschaft anzukurbeln, gab es nun eine Fünf-Tage-Woche ohne einen einheitlichen Ruhetag. Während also ein Fünftel der Werktätigen an jeweils einem Tag der Woche einen persönlichen Ruhetag einlegen sollte, standen die restlichen vier Fünftel für die Arbeit zur Verfügung. Für alle verbindlich blieben fünf nationale Feiertage. Doch schon 1931 wurde diese Regelung wieder aufgegeben, weil sie sich als wenig effektiv erwiesen hatte.

DER ROTE PLATZ HAT SEINEN NAMEN VON DER KOMMUNISTISCHEN REVOLUTION
falsch

Rot war zwar die Farbe der russischen Revolutionäre, der berühmte Platz im Zentrum Moskaus trägt seinen Namen jedoch aus ganz anderen Gründen.

Auf dem Roten Platz im Herzen Moskaus befinden sich die Basilius-Kathedrale, das Historische Museum, das Kaufhaus GUM und viele andere bedeutende Gebäude. Wenn es von Staats wegen etwas zu feiern gibt, veranstaltet man hier, wie in den Zeiten des Sowjetimperiums, aufwendige Paraden.

Zu den „Roten", den Kommunisten, so eine landläufige Meinung, passt der Name „Roter Platz" doch eigentlich ganz gut. Jedoch hat diese Bezeichnung nichts mit der Machtübernahme der Kommunisten nach der Revolution von 1917 zu tun. Vielmehr ist sie auf die Mehrdeutigkeit des Wortes *krasny* in der russischen Sprache zurückzuführen. Ursprünglich hieß der Platz, der schon zur Zarenzeit ein städtebauliches Aushän-

geschild Moskaus war, „Schöner Platz". Da *krasny* aber nicht nur „schön", sondern auch „rot" bedeutet, hatte sich schon vor der Machtübernahme durch die Kommunisten für den „Schönen Platz" außerdem die Bezeichnung „Roter Platz" eingebürgert – und dies natürlich erst recht, nachdem Moskau die Metropole der Roten geworden war.

Eine der Hauptsehenswürdigkeiten auf dem Roten Platz ist das Lenin-Mausoleum. Der sowjetische Paraderevolutionär Lenin wurde nicht begraben – er fand nach seinem Tod am 21. Januar 1924 zunächst in zwei provisorischen, ab 1930 dann in seiner endgültigen Grabstätte, dem Mausoleum auf dem Roten Platz, seine letzte Ruhe. Wirkliche Ruhe hat er hier allerdings nicht gefunden. Scharen von Touristen flanieren täglich an dem öffentlich zugänglichen, aufgebahrten Leichnam vorbei. In jüngster Zeit mehren sich die Stimmen, die aus Pietätsgründen eine solche Form der Zurschaustellung nicht für angemessen halten.

Scheidemann ruft vom Fenster des Reichstags die deutsche Republik aus – er kommt Karl Liebknecht zwei Stunden zuvor.

AM 9. NOVEMBER 1918 WURDE IN BERLIN ZWEIMAL DIE REPUBLIK AUSGERUFEN

wahr

Jahrzehntelang hatten die Deutschen einen Kaiser und nun wurden ihnen plötzlich an ein und demselben Tag zwei Republiken angeboten.

Deutschlands Niederlage im Ersten Weltkrieg stürzte das Land ins Chaos. An allen Fronten hatten die Armeen schwere Niederlagen erlitten. Die Ernährungslage im Reich war katastrophal; immer lauter wurden die Rufe nach Frieden. Auch der Kaiser und das monarchische System an sich wurden infrage gestellt. Die Revolution in Russland, bei der das Regime des Zaren gestürzt worden war, wurde für viele Deutsche zum Vorbild.

Von der Meuterei zur Revolution

Das Ende der Monarchie wurde durch die Novemberrevolution 1918 eingeläutet; Auslöser war ein Aufstand der Matrosen. Der von Kaiser Wilhelm II. eingesetzte Reichskanzler Max von Baden hatte Waffenstillstandsverhandlungen mit den Siegermächten begonnen. Doch in der Armeeführung gab es massive Widerstände gegen eine Kapitulation. Die Admiralität erteilte der in Kiel und Wilhelmshaven stationierten Flotte den Auslaufbefehl. Die Matrosen waren jedoch nicht gewillt, in dieser aussichtslosen Situation noch einmal ins Gefecht zu ziehen. Viele sympathisierten auch mit den russischen Revolutionären. So weigerten sie sich, dem Befehl Folge zu leisten, traten in einen Streik und hissten die rote Sowjetflagge.

Als die Anführer des Protests festgenommen wurden, weitete sich die Meuterei zu einer Revolution aus. In den Kieler Kasernen ergriffen nach russischem Vorbild Soldatenräte die Macht; in den Fabriken bildeten sich Arbeiterräte. Und auch in anderen Städten des Reichs machten sich revolutionäre Bewegungen bemerkbar.

Spektakulärer Alleingang

Wilhelm II. war entschlossen, die Krise zu meistern und seine Position zu behaupten. Aber weil der Kaiser mehr und mehr zu einer Belastung wurde, entschloss sich Reichskanzler Max von Baden zu einem spektakulären Alleingang. Ohne Wilhelm zu informieren, verbreitete er am Mittag des 9. November 1918 eine Erklärung, in der die Abdankung des Kaisers verkündet wurde. Widerstrebend verließ der Kaiser daraufhin Deutschland und begab sich ins holländische Exil.

Im Doppelpack

Reichskanzler Max von Baden trat selbst noch am 9. November zurück. Zu seinem vorläufigen Nachfolger bestimmte er Friedrich Ebert, den Chef der Sozialdemokratischen Partei (SPD).

Die SPD war zu dieser Zeit gespalten: Schon während des Ersten Weltkriegs hatte sich mit der Unabhängigen Sozialdemokratischen Partei Deutschlands (USPD) eine radikale Gruppierung unter der Führung von Karl Liebknecht und Rosa Luxemburg abgetrennt. Sie standen für eine Umgestaltung Deutschlands nach dem Vorbild von Sowjetrussland. Zu diesem Zweck gründeten sie den Spartakusbund, benannt nach dem Sklaven und Gladiator Spartacus, der im antiken Rom einen Aufstand der Sklaven organisiert hatte.

Die gemäßigten Sozialdemokraten standen den Plänen der Radikalen ablehnend gegenüber. Sie wollten statt einer Räterepublik der Arbeiter und Bauern eine parlamentarische Demokratie. Jetzt war rasches Handeln gefragt. So kam es am Nachmittag des 9. November 1918 zu dem einmaligen Vorgang einer doppelten Ausrufung der Republik. Um 14 Uhr trat Philipp Scheidemann, einer der führenden Politiker der SPD, auf den Balkon des Reichstags in Berlin und rief die „Deutsche Republik" aus. Zwei Stunden später proklamierte Karl Liebknecht ein paar Kilometer weiter, vom Berliner Schloss aus, die „Freie sozialistische Republik".

Den Worten ließ Liebknecht flugs Taten folgen und machte sich daran, Wahlen für die Arbeiter- und Soldatenräte zu organisieren. Scheidemann und

Seid einig, treu und pflichtbewusst.
Philipp Scheidemann

Ebert konterten, indem sie ein Bündnis zwischen SPD und USPD aus der Taufe hoben. Sie beschlossen die Gründung eines Rats der Volksbeauftragten unter der Leitung von Friedrich Ebert. Die Vorentscheidung im Kampf um den künftigen Kurs fiel im Dezember 1918. Der Reichskongress der Arbeiter- und Soldatenräte, der während der revolutionären Wirren nach dem Aufstand der Matrosen gebildet worden war, entschied sich mit großer Mehrheit für das Modell der SPD.

Spartakusaufstand

Die Radikalen wollten sich mit dieser Entwicklung jedoch noch nicht abfinden. Karl Liebknecht und Rosa Luxemburg organisierten die radikale Linke als eine eigenständige Partei: Am 1. Januar 1919 gründeten sie die Kommunistische Partei Deutschlands (KPD). Das Ziel einer Räterepublik sollte, wenn nötig, mit Gewalt erreicht werden. So begann am 5. Januar der Spartakusaufstand. Ebert wurde für abgesetzt erklärt; auf den Straßen herrschten Chaos und Terror. Die provisorische Regierung Ebert ging daraufhin mit militärischer Macht gegen die Aufständischen vor. Mitte Januar 1919 war der Aufruhr, der viele Menschenleben gekostet hatte, vorbei; Karl Liebknecht und Rosa Luxemburg wurden am 15. Januar im Zuge antirevolutionärer „Säuberungsaktionen" von Regierungstruppen ermordet.

Neubeginn

Am 19. Januar 1919 fanden dann die Wahlen zur Nationalversammlung statt, die eine neue Verfassung für Deutschland ausarbeiten sollte. Erstmals in der deutschen Geschichte durften auch Frauen wählen. Die meisten Stimmen erhielt die SPD. Am 6. Februar 1919 trat im beschaulichen Weimar die Nationalversammlung zum ersten Mal zusammen. Friedrich Ebert wurde zum ersten Reichspräsidenten gewählt, der seinerseits Philipp Scheidemann zum ersten Reichskanzler ernannte.

Am 11. August 1919 setzte Reichspräsident Friedrich Ebert schließlich seine Unterschrift unter die erste demokratisch-parlamentarische Verfassung in Deutschland.

DIE TÜRKEI HÄTTE ES NACH DEM ERSTEN WELTKRIEG BEINAHE NICHT MEHR GEGEBEN

wahr

Nach dem Zusammenbruch des einst so mächtigen Reichs der Osmanen stand die Zukunft des ganzen Landes auf dem Spiel.

1920 war ein schwarzes Jahr in der Geschichte der Türkei. Das Großreich der Osmanen, das mächtige Sultane jahrhundertelang von Istanbul aus regiert hatten, war im Ersten Weltkrieg zerbrochen. Die einstigen Besitzungen in Asien und Nordafrika standen nun unter der Kontrolle der Siegermächte – allen voran Großbritannien und Frankreich.

Diktatfrieden

Im August 1920 kamen die Siegermächte im französischen Sèvres zusammen, um über das weitere Schicksal der Türkei zu beraten. Am Ende der Verhandlungen stand ein Plan, der die fast vollständige Beseitigung der Türkei von der politischen Landkarte bedeutet hätte. Dabei war der Verlust der Außenbesitzungen in der Ägäis und im Vorderen Orient für die Türken noch nicht das Schlimmste. An die Substanz des Großreichs gingen die Beschlüsse, die man in Sèvres hinsichtlich der territorialen Regelungen im Mutterland Anatolien traf. So sollten die Franzosen die an Syrien grenzenden Gebiete erhalten, das östliche Anatolien sollte an die Kurden gehen. Nicht einmal die Hoheit über Gebiete gewissermaßen vor der Haustür wollte man den Türken noch belassen: Istanbul und die Dardanellen sollten unter internationale Kontrolle gestellt werden.

Vater der Türken

Nach dem Sturz des Sultans wurde Mustafa Kemal zum großen Hoffnungsträger der Türken. Im April 1920 war er zum Präsidenten und Premierminister ernannt worden. Den Vertrag von Sèvres lehnte er vehement ab. Er ließ es auf eine militärische Konfrontation mit den Siegermächten des Ersten Weltkriegs ankommen und erzielte dabei in der Eigenschaft als Oberbefehlshaber der Armee eine ganze Reihe von militärischen Erfolgen. Die Bestimmungen von Sèvres traten daher nie in Kraft. Stattdessen wurde 1923 im Vertrag von Lausanne die Unabhängigkeit und Souveränität der neuen Türkei anerkannt. So wurde Mustafa Kemal zum Retter der Türkei und zum Volkshelden. Später verlieh man ihm den Ehrennamen „Ata Türk" (Vater der Türken).

Beginn der Republik

Die offizielle Wiedergeburt der Türkei fand am 29. Oktober 1923 statt. An diesem Tag rief Mustafa Kemal die türkische Republik aus. Zur neuen Hauptstadt wurde Ankara erhoben. Istanbul war zu sehr mit der alten Zeit der Osmanen und ihren selbstherrlichen Sultanen behaftet. Deshalb spielte im neuen Staat die Metropole am Bosporus politisch nur die zweite Geige. Der 29. Oktober ist bis heute in der Türkei nationaler Feiertag.

Die längste Rede in der Geschichte der Türkei

Gefragt waren beim Redner ein langer Atem und beim Publikum viel Geduld. Am 15. Oktober 1927 begann Kemal Atatürk auf dem Parteitag seiner Republikanischen Volkspartei mit einer Rede, die erst fünf Tage später endete. Natürlich sprach er nicht die ganze Zeit – zum Essen und zum Schlafen wurden Pausen eingelegt. Doch bereits die eigentliche Redezeit von 36 Stunden war beeindruckend und absolut rekordverdächtig. Das Redemanuskript umfasste nicht weniger als 900 Seiten. Aber Atatürk hatte auch Wichtiges mitzuteilen. Es ging um die Erläuterung der Radikalkur, die er dem Land verordnet hatte – weg von den alten Zöpfen und hin zu einem modernen Staat.

DIE BIELEFELDER SPARKASSE DRUCKTE GELD AUS STOFF

wahr

In Sammlerkreisen ist es bis heute heiß begehrt, historisch aber zeugt das Stoffgeld aus Westfalen von wirtschaftlich chaotischen Zeiten.

Anfang der 1920er-Jahre herrschte in Deutschland eine Inflation nie gekannten Ausmaßes. Um die Kriegsschulden und andere Forderungen zu begleichen, druckte die Regierung pausenlos neues Geld, das dadurch immer mehr an Wert verlor.

Doch nicht nur der Staat trat in dieser Weise in Erscheinung. Um den hohen Geldbedarf zu decken, warfen auch Kommunen, Unternehmen und Banken die Notenpresse an. Aus der Inflation wurde dadurch eine Hyperinflation mit astronomischen, in die Milliarden gehenden Zahlen auf den Geldscheinen.

Spezialgeld, in der Hoffnung, dass es sich in Sammlerkreisen später großer Beliebtheit erfreuen würde.

Und so war es dann auch tatsächlich: Die zum Teil mit kunstvollen Borten, Spitzen und aufwendigen Stickereien verzierten Geldscheine fanden schon bald nicht nur bei der Bielefelder Bevölkerung, sondern auch bei Sammlern im In- und Ausland großen Anklang. Von dieser Entwicklung profitierte auch die Sparkasse Bielefeld: Dadurch, dass die Scheine nicht eingelöst wurden, machte sie einen ordentlichen Gewinn. Im November wurde dem Notgeld-Spuk mit der umfassenden Währungsreform der Regierung jedoch ein Ende bereitet: Aus 1 Million Papiermark wurde 1 Rentenmark. Das Bielefelder Stoffgeld hat hingegen bis heute unter Sammlern seine Liebhaber.

Not macht erfinderisch

Im westfälischen Bielefeld ging die heimische Sparkasse eigene Wege. Statt Papiergeld brachte sie Geld aus Stoff in Umlauf. Seide, Samt, Leinen und Jute hatten in der Textilstadt eine lange Tradition. Dass sie nun als Materialien für Geld dienten, war allerdings etwas völlig Neues. Doch der Direktor der Sparkasse wusste genau, was er tat. Er verfolgte mit seiner Aktion durchaus unternehmerische Ziele, denn er kalkulierte bei der Ausgabe der Stoffnoten damit, dass die Kunden sie nicht gleich wieder in Umlauf bringen, sondern behalten würden. Da das Notgeld in jenen Zeiten als Zahlungsmittel tagtäglich an Wert verlor, horteten tatsächlich viele das

CHARLES LINDBERGH ÜBERFLOG ALS ERSTER DEN ATLANTIK

› falsch

Die erste Überquerung des Atlantiks fand bereits 1919 durch zwei englische Luftfahrtpioniere statt – der US-Pilot Lindbergh schrieb dennoch Fluggeschichte.

Die Begeisterung kannte keine Grenzen. Eine riesige Menschenmenge bereitete dem kühnen Flieger auf dem Pariser Flughafen Le Bourget einen triumphalen Empfang. Es war Samstag, der 21. Mai 1927, kurz vor 22.30 Uhr.

Mehr als 33 Stunden war Charles Lindbergh mit seinem Flugzeug, das er *The Spirit of St. Louis* getauft hatte, unterwegs gewesen. Gestartet war er am Tag zuvor von Roosevelt Field in New York. 3610 Meilen hatte er absolviert und dies Nonstop und völlig auf sich allein gestellt. Die Route hatte ihn von der amerikanischen Ostküste über den großen Teich via Neufundland, Südirland und Südengland in die französische Metropole geführt. Aus Gewichtsgründen hatte er auf Funkgerät und Sextant verzichtet und sich bei der Navigation nur auf Karten, Kompass und markante Orientierungspunkte in der Landschaft verlassen.

Er hatte den Stürmen, der Monotonie und Müdigkeit getrotzt und ließ sich nun von der Menge feiern. Jedoch war der damals 25-jährige Lindbergh nicht der Erste, dem das Kunststück gelungen war, den Atlantik auf dem Luftweg zu überqueren.

Wettlauf übers Meer

Der Jungfernflug hatte bereits acht Jahre zuvor stattgefunden. Zwei waghalsige britische Pioniere der Luftfahrt namens John Alcock und Arthur Whitten Brown waren am 14. Juni 1919 in St. John's in Neufundland gestartet. Nach 16 Stunden und 12 Minuten landeten sie, ebenfalls ohne Zwischenaufenthalt, im irischen Clifton.

Wenige Tage später, am 2. Juli 1919, machte sich ein Luftschiff daran, den Atlantik in umgekehrter Richtung, von Ost nach West, zu überfliegen. Das Kommando an Bord hatte Major Herbert Scott. Die Reise führte von Schottland bis nach New York. Naturgemäß dauerte es etwas länger als mit dem Flugzeug: Man kam nach etwas mehr als 108 Stunden, am 6. Juli, am Zielpunkt an. Nur drei Tage später flog das Luftschiff mit 33 Passagieren an Bord nach England zurück.

Charles Lindbergh wurde dennoch zu Recht gefeiert. Niemand zuvor hatte es geschafft, einen direkten Nonstop-Flug von New York bis nach Paris zu unternehmen. Außerdem war er der Erste, der die Atlantiküberquerung im Alleinflug bewältigt hatte. Und schließlich war er auch derjenige, der es verstand, seinen Erfolg grandios zu vermarkten.

Charles Lindbergh überquerte den Atlantik – nicht als Erster, aber als Erster allein.

WILHELM II. KLAGTE GEGEN EIN THEATERSTÜCK

wahr

Was für ein Theater! Der deutsche Exkaiser ging vor Gericht, bekam Recht und musste trotzdem eine Niederlage einstecken.

Am 12. November 1927 feierte im Berliner Theater am Nollendorfplatz ein Bühnenstück Premiere. Der etwas ungewöhnliche Titel lautete „Rasputin, die Romanows, der Krieg und das Volk, das gegen sie aufstand". Regisseur Erwin Piscator gehörte zur künstlerischen Avantgarde der Weimarer Zeit und setzte mit diesem Stück den russischen Revolutionären ein Denkmal. Als besonderen Effekt hatte er sich den Auftritt von drei Kaisern ausgedacht: Auf der Berliner Bühne vereint sollten der russische Zar Nikolaus, der österreichische Kaiser Franz Joseph und der deutsche Kaiser Wilhelm II. sein. Natürlich waren sie nicht in natura zu bestaunen, Schauspieler waren in ihre Rollen geschlüpft. Schließlich waren der russische und der österreichische Monarch schon lange tot und Wilhelm II. lebte im holländischen Exil, wohin man ihn nach dem Ende des Ersten Weltkriegs und dem Sturz der Monarchie abgeschoben hatte.

Einstweilige Verfügung

Besonders gut war Regisseur Piscator seinen drei Kaisern nicht gesonnen. Insbesondere Kaiser Wilhelm II. wurde geradezu lächerlich gemacht. Das Publikum bog sich vor Lachen, als „Wilhelm" auf der Bühne seine prahlerischen Kriegsreden wiederholte, in denen er von der „Weltmacht Deutschland" schwadronierte.

Wilhelm persönlich fand das ganz und gar nicht lustig. Nicht nur, dass er die Vertreibung vom Thron nicht verwunden hatte, er war auch überzeugt davon, eines Tages wieder an die Macht zu kommen. Schäumend vor Wut reichte er am 12. Dezember 1927 Klage gegen das Stück ein, wegen der, wie es hieß, Verunglimpfung seiner Person. Und „Seine Majes-

tät" erhielt Recht. Aufgrund einer einstweiligen Verfügung musste Piscator die Figur des Kaisers aus seinem Stück streichen – dagegen konnte er nichts machen. Doch er rächte sich auf raffinierte Art und Weise. Bei den folgenden Aufführungen ließ er Zitate aus dem Gerichtsurteil einstreuen, was bei den Zuschauern ebenfalls für große Heiterkeit sorgte.

Aufwind für Piscator

Mit seinem Einspruch hatte sich Wilhelm II. auch in anderer Hinsicht gründlich verrechnet, denn jetzt war die Berliner Bevölkerung erst richtig auf die Inszenierung aufmerksam geworden. Abend für Abend drängelten sich die Menschen an der Theaterkasse, um das plötzlich so berühmt gewordene Stück persönlich in Augenschein zu nehmen.

Wilhelm aber grollte weiter in seinem Exil in Doorn. Auch sein Traum von der Rückkehr nach Deutschland ging nicht in Erfüllung. Bis zu seinem Tod am 4. Juni 1941 blieb Holland seine unfreiwillige zweite Heimat.

Markige Worte

Ein berühmt-berüchtigtes Musterbeispiel für die martialischen Reden Wilhelms II. war die Ansprache, die der Kaiser am 27. Juli 1900 vor deutschen Soldaten hielt, die auf dem Weg nach China waren, um den Boxeraufstand mit niederzuschlagen. In der sogenannten Hunnenrede sprach er folgende Worte: „Kommt ihr vor den Feind, so wird derselbe geschlagen. Pardon wird nicht gegeben. Gefangene werden nicht gemacht. Wer euch in die Hände fällt, sei euch verfallen. Der Name Deutscher möge in China auf tausend Jahre durch euch in einer Weise bestätigt werden, dass niemals wieder ein Chinese es wagt, einen Deutschen auch nur scheel anzusehen."

DER NAME EINES NS-KOLLABORATEURS WURDE ZUM SYNONYM FÜR VERRAT

wahr

Seine Kollaboration mit Hitlerdeutschland kostete den Norweger Quisling Reputation und Leben.

Der Pfarrerssohn Vidkun Quisling (1887 bis 1945) hatte schon in jungen Jahren eine starke Neigung zu allem Militärischen. Er besuchte die Kriegsakademie in Oslo, profilierte sich dort als Jahrgangsbester und wurde bald zum Major befördert. Gleichzeitig zog es ihn in die Politik: Von 1931 bis 1933 arbeitete er im norwegischen Kriegsministerium. In dieser Zeit vollzog sich in Deutschland die Machtübernahme der Nationalsozialisten unter Adolf Hitler. Dessen radikale politische Vorstellungswelt in Bezug auf die Rassenlehre und über die Ordnung von Gesellschaft und Familie fiel auch bei Teilen der skandinavischen Bevölkerung auf fruchtbaren Boden.

Zu Hitlers Anhängern in Norwegen gehörte Quisling. Er gründete im Mai 1933 mit meist ebenfalls höhergestellten Gesinnungsgenossen aus Politik, Militär und Justiz nach nationalsozialistischem Vorbild die „Nasjonal Samling" (Nationale Einheit). Begeistert vom Führerprinzip Hitlers nannte er sich selbst „Forer" (norwegisch für „Führer"). Quislings Partei war allerdings nur mäßig erfolgreich: Bei den Wahlen 1933 erhielt sie gerade einmal zwei Prozent der Stimmen. Und 1936, als Hitler in Deutschland dem Höhepunkt seiner Macht entgegenstrebte, dümpelte Quislings Partei bei Parlamentswahlen fast jenseits der Wahrnehmungsgrenze.

Mit allen Mitteln der Macht

Das Wahldesaster von 1936 spornte Quisling aber nur noch mehr an. Die Partei wurde zunehmend radikaler und entwickelte einen ausgeprägten Antisemitismus. Seine große Chance sah Quisling mit dem Ausbruch des Zweiten Weltkriegs 1939 gekommen. Norwegen wurde im April 1940 von deutschen Truppen besetzt und in Quislings rechtsradikaler Splitterbewegung fand Hitler treue und willfährige Helfer. Wenn es, so dachte Quisling, nicht dazu reichte, allein an die Macht zu kommen, dann eben mit Hilfe Hitlers und der deutschen Nationalsozialisten. Allerdings genoss der Norweger bei Hitler nur wenig Wertschätzung: Sein Versuch, bei Beginn der deutschen Invasion per Staatsstreich die Macht in Norwegen zu übernehmen, war gescheitert und seine Partei zu unbedeutend.

Williger Helfershelfer

So diente Quisling in den folgenden Jahren den deutschen Besatzern, zunächst als Vorsitzender eines norwegischen Verwaltungsrats, der dem von Hitler eingesetzten deutschen Reichskommissar Josef Terboven unterstellt war. Im März 1942 wurde Quisling von Terboven zum Ministerpräsidenten ernannt. Bei der norwegischen Bevölkerung hatten die Kollaborateure jedoch kaum Rückhalt, auch weil diese keine Möglichkeit zur Unterdrückung ausließen. So war beispielsweise der Besitz eines Radios (außer natürlich für Quisling und seine Leute) verboten.

Wir werden ihn dreimal hängen.
Haakon VII. von Norwegen

Als die deutsche Besatzung 1945 endete, atmete das norwegische Volk auf. Anfang Mai 1945 fiel die Festung Akershus in Oslo, in der Quisling residiert hatte. Kurz darauf, am 9. Mai 1945, wurde der Helfer Hitlers verhaftet und von einem norwegischen Gericht wegen Hochverrats zum Tode verurteilt. Der norwegische König Haakon VII., der die Marionettenregierung Quislings nie anerkannt hatte und bedeutendste Symbolfigur des norwegischen Widerstands war, sagte einen langen Prozess voraus. Vollstreckt wurde das Urteil jedoch schon am 18. Juli 1945. Quislings Name wurde, losgelöst von der Person an sich, im Norwegischen zum Inbegriff des Landesverräters und Kollaborateurs.

DER OLYMPISCHE FACKELLAUF IST EIN ERBE DER NAZIS

wahr

Zwar gab es das olympische Feuer schon seit der Antike, der Fackellauf aber ist tatsächlich eine Erfindung der Nationalsozialisten.

Der erste olympische Fackellauf fand 1936 statt. In diesem Jahr wurden in Berlin die 11. Olympischen Sommerspiele der Neuzeit ausgetragen. Das NS-Regime unter seinem „Führer" Adolf Hitler nahm die Gelegenheit wahr, aus Anlass dieses sportlichen Großereignisses der Welt die Leistungsfähigkeit der Deutschen vor Augen zu führen. Dabei waren die Spiele schon vor der Machtübernahme der Nationalsozialisten, noch in der Zeit der Weimarer Republik, an Deutschland vergeben worden. Die Machthaber scheuten keine Kosten und Mühen, um die glanzvollsten Spiele aller Zeiten zu präsentieren. Da kam der Sportfunktionär Carl Diem auf die Idee, einen Fackellauf ins Leben zu rufen. Bei den alten Griechen war lediglich bei der Eröffnung der Spiele in Olympia an Ort und Stelle ein heiliges Feuer entzündet worden. Ganz anders 1936. Eine riesige Stafette von Läufern brachte das Feuer aus dem Hain von Olympia quer durch halb Europa nach Berlin. Insgesamt waren es 3400 Athleten, die die Fackel durch sieben Länder und über eine Distanz von 3075 Kilometern trugen. Mit ihr wurde zur Eröffnungsfeier im Berliner Olympiastadion das Olympische Feuer entzündet.

Unerwünschter Superstar

Das NS-Regime erwartete von den deutschen Sportlerinnen und Sportlern Siege am Fließband. Tatsächlich holten sie in der Nationenwertung die meisten Medaillen. Unumstrittener Star der Spiele aber war zum Ärger des rassistischen NS-Regimes ausgerechnet der farbige US-Sportler Jesse Owens, der in den Sprintdisziplinen und in der Staffel insgesamt vier Goldmedaillen gewann.

DER MUTTERTAG STAMMT AUS DEM DRITTEN REICH

falsch

Zwar zelebrierten die NS-Machthaber einen regelrechten Mutterkult, der jährliche Ehrentag der Mütter geht aber auf die Amerikaner zurück.

Am Anfang stand die revolutionäre Idee, die Rolle der Frau in der Gesellschaft zu verbessern. So waren es nach der Mitte des 19. Jahrhunderts zunächst fortschrittliche US-Frauenrechtlerinnen, die sich dafür einsetzten, den Müttern ein Forum der gesellschaftlichen Anerkennung zu bieten. Zu Beginn des 20. Jahrhunderts kämpfte dann die amerikanische Aktivistin und Methodistin Anna Marie Jarvis für die Einrichtung eines Muttertags. Sie erreichte ihr Ziel: 1914 beschloss der US-Kongress, alljährlich den zweiten Sonntag im Mai offiziell als „Muttertag" zu feiern.

Die Idee der Frauenbewegung wird umgedeutet

Die Initiative schwappte über den Atlantik auch nach Europa hinüber. In Deutschland waren es zunächst die kommerziellen Interessen der Blumenhändler, die im Mai 1923 zur Etablierung eines „Muttertags" führten. Unter Hitlers Nationalsozialisten wurde die Idee verstärkt aufgegriffen, dies jedoch mit dem Hintergedanken, sie als Teil der völkischen Ideologie zu verstehen und umzudeuten. Die Mutter in ihrer primären Funktion als Gebärende sicherte die Nachkommenschaft und nahm somit eine starke gesellschaftliche Stellung ein. Ab 1934 wurde demtentsprechend in ganz Deutschland der „Gedenk- und Ehrentag der deutschen Mütter" gefeiert.

In der Bundesrepublik Deutschland wurde der Muttertag erstmals 1950 begangen, jedoch nicht mehr als offizieller Feiertag. Bis heute aber ist er ein fest verankerter Ehrentag, der jedes Jahr am zweiten Maisonntag begangen wird.

FÜR 5 STUNDEN UND 50 MINUTEN PRÄSIDENT VON KUBA

wahr

Was kann man zwischen 6.10 Uhr morgens und 12 Uhr mittags tun? Zum Beispiel Präsident von Kuba sein.

Viel kürzer kann eine Amtszeit nicht sein als die von Manuel Márquez Sterling. Er wurde am 18. Januar 1934 frühmorgens zum Präsidenten von Kuba ernannt und bereits mittags wieder entlassen. Es ist verständlich, dass er in den 350 Minuten seiner Präsidentschaft nichts Weltbewegendes erreichte, aber das war auch gar nicht seine Absicht gewesen. Vielmehr spielte er in einer kritischen politischen Situation lediglich den Platzhalter.

Übergangsmandat

Hintergrund des Geschehens waren Machtkämpfe, die das mittelamerikanische Land schon seit Längerem erschütterten. Im August 1933 war nach achtjähriger Regierung der Diktator Gerardo Machado gestürzt worden. Daraufhin kam es im September desselben Jahres zu einem Militäraufstand, angeführt von dem Unteroffizier Fulgencio Batista. Als „Führer der Revolution" machte er sich zum Oberbefehlshaber der Armee. Zum Präsidenten Kubas bestimmten die Militärs den Arzt Ramón Grau San Martín. Doch bereits am 14. Januar 1934 wurde dieser von dem wahren Machthaber Batista wieder abgesetzt.

Um Zeit für die Kür eines neuen Präsidenten zu gewinnen, wurde der Staatssekretär Sterling am Morgen des 18. Januar zum provisorischen Präsidenten ernannt. Doch bereits um 12 Uhr präsentierte der Strippenzieher Batista seinen Favoriten. Formal übernahm nun der Arzt Carlos Mendieta das Amt, das er immerhin bis Ende 1935 bekleidete. Es folgten noch weitere Marionettenpräsidenten, bevor Batista 1940 ganz offiziell selbst Staatspräsident wurde. 1959 jagte ihn Fidel Castro mit seiner Rebellenarmee aus dem Amt.

EIN WAGGON WAR IN BEIDEN WELTKRIEGEN ORT VON FRIEDENS-VERHANDLUNGEN

wahr

Im Abstand von 22 Jahren wurde das Luxusabteil zweimal zum geschichtlichen Schauplatz – um schließlich selbst Geschichte zu schreiben.

11. November 1918: Der Erste Weltkrieg geht nach vier Jahren seinem Ende entgegen. Die deutsche Armee ist an allen Fronten geschlagen. In Compiègne, im nordfranzösischen Departement Oise, erscheint an diesem Tag eine Delegation aus Deutschland mit dem Politiker Matthias Erzberger an der Spitze. Er hat die unangenehme Aufgabe, hier die von den alliierten Siegermächten festgelegten Bedingungen für einen Waffenstillstand in Empfang zu nehmen. Vertreter der Siegermächte ist der französische Marschall Ferdinand Foch. Ungewöhnlich ist der Ort des Geschehens. Foch hat die Deutschen in einen luxuriösen Salonwagen der französischen Eisenbahn gebeten. Der Waggon hat ihm in den zurückliegenden Monaten als mobiles Hauptquartier gedient. Nun steht er mitten im Wald von Compiègne, einem der größten Jagdgebiete in Frankreich mit einer Gesamtfläche von 14 400 Hektar.

Ungewöhnliches Ambiente

Foch hat in dem Salonwagen also gewissermaßen ein Heimspiel. Und weil die Alliierten den Krieg gewonnen haben, können sie den Verlierern auch die Konditionen für ein Ende der Kampfhandlungen diktieren. Geschont werden die Deutschen nicht, im Gegenteil: Was Foch Erzberger mitteilt, läuft auf die Forderung nach einer völligen Kapitulation hinaus. Auf der Agenda steht der Verlust von Gebieten sowie die Auslieferung von Waffen und Gefangenen. Den Deutschen aber bleibt nichts anderes übrig, als zu akzeptieren. Später wird aus dem Vertrag von Compiègne der noch umfangreichere Vertrag von Versailles.

Am 22. Juni 1940 wird im Salonwagen über den Waffenstillstand verhandelt – wie knapp 22 Jahre vorher schon einmal.

22. Juni 1940. Der Waggon von Compiègne ist nach 22 Jahren wieder Schauplatz von Waffenstillstandsgesprächen. Nach Hitlers Angriffskrieg hat die deutsche Wehrmacht ganz Frankreich besetzt. Es ist der erklärte Wunsch des Diktators, den Franzosen in eben jenem Waggon die Bedingungen für einen Waffenstillstand zu präsentieren, in dem nach dem Ersten Weltkrieg die Franzosen den Deutschen eine solche – wie es hieß – „Schmach" bereitet hatten. So unterzeichnen die Generäle Keitel und Huntziger die von Hitler diktierte Vereinbarung über die französische Kapitulation an historischer Stelle. In seinem Bestreben, die Szenerie von 1918 nun unter genau den umgekehrten Vorzeichen zu kopieren, nimmt Hitler während der Verhandlungen sogar auf jenem Sessel Platz, den 22 Jahre zuvor Marschall Foch eingenommen hatte.

> **Ein Volk von 70 Millionen leidet, aber es stirbt nicht.**
> Matthias Erzberger

Ein Waggon auf Reisen

Was aber war mit dem berühmten Eisenbahnwaggon in der Zwischenzeit passiert? Marschall Foch hatte ihn noch bis September 1919 als mobiles Büro genutzt. Danach vermachte ihn die französische Eisenbahngesellschaft CIWL dem Armeemuseum im Hôtel des Invalides in Paris, wo er bis 1927 an prominentem Platz ausgestellt war, zur Erinnerung an die deutsche Kapitulation im Ersten Weltkrieg.

1927 kehrte das ungewöhnliche Ausstellungsstück in den Wald von Compiègne zurück, auf Wunsch des dortigen Bürgermeisters. Auf Hochglanz gebracht, stand er nun in einem neu gebauten Museum auf der sogenannten „Lichtung des Waffenstillstands". Dort fand ihn Hitler am 22. Juni 1940 vor. Und jetzt erst begann die wirkliche Odyssee des geschichtsträchtigen Eisenbahnwaggons: Als Symbol des Sieges über Frankreich überführte man den Wagen nach Berlin, wo er dem staunenden Publikum im Lustgarten vorgeführt wurde. Danach landete er allem Anschein nach auf dem Abstellgleis. In den Wirren des Zweiten Weltkriegs gelangte er 1944 schließlich nach Thüringen.

Endstation

Er fand eine Bleibe in Crawinkel, einem Ort in der Nähe des Wintersportzentrums Oberhof. Dort wurde er zerstört – von wem und unter welchen Umständen, ist bis heute ungeklärt. Wahrscheinlich wurde der berühmte Eisenbahnwaggon von Compiègne am Ende des Kriegs bei einem Luftangriff der Alliierten getroffen und brannte aus.

Im Wald von Compìègne erinnert heute eine Gedenkstätte an die Geschichte des Waggons. Sie befindet sich genau an jener Stelle, die zweimal Schauplatz der Geschichte gewesen ist.

WOLKEN RETTETEN EINE JAPANISCHE STADT VOR DER KATASTROPHE

wahr

Hiroshima und Nagasaki – diese beiden Städte wurden am Ende des Zweiten Weltkriegs von verheerenden Atombomben getroffen. Kokura dagegen entging dem zugedachten Schicksal.

Am 6. August 1945, um 8.15 Uhr Ortszeit, fiel die erste der beiden Bomben. „Little Boy", wie die Uranbombe von den Amerikanern getauft worden war, explodierte in 580 Metern Höhe direkt über der Innenstadt von Hiroshima und machte die japanische Stadt dem Erdboden gleich. Es war der erste Einsatz einer Atombombe zu militärischen Zwecken.

Symbole für den Schrecken des Kriegs

Drei Tage später traf es eine weitere Stadt in Japan. Am 9. August 1945 um 2 Uhr nachts startete eine

Nagasaki – und nicht Kokura – wurde dem Erdboden nahezu gleichgemacht.

B-29-Maschine mit der Plutoniumbombe „Fat Boy" an Bord. Das Ziel des amerikanischen Piloten Charles Sweeney lautete: Kokura. Die Stadt auf der Insel Kiuschu war ausgewählt worden, weil sich hier eines der Zentren der japanischen Rüstungsindustrie befand. Doch als sich das Flugzeug der Stadt näherte, lag diese unter einer dichten Wolkendecke. So war es dem Piloten nicht möglich, seine tödliche Fracht auf Sicht abzuwerfen.

Ein Ersatzziel musste her und fand sich in der Stadt Nagasaki mit den für Japan kriegswichtigen Werften des Mitsubishi-Rüstungskonzerns. Auch hier herrschte etwas Bewölkung. Dennoch wurde die Bombe abgeworfen – um 11.02 Uhr Ortszeit. Sie riss Zehntausende Menschen in den Tod, der größte Teil der Stadt glich einem Trümmerfeld. Am 15. August kapitulierte Japan, formell beendet wurde der Krieg im Pazifik und damit der Zweite Weltkrieg aber erst mit der Unterzeichnung der Kapitulationsurkunde am 2. September 1945.

Die Menschen in Kokura waren angesichts des Schicksals von Nagasaki schockiert, zugleich aber auch erleichtert, dass sie dem Tod entkommen waren. Der Name „Kokura" ging daraufhin in den allgemeinen Sprachgebrauch der Japaner ein. Er bedeutet so viel wie „noch einmal Glück gehabt". Hiroshima und Nagasaki hingegen wurden weltweit zu Symbolen für die Schrecken des Atomkriegs.

Der Schicksalspilot

US-Pilot Charles Sweeney, beim Abwurf der Bombe über Nagasaki 26 Jahre alt, verteidigte bis zu seinem Tod im Jahr 2004 sein damaliges Handeln: Ohne die Bomben hätte der Zweite Weltkrieg noch viel länger gedauert und er hätte weiteren Tausenden von Menschen das Leben gekostet. Sweeney wurde mit zahlreichen Auszeichnungen geehrt, so etwa mit dem Silver Star, einem Orden der US-Streitkräfte für besondere Tapferkeit vor dem Feind.

ATOMBOMBENTESTS GABEN DEM BIKINI SEINEN NAMEN

wahr

Was haben kühne Modeschöpfer und Versuche mit Atombomben gemeinsam? Die Explosivität, wie die Geschichte des Bikinis zeigt.

Konversationslexika aus den 1950er-Jahren führten unter dem Stichwort „Bikini" zwei Bedeutungen an. Die erste lautete: „Nördlichstes Atoll der Ralik-Insel in der Gruppe der Marshall-Inseln. Atombombenversuch der Vereinigten Staaten 1946." Und die zweite: „Scherzhaft: zweiteiliger Badeanzug mit geringstem Stoffaufwand."

Gewagte Namensanleihe

In Beziehung wurden die beiden Bedeutungen damals noch nicht gesetzt. Der Siegeszug des Bikinis hatte gerade erst begonnen und selbst die belesenen Verfasser von Lexikonartikeln wussten nicht, dass der Bikini seinen Namen tatsächlich jenem kleinen Atoll im Pazifik verdankte. Dabei hatte der Erfinder des revolutionären Badeanzugs – der Franzose Louis Réart, von Beruf Hersteller von Bademoden – keine Kosten und Mühen gescheut, um eine internationale Werbekampagne zu starten. Im Juli 1946 stellte er das neue Produkt erstmals der Öffentlichkeit vor. Und er lieferte auch gleich den Namen mit: Bikini. Kein Kunstname, wie viele dachten, und nicht etwa deswegen so genannt, weil dieser Badeanzug aus zwei Teilen bestand. Vielmehr führte die Spur tatsächlich in den Pazifik.

Die im Lexikon erwähnten Atombombentests in Mikronesien erregten damals die Gemüter. Es waren die ersten Versuche dieser Art nach dem Zweiten Weltkrieg. Die Katastrophen von Hiroshima und Nagasaki lagen noch nicht lange zurück und manche befürchteten den Beginn eines neuen nuklearen Zeitalters. Auf der anderen Seite gab es gerade in dieser Zeit so etwas wie eine Atom-Euphorie. Atomkraft – das war für viele der Schlüssel für eine goldene Zukunft. Sofern man sie friedlich nutzte, würde sie zur universal einsetzbaren Technologie. An diese Euphorie knüpfte Réart mit seiner Werbestrategie an. Mit derselben Explosivität wie die Atombomben auf der kleinen Pazifikinsel sollte „seine" Bombe, die neue Bademode, einschlagen. Was lag da also näher, als sich den Namen „Bikini" auszuleihen?

Im Wandel der Zeit

Der Lexikoneintrag wurde später geändert, eine scherzhaft gemeinte Bezeichnung war „Bikini" nicht lange. Vielmehr wurde der Zweiteiler zum Inbegriff schicker Bademode, auch wenn er etwa in Italien, Spanien, Portugal und Belgien zunächst sogar verboten war. Den Ritterschlag erhielt der Bikini von der französischen Modezeitschrift *Vogue*, die in den 1950er-Jahren schrieb: „Der Bikini ist ein Zustand der Bekleidung, nicht der Nichtbekleidung." So durften sich auch Filmgrößen wie Marilyn Monroe, Brigitte Bardot und Ursula Andress auf der Leinwand im Bikini präsentieren.

Die Atom-Begeisterung ist heute spürbar abgeklungen. Ganz anders die für den Bikini: Seit bald 60 Jahren dominiert er die weibliche Bademode.

Antike Zweiteiler

Ist Louis Réart wirklich der Erfinder des Bikinis? Zweifel sind erlaubt, denn 1600 Jahre früher finden sich römische Mosaike, auf denen junge Frauen beim Ballspiel zu erkennen sind. Bekleidet sind sie mit sportlicher Badekleidung, auch nach unseren Maßstäben ganz modern als Zweiteiler gestaltet. Die Bilder stammen aus der Villa Casale bei Piazza Armerina auf Sizilien. Entstanden sind sie im 4. Jahrhundert n. Chr. So gebührt wohl den Römern die eigentliche Ehre, den Bikini erfunden zu haben.

BONN WURDE HAUPTSTADT, WEIL ES NAHE AN ADENAUERS WOHNORT LAG · falsch

Frankfurt oder Kassel – das war die Frage. Die überraschende Antwort lautete: Bonn. Einer der größten Fürsprecher war tatsächlich Konrad Adenauer.

Als 1949 die Bundesrepublik Deutschland gegründet wurde, stellte sich die wichtige Frage nach der künftigen Hauptstadt. Berlin, die alte Hauptstadt, war keine Option. Sie war zu sehr mit der nationalsozialistischen Vergangenheit belastet und außerdem ein Zankapfel im beginnenden Kalten Krieg. Erst in fernerer Zukunft würde man vielleicht wieder an Berlin als Hauptstadt denken können.

Aber welche Alternativen boten sich an? Damals schwirrten die unterschiedlichsten Namen durch die Gazetten und ehrgeizige Bürgermeister nutzten die Chance, sich mit einer Kandidatur ihrer Stadt ins Gespräch zu bringen. Bald kristallisierten sich zwei Favoriten heraus: Frankfurt und Kassel. Geografisch zentral gelegen im westlichen deutschen Teilstaat waren beide. Für Frankfurt sprach die Tradition (1848 hatte hier das erste deutsche Parlament getagt), es war ein bedeutender Wirtschaftsstandort und außerdem hatte hier die US-Armee ihr Hauptquartier. Kassel warb mit dem Kontrastprogramm der Bescheidenheit und der Brückenfunktion zwischen dem Norden und dem Süden Deutschlands.

Ein Außenseiter macht das Rennen

Am Ende hatte keine der beiden Städte die Nase vorn. Das Rennen machte mit Bonn ein absoluter Außenseiter, den am Anfang der Debatte niemand auf der Liste hatte. Doch die kleine, beschauliche Stadt am Rhein hatte zwei große Pluspunkte: Bundeskanzler Adenauer war ein glühender Befürworter dieser Lösung und zudem tagte hier seit 1948 der

Parlamentarische Rat. Dieses Gremium hatte den Auftrag, ein Grundgesetz für die Bundesrepublik Deutschland zu erarbeiten. Damit hatte Bonn eine wichtige Funktion bei der Bildung der Bundesrepublik inne.

Bis heute hält sich hartnäckig die Legende, Adenauer habe sich nur deswegen für Bonn stark gemacht, weil er gleich nebenan wohnte. Vom heimischen Rhöndorf aus konnte er tatsächlich für 1,50 Mark mit der Fähre über den Rhein übersetzen und brauchte dann lediglich zehn Minuten, um Bonn zu erreichen. Wirklich ausschlaggebend waren für den Kanzler aber politische Gründe. Sein Ziel war die Westanbindung der Bundesrepublik, insbesondere die Aussöhnung mit Frankreich. Dafür war Bonn mit seiner Lage im Grenzbereich zwischen den ehemals verfeindeten Nachbarn bestens geeignet. Am 3. November 1949 fällte der Deutsche Bundestag dann seine Entscheidung für Bonn: 200 Abgeordnete stimmten dafür, 176 dagegen. Und Adenauer freute sich natürlich auch darüber, dass er nun zum Abendessen zu Hause sein konnte.

Halb so groß wie der Zentralfriedhof von Chicago, aber doppelt so tot.
John le Carré über Bonn

Von Bonn nach Berlin

Die verschlafene Provinzstadt am Rhein mauserte sich in den folgenden Jahren und Jahrzehnten zu einem pulsierenden Zentrum der Politik. Staatsgäste aus aller Welt gaben sich bei ihren Besuchen die Klinke in die Hand. Die Beförderung zur Hauptstadt machte sich auch im Stadtbild bemerkbar. Es entstanden Gebäude für den Bundestag, den Bundesrat, die Ministerien und die ausländischen Vertretungen. Die Zahl der Einwohner stieg rapide an. Nach der Wiedervereinigung verlor Bonn den 1949 mühsam errungenen Status. Nun zogen Regierung, Parlament und die meisten Ministerien in die alte Hauptstadt Berlin um.

DIE DDR FREUTE SICH ÜBER EINE KARTOFFEL-KÄFER-PLAGE

wahr

Propaganda ist alles, sagten sich die Funktionäre und schoben dem Ausland die Schuld an der Käferplage in die Schuhe.

1950 bestand die Deutsche Demokratische Republik gerade einmal zwei Jahre. Da traf es sich nicht gut, dass in jenem Land, dass ein Paradies der Arbeiter und Bauern zu sein versprach, eine verheerende Kartoffelkäferplage ausbrach. Große Teile der Ernte waren gefährdet. Männer, Frauen und Schulkinder wurden in Massen auf die Felder beordert, um die gefräßigen Insekten zu beseitigen. Doch die Invasion der Käfer war nur schwer in den Griff zu bekommen. Sprunghaft stieg die Zahl der von dem Befall betroffenen Dörfer und Gemeinden an – von 945 Ende Mai auf 2000 Ende Juni.

Verschwörungstheorie

Bald machten Gerüchte die Runde, dass es bei dieser Katastrophe nicht ganz mit rechten Dingen zugehe. Erst hinter vorgehaltener Hand, dann offen machte man den „imperialistischen Klassenfeind" im Westen für die Käferplage verantwortlich. Man wollte amerikanische Flugzeuge gesehen haben, die Käfer abwarfen, um der Landwirtschaft der DDR schweren Schaden zuzufügen und damit die sozialistische Wirtschaft insgesamt in Verruf zu bringen. Die Regierung der DDR nahm diesen Ball gern auf und startete nun eine von oben gesteuerte Propaganda gegen die Amerikaner. Als Beweis für die Theorie machte man geltend, dass in den Einflugschneisen westlicher Flugzeuge angeblich besonders viele Käfer auftauchten. Man lud vermeintliche Zeugen vor und ließ Plakate mit Bildern von US-Flugzeugen sowie der Aufschrift „Ami-Käfer" und „Kampf für den Frieden" drucken. Mit *Karl Kahlfraß und sein Lieschen* reichte der lange Arm der Propaganda bis in die Kinderbücher, obwohl es nicht einen wirklichen Beweis dafür gab, dass hinter den Käfern tatsächlich der Westen steckte.

Völlig neu war diese Strategie nicht. Im Zweiten Weltkrieg hatte das NS-Regime den Amerikanern und Briten vorgeworfen, Schädlinge als biologische Kampfmittel gegen Deutschland einzusetzen. Tatsächlich aber war es das Dritte Reich, das mit Kartoffelkäfern als Kriegswaffe experimentierte. Im Krieg selbst kamen sie dann allerdings nicht zum Einsatz.

EINE KOMPLETTE FUSSBALLMANNSCHAFT DER DDR WECHSELTE IN DIE BRD

wahr

In den Zeiten des Kalten Kriegs war die schönste Nebensache der Welt manchmal eine hochpolitische Angelegenheit.

Eigentlich war es eine Nachricht für die Sportseite: Am 16. April 1950 verloren die Kicker der SG Dresden-Friedrichstadt ihr Heimspiel gegen die ZSG Horch-Zwickau mit 1:5. Damit verdrängte das Team der Gäste am letzten Spieltag der ersten Saison der neuen DDR-Oberliga die Dresdner von der Spitze der Tabelle und durfte sich als Meister der DDR feiern lassen. Doch gleich nach dem Abpfiff kam es zu schweren Ausschreitungen unter den 60 000 Zuschauern. Der Zorn entzündete sich an der Vermutung, dass hier nicht alles mit rechten Dingen zugegangen war. In der Tat hatte der Schiedsrichter einige umstrittene Entscheidungen zugunsten der Zwickauer gefällt und damit die Dresdner ins Hintertreffen gebracht. Während die Zwickauer in der jungen DDR als politisch linientreuer Verein galten, standen die Dresdner unter dem Verdacht, das Regime zumindest nicht rückhaltlos zu unterstützen.

Vereins- und Systemwechsel

Auf Druck von oben wurde nach den Tumulten die SG Dresden-Friedrichstadt aufgelöst und dem unterklassigen Lokalrivalen VVB Tabak Dresden angegliedert. Die Dresdner Spieler reagierten auf diese Maßnahme mit einer unerwarteten Aktion. Sie meldeten sich geschlossen ab und traten Vereinen in der Bundesrepublik bei. Viele, unter ihnen der spätere Bundestrainer Helmut Schön, trugen nun die Farben von Hertha BSC Berlin. So durfte sich Tabak Dresden nur kurz über den Zuzug von Klassespielern und eine goldene sportliche Zukunft freuen. Ob das entscheidende Spiel um den Meistertitel in der DDR 1950 tatsächlich manipuliert war, konnte bis heute nicht geklärt werden.

Die Ashoka-Säule symbolisiert Frieden und Ruhm Indiens.

INDIEN WÄHLTE 1950 EIN 2300 JAHRE ALTES STAATSWAPPEN

wahr

Das Wappen ist die Visitenkarte eines Staates. Das indische Wappen geht sehr weit in die Vergangenheit zurück.

Am 26. Januar 1950 wurde der Staat Indien aus der Taufe gehoben. Drei Jahre zuvor hatte sich Großbritannien dazu bereit erklärt, das Land in die Unabhängigkeit zu entlassen. Danach war es zu schweren Unruhen zwischen Hindus und Muslimen gekommen. Nachdem nun die Verfassung in Kraft getreten war, wollte Jawaharlal Nehru, der erste Ministerpräsident, das Land in ruhigere Bahnen lenken. Diesem Zweck diente ein tiefer Griff in die Geschichte. Bei der Suche nach einem geeigneten Wappen für den neuen Staat ging man bis in die Zeit des Ashoka zurück. Unter diesem Fürsten hatte Indien einst eine Glanzzeit erlebt. Bei seinem Tod 232 v. Chr. ließ der Spross aus der ruhmreichen Dynastie der Maurya ein Großreich zurück. Sichtbares Zeichen seiner Herrschaft waren die sogenannten Ashoka-Säulen. Auf ihnen hatte er die Grundlinien seiner Herrschaft verzeichnet. Ashoka erschien den modernen Indern als eine gute Reverenz, um dem jungen Staat eine Identität zu geben.

ZWEI DEUTSCHE STUDENTEN BESETZTEN DAS BRITISCHE HELGOLAND

wahr

Kleine Insel mit großer Geschichte: Helgoland hatte schon viel erlebt, doch was sich fünf Jahre nach dem Zweiten Weltkrieg hier abspielte, war beispiellos.

70 Kilometer von der Mündung der Elbe und 45 Kilometer vom schleswigschen Festland entfernt, liegt die Insel Helgoland, gerade einmal 1,6 Quadratkilometer groß. Im Mittelalter gehörte sie zum Herzogtum Schleswig. 1714 übernahmen die Dänen die Herrschaft und 100 Jahre später ging sie in den Besitz der Engländer über. 1890 wiederum traten die Deutschen per Vertrag Sansibar an die Engländer ab und erhielten dafür Helgoland.

Im Zweiten Weltkrieg holten sich die Engländer Helgoland zurück. Ein Bombenangriff führte im April 1945 zu großen Zerstörungen, die Bevölkerung wurde daraufhin evakuiert und auf dem Festland angesiedelt. Die Insel verwaiste und wurde von den Briten als Übungsplatz für Bombenangriffe genutzt.

Symbolische Rückeroberung

Im Dezember 1950 schließlich wurde Helgoland zum Schauplatz eines spektakulären Coups. Hauptakteure waren zwei deutsche Studenten der Universität Heidelberg: René Leudesdorff und Georg von Hatzfeld, 22 und 21 Jahre alt. Damals wurde in der Bundesrepublik Deutschland heftig über die Wiederbewaffnung diskutiert. Leudesdorff und von Hatzfeld, strikte Gegner dieser Idee, wollten ein Zeichen setzen und beschlossen die friedliche Invasion nach Helgoland. Ihr Ziel war es zudem, auf die ihrer Meinung nach unrechtmäßige Vertreibung der Bevölkerung durch die Engländer aufmerksam zu machen und für die politische Gleichberechtigung Deutschlands in einem Europa der Zukunft zu werben. Vorsorglich hatte man auch die Presse unterrichtet, denn die Aktion machte nur Sinn, wenn sie von der Öffentlichkeit wahrgenommen wurde.

In Cuxhaven charterten die beiden Studenten einen Fischkutter, der sie in der Nacht des 20. Dezember 1950 auf die verlassene Insel brachte. Ahnungslos stapften sie dort durch die Minenfelder, verbrachten zwei kalte Nächte in einem alten Bunker und kehrten danach zunächst auf das Festland zurück. Kurz vor Weihnachten waren sie wieder auf der Insel, nun in Begleitung von Reportern.

Spektakuläre Aktion

Und diesmal vollzogen sie die symbolische Rückeroberung von Helgoland feierlich: Sie hissten die deutsche, die europäische und die helgoländische Flagge. Zehn Tage verbrachten die Invasoren auf der Insel, gefeiert von der internationalen Presse, bevor sie von britischen Offizieren verwiesen wurden. In Cuxhaven bereitete ihnen die Bevölkerung einen triumphalen Empfang. In der Folge kam es zu diplomatischen Verhandlungen zwischen der deutschen und der britischen Regierung über die Rückgabe Helgolands an Deutschland. Am 1. März 1952 war es soweit: Nach und nach kehrte die Bevölkerung zurück und machte sich an den Wiederaufbau.

Paradies für Butterfahrer

Nach der Besetzung durch die beiden Heidelberger Studenten erlebte Helgoland weitere „Invasionen". Die Scharen von Tagestouristen, die nun Kurs auf die Rote Insel nahmen, kamen allerdings nicht als Besatzer, sondern zum einkaufen. Sie wurden angelockt durch die Zoll- und Steuerfreiheit, die auf der Insel auch nach der Rückgabe an die Bundesrepublik Deutschland herrschte. Weil die Besucher regelmäßig Butter im Gepäck hatten, wenn sie auf das Festland zurückkehrten, bürgerte sich für die Shoppingtouren der Name „Butterfahrten" ein. Für die Insel brachte diese Entwicklung einen beachtlichen wirtschaftlichen Aufschwung mit sich.

WINSTON CHURCHILL ERHIELT DEN NOBEL-PREIS FÜR LITERATUR

wahr

Der britische Staatsmann war nicht nur einer der bedeutendsten europäischen Politiker, sondern auch ein begabter Schriftsteller und großer Redner.

Der Preisträger ließ sich entschuldigen. Denn Winston Churchill war unterwegs in wichtigen Amtsgeschäften. US-Präsident Eisenhower hatte zu einer Konferenz auf die Bermudas geladen, um über die Weltlage nach dem Tod Stalins zu beraten. Außerdem fühlte sich der britische Premier nach einem Schlaganfall gesundheitlich noch nicht wieder auf der Höhe, um anstrengende Feierlichkeiten über sich ergehen zu lassen. So schickte er am 10. Dezember 1953 seine Frau Clementine nach Stockholm, um den Nobelpreis für Literatur in Empfang zu nehmen.

Ein brillanter Rhetoriker

Nicht wenige hatten sich gewundert, als das Nobelpreiskomitee seine Entscheidung bekannt gegeben hatte. Churchill? Den kannte man als energischen Politiker, als einen, der im Zweiten Weltkrieg Hitler Paroli geboten hatte und in seiner zweiten Amtsperiode ab 1951 zu einem der Hauptakteure im heißer werdenden Kalten Krieg zwischen dem Westen und dem Lager der Sowjets wurde. Doch das Komitee wusste, was es tat. Churchill habe sich, so hieß es in der Begründung der Juroren, als Meister in der Kunst historischer und biografischer Darstellung erwiesen. Außerdem priesen sie seine brillante Rhetorik „im Zusammenhang mit der Verteidigung nobler menschlicher Werte". Rhetorik? Damit konnte man schon mehr anfangen. Churchill war bekannt für seine Wortgewalt. Zwei seiner Reden waren besonders im Gedächtnis geblieben: 1940, als sich der Krieg gegen Hitler zuspitzte, hatte er seinen Landsleuten zugerufen: „Ich habe nichts zu bieten als Blut, Mühsal, Tränen und Schweiß." Und sechs Jahre später, als der Krieg vorbei war und sich die Konfrontation zwischen dem Westen und dem Osten bereits anzudeuten begann, prägte er das viel zitierte Wort vom „Eisernen Vorhang", der mitten durch Europa gehe.

Zeuge der Geschichte

Churchill wurde somit zum ersten Preisträger, den man auch wegen seiner Qualitäten als Redner auszeichnete. Und das zu Recht, denn im Gegensatz zu seinen Kollegen, die allesamt Ghostwriter engagierten, ließ er es sich nicht nehmen, seine Reden selbst zu schreiben. Doch wurde die Öffentlichkeit durch die Verleihung des Nobelpreises für Literatur auch auf den Autor Churchill aufmerksam. Seine literarischen Werke waren keine Ausflüge in ihm wesensfremde Bereiche, sondern vielmehr die Fortsetzung seiner politischen Aktivitäten mit dem Mittel des geschriebenen Worts. Was ihn interessierte, waren Darstellungen der Zeitgeschichte, bei denen er auch zum Chronisten seines eigenen Wirkens als Staatsmann wurde. So begann er seine Karriere als Schriftsteller mit Werken über die Kolonialkriege, die er selbst miterlebt hatte – in Indien, im Sudan und in Südafrika.

Sein Hauptwerk aber waren zwei monumentale Buchprojekte über die beiden Weltkriege. Vor allem *Der Zweite Weltkrieg*, in mehreren Bänden zwischen 1948 und 1953 veröffentlicht, fand die besondere Wertschätzung des Nobelpreiskomitees. Churchill hatte den großen Vorteil, in der Zeit, über die er schrieb, selbst die Schalthebel der britischen Politik bedient zu haben. Die Leser erfuhren also aus erster Hand, von welchen Überlegungen er und seine Mitstreiter sich bei den wichtigen politischen Entscheidungen hatten leiten lassen.

> **Ein Buch zu schreiben ist wie das Planen einer Schlacht.**
> Winston Churchill

Er präsentierte zudem eine Fülle von Original-dokumenten, die bis dahin nicht bekannt gewesen waren, und hielt sich auch nicht mit Ausführungen über die eigene Person zurück, sodass *Der Zweite Weltkrieg* zugleich eine Art Autobiografie und Ver-mächtnis darstellte.

Parlamentsreden in der Badewanne

Aus der Feder Churchills stammten darüber hinaus zwei Biografien. Geeignete Persönlichkeiten fand er in der eigenen Familie mit einem frühen Vorfahren, der gegen den französischen „Sonnenkönig" Ludwig XIV. gekämpft hatte, sowie mit seinem Vater, der es immerhin bis zum Schatzkanzler gebracht hatte.

Viele Anekdoten sind über Winston Churchill im Umlauf und die meisten von ihnen sind vermut-lich sogar wahr. Berühmt-berüchtigt war er wegen seiner Arbeitswut. Häufig verbrachte er die halbe Nacht mit dem Studium von Akten. Alles Wichtige musste bei ihm schriftlich festgehalten sein und jeder Tag wurde akkurat geplant, mit dem entsprechenden Vermerk „Action this day" (Agenda für heute).

Churchill nutzte sogar ein Bad in der Wanne zum Arbeiten. Häufig kam es vor, dass er sich von seinem Privatsekretär wichtige Dokumente vorlesen ließ, während er im warmen Wasser lag. Und es ist bezeugt, dass er auch Parlamentsreden in der Bade-wanne einstudierte. Der Erfolg gab ihm recht: Seine politischen Kontrahenten konnten dem herausra-genden Redner Churchill bei Debatten im Parla-ment rhetorisch nicht das Wasser reichen.

Verdienter Ritterschlag

Insgesamt war 1953 ein gutes Jahr für Churchill – nicht nur wegen der Verleihung des Nobelpreises, sondern auch, weil ihn die junge Königin Elisa-beth II. in den Adelsstand erhob. Als Träger des ehr-würdigen Hosenbandordens durfte er sich nun „Sir" nennen.

Der begnadete Rhetoriker Winston Churchill stand für Moral und feinen Wortwitz.

DER KOREAKRIEG FÜHRTE ZUM DEUTSCHEN WIRTSCHAFTSWUNDER

wahr

Die politische Situation im Fernen Osten begünstigte den wirtschaftlichen Aufstieg Westdeutschlands nach dem Zweiten Weltkrieg.

Zwischen 1950 und 1953 bekämpften sich die Armeen der Demokratischen Volksrepublik Korea, landläufig Nordkorea genannt, und der Republik Korea, bekannt als Südkorea. Nachdem die Vereinten Nationen im Juni 1950 die Aufstellung einer UN-Streitmacht beschlossen hatten, die aufseiten Südkoreas militärisch eingreifen sollten, entwickelte sich der Koreakrieg von einem regionalen Konflikt zum internationalen Krieg. Die Hauptlast trugen dabei die Vereinigten Staaten von Amerika: Die meisten der Soldaten, die nach Korea entsandt wurden, stammten aus den USA. Aufseiten Nordkoreas griffen Ende Oktober 1950 chinesische Streitkräfte in das Kriegsgeschehen ein.

Mit amerikanischer Hilfe

Drei Jahre lang konzentrierte sich die Außenpolitik der USA in der Folge auf den Kriegsschauplatz in Fernost und auch die wirtschaftliche Produktion Amerikas war voll und ganz auf jene Bereiche ausgerichtet, die für den Rüstungssektor von Bedeutung waren. Die Bundesrepublik Deutschland hatte nach dem Zweiten Weltkrieg ökonomisch am Boden gelegen. Dank amerikanischer Unterstützung kam es jedoch rasch zu einer Erholung. Die USA versorgten die westdeutsche Wirtschaft mit modernen Maschinen, was zu einer erheblichen Steigerung der Produktion führte. Waren „made in Germany" waren wieder weltweit gefragt.

Der Koreakrieg gab der deutschen Wirtschaft einen weiteren, wenn nicht den entscheidenden Schub. Denn während die Amerikaner durch den Krieg ge-

bunden waren und ihre Produktion auf den militärischen Bedarf umstellten, waren nun deutsche Unternehmen zur Stelle, um die Welt mit Konsumgütern zu versorgen. Dank ihrer hervorragenden Ausstattung waren die deutschen Betriebe dazu ohne Weiteres in der Lage.

Das deutsche Wirtschaftswunder

Ohne in den Krieg in Ostasien direkt verwickelt gewesen zu sein, war die Bundesrepublik Deutschland dennoch der große Profiteur dieser militärischen und politischen Auseinandersetzung. Ab 1952 standen die Zeichen auf stetiges Wachstum. Die Zahl der Beschäftigten nahm zu, die Löhne und Gehälter stiegen, die Deutschen konnten sich wieder etwas leisten. Das vielgepriesene Wirtschaftswunder, das eigentlich gar kein Wunder war, nahm seinen Lauf. Das lag auch an der Politik Ludwig Erhards. Der spätere Bundeskanzler war im Kabinett Adenauer von 1949 bis 1953 Wirtschaftsminister und in dieser Eigenschaft zum „Vater des deutschen Wirtschaftswunders" geworden. Doch ohne den Hintergrund des Koreakriegs hätte nicht einmal ein ökonomisch so begabter Mensch wie Ludwig Erhard einen solchen Erfolg einfahren können.

> **Je freier die Wirtschaft ist, umso sozialer ist sie auch.**
> Ludwig Erhard

Ungelöster Konflikt

Währenddessen ging im fernen Korea der Krieg 1953 zu Ende. Am 27. Juli kam es zu einem Waffenstillstandsabkommen, zu einem regelrechten Friedensschluss reichte es aber nicht: Die Wiedervereinigung des Landes scheiterte auf der Genfer Außenministerkonferenz im April 1954. Somit war die nach dem Zweiten Weltkrieg zunächst als Provisorium gedachte Teilung des Landes nicht behoben, sondern eher zementiert. Bis heute stehen sich Nord- und Südkorea unversöhnlich gegenüber.

Haile Selassie I. war Gast von Bundespräsident Theodor Heuss in der Villa Hammerschmidt.

DER ERSTE STAATSGAST DER BRD WAR EIN KAISER AUS AFRIKA

wahr

Neun Jahre nach dem Ende des Zweiten Weltkriegs gab sich der äthiopische Kaiser die Ehre – und den Deutschen das Gefühl, in der Welt wieder gefragt zu sein.

1954 war für die Bundesrepublik Deutschland ein gutes Jahr. Erst wurde man Fußballweltmeister und dann durfte man auch den ersten offiziellen Staatsgast aus dem Ausland begrüßen. Die Fußballweltmeisterschaft entschieden die Männer um Fritz Walter, Toni Turek und Helmut Rahn am 4. Juli im Berner Wankdorfstadion für sich mit einem sensationellen 3:2-Sieg gegen die hochfavorisierte Mannschaft aus Ungarn. Deutschland war Weltmeister – Balsam für die Seelen nach der schweren Nachkriegszeit.

Der Bann bricht

Balsam für die Seelen war auch der hohe Besuch, den deutsche Politiker ein paar Monate später empfingen. An sich war ein solcher Staatsbesuch nichts Besonderes. Für die Deutschen war er es in diesem Fall aber doch, denn vor dem 8. November 1954 war noch kein ausländisches Staatsoberhaupt offiziell nach Deutschland gekommen. Seine Majestät Kaiser Haile Selassie von Äthiopien brach den Bann und wurde entsprechend herzlich begrüßt.

Ein Hauch von Exotik

Für die Protokollabteilung in der deutschen Regierung stellte die Visite des Gasts aus Afrika eine große Herausforderung dar. Denn zum einen hatte man noch keine Übung mit den Abläufen eines solchen Besuchs und zum anderen wollte man dem äthiopischen Kaiser bei seiner Ankunft einen großen und vor allem angemessenen Empfang bereiten. Alle Größen der Republik erwarteten den afrikanischen Monarchen an Gleis 1 im Bonner Hauptbahnhof. Es wurde ein roter Teppich ausgerollt, dazu ein Baldachin aufgestellt. In den folgenden Tagen absolvierte Haile Selassie ein anstrengendes Besuchsprogramm. Um ihm ein Stück Heimat zu vermitteln, hatte man sich aus einem Zirkus Elefanten und Kamele geborgt. Sie wurden an den Ufern des Rheins verteilt, entsprechend der Fahrtroute, die der Kaiser zurücklegte. Auch bei der Etikette wollte man nichts falsch machen. Jedem, der mit seiner Majestät in seiner goldenen Galauniform zu tun hatte, wurde eingeschärft, ihm bloß nicht im Umkreis von zehn Metern den Rücken zuzudrehen! Entsprechend wurde geübt, sich rückwärts fortzubewegen, ohne zu stolpern oder auf jemanden anderen aufzulaufen. Und es war strengstens verboten, den Kaiser anzusprechen: Gesprochen werden durfte nur, wenn der Kaiser das Wort erteilte.

Am 11. November reiste Haile Selassie wieder ab. Er hatte mehrere Städte besucht und viele Menschen hatten ihm ihre Aufwartung gemacht. Für die Regierung aber war am wichtigsten die Erkenntnis: Wir sind wieder wer – und das nicht nur im Fußball, sondern auch in der Politik.

LENINS TESTAMENT WURDE 32 JAHRE NACH SEINEM TOD BEKANNT

wahr

In der Regel wird der letzte Wille gleich nach dem Ableben verlesen. Bei Lenin wusste jemand das zu verhindern: Stalin.

Am 21. August 1924 starb Wladimir Iljitsch Uljanow, genannt Lenin. Der Revolutionär und Gründervater der Sowjetunion wurde nur 53 Jahre alt. Seine Nachfolge als Regierungschef trat der Schuhmachersohn Josef Wissarionowitsch Stalin an. Ihm gelang es, in den Machtkämpfen, die nach dem Tod Lenins ausgebrochen waren, die Konkurrenten auszuschalten und eine Diktatur zu begründen.

Lenin hatte geahnt, dass es nach seinem Tod zu erbitterten Auseinandersetzungen kommen würde. Insbesondere gegenüber Stalin hegte er ein tiefes Misstrauen. Zwar hatte er ihn selbst zum Generalsekretär der kommunistischen Partei ernannt, doch die damit verbundene Hoffnung, den ehrgeizigen und skrupellosen Politiker in die Parteistruktur einzubinden, wurde enttäuscht. So diktierte der schwerkranke Lenin am 25. Dezember 1922 seiner Sekretärin den ersten Teil seines politischen Vermächtnisses, das er in den nächsten Tagen um eine Reihe von Zusätzen ergänzen ließ. Adressat war der Parteitag der Kommunistischen Partei. Der Tenor des Schreibens war ebenso klar wie alarmierend: Die Partei sollte sich vor den Machenschaften Stalins hüten.

> **Genosse Stalin hat eine gewaltige Macht in seinen Händen vereinigt.**
> Wladimir Iljitsch Lenin

Doch Stalin hielt das Zepter schon fest in seinen Händen. Nach Lenins Tod 1924 war er für 29 Jahre der unumschränkte Herrscher in der Sowjetunion. Das Testament Lenins kam erst drei Jahre nach Stalins Tod 1956 an die Öffentlichkeit.

FIDEL CASTROS GUERILLA ENTFÜHRTE EINEN FORMEL-1-WELTMEISTER

wahr

Dass die Politik nun auch den Automobilsport erreicht hatte, bekam Superstar Juan Manuel Fangio am eigenen Leib zu spüren.

Der 23. Februar 1958 war ein schwarzer Tag für die Fans des Automobilrennsports. Sie konnten nicht glauben, was da über die Medien verbreitet wurde: Juan Manuel Fangio sei in den Händen von kubanischen Entführern. Der damals 47-jährige Argentinier war der große Star in der Formel-1-Szene. Fünfmal hatte er sich in dieser Königsdisziplin des Motorsports die Krone des Weltmeisters geholt, zuerst 1951, dann zwischen 1954 und 1957 viermal in Folge. Nicht weniger als 24 Grand-Prix-Siege zierten seine einzigartige Erfolgsbilanz.

1958 gastierte der Formel-1-Zirkus zum zweiten Mal in der kubanischen Metropole Havanna. Im Jahr zuvor hatte auf dem anspruchsvollen Kurs durch die Hauptstadt Fangio gewonnen. Und auch in diesem Jahr galt er als aussichtsreichster Anwärter auf den Sieg. Für den kubanischen Diktator Fulgencio Batista war der Grand Prix in seinem Land vor allem eine Sache des Prestiges. In Kuba selbst extrem unpopulär, wollte er sich im Licht der internationalen Aufmerksamkeit als Freund des schnellen Sports präsentieren.

Die Bewegung des 26. Juli

Vor der Entführung hatte es bereits Sicherheitsbedenken gegeben. Diktator Batista aber hatte beruhigt, dass es in seinem Land keine Guerillabewegung gäbe. Tatsächlich jedoch strebte eine breite, bewaffnete Opposition unter der Führung des späteren Staatschefs Fidel Castro auf einen Sturz Batistas hin. Bereits am 26. Juli 1953 hatte Castros Guerillatruppe einen Angriff auf eine Batista-Kaserne in Santiago de Cuba unternommen, weshalb die Organisation auch den Namen „Bewegung des

26. Juli" trug. Seitdem führte Castro mit seiner Armee einen Partisanenkampf gegen Batista, mit dem Ziel einer kommunistischen Revolution.

Spurlos verschwunden

Am Abend des 23. Februar 1958 geschah es dann: Die „Bewegung des 26. Juli" entführte Juan Manuel Fangio aus seinem Hotel in Havanna. Der Weltmeister unterhielt sich gerade in der Halle des Lincoln mit Freunden und einem Mechaniker über das Rennen des nächsten Tages. Die Männer, die sich näherten, hielt er zunächst für Fans, doch die Pistole, die ihm in die Rippen gebohrt wurde, überzeugte ihn rasch davon, dass die Fremden keine Autogramme wollten. Sie führten Fangio durch die voll besetzte Hotelhalle, schoben ihn in ein wartendes Auto und brausten davon. Sofort wurden alle verfügbaren Polizeikräfte mobilisiert. Sie durchkämmten die Straßen und zahlreiche Häuser. Ausfallrouten wurden gesperrt, der Flugverkehr eingestellt. Alles wurde unternommen, um den Fall zu klären, doch Fangio blieb wie vom Erdboden verschwunden. Dreimal wechselten seine Entführer in den 27 Stunden, in denen sie den Rennfahrer in ihrer Gewalt hatten, das Versteck. Sicherheitshalber wurden alle anderen Rennfahrer unter Polizeischutz gestellt. Unterdessen wurde am nächsten Tag, trotz des Verschwindens Fangios, der Große Preis von Kuba gestartet. Zuvor war ein Lebenszeichen des Entführten eingegangen, in Form eines Briefs an seine Frau. Das Rennen stand unter keinem guten Stern. Ein kubanischer Pilot kam von der Strecke und raste in die Zuschauer. Viele Tote und Verletzte waren zu beklagen, das Rennen

wurde daraufhin abgebrochen. Kurz darauf erhielt die Polizei von den Entführern die Mitteilung, dass die Freilassung Fangios bevorstünde. Am Abend erschien der Rennfahrer in der argentinischen Botschaft in Havanna. Unversehrt und munter erklärte er, er sei gut behandelt worden. Außerdem habe er sich von den Entführern ihre politischen Absichten erklären lassen.

Castro und seine Mitstreiter hatten ihr Ziel erreicht: Die Schlagzeilen der Weltpresse gehörten für einen Tag der „Bewegung des 26. Juli", die damit auf die Missstände unter der Regierung Batista aufmerksam machen konnte. Und es war die Gelegenheit, die immensen Kosten für ein Autorennen anzuprangern, obwohl es den meisten Kubanern wirtschaftlich sehr schlecht ging.

DIE FLAGGE DER DDR ZEIGTE HAMMER UND SICHEL

falsch

Die Sichel war nicht im Ährenkranz. Stattdessen gab es neben Hammer noch Zirkel.

Zehn Jahre lang gingen die Bundesrepublik und die DDR, obwohl unterschiedliche Staaten, in Sachen Flagge denselben Weg. Die BRD hatte sich für die traditionsreichen Farben Schwarz-Rot-Gold entschieden, die auf die Befreiungskriege gegen Napoleon zurückgingen. Die DDR wählte zunächst dieselben Farben, als Ausdruck der Wertschätzung für die Weimarer Republik. Am 1. Oktober 1959 war es dann jedoch mit dem Gleichschritt vorbei. Die DDR versah jetzt ihre Flagge mit dem schon länger bestehenden Staatswappen. Auf schwarz-rot-goldenem Grund zeigte dieses Ährenkranz, Hammer und – Sichel? Nein. Zwar wäre es naheliegend gewesen, jene Symbole zu verwenden, die auch die Flagge des großen kommunistischen Bruders, der Sowjetunion,

zierten. Da standen Hammer und Sichel für das Bündnis von Arbeitern und Bauern und überhaupt für die proletarische Revolution.

Doch die DDR setzte in dieser Hinsicht andere Akzente. Der Hammer durfte an seinem Platz bleiben, denn man verstand sich selbstverständlich auch als Staat der Arbeiter. Die Bauern kamen mit dem Ährenkranz zu ihrem Recht. Der Zirkel aber, den man anstelle der Sichel wählte, stand für die klugen Köpfe, für die Wissenschaftler und Forscher, die für den Erfolg des Unternehmens namens DDR arbeiteten.

Als 1990 die Deutsche Demokratische Republik von der politischen Bühne in die Geschichtsbücher verschwand, hatte auch ihre Flagge ausgedient. Das vereinte Deutschland präsentiert sich nun mit schwarz-rot-goldener Flagge ganz ohne Symbole; nur die Dienstflagge ziert der Bundesadler.

CHRUSCHTSCHOW SORGTE MIT EINER SCHUHEINLAGE FÜR FURORE

wahr

Das hatte die Welt noch nicht gesehen: Nikita Chruschtschow verlieh einer Rede auf originelle Weise Nachdruck. Oder war das nur viel Lärm um nichts?

Nikita Chruschtschow war in dieser Woche hochgradig nervös. Die Sitzungen der 15. UN-Vollversammlung in New York schleppten sich im Oktober 1960 zäh dahin. Rede folgte auf Rede, ohne dass in den entscheidenden politischen Fragen irgendwelche Fortschritte erkennbar gewesen wären.

Die Diskussionen drehten sich alle um Themen, die im Zusammenhang mit der Frontstellung zwischen dem Westen und der Sowjetunion standen. Chruschtschow und seine Kollegen aus den Ostblockstaaten hatten konkrete Vorschläge für eine gegenseitige Abrüstung gemacht, die jedoch auf wenig Gegenliebe stießen. Weiterhin standen die Forderungen afrikanischer und asiatischer Staaten nach Unabhängigkeit auf dem Programm.

Überschäumendes Temperament

Auch der russische Staatschef Nikita Chruschtschow nahm an den Sitzungen teil. Er war ein temperamentvoller Mann und wenn in einer Debatte etwas nicht nach seinem Wunsch lief, wurde er schnell ungeduldig und zornig. So auch am 12. Oktober 1960, in dieser denkwürdigen Sitzungswoche der Vereinten Nationen. Schon zuvor hatte Nikita Chruschtschow politische Gegner mit nicht sehr feinen Ausdrücken beschimpft. Nun aber regte er sich maßlos über die Äußerung eines Delegierten von den Philippinen, Lorenzo Sumulong, auf. Die Sowjetunion, so warf dieser dem Staats- und Parteichef vor, habe die Menschen in Osteuropa ihrer politischen und bürgerlichen Rechte und ihrer Freiheit beraubt. Da platzte Chruschtschow der Kragen. Er eilte ans Rednerpult und las dem Mann von den Philippinen massiv die Leviten. Dabei zog er seinen rechten Schuh aus,

schwang ihn drohend in Richtung der philippinischen Delegation und hämmerte mit ihm mehrmals auf das Rednerpult. Oder etwa nicht?

Geschichte voller Widersprüche

Die Anekdote des polternden Chruschtschow mit dem Schuh in der Hand ging um die Welt. Und sofort brach eine Diskussion aus: Wie und wo hatte sich die Szene wirklich ereignet? Am Rednerpult oder aber an Chruschtschows Sitzplatz im Plenum? Und hatte er tatsächlich mit dem Schuh auf das Pult geschlagen? Oder ihn nur zu einer Drohgebärde verwendet, so, wie es die Araber zu tun pflegen, wenn sie ihr Missfallen ausdrücken? Oder aber hatte er ihn lediglich vor sich auf den Tisch gelegt, für alle Fälle? Ein Foto von Chruschtschow mit einem (seinem?) Halbschuh vor sich auf dem Tisch liegend existiert tatsächlich, obwohl manche meinen, Chruschtschow sei viel zu dick gewesen, um ohne Hilfe oder umständliche Prozeduren in den engen Sitzungsreihen an seinen Schuh heranzukommen. Eines ist sicher, die Zeugenaussagen sind widersprüchlich und eindeutige Beweise, dass er das Pult wirklich mit dem Schuh traktiert hat, gibt es nicht. Aber eine schöne Anekdote ist es in jedem Fall.

Schuhe aus Pirmasens

Deutschland spielte bei Chruschtschows legendärem Schuh-Auftritt eine nicht unwichtige Rolle. Denn der berühmteste Schuh in der Geschichte der Vereinten Nationen stammte aus deutscher Produktion. Der Chef der kommunistischen Welt bezog sein Schuhwerk aus einer kapitalistischen Fabrik. Genauer gesagt: aus der Stadt Pirmasens am Rand des Pfälzer Walds, das vor und nach dem Zweiten Weltkrieg ein Zentrum der deutschen Schuhherstellung war.

WAR DAS 20. JAHRHUNDERT EINE ÄRA DES FORTSCHRITTS?

Man könnte, wenn man sich die Geschichte des 20. Jahrhunderts betrachtet, seine Zweifel haben: Sie begann mit Weltkriegen, Nationalsozialismus und Diktaturen. Doch die fortschreitende Demokratisierung in Deutschland, Europa und darüber hinaus entwickelte sich zu einem festen Fundament für eine gerechtere Welt.

Das 19. Jahrhundert war machtpolitisch von Imperialismus und Kolonialismus geprägt gewesen. Daran änderte sich auch im 20. Jahrhundert zunächst nichts. Die Menschheit wurde gleich mit zwei Weltkriegen konfrontiert, die alles in den Schatten stellten, was es bis dahin an militärischen Auseinandersetzungen gegeben hatte. Der Erste Weltkrieg von 1914 bis 1918 tobte in Europa, Afrika und Asien. Nie waren so viele Zivilisten betroffen wie in diesem Krieg. Noch viel schrecklicher waren die Dimensionen und Auswirkungen des Zweiten Weltkriegs von 1939 bis 1945. Ausgelöst wurde er von dem wahnwitzigen Eroberungsgedanken des nationalsozialistischen Deutschland. Der Krieg stürzte Millionen Menschen in Tod, Flucht und Vertreibung.

Gemeinschaft der Völker
Nach dem Ersten Weltkrieg wurde auf Initiative der Vereinigten Staaten von Amerika der Völkerbund ins Leben gerufen. Seine Aufgabe sah der Bund darin, in internationaler Kooperation künftig den Weltfrieden zu sichern. Ein Erfolgsmodell war der Völkerbund auf den ersten Blick nicht, wie der Ausbruch des Zweiten Weltkriegs beweist. Und doch war es dieser Bund der Staatengemeinschaft, der das Ende des kolonialen Zeitalters einläutete, indem er die imperialistischen Mächte verpflichtete, kolonialisierte Völker in Afrika und Asien allmählich in die Unabhängigkeit zu entlassen. Vielerorts ging das nicht ohne Schwierigkeiten vonstatten. Der Gedanke des Völkerbunds lebte weiter. In der Zeit nach 1945 wurden die Vereinten Nationen (UN) als Nachfolgeorganisation gegründet.

Der Vorhang für Monarchen fällt
Das 20. Jahrhundert war auch die Zeit, in der Könige und Kaiser von den Sockeln gestürzt wurden und größtenteils demokratische Verfas-

1914–18
Erster Weltkrieg

1918–33
Weimarer Republik

1933–45
Drittes Reich und
Zweiter Weltkrieg

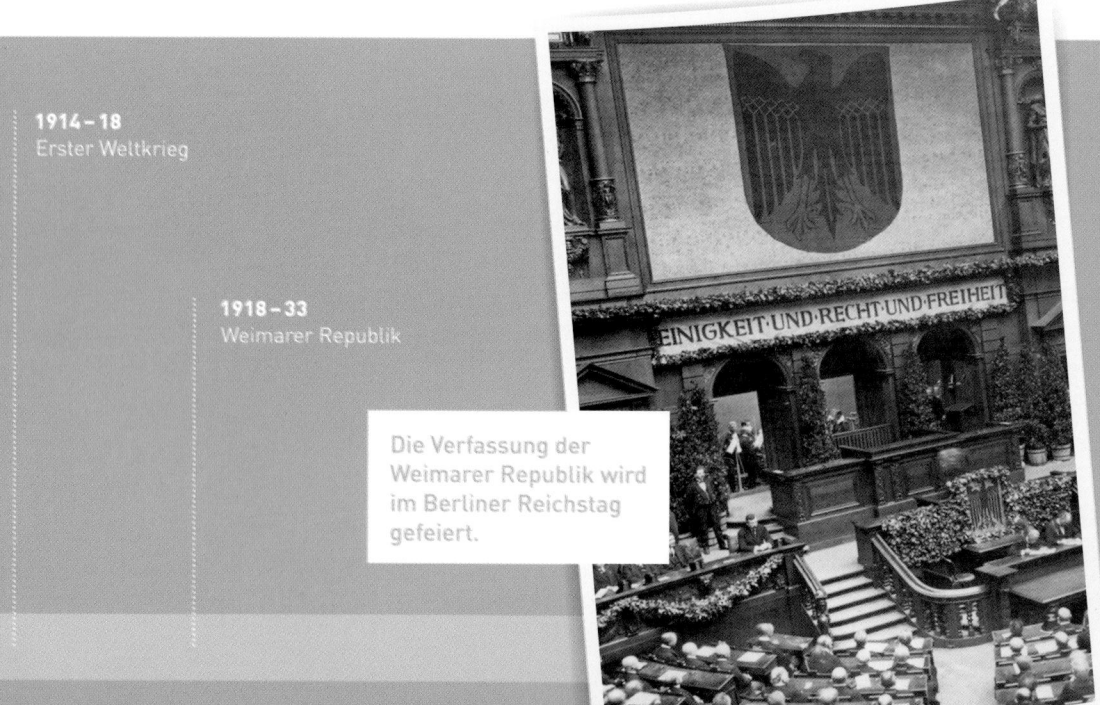

EINIGKEIT·UND·RECHT·UND·FREIHEIT

Die Verfassung der Weimarer Republik wird im Berliner Reichstag gefeiert.

sungen und Volksparlamente an ihre Stelle rückten. So mussten am Ende des Ersten Weltkriegs Schwergewichte wie der Zar von Russland, der Kaiser von Österreich und der deutsche Kaiser das Feld räumen. In Russland und Deutschland waren diese Vorgänge mit Revolutionen verbunden. Im ehemaligen Reich der Zaren etablierte sich langfristig ein kommunistisches Regime, das den Menschen soziale Gleichheit und wirtschaftliche Gerechtigkeit versprach. Am Ende entstand daraus ein totalitäres Regime.

In Deutschland wurde mit der Weimarer Republik erstmals eine parlamentarische Demokratie aus der Taufe gehoben. Auch Frauen durften wählen. Doch die junge Republik trug schwer an ihren Aufgaben und endete im nationalsozialistischen Terror.

Politische Eiszeit

Nach dem Zweiten Weltkrieg kristallisierten sich zwei große Machtblöcke heraus, angeführt von den USA auf der einen und der Sowjetunion auf der anderen Seite. Es begann der Kalte Krieg, der immer wieder, so wie 1962 bei der Kuba-Krise, in einen Heißen Krieg zu eskalieren drohte. Zeitweise stand die Menschheit am Rand eines alles vernichtenden Atomkriegs.

Die Kontrahenten versuchten, nicht nur auf politischem und militärischem Gebiet Pluspunkte zu sammeln. So war das Wettrennen um die erste Landung auf dem Mond, die 1969 den Amerikanern gelang, auch Teil des Kalten Kriegs. Schließlich symbolisierte die Landung auf dem Mond aber auch den enormen technologischen Fortschritt und war ein Meilenstein auf dem Weg in eine moderne Gesellschaft. Überhaupt machten Technik und Wissenschaften im 20. Jahrhundert einen riesigen Sprung nach vorn, sei es im Bereich der Medizin, der Physik, vor allem, gegen Ende des Jahrhunderts, in der alles revolutionierenden Kommunikationstechnologie.

Zeitenwende

Der Kalte Krieg ging vorüber. Was niemand erwartet hatte, trat ein: Die Sowjetunion löste sich samt ihres Machtsystems in Osteuropa auf. Der „Eiserne Vorhang", wie Churchill es genannt hatte, verschwand, die Deutschen feierten 1990 die Wiedervereinigung. In der Bilanz mündete das 20. Jahrhundert in der westlichen Welt in eine Zeit des Aufbruchs und des politischen, sozialen und wirtschaftlichen Fortschritts.

1947 – 1980er-Jahre
Kalter Krieg

**Die Grenze ist offen:
Die Deutschen
feiern ihre Wiedervereinigung.**

1989
Fall der Mauer
und Wiedervereinigung

DIE JEANS, SYMBOL DER SECHZIGER, GAB ES SCHON SEIT 400 JAHREN

wahr

Beim Namen „Jeans" hatten Franzosen und Italiener ihre Hände im Spiel. Aber in Europa beliebt wurde das Beinkleid erst in den 1960er-Jahren durch die Amerikaner.

Amerikanische Cowboys und Goldgräber sind, wenn man alten Filmen Glauben schenken will, die klassischen Jeansträger. Die blauen Baumwollhosen mit den charakteristischen Nieten und dem speziellen Zuschnitt fanden bei diesen beiden Gruppen auch dank ihrer Bequemlichkeit und Strapazierfähigkeit dankbare Abnehmer. In den 1960er-Jahren entwickelte sich die Blue Jeans dann zum Symbol einer rebellischen Jugendkultur, mit jeanstragenden Idolen wie James Dean und Marlon Brando.

Das Copyright auf den Namen „Jeans" haben allerdings nicht die Amerikaner. Vielmehr führt die Spur erst nach Italien und dann nach Frankreich. Der Vorläufer der Jeans war eine Kreation aus der italienischen Stadt Genua. Dort trugen 1567 Hafenarbeiter die Erstausgabe jenes später weltberühmten Kleidungsstücks. Wer die Hosen gefertigt hatte, ist nicht mehr bekannt, sie bestanden aber bereits aus Baumwolle arabischer Herkunft und waren mithilfe von Indigo blau gefärbt.

Die Wiege der Jeans

Es ist kein Zufall, dass ausgerechnet Genua die Vorreiterrolle spielte. Der Hafen der Stadt war eine der großen Drehscheiben des damaligen Handels. Waren kamen aus aller Welt, auch aus dem arabischen Raum und dem Pazifik, von wo man eben jenen Stoff für die Hosen bezog. Aus Java und Bengalen wiederum stammte das kostbare Indigo.

Wie kam die Jeans aber nun zu ihrem Namen? In ganz Europa waren Jeans seit dem 16. Jahrhundert unter dem Namen „Gênes" (gesprochen: Dschän) bekannt, der französischen Bezeichnung für die italienische Stadt Genua. 1873 erwarb der deutschstämmige Unternehmer Levi Strauss das Patent für die Jeansherstellung in den USA. Aus „Gênes" wurde dann im Englischen „Jeans". Strauss kehrte zu den europäischen Wurzeln der Jeansherstellung zurück. Als Stoff verwendete er einen robusten Baumwollstoff, den man „Denim" nennt. In diesem Namen spiegelt sich der Umstand wider, dass das Material für die in den USA produzierten Jeans aus der südfranzösischen Stadt Nîmes stammte. Ursprünglich hieß es „Serge de Nîmes", also „Gewebe aus Nîmes". Später bürgerte sich die Kurzform „de Nîmes" oder ganz einfach „Denim" ein.

Rebell in Jeans – James Dean mit Liz Taylor in dem Filmklassiker „Giganten" (1955).

1960 WAR DAS AFRIKANISCHE JAHR

wahr

Hinter der Unabhängigkeitswelle in Afrika standen aber weniger politische Motive als handfeste wirtschaftliche Interessen der alten Kolonialmächte.

Jetzt hieß es, nur nicht den Überblick zu verlieren. Wer am Ende des Jahres 1960 wissen wollte, wie die politische Landkarte in Afrika aussah, musste sich neu orientieren, denn auf einen Schlag hatten 17 Staaten, die bis dahin von europäischen Kolonialmächten regiert worden waren, die Unabhängigkeit erlangt. Zu ihnen gehörten: Madagaskar, Mauretanien, Mali, Niger, Tschad, die Zentralafrikanische Republik, die Demokratische Republik Kongo, die Republik Kongo, Gabun, Kamerun, Nigeria, Dahomey (das spätere Benin), Togo, Obervolta (das spätere Burkina Faso), die Elfenbeinküste, Senegal und Somalia. Und in den folgenden Jahren setzte sich die Entwicklung fort, sodass der Schwarze Kontinent am Ende nicht mehr unter europäischer Herrschaft stand.

Autonomie mit Altlasten

Gerne verzichteten die Kolonialmächte nicht auf ihre Besitzungen in Afrika. Doch nach dem Zweiten Weltkrieg war der Druck gewachsen – vor allem auf Engländer und Franzosen, die über die meisten Kolonien verfügten, aber auch auf Belgier und Italiener. Überall in Afrika waren Befreiungsbewegungen auf dem Vormarsch. Außerdem nahmen die neuen Supermächte USA und UdSSR mehr und mehr Einfluss auf die politischen Verhältnisse in Afrika. Ein Blick auf die Bilanzen hatte den Verantwortlichen in London, Paris, Brüssel und Rom auch klar gemacht, dass die Einnahmen geringer waren als die Ausgaben. So entließ man die neuen Staaten in eine selbstbestimmte Zukunft. Aufgrund kolonialer Sünden der Vergangenheit sollte diese sich für viele als steinig erweisen.

AN DEM WÖRTERBUCH DER BRÜDER GRIMM WURDE 123 JAHRE LANG GEARBEITET

wahr

So lange wartet selten ein Verleger. Aber dieses Buch war ja auch etwas ganz Besonderes.

Die Gebrüder Grimm sind gemeinhin vor allem als Sammler und Herausgeber von Märchen bekannt. Weniger bekannt ist, dass sie darüber hinaus auch politisch aktiv waren und sich um die deutsche Sprache verdient gemacht haben. Im Jahr 1838 beschlossen Jacob und Wilhelm Grimm ein Wörterbuch zu erstellen, in dem jedes deutsche Wort, das damals gebräuchlich war, in seiner Herkunft und in den Zusammenhängen seiner Verwendung beschrieben werden sollte. Das Unternehmen war auf sechs oder sieben Bände berechnet und sollte innerhalb von zehn Jahren abgeschlossen sein.

> **Das wichtigste Buch in deutscher Sprache.**
> Marcel Reich-Ranicki

Eine Mammutaufgabe

Aber diese Einschätzung sollte eine Illusion bleiben. Zwar arbeiteten die Gebrüder Grimm nicht allein, sondern beschäftigten einen Stab von 80 Mitarbeitern, die mit großem Fleiß Hunderttausende von Belegen sammelten. Trotz allem kam man aber nur sehr langsam voran. 1854 erschien nach 16 Jahren Arbeit der erste Band. 1859 starb Wilhelm, 1863 dann Jacob Grimm – zu der Zeit war man gerade bis zum Buchstaben F („Frucht") vorgedrungen. Generationen von Sprachwissenschaftlern waren in der Folge damit beschäftigt, das Werk zu vervollständigen. Dies war eine schwierige Aufgabe, weil sich der Wortschatz im Lauf der Zeit ständig erweiterte. Erst am 10. Januar 1961 lag das *Grimmsche Wörterbuch* mit gut 320 000 Stichworten komplett vor – 102 bzw. 98 Jahre nach dem Tod seiner Schöpfer.

EIN BUNDESKANZLER VERDANKTE SEINEN AUFSTIEG EINER STURMFLUT

wahr

Während des Hochwassers 1962 in Hamburg bewährte sich Helmut Schmidt als Krisenmanager und sicherte sich für die Zukunft den Ruf eines Machers.

Nicht jammern, nicht klagen, Ärmel aufkrempeln und zur Not auch unkonventionelle Wege gehen, so lauteten die eigenen Vorgaben, unter denen sich Helmut Schmidt 1962 daran machte, seine Heimatstadt Hamburg zu retten.

In der Nacht vom 16. auf den 17. Februar 1962 brach über große Teile Norddeutschlands eine schwere Sturmflut herein. Hamburg erwischte es besonders schlimm: Die Deiche brachen und weite Teile der Stadt standen unter Wasser. In der Folge fiel der Strom aus und alles öffentliche Leben kam zum Erliegen. Viele Menschen verloren bei der Katastrophe ihr Leben, Tausende wurden obdachlos.

Retter in der Not

Helmut Schmidt war zu diesem Zeitpunkt Innensenator der Stadt Hamburg. Die Bekämpfung des Hochwassers und die Koordinierung der Rettungsmaßnahmen fielen in sein Ressort. Wie der SPD-Mann diese Aufgabe bewältigte, brachte ihm nicht nur in der Bevölkerung, sondern auch bei den politischen Gegnern höchste Anerkennung ein.

Schmidt wurde schnell klar, dass Hilfe von außen kommen musste, da die Hamburger Polizei und Feuerwehr völlig überfordert waren. Er forderte daher Unterstützung aus dem In- und Ausland an, sowohl ziviler als auch militärischer Art. So kamen auch Soldaten der Bundeswehr zum Einsatz, ohne dass dafür die eigentlich notwendigen gesetzlichen Grundlagen vorhanden waren. Dem Senator waren die Menschen seiner Stadt wichtiger als die Einhaltung von Vorschriften, Gesetzen und bürokratischen Verordnungen. Dank dieses tatkräftigen Einsatzes konnten viele Einwohner gerettet werden, dennoch

fiel die Schadensbilanz insgesamt erschreckend aus. Helmut Schmidt hatte von nun an den Ruf eines Krisenmanagers. Das kam ihm bei seiner weiteren politischen Karriere zugute, mit der es in den folgenden Jahren steil bergauf ging. Von 1966 bis 1969 war er Fraktionsvorsitzender der SPD im Deutschen Bundestag. Als 1969 mit Willy Brandt erstmals ein Sozialdemokrat in das Bundeskanzleramt einzog, wurde Helmut Schmidt Verteidigungsminister. Von 1972 bis 1974 war er dann als „Superminister" Finanz- und Wirtschaftsminister in Personalunion.

Am 7. Mai 1974, zwölf Jahre nach der Flutkatastrophe von Hamburg, erreichte Schmidt den Gipfel der Macht, als ihn der Deutsche Bundestag als Nachfolger des zurückgetretenen Willy Brandt zum Bundeskanzler wählte. Zweimal, 1976 und 1980, wurde er in diesem Amt bestätigt. Auch als Kanzler wurde Schmidt seinem Ruf gerecht, der ihm seit den schwierigen Tagen von Hamburg anhaftete: Keiner, der lamentiert, sondern einer, der handelt.

Hilfreiche Katastrophe

Gerhard Schröder war Bundeskanzler und wollte es auch bleiben. Doch die Zeichen für die Bundestagswahl 2002 standen für ihn und die SPD nicht besonders gut. Es sah so aus, als müsste er im September seinen Posten räumen. Einen Monat vor der Wahl aber führten unaufhörliche Regenfälle in großen Teilen Europas zu katastrophalen Hochwassern. In Deutschland stieg unter anderem die Elbe mehrere Meter über den normalen Pegelstand. Schröder zeigte sich regelmäßig in den betroffenen Gebieten, erschien vor Ort in Gummistiefeln auf den Deichen, tröstete Betroffene und sagte schnelle, unbürokratische Hilfe zu. Wahlforscher sind sich einig, dass diese Aktion zu seinem knappen Wahlerfolg im Herbst entscheidend beitrug.

BEI SEINEM BERLIN-BESUCH ZITIERTE KENNEDY DEN APOSTEL PAULUS

wahr

Eine der berühmtesten Reden der Geschichte erreichte ihren rhetorischen Gipfel dank einer apostolischen Anleihe.

26. Juni 1963. Am dritten Tag seines Besuchs in der Bundesrepublik Deutschland trifft der amerikanische Präsident John F. Kennedy in West-Berlin ein. Anlass der Visite ist der 15. Jahrestag der Berliner Luftbrücke. Die Stadt befindet sich in einem Zustand der Euphorie. Überall, wo der charismatische Präsident auftaucht, bricht Jubel aus. Natürlich versäumt es der hohe Gast aus den Vereinigten Staaten nicht, einen Blick über die Mauer zu werfen, die West- und Ost-Berlin seit zwei Jahren teilt. Er ist der erste amtierende US-Präsident, der nach dem Bau der Mauer 1961 die Stadt besucht.

Die zentrale Kundgebung findet vor dem Schöneberger Rathaus statt. Die vielen Tausend Zuhörer sind gespannt. Sie erwarten Worte der Aufmunterung und der Zuversicht. Und Kennedy enttäuscht sie nicht. Er hält eine flammende Rede, in der er den Wert der Freiheit hervorhebt und den Berlinern versichert, dass die USA unverbrüchlich und solidarisch zu ihnen und ihrem Land stehen werden.

Ein Satz schreibt Geschichte

Und dann fällt Kennedys berühmter Satz. Der Präsident sagt auf Deutsch: „Ich bin ein Berliner." Riesiger Jubel bestätigt ihm, dass er den richtigen Ton getroffen hat. Diesen Satz hat er sich zur Sicherheit eigens notiert und so geschrieben, dass er nicht zu amerikanisch klingt.

„Ich bin ein Berliner" waren die letzten Worte in seiner Rede, kamen vorher aber bereits an einer anderen Stelle vor. Dort sagte Kennedy zunächst auf Englisch: „Vor 2000 Jahren war der stolzeste Satz, den ein Mensch sagen konnte: Civis Romanus sum. Heute, in der Welt der Freiheit, ist der stolzeste Satz: Ich bin ein Berliner."

Civis Romanus sum – Ich bin ein römischer Bürger. Dieser Satz, den auch schon der Römer Cicero zu zitieren pflegte, ist durch den Apostel Paulus berühmt geworden. Mit der Aussage „Ich bin ein römischer Bürger" konnte er 64 n. Chr. eine sofortige Hinrichtung verhindern und ein ordentliches Gerichtsverfahren in Rom einfordern. Dieses stand einem römischen Bürger nach dem römischen Bürgerrecht zu.

„JFK" bei seiner berühmten Rede vor dem Schöneberger Rathaus in Berlin.

IN DEN MORD AN KENNEDY WAR EIN MANN MIT SCHIRM VERWICKELT

falsch

Über das Attentat von Dallas kursieren bis heute die wildesten Spekulationen.

Wer steckt wirklich hinter dem Mord an John F. Kennedy? Der amerikanische Präsident wurde am 22. November 1963 erschossen, als er im offenen Wagen durch das texanische Dallas fuhr. Der mutmaßliche Mörder Lee Harvey Oswald wurde schnell gefasst, jedoch zwei Tage später von dem Nachtclubbesitzer Jack Ruby bei der Überführung ins Gefängnis erschossen.

Was steckte hinter dem Schirm?

Seitdem kursieren die wildesten Gerüchte. Eine Zeit lang suchte man nach einem geheimnisvollen Mann mit Schirm. Auf Filmaufnahmen, die das Attentat dokumentieren, ist tatsächlich ein Mann zu erkennen, der beim Vorbeifahren der Präsidentenkolonne, zwei Sekunden vor dem ersten Schuss, seinen Schirm aufspannt. Dabei schien an diesem Tag die Sonne. Hatte der mysteriöse Mann etwas mit dem Attentat zu tun? Verschwörungstheoretiker meinen, er gab auf diese Weise dem Todesschützen das Signal zum Schuss auf den Präsidenten. Andere verstiegen sich zu noch abenteuerlicheren Spekulationen: Der Schirm sei eine Geheimwaffe gewesen. Aus dieser sei beim Aufspannen ein vergifteter Pfeil abgeschossen worden, der den Präsidenten sofort in einen Zustand der Lähmung versetzt habe, wodurch er für den eigentlichen Attentäter eine ideale Zielscheibe abgegeben habe. 1978 meldete sich ein Mann, der vorgab, der „Umbrella Man" gewesen zu sein. Er habe mit der Schirm-Aktion gegen Kennedys Vater Joseph protestieren wollen, der 1937 als US-Botschafter in London die Beschwichtigungspolitik des britischen Premiers Chamberlain gegenüber Hitlerdeutschland unterstützt habe. Chamberlains Markenzeichen war der Schirm gewesen.

EIN STROMAUSFALL IN NEW YORK FÜHRTE ZU EINEM ANSTIEG DER GEBURTEN

falsch

Der Strom fällt aus, die Menschen sitzen im Dunkeln. Was nun?

Am Abend des 9. November 1965 gingen in New York und in vielen anderen Städten an der amerikanischen Ostküste die Lichter aus. Millionen von Menschen saßen im Dunkeln. Kein Fernseher, kein Radio, keine Lektüre von Zeitungen oder Büchern. Der komplette Stromausfall, hervorgerufen durch eine Überlastung der Kapazitäten, setzte die sonst so pulsierende Metropole New York komplett matt. Die Menschen saßen in ihren Häusern und Wohnungen, warteten darauf, dass das Licht wieder angehen würde, und waren ansonsten gezwungen, sich anderweitig zu beschäftigen. Gegen Mitternacht kam der Strom erst in Brooklyn, dann in anderen Stadtteilen zurück. Gegen Morgen war ganz New York wieder mit Elektrizität versorgt.

Es wird dunkel

Neun Monate später, im August 1966, meldete die *New York Times* eine steile Zunahme der Geburtsziffern in jenen Gebieten, die von dem Stromausfall betroffen gewesen waren. Und eine Erklärung wurde auch direkt mitgeliefert: Der Babyboom musste damit zusammenhängen, dass neun Monate zuvor die Fernseher dunkel geblieben waren. Die Menschen hatten die Gelegenheit genutzt, um die Familienplanung voranzutreiben. Diese auch in anderen Fällen herangezogene These hielt jedoch einer seriösen Untersuchung nicht stand. Es war, wie Nachfragen in den Krankenhäusern ergaben, gar kein ungewöhnlicher Anstieg der Geburten festzustellen. In dem einen Krankenhaus waren vielleicht mehr, dafür in einem anderen weniger Kinder zur Welt gekommen.

Offenbar hatten sich die New Yorker in der Nacht vom 9. auf den 10. November 1965 doch mit unterschiedlichen Dingen beschäftigt.

NIKITA CHRUSCHTSCHOW STARB 1964

falsch

Der sowjetische Staats- und Parteichef wurde 1964 fälschlich für tot erklärt. Doch erst sieben Jahre später starb er wirklich.

Am Abend des 13. April 1964 erhielt der Westdeutsche Rundfunk (WDR) in Köln per Telex aus einer angeblich japanischen Quelle eine sensationelle Eilmeldung: Nikita Chruschtschow, der starke Mann der Sowjetunion, ist tot – gestorben um 20.19 Uhr mitteleuropäischer Zeit an einer Krankheit namens *Hephocapalytirosises*.

Die Redaktion nahm Kontakt zur Deutschen Presseagentur (dpa) in Hamburg auf, mit der vorsichtigen Nachfrage, ob diese eine Bestätigung liefern könne. Ohne die Meldung weiter zu überprüfen, leitete die eigentlich für ihre Seriosität bekannte Agentur die Nachricht um 21.48 Uhr über den Ticker weiter an die angeschlossenen Nachrichtenagenturen. So wurde sie in Sekundenschnelle in aller Welt verbreitet – um 21.55 Uhr auch vom WDR, der eine positive Rückmeldung aus Hamburg erhalten hatte, die sich jedoch lediglich auf den Eingang der Anfrage dort bezogen hatte. Nun begannen die Redaktionen, fieberhaft an den Nachrufen auf den toten Politiker zu arbeiten.

Das Dementi kommt zu spät

Doch Chruschtschows Tod dauerte nur 15 Minuten. Die dpa hatte sich inzwischen bei ihrem Moskauer Korrespondenten nach Einzelheiten erkundigt. Dieser nahm Verbindung zur sowjetischen Nachrichtenagentur Tass auf und erfuhr: Vier Tage vor seinem 70. Geburtstag erfreute sich der sowjetische Staats- und Parteichef bester Gesundheit. Da war klar: Es handelte sich um eine klassische Zeitungsente. Erst jetzt machte man sich die Mühe, auch die seltsame Krankheit *Hephocapalytirosises* zu recherchieren. Resultat: Keiner kannte sie, sie war frei erfunden worden.

Sofort versuchte die dpa, die Verbreitung der Falschmeldung zu stoppen, doch es war bereits zu spät: Die Nachricht hatte weltweit die Runde gemacht. An den Börsen in den USA fielen die Kurse. Sport- und Kulturveranstaltungen wurden abgesagt.

Makabrer Scherz mit Folgen

Das Opfer Chruschtschow zögerte nicht, den Beweis seiner Lebendigkeit anzutreten. Trotz einer sofortigen Entschuldigung wurde auf seine Anordnung hin das Moskauer Büro der dpa geschlossen und der Korrespondent des Landes verwiesen. Bis heute ist nicht geklärt, wer hinter der Falschmeldung steckte. Wahrscheinlich handelte es sich um den makabren Scherz eines Journalisten. Mit Chruschtschow ging es danach allerdings wirklich bergab, erst politisch und dann gesundheitlich. Wenige Monate nach seinem angeblichen Tod wurde er nach einem Machtkampf im Kreml aller Partei- und Regierungsämter enthoben. Am 11. September 1971 starb er wirklich.

Immer sehr lebendig und höchst umstritten: Nikita Chruschtschow.

IMELDA MARCOS HATTE 3000 PAAR SCHUHE

wahr

Theoretisch hätte die Frau des philippinischen Präsidenten fast neun Jahre lang jeden Tag die Schuhe wechseln können. Genug Auswahl hatte sie jedenfalls.

Niemand braucht wirklich 3000 Paar Schuhe. Auch bereitet es in einem normalen Haushalt erhebliche Schwierigkeiten, dafür genügend Platz zu finden. Nicht so bei Imelda Marcos. Als Gattin von Ferdinand Marcos, der in seiner Amtszeit (1965 bis 1986) auf den Philippinen ein diktatorisches Regime errichtete, hatte sie einen extremen Hang zum Luxus. Die 1929 in Manila geborene ehemalige Schönheitskönigin, die sich gern als Anwältin der kleinen Leute darstellte, häufte unglaubliche Reichtümer an. Nicht nur ihre Schuhe zeugen von ihrem dekadenten Lebensstil. Sie hatte auch ein Faible für Juwelen, teure Kleider, Handtaschen und Sonnenbrillen.

Zeugnisse der Geschichte

Im Februar 1986 mussten Marcos und seine Frau aus dem Land fliehen, nachdem sich der Diktator trotz verlorener Wahlen vergeblich an die Macht geklammert hatte. Das Präsidentenpaar begab sich ins Exil nach Hawaii, wo Ferdinand Marcos 1989 starb. Die immensen Schätze der ehemaligen First Lady, darunter auch Teile ihrer legendären Schuhsammlung, gelangten als Zeugnisse für den unermesslichen Reichtum und exzessiven Lebensstil des Präsidentenpaars ins Nationalmuseum von Manila. Imelda Marcos kehrte 1991 nach Manila zurück. 1998 gründete sie im Distrikt Marikina, der vor allem durch die dort ansässige Schuhindustrie geprägt ist, ein eigenes Schuhmuseum. Hier stellt sie neben eigenen Schuhen auch die anderer philippinischer Prominenter aus. Bis heute steht sie zu ihrem Schuhtick – andere Leute würden eben Briefmarken sammeln.

EIN BUNDESKANZLER TRUG DEN SPITZNAMEN „HÄUPTLING SILBERZUNGE"

wahr

Darin spiegeln sich die Redegewandtheit und das Vermittlungsgeschick des konservativen Schöngeists.

Wer ihm den Namen verpasst hat, weiß man nicht mehr genau. Jedenfalls kannte man Kurt Georg Kiesinger in der Hauptstadt Bonn sowie in der ganzen Bundesrepublik Deutschland unter dem Spitznamen „Häuptling Silberzunge". „Häuptling" zum einen, weil er als Bundeskanzler eben der Regierungschef war, zum anderen wegen seiner würdevollen Erscheinung. Die „Silberzunge" ging auf die geschliffenen Reden und die Wortgewandtheit des Bildungsbürgers Kiesinger zurück.

Kiesinger war 1966 als Nachfolger von Ludwig Erhardt Kanzler geworden. Zum ersten Mal gab es damals eine Große Koalition aus Kiesingers Christlich Demokratischer Union (CDU), Christlich Sozialer Union (CSU) und Sozialdemokratischer Partei Deutschlands (SPD). Keine einfache Konstellation, aber Kiesinger verstand es, geschickt zwischen den politischen Lagern zu vermitteln.

Von der Vergangenheit eingeholt

Ganz unfreiwillige Schlagzeilen machte Kanzler Kiesinger am 7. November 1968. Beim Bundesparteitag der CDU in Berlin mischte sich die Journalistin Beate Klarsfeld unter eine Schar von Autogrammjägern, die Kiesinger umlagerten, und versetzte ihm eine kräftige Ohrfeige. Später gab sie zu Protokoll, sie habe mit dieser Aktion gegen die Rolle Kiesingers in der Zeit des Nationalsozialismus protestieren wollen.

Nach drei Jahren war die Kanzlerschaft von „Häuptling Silberzunge" bereits vorbei. 1969 gab es eine neue Koalition aus SPD und Freien Demokraten (FDP). Kein Bundeskanzler war bisher kürzer im Amt als Kiesinger.

DIE KOMMUNE 1 PLANTE EIN ATTENTAT MIT PUDDING

wahr

Nicht alle freuten sich 1967 in Berlin über die Visite des amerikanischen Spitzenpolitikers Humphrey.

Wie empfängt man einen hohen ausländischen Staatsgast? Offiziell und protokollarisch korrekt natürlich mit großem Bahnhof am Flughafen, rotem Teppich, Blaskapelle, Fahrt durch die Stadt und festlichem Abendessen. So lief es auch beim Besuch des amerikanischen Vizepräsidenten Hubert H. Humphrey Anfang April 1967 in Berlin ab. Der Besucher aus Washington war ein konsequenter Befürworter des seit Jahren andauernden Vietnamkriegs. In Europa und speziell in Deutschland aber war dieser Krieg für viele ein rotes Tuch. Besonders die Studenten demonstrierten – ergriffen vom progressiven Zeitgeist – offen gegen Krieg und Imperialismus. In Massen gingen sie auf die Straßen, an den Universitäten diskutierten sie sich die Köpfe heiß.

In Berlin hatte sich Anfang Januar 1967 die „Kommune 1" gebildet, eine politisch motivierte studentische Wohngemeinschaft. Sie sah sich als Gegenmodell zur herkömmlichen spießig-bürgerlichen Familie und lehnte das kapitalistische System ab. Zu ihrem Repertoire gehörten gezielte spektakuläre Aktionen. Der Besuch des US-Vizepräsidenten kam da gerade recht. Man beschloss, ihm einen Empfang der eigenen Art zu bereiten. Zunächst dachte man an einen Anschlag mit Rauchbomben, stufte eine solche Aktion jedoch als zu riskant ein. So kam man auf die Idee, ein symbolisches Attentat zu

verüben. Während der Fahrt durch die Stadt sollte die Limousine des Staatsgasts mit einem Gemisch aus Pudding, Mehl und Joghurt beworfen werden. Doch zur Ausführung kam es nicht. Der Plan flog auf, weil ein V-Mann des Verfassungsschutzes Wind von der Sache bekommen hatte.

Spaß-Revoluzzer

Am 5. April wurden elf Mitglieder der Gruppe festgenommen, bereits am nächsten Tag aber wieder freigelassen, weil sich keine Anhaltspunkte für einen Bombenanschlag fanden. Inzwischen aber machte die Nachricht von dem geplanten Pudding-Attentat weltweit die Runde und verschaffte der Kommune 1 unerwartete Aufmerksamkeit. Humphreys Besuch in Berlin verlief ohne Zwischenfälle und Störungen.

EIN FUSSBALLSPIEL FÜHRTE ZU EINEM KRIEG

wahr

Fußball kann die Gemüter erhitzen. Zum Krieg – wie zwischen Honduras und El Salvador – führt er zum Glück nur selten.

Am 26. Juni 1969 besiegte die Fußballnationalmannschaft von El Salvador die Auswahl aus Honduras mit 3:2. Das entscheidende Tor im Azteken-Stadion von Mexiko City erzielte Stürmer Pipo Rodriguez in der Nachspielzeit. Damit hatte sich El Salvador in der Gruppe Nordamerika, Zentralamerika und Karibik für das Finale gegen Haiti qualifiziert. Hier setzte sich die Mannschaft in drei Spielen durch und löste damit das Ticket zur Fußballweltmeisterschaft 1970 in Mexiko.

Drei Wochen nach dem Fußballspiel brach zwischen El Salvador und Honduras ein Krieg aus, der als „Fußballkrieg" in die Annalen eingegangen ist. Die Spannungen, die sich in diesem Krieg entluden, hatten sich bereits in den drei Qualifikationsspielen bemerkbar gemacht. Nach dem

1:0-Sieg von Honduras am 8. Juni 1969 im heimischen Tegucigalpa war es zunächst lediglich zu Reibereien zwischen den Fans gekommen. Beim Rückspiel am 15. Juni, das El Salvador im eigenen Stadion mit 3:0 für sich entschied, brachen dann erhebliche Unruhen aus, sowohl auf den Tribünen des Stadions als auch in den Straßen der Hauptstadt San Salvador. Zwei Schlachtenbummler aus Honduras kamen ums Leben. Nach dem entscheidenden dritten Spiel ereigneten sich erneut schwere Ausschreitungen. Auf beiden Seiten waren zahlreiche Todesopfer zu beklagen. Zur selben Zeit brachen die Regierungen beider Länder die gegenseitigen Beziehungen ab und kurz darauf flogen Bomber aus El Salvador erste Angriffe auf Städte in Honduras. Die Regierung von Honduras antwortete mit der Bombardierung des Flughafens von San Salvador.

Der Fußball war allerdings nicht der Grund für die Auseinandersetzungen, sondern nur der Auslöser. Schon lange schwelte der Konflikt zwischen den beiden Nachbarländern.

Hintergrund war die massenhafte Auswanderung von Menschen aus El Salvador nach Honduras – bis zum Sommer 1969 waren es gut 300 000. Angelockt wurden sie von der Aussicht, hier ausreichend Grund und Boden für die landwirtschaftliche Nutzung zu finden. Tatsächlich verfügte Honduras mit seinen 2,5 Millionen Einwohnern über fünfmal so viel Bodenfläche wie El Salvador, das 3,1 Millionen Einwohner hatte, aber flächenmäßig der kleinste Staat in Zentralamerika war.

Vom Spiel zum Krieg

Aus der Sicht der meisten Menschen in Honduras waren die Einwanderer aus El Salvador unrechtmäßige Eindringlinge, die ihnen ihr Land wegnahmen. Immer wieder kam es zu Übergriffen und Zwischenfällen. Ende April wies die Regierung von Honduras die Wirtschaftsflüchtlinge an, das Land binnen eines Monats zu verlassen. Das Ergebnis der Qualifikationsspiele zur Fußball-WM brachte das Fass zum Überlaufen. Vom 14. bis zum 18. Juli 1969 tobte ein offener Krieg. Truppen aus El Salvador marschierten nach Honduras ein, um für ihre Bürger das Bleiberecht zu erzwingen. Nach 100 Stunden waren die Kämpfe beendet, dank des diplomatischen Eingreifens der Organisation Amerikanischer Staaten (OAS). Außerdem waren die Waffenvorräte auf beiden Seiten begrenzt. Die Bilanz des Kriegs fiel erschreckend aus: 3000 Tote, 6000 Verletzte sowie ein Schaden von mehr als 50 Millionen US-Dollar.

In den folgenden Monaten und Jahren verließen die meisten der salvadorianischen Siedler Honduras und kehrten in die Heimat zurück, wo sie am Rand des wirtschaftlichen Existenzminimums lebten. So hatte letztlich Honduras zwar die Fußballspiele verloren, den Krieg aber gewonnen und auch den Rückzug der ungeliebten Gäste erreicht. El Salvador schied bei der Weltmeisterschaft in Mexiko bereits in der Vorrunde aus.

DIE NIEDERLANDE UND VENEZUELA LITTEN AN DER HOLLÄNDISCHEN KRANKHEIT

wahr

Nach dem wirtschaftlichen Höhenflug folgte in den Niederlanden und in Venezuela die Rezession.

Nach 1960 freuten sich die Niederländer über die Entdeckung reicher Erdgasvorkommen in der Nordsee. Die Politiker träumten bereits von enormen Wachstumskurven, die sich durch den Export des begehrten Rohstoffs ohne Zweifel einstellen würden. Und aus Wachstum entstehen wiederum höhere Profite, es gibt Arbeitsplätze und die Kaufkraft der Bevölkerung nimmt zu. Kurzfristig ging die Rechnung mit dem Erdgas auch auf. Doch dann zeigten sich unangenehme Nebenwirkungen des Booms, die den Wirtschaftswissenschaftlern Anlass gaben, von der „Holländischen Krankheit" zu sprechen – erstmals in einem Artikel der britischen Zeitschrift *The Economist* von 1977. Was war passiert?

Durch das Erdgasgeschäft wurden große Außenhandelsüberschüsse erzielt. Finanzpolitisch ergab sich daraus eine Aufwertung der niederländischen Währung, mit der Konsequenz, dass der Import anstieg. Andere bis dato global wettbewerbsfähige Industriesektoren wurden vernachlässigt, in vielen Branchen kam es zu einem Anstieg der Arbeitslosenzahlen. Die niederländische Wirtschaft stürzte in der Folge in eine tiefe Rezession.

Ein Phänomen greift um sich

Nicht nur die Holländer litten an der Holländischen Krankheit. Schwer erwischte es auch Venezuela. Der südamerikanische Staat entwickelte sich zu einer der großen Exportnationen von Erdöl. Doch war und ist die gesamte Wirtschaft in gefährlicher Weise von dem schwarzen Gold abhängig. Und so machte Venezuela in der jüngsten Vergangenheit genau die gleiche Entwicklung durch wie die Niederlande in den 1970er-Jahren. Gesundet ist der Patient in Südamerika bis dato nicht.

DIE ERSTE LANDUNG AUF DEM MOND WAR EINE SIMULATION

falsch

1969 betrat der erste Mensch den Mond. Wirklich? Wirklich! Gegenteilige Behauptungen stehen auf ganz wackeligen Füßen.

Der 21. Juli war ein Tag, der eine neue Epoche der Menschheitsgeschichte einleitete. US-Astronaut Neil Armstrong, Kommandant der Raumfahrtmission Apollo 11, betrat als erster Mensch den Mond und über eine halbe Milliarde Menschen weltweit waren an den Fernsehbildschirmen live dabei. Die Amerikaner hatten den Wettlauf um die Vorreiterrolle auf dem Mond gegen die Russen gewonnen. Und Neil Armstrong sprach die berühmten Worte: „Ein kleiner Schritt für einen Menschen, ein großer Schritt

Edwin E. Aldrin posiert auf dem Mond neben der US-Flagge.

für die Menschheit." In den folgenden Jahren landeten weitere NASA-Astronauten auf dem Erdtrabanten, bevor das Programm mit Apollo 17 im Dezember 1972 beendet wurde.

Immer wieder werden Stimmen laut, die Mondlandungen hätten niemals stattgefunden. Alle Materialien, insbesondere die Filmaufnahmen und die Fotos, seien Simulationen, Manipulationen, Fälschungen. Unzählige Argumente sind als Belege für diese These ins Feld geführt worden: Die Amerikaner sahen sich gegenüber der UdSSR in Zugzwang; die Regierung habe mit einem Pseudo-Erfolg im All von dem desaströsen Krieg in Vietnam ablenken wollen; die NASA habe um üppige Subventionen von Seiten des Staats gefürchtet, wenn sie nicht endlich sichtbare Erfolge verbuchen konnte …

Als Beweis verwies man auf Ungereimtheiten wie etwa, dass die US-Flagge, die die Astronauten auf der Mondoberfläche setzten, wehte, was doch schlecht möglich sein könne, weil es auf dem Mond keine Atmosphäre gibt. Doch in diesem, wie in allen anderen Fällen konnte für Mondlandungsenthusiasten Entwarnung gegeben werden. Das Wehen der Flagge wurde nicht durch Wind, sondern durch Schwingungen verursacht.

Mangelnde Beweise

Viele der Missverständnisse gehen auf den US-Autor Bill Kaysing zurück. Er veröffentlichte 1972 den Bestseller *We Never Went to the Moon* (Wir waren nie auf dem Mond). Das Buch entfachte eine rege, auch heute noch gelegentlich aufflackernde Debatte. Doch konnten inzwischen fast alle Argumente Kaysings und seiner Anhänger entkräftet werden. Es besteht kein Zweifel: Zwischen 1969 und 1972 haben 12 Menschen den Mond betreten – der bis heute bedeutendste Schritt in der Geschichte der Raumfahrt hat damals wirklich stattgefunden und war kein inszeniertes Medienspektakel.

FÜR EINEN SOLDATEN ENDETE DER ZWEITE WELTKRIEG 27 JAHRE SPÄTER

wahr

So lange hielt der Japaner Yokoi Shoichi die Stellung auf einer einsamen Insel.

Im Jahr 1941 unternehmen japanische Kampfflugzeuge einen Angriff auf den US-Marinestützpunkt Pearl Harbour auf Hawaii. Kurz darauf besetzen die Japaner die westpazifische Insel Guam, die seit 1899 unter Verwaltung der USA steht. 1943 werden 22 000 japanische Soldaten entsandt, um die strategisch bedeutsame Insel gegen amerikanische Truppen zu verteidigen. Im Juli 1944 gelingt es der US-Armee, Guam zurückzuerobern.

Die Japaner hatten erbitterten Widerstand geleistet. Ihre Führung hatte ihnen befohlen, die Insel auf keinen Fall aufzugeben. 19 000 Japaner bezahlten ihre Standhaftigkeit mit dem Tod. Im September 1945 endete der Zweite Weltkrieg dann mit der Kapitulation Japans.

Um jeden Preis

27 Jahre später, am 14. Januar 1972, entdecken zwei Fischer am Fluss Talofofo auf Guam einen verwahrlosten Mann, der damit beschäftigt ist, Fischernetze auszulegen. Der Mann geht auf sie los, doch den beiden Fischern gelingt es, ihn zu überwältigen. Sie bringen ihn auf eine Polizeistation, wo der merkwürdige Mann, der sich Yokoi Shoichi nennt, eine fast unglaubliche Geschichte erzählt.

Er gehörte zu den 22 000 Soldaten, die Guam gegen die Amerikaner verteidigen sollten. Nach dem Fall der Insel flieht er mit zwei Kameraden und versteckt sich in einer Höhle. Ein paar Jahre später findet er die beiden anderen tot auf. Doch Shoichi kann sich nicht dazu entschließen, die Insel zu verlassen. Er weiß nicht, dass der Krieg längst zu Ende ist, deswegen glaubt er, die Stellung halten zu müssen. Er lebt in einer unterirdischen Höhle und ernährt sich

von Kokosnüssen, Ratten, Fischen und Fröschen. Yokoi Shoichi ist inzwischen 56 Jahre alt. Als er auf Guam ankam, war er 27. Und 27 Jahre ist auch das Ende des Zweiten Weltkriegs her. Die Rückkehr in die Zivilisation fällt dem Soldaten schwer. Er hat Angst vor dem Kaiser und davor, dass man ihn dafür bestraft, seinen Posten befehlswidrig verlassen zu haben. Doch keiner will ihn deswegen zur Rechenschaft ziehen. Vielmehr ist Shoichi eine Sensation. Millionen Japaner sitzen gebannt vor den Fernsehschirmen, um die Liveübertragung seiner Rückkehr nach Japan zu verfolgen. Bald schon heiratet der Rückkehrer und bewirbt sich – allerdings vergeblich – um einen Sitz im Parlament. Am 22. September 1997 stirbt der Soldat, der fast drei Jahrzehnte lang nicht wusste, dass der Krieg vorbei war, an einem Herzinfarkt.

> ## Es ist mir sehr peinlich, lebend zurückzukehren.
> Yokoi Shoichi

Einer von vielen

Yokoi Shoichis Geschichte war etwas Besonderes, aber durchaus kein Einzelfall. Eine ganze Reihe japanischer Soldaten hielt nach dem offiziellen Ende des Zweiten Weltkriegs an ihren Einsatzorten die Stellung. Für sie bürgerte sich sogar eine spezielle Bezeichnung ein: Holdout (engl. für „ausharren"). Die Gründe für dieses Ausharren waren unterschiedlich. Manche, wie Shoichi, bekamen das Ende des Kriegs nicht mit, weil sie auf abgelegenen Inseln vom Kommunikationsfluss abgeschnitten waren. Andere wiederum blieben aus Protest auf ihren Posten, weil sie nicht bereit waren, die Kapitulation Japans anzuerkennen. Im Alleingang legten sie sich als Einzelkämpfer mit den US-Besatzungstruppen oder den lokalen Polizeikräften an. Der letzte Holdout war Nakamura Teruo, der 1974 – zwei Jahre nachdem Shoichi in die Zivilisation zurückgekehrt war – auf der Molukkeninsel Morotai entdeckt wurde. Man hatte ihn bis dahin für tot gehalten.

DAS SYMBOL UNGARISCHER EINHEIT BEFAND SICH 33 JAHRE LANG IN DEN USA

wahr

Jimmy Carter erhörte die Ungarn und übergab das höchste nationale Symbol wieder in ihre Obhut.

Ihren Namen hat die Stephanskrone von dem ersten christlichen König Ungarns. Im Jahr 1000 ließ sich Stephan mit der angeblich von Papst Sylvester II. übersandten Krone krönen. Diese ursprüngliche Krone ist nicht erhalten. Die heute als Stephanskrone verehrte Insigne ist aus mehreren Teilen zusammengesetzt, die vermutlich zwischen dem 11. und 13. Jahrhundert entstanden. Sie befindet sich seit dem Jahr 2000 in der Kuppelhalle des Budapester Parlaments. Bis sie dorthin gelangte, war es ein weiter Weg – mehr als 30 Stationen hat die Stephanskrone bislang zurückgelegt. Mal wurde sie geraubt, mal versteckt, mal war sie verschwunden. Ihr letzter Aufenthalt im Ausland endete 1978. In diesem Jahr kehrte sie aus den USA in die ungarische Heimat zurück, dank der Unterstützung von US-Präsident Jimmy Carter.

Odyssee eines Staatssymbols

In die USA war sie aufgrund der Wirren am Ende des Zweiten Weltkriegs gelangt. Beim Anrücken der Roten Armee 1944 hatten traditionsbewusste Ungarn die Krone nach Österreich, in die Nähe des Mattsees, gebracht. Im Mai 1945 geriet sie in die Hände amerikanischer Soldaten. Das Angebot der Amerikaner, die Krone der neuen ungarischen Regierung auszuhändigen, scheiterte am Widerstand der Russen. Im sowjetischen Machtbereich war kein Platz für alte nationale und erst recht nicht für königliche Symbole. So gelangte das Symbol ungarischer Einheit in die USA. Bemühungen der Machthaber in Budapest, die Krone zurückzuholen, blieben erfolglos. Erst am 6. Januar 1978 brachte eine Delegation im Auftrag von Präsident Carter das wertvolle Stück nach Budapest zurück.

MARGARET THATCHER ERFAND DAS SOFTEIS

wahr

In der Politik war sie die „Eiserne Lady". In Sachen Eis hatte sie vorher ihre weiche Seite offenbart.

1979 wurde Margaret Thatcher als erste Frau in der Geschichte Großbritanniens an die Spitze der Regierung gewählt. Und sie blieb elf Jahre lang, bis 1990, Premierministerin – länger als jeder andere britische Premierminister des 20. Jahrhunderts vor und nach ihr. Das Amt übte sie so energisch und resolut aus, dass man behauptete, sie sei der einzige Mann in ihrem Kabinett. „Eiserne Lady" war ihr Spitzname, der von Respekt zeugte, aber auch davon, dass Margaret Thatcher unbeirrbar und manchmal auch halsstarrig ihre eigenen politischen Wege ging.

Wirtschaftspolitisch verordnete die konservative Regierungschefin den Briten einen strikten marktwirtschaftlichen Kurs, was ihr viel Kritik einbrachte. Dafür erfand die britische Presse den Begriff „Thatcherismus": Statt auf staatliche Wohlfahrt setzte die Namensgeberin auf private Eigeninitiative und selbstverantwortliches Handeln.

Auch in der Außenpolitik kannte die „Eiserne Lady" keine Kompromisse. Großbritannien sollte nach ihrem Willen ein eigenständiger Machtfaktor in der Welt sein. Eine enge Bindung des Landes an Europa lehnte Margaret Thatcher deshalb rigoros ab, dafür suchte sie den Schulterschluss mit den Vereinigten Staaten von Amerika.

Freunde und Feinde

Richtig populär war die Premierministerin Thatcher im eigenen Land nie, obwohl sich die Presse gern für ihr Familienleben, insbesondere ihren Ehemann Dennis, interessierte. Der Mann an ihrer Seite trug es jedoch mit Humor, wenn sich die Presse wieder einmal über seine Rolle im Hintergrund lustig machte, und quittierte dies mit dem

Ausspruch: „Sie ist der Boss, ich bin ihr größter Fan."
Auch in der eigenen Partei, bei den Konservativen,
deren Vorsitzende sie seit 1975 war, hatte Thatcher
immer viele Gegner, die allerdings lange stumm
blieben. Erst nach elf Jahren an der Spitze der Regierung neigte sich die Ära Thatcher
dem Ende zu. Ihr autoritärer Füh-
rungsstil kam nicht mehr an, die wirtschaftlichen und sozialen Probleme
im Land häuften sich. Im November
1990 verfehlte die „Eiserne Lady" die
Mehrheit bei den Wahlen zum Vor-
sitz ihrer Partei, woraufhin sie auch von ihrem Amt
als Regierungschefin zurücktrat.

> **Toleranz lernt man am besten in der Ehe.**
> Margaret Thatcher

Erste Karriere in der Industrie

Bevor Margaret Thatcher die politische Laufbahn
eingeschlagen hatte, war sie Chemikerin gewesen.
1943 hatte sie im renommierten Oxford das Studium
der Chemie aufgenommen, vier Jahre später schloss
sie dieses mit dem Bachelor ab. Zu ihren akademi-
schen Lehrern gehörten profilierte Forscher wie die
spätere Nobelpreisträgerin Dorothy Hodgkin.

Nach dem Studium ging Margaret Thatcher in
die Industrie. Unter anderem arbeitete sie bei dem
Unternehmen J. Lyons & Co. in Dartford. Hier voll-
brachte sie, lange bevor sie Politikerin wurde, eine
Leistung ganz anderen historischen Ausmaßes. Denn
ohne die spätere „Eiserne Lady" hätte es das beliebte
Softeis zumindest nicht in der Form gegeben, in der
es heute weltweit geschätzt wird.

Darüber, wo, von wem und unter welchen Umständen die erfrischende Köstlichkeit tatsächlich
erfunden wurde, gibt es viele unterschiedliche Geschichten. Wohl bereits 1938 entwickelte ein findiger Amerikaner namens John Fremont McCullough
eine Maschine, die Eis auf nur minus 6 Grad abkühlte
– normales Speiseeis hatte eine Temperatur von minus 18 Grad. Einen festen Eintrag in der Geschichte

des Softeises hat daneben auch ein amerikanischer
Lastwagenfahrer, der 1940 mit seinem Eistranspor-
ter eine Panne hatte. Das Eis schmolz zwar an, doch
es zeigte sich, dass es in diesem Zustand außerordentlich schmackhaft war.

Daran, dass die weiche Variante des
Speiseeises schließlich zu einem markt-
fähigen und begehrten Produkt wurde,
hatte die Chemikerin Margaret Thatcher
einen entscheidenden Anteil. In ihrem
Labor wurde 1948 eine Methode entwickelt, die es möglich machte, den Luft-
anteil im Eis zu verdoppeln. Erst dadurch bekam es
den charakteristischen cremig-softigen Geschmack.
Darüber hinaus war es ausgerechnet die später in der
Politik so „eiserne" Lady, die dem Eis den Namen
„Soft" (engl. für „weich") gab.

Tüftler Adenauer

Auch Konrad Adenauer, von 1949 bis 1963 deutscher Bundeskanzler, zählt zur Riege der vielseiti-
gen Politikerpersönlichkeiten. Auf sein Konto gehen ungefähr 40 Erfindungen, zu denen beispielsweise ein batteriebetriebenes Stopfei mit
Innenbeleuchtung zählt. Diese segensreiche Errun-
genschaft meldete er bereits 1938 zum Patent an.
Weiter stehen auf seiner Liste so innovative Entwicklungen wie eine Sojawurst, der Brausekopf für
Gießkannen mit abklappbarem Deckel, ein elektrischer Brotröster mit Sichtscheibe und Spiegel,
eine heizbare Kaffeekanne, ein elektrischer Insek-
tentöter (der allerdings nicht funktionierte) oder
eine Haushaltsbürste mit Schutzvorrichtung gegen das Umbiegen der Borsten.

RONALD REAGAN BRACH DEN FLUCH DES TECUMSEH

wahr

Ein alter indianischer Schwur lastete auf den Präsidenten der Vereinigten Staaten. Erst mit Ronald Reagan wurde der Fluch gebannt.

Im November 1811 besiegte eine US-Armee unter dem Kommando des späteren Präsidenten William Henry Harrison eine Koalition von Indianerstämmen, die unter der Führung des Shawnee-Häuptlings Tecumseh standen. Dies soll der Ausgangspunkt für einen verhängnisvollen Fluch gewesen sein: Der Legende nach prophezeite Tecumseh allen amerikanischen Präsidenten, die in einem Jahr gewählt würden, das mit der Zahl 0 endet, den Tod im Amt.

Und die Prophezeiung schien sich zu bewahrheiten: Harrison selbst, 1840 zum Präsidenten gewählt, starb schon 1841 an einer Lungenentzündung. Abraham Lincoln, 1860 gewählt, wurde 1865 ermordet. James A. Garfield, 1880 gewählt, wurde 1881 ermordet. William McKinley, 1900 wiedergewählt, wurde 1901 ermordet. Warren G. Harding, 1920 gewählt, starb 1923 an einem Herzinfarkt. Franklin D. Roosevelt, 1940 wiedergewählt, erlitt 1945 einen tödlichen Schlaganfall. Und der populäre John F. Kennedy, im November 1960 gewählt, kam 1963 bei dem Attentat von Dallas ums Leben. Das waren keine guten Aussichten für Ronald Reagan, der 1980 das Amt des Präsidenten der Vereinigten Staaten antrat. Und tatsächlich wurde auf ihn am 30. März 1981 ein Mordanschlag verübt, den der ehemalige Schauspieler allerdings überlebte. Er absolvierte seine beiden Amtszeiten unbeschadet und starb 2004 als Pensionär. Damit war dem Spuk ein Ende bereitet und George W. Bush jr., 2000 gewählt, konnte beruhigt und ohne Furcht vor Tecumseh sein verantwortungsvolles Amt antreten.

MITTERRAND SUCHTE DIE ANFÄNGE DER FRANZÖSISCHEN NATION

wahr

Der französische Staatspräsident François Mitterand war ein großer Archäologiefan. Seine Liebe zur Geschichte hatte aber auch handfeste politische Gründe.

Wir befinden uns im Jahr 50 v. Chr. Ganz Gallien ist von den Römern besetzt. Ja, wirklich, auch wenn die Asterix-Autoren beharrlich behaupten, dass ein kleines Dorf im Nordwesten Frankreichs Julius Cäsar und seinen römischen Besatzungstruppen heldenhaft und erfolgreich Widerstand geleistet habe.

Die einende Kraft der Geschichte

Wir befinden uns im Jahr 1981. Ganz Frankreich steht unter der Herrschaft von François Mitterrand. Genauer gesagt: Mitterrand, der Chef der französischen Sozialisten, wurde in diesem Jahr von den Franzosen zum Staatspräsidenten gewählt. Und weil er seine Sache zur Zufriedenheit der Mehrheit der Franzosen machte, wurde er sieben Jahre später im Amt bestätigt. So regierte Mitterrand insgesamt 14 Jahre lang die „Grande Nation".

Ein besonderes Anliegen war ihm die Geschichte Frankreichs. Natürlich auch die jüngere Geschichte, die zurückreichte bis zur Französischen Revolution und zu Napoleon. Vor allem aber interessierte den Präsidenten die alte Geschichte, die Zeit der Römer und der Kelten. Es waren Kelten gewesen, die Cäsar einst besiegt hatte. Sie hatten tatsächlich heldenhaften Widerstand geleistet, bevor sie 52 v. Chr. nach der Schlacht bei Alesia die Waffen strecken mussten. Und sie hatten in dem Arverner Vercingetorix einen kongenialen Anführer gefunden, der die Römer das Fürchten lehrte, letztlich aber doch in einem Gefängnis in Rom landete und hingerichtet wurde.

Die Zeit der Kelten wiederzubeleben, war 2000 Jahre später das erklärte Ziel François Mitterrands. Darum förderte er in seiner Amtszeit nach Kräften archäologische Projekte und unter seiner Regie entstanden im ganzen Land üppig ausgestattete Geschichtsmuseen. Allerdings geschah dies nicht ganz uneigennützig.

Mitterrand wollte die Franzosen seiner Zeit einen, er wollte ihnen eine neue nationale Identität verschaffen. Dazu konnte der tiefe Griff in die Geschichte hilfreich sein. Die Kelten waren nach obiger Deutung die Ur-Franzosen, denen man in mancher Hinsicht nacheifern konnte. In Bibracte, der auf dem Mont Beuvray in Burgund gelegenen Hauptstadt der keltischen Häduer, trafen sich 52 v. Chr. die Anführer der Stämme, um eine gemeinsame Militärstrategie gegen die römischen Invasoren zu entwickeln. Grund genug für Mitterrand und seine Mitstreiter, Bibracte zum Geburtsort der französischen Nation zu erklären. Ab 1984 starteten dort – und an anderen historischen Stätten in Frankreich – mit vehementer Unterstützung des Staatspräsidenten umfangreiche Ausgrabungen, die den Wissenschaftlern paradiesische Zeiten bescherten.

Wahrzeichen und Vermächtnis

Auf die Initiative Mitterrands geht auch die gläserne Pyramide im Innenhof des Louvre in Paris zurück, ein Werk des amerikanisch-chinesischen Stararchitekten Ieoh Ming Pei. Die Pyramide zeugt, wie die Passion für die Kelten, vom kulturhistorischen Enthusiasmus des Präsidenten. Bei der feierlichen Eröffnung im März 1989 war Mitterrand selbstverständlich persönlich anwesend. Allerdings musste er wegen dieses ehrgeizigen Projekts auch Kritik einstecken. Die Pyramiden waren die Gräber der alten ägyptischen Pharaonen gewesen. Und so kamen Zweifel auf, ob ein Grab ein geeignetes Symbol für ein Museum sei, das als meistbesuchtes Museum der Welt doch das kulturelle Aushängeschild Frankreichs schlechthin war. Ganz böse Zungen meinten, Mitterrand habe sich hier sein eigenes Grabmal schaffen wollen.

HELMUT KOHL LAS ZWEIMAL DIESELBE NEUJAHRSANSPRACHE

wahr

Silvesterreden von Regierungschefs hören sich ja immer irgendwie gleich an. Aber dass ein Bundeskanzler die Ansprache vom Vorjahr hält, ist ungewöhnlich.

In der Bundesrepublik Deutschland ist es gute Tradition, dass am letzten Tag des Jahres der Bundeskanzler auf das alte Jahr zurückblickt und eine Vorschau auf das nächste wagt. So war es auch an diesem Silvesterabend 1986. Merkwürdig war nur, dass Kanzler Helmut Kohl am Ende seiner Ansprache im Ersten Deutschen Fernsehen ein gutes Jahr 1986 wünschte. 1986? Das Jahr dauerte doch nur noch ein paar Stunden. Noch irritierter waren Zuschauer, die Kohls Rede bereits eine Stunde zuvor im Zweiten Deutschen Fernsehen verfolgt hatten. Hatte der Kanzler dort nicht etwas anderes gesagt? Und ein anderes Sakko getragen?

Quotensteigernd

Rasch war klar: Es handelte sich hier um eine peinliche TV-Panne. Wie üblich war die Rede nicht live gesendet, sondern ein paar Tage vorher aufgezeichnet worden. Am Silvesterabend musste jemand dann die falsche Videokassette eingelegt haben. Jetzt blieb dem Sender nichts anderes übrig, als Schadensbegrenzung zu betreiben. In das laufende „ARD Wunschkonzert" ließ man um 21.15 Uhr einen Text einblenden: „Durch ein Versehen ist die Neujahrsansprache des Bundeskanzlers heute Abend verwechselt worden. Die korrekte Fassung wird morgen, am Neujahrstag, nach der Tagesschau ausgestrahlt." So geschah es. Und sie stieß beim neugierig gewordenen Publikum auf ein ungeahntes Interesse. Hatten sich bei der falschen Ansprache am Abend zuvor 6,65 Millionen zugeschaltet, waren es bei der richtigen Rede am folgenden Tag 7,33 Millionen, die hören wollten, was Helmut Kohl in diesem Jahr zu sagen hatte.

DIE SCHWEIZ BESASS EINE ARMEE AUS BRIEFTAUBEN

wahr

Moderne Kommunikationstechnologie mag anders aussehen. Die Eidgenossen schworen trotzdem bis 1995 auf die gefiederten Boten.

Seit der Antike wusste man die Qualitäten von Brieftauben zu schätzen. Sie waren ein Muster an Zuverlässigkeit und zudem nicht so leicht abzufangen wie menschliche Boten. Ihre Fähigkeit, von den entferntesten Punkten zu ihren Heimatschlägen zurückzufinden, basiert auf ihrem außergewöhnlichen Orientierungsvermögen. Wie sich die Tiere genau orientieren, konnte bis heute von Wissenschaftlern nicht vollständig geklärt werden.

Jedenfalls machte man sich das einzigartige Talent der Vögel zu allen Zeiten zunutze, um Informationen zu transportieren – sowohl im Krieg als auch zu zivilen Zwecken. Alles, was man tun musste, war, die Taube an jenen Ort zu bringen, von dem aus die Nachricht gesendet werden sollte. Dort wartete sie auf ihren Einsatzbefehl und flog dann direkt in ihre heimischen Gefilde zurück. Im Zweiten Weltkrieg etwa warfen britische Flugzeuge 20 000 Brieftauben, die sich in kleinen Käfigen befanden, mit Fallschirmen über Frankreich ab. Von dort brachten sie wichtige Meldungen über den Kanal nach London. Briten sind es auch gewesen, die besonders verdiente Tauben mit Orden auszeichneten. Nach dem Zweiten Weltkrieg wurde die Taubenpost dann fast völlig von modernen Kommunikationstechniken verdrängt.

Luftpost der Alpenrepublik

Am längsten kamen Brieftauben in der Armee der Schweiz zum Einsatz. Erst 1995 schickten die Eidgenossen ihre letzte Taube in den Ruhestand. Zuvor waren sie überall in der Alpenrepublik unterwegs gewesen, um militärisch wichtige Nachrichten zu übermitteln.

DIE IREN DURFTEN SICH NICHT SCHEIDEN LASSEN

wahr

Das streng katholische Irland hielt bis 1995 am heiligen Sakrament der Ehe fest. Nur mit hauchdünnem Vorsprung konnten sich die Scheidungsbefürworter in einem Referendum durchsetzen.

Zerrüttete Ehe? Unüberwindliche gegenseitige Abneigung? Seitensprünge? Alles keine Gründe, um sich scheiden zu lassen. Zumindest nicht in Irland bis zum Jahr 1995. Als letztes Land innerhalb der Europäischen Union legalisierte die Grüne Insel rechtliche Schritte zur Auflösung von gescheiterten Ehen. Lange Zeit war eine solche Wendung im katholischen Irland ein Ding der Unmöglichkeit. Und das, obwohl im benachbarten England Scheidungen bereits seit 1857 erlaubt waren. Wenn Ehen nicht funktionierten, hatten die Partner keine andere Möglichkeit, als sich zu trennen, formell aber weiter verheiratet zu bleiben. Wiederverheiratungen waren auf diese Weise praktisch ausgeschlossen.

Im zweiten Anlauf zum Ziel

Seit den 1960er-Jahren stieg die Zahl der Trennungen in Irland dramatisch an. Auf öffentlichen Druck sah sich der Gesetzgeber zum Handeln veranlasst. 1986 gab es einen ersten Volksentscheid über die Legalisierung von Scheidungen. Mit dem Scheidungsverbot stand ein katholisch-konfessionelles Element der irischen Verfassung zur Disposition, dessen Abschaffung auch einen Schritt hin zu einer mehr pluralistischen Gesellschaft bedeutet hätte. Gut zwei Drittel der Iren votierten jedoch für die Beibehaltung der alten Ordnung.

1989 wurde immerhin das Trennungsrecht liberalisiert, eine Scheidung und Wiederheirat waren aber nach wie vor nicht möglich. Bei der zweiten Volksabstimmung im November 1995 hatten die Befürworter der Scheidung die Nase vorn, wenn auch

nur außerordentlich knapp. 50,28 Prozent stimmten für die Aufhebung des in der Verfassung verankerten Scheidungsverbots; 49,72 Prozent hielten am traditionellen katholischen Wertesystem fest und votierten dagegen. 80 000 Paare, die damals in Irland getrennt lebten, hatten nun die Aussicht, nach einer vierjährigen Trennung die Scheidung einleiten zu können.

21. JAHRHUNDERT

Auf in die Zukunft! So lautet die Parole beim
Eintritt in das neue Millennium. Technische
Innovationen erfolgen mit atemberaubender
Geschwindigkeit. Das Internet bestimmt
das Leben der Menschen. Die Medien sind
allgegenwärtig und beleuchten jede Ecke
von Politik und Gesellschaft. Umso dringender
ist die Frage: „Ist das wirklich wahr?"

WIR BEFINDEN UNS MITTEN IN EINER EISZEIT

wahr

Damit Klimaforscher von einer Eiszeit sprechen, muss die Erde nicht von einer dicken Eisschicht umhüllt sein.

Wochenlanger Sonnenschein und Menschen, die im Sommer unter der Hitze stöhnen. Da fällt es schwer, an eine Eiszeit zu glauben. Doch so ist es. Immer wieder hat es in der Erdgeschichte Phasen gegeben, die als Eiszeit bezeichnet werden. Ausschlaggebend ist dabei nicht etwa andauernde Kälte. Unter Eiszeit versteht man eine Periode, die durch eine Vereisung beider Pole gekennzeichnet ist.

Vorbedingung für die Vereisung sind ausreichende Landmassen in den Polargebieten. Denn nur wenn Schneeniederschlag liegen bleibt, kann eine ausreichende Abkühlung eintreten. Die gegenwärtige Eiszeit begann vor 2,5 Millionen Jahren. Damals drifteten die Landmassen an die Pole und dauerhafte Eisflächen entstanden.

Am Ende der Warmzeit

Je nach Neigungswinkel der Erdachse und der Entfernung der Erde von der Sonne fällt dieser Prozess schwächer oder stärker aus. Innerhalb einer Eiszeit findet daher ein Wechselspiel von Kalt- und Warmzeiten statt. Die Kältephasen, Glaziale genannt, können zwischen 100 000 und 120 000 Jahren andauern. Unterbrochen werden sie von Interglazialen mit relativ warmen Klimazuständen. Diese dauern 10 000 bis 12 000 Jahre. Wir befinden uns in einem Interglazial. Diese Phase begann vor etwa 10 000 Jahren, ein Ende ist absehbar, kann sich aber auch noch 2000 Jahre hinziehen. Beim Übergang vom Interglazial zum Glazial (oder umgekehrt) kann es zu erheblichen Klimakapriolen kommen. Daher gehen die Meinungen auseinander, ob die aktuelle Situation Vorbote eines normalen Klimawandels oder Anzeichen für das Ende der Eiszeit ist.

EIN US-UNTERNEHMER GAB 20 MILLIONEN DOLLAR FÜR EINEN URLAUBSFLUG AUS

wahr

Ein Schnäppchen war die Tour nicht gerade, dafür all-exclusive.

Einmal ins All und zurück? Das hört sich wie Zukunftsmusik an, doch so mancher Reiseveranstalter hat bereits entsprechende Pläne in der Schublade. 2001 nahm der Traum vom Weltraumtourismus erstmals konkrete Gestalt an.

Unterwegs im Sojus-Raumschiff

Am 28. April 2001 kletterte der US-amerikanische Finanzmogul und Multimillionär Dennis Tito am Weltraumbahnhof Baikonur an Bord einer russischen Sojus-Rakete mit der Missionsbezeichnung TM-32. Mit dabei waren die russischen Kosmonauten Talghat Mussabajew und Juri Baturin. Ziel des Flugs war die internationale Raumstation ISS, ein Gemeinschaftsprojekt der USA, Russlands, Japans, Kanadas und der Europäischen Union. Sie umkreist die Erde in 400 Kilometern Höhe, mit einer Geschwindigkeit von etwa 28 000 Stundenkilometern.

Der damals 60-jährige Tito erfüllte sich einen Traum, den er seit seiner Jugend gehegt hatte. Seine berufliche Laufbahn begann er als Raumfahrtingenieur, doch sein Wunsch, selbst ins Weltall zu fliegen, blieb damals unerfüllt. In der Bodenstation begleitete er in den 1960er-Jahren das Raumsonden-Programm „Mariner" der NASA.

Später wechselte Tito das Metier und gründete eine Investmentgesellschaft, die sich in wenigen Jahren zu einem der erfolgreichsten Unternehmen dieser Art in den Vereinigten Staaten entwickelte. Tito wurde mehrfacher Millionär und machte sich als Initiator wohltätiger Aktionen einen Namen. Mit diesem Vermögen im Rücken wandte er sich wieder seiner alten Liebe zu. 1991 streckte er zum ersten Mal die Fühler Richtung Sowjetunion aus. Doch die Hoffnung, als zahlendes Crewmitglied

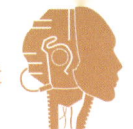

an einer Reise zur Raumstation Mir teilnehmen zu können, zerschlug sich bald, da nach dem Zusammenbruch der Sowjetunion die Zukunft der russischen Raumfahrt im Ungewissen lag. Die Mir-Station wurde schließlich außer Dienst gestellt und die Russen beteiligten sich stattdessen an der ISS.

Aber Tito gab nicht auf. Er nutzte seine engen Kontakte zur russischen Raumfahrtbehörde und intensivierte seine Bemühungen. Sein Ziel: An Bord eines Raumschiffs hinauf zur ISS zu fliegen und als erster Weltraumtourist in die Geschichte einzugehen. Den widerstrebenden Russen und ihren Partnern signalisierte er, dass er bereit war, sich dieses Vergnügen etwas kosten zu lassen. Sein Angebot: nicht weniger als 20 Millionen Dollar. Die Summe war überzeugend, damit war die Reise gebucht. Doch ganz ohne Ausbildung wollte man den Amateur dennoch nicht ins Weltall lassen. Sechs Monate lang unterzog er sich einer Kosmonautenausbildung samt Theorie-Crashkurs, Fitnesstraining und Vorbereitung im Sojus-Simulator. Ihm wurde eingeschärft, während seines Aufenthalts die laufenden Arbeiten in der Station in keinster Weise zu behindern. Dann war es endlich soweit. Mit Fotoapparat und Kamera bewaffnet, begab sich der Raumfahrt-Fan Tito mit seinen beiden professionellen Begleitern ins All.

Zwei Tage später dockte die Sojus-Kapsel an der Station an. Für seine 20 Millionen Dollar bekam Tito einiges geboten: knapp acht Tage im All und 120 Erdumrundungen an Bord der mobilen Forschungsstation. Tito hielt sich an die Ab-

Ich komme gerade aus dem Paradies.
Dennis Tito nach der Landung

machung, ließ die Besatzung ihre Arbeit tun und half gelegentlich beim Servieren der Mahlzeiten. Die meiste Zeit fotografierte er. Dann ging es zurück auf die Erde. Am 6. Mai landete die Sojus-Kapsel wohlbehalten in der Steppe Kasachstans. Der glückliche Tito diktierte den Reportern seine Erlebnisse in die Notizblöcke. Ob er noch einmal ins All wolle? Die Antwort war ein klares „Nein". Das Erlebnis sei einmalig gewesen und solle einmalig bleiben. Doch sein Beispiel machte Schule. Sechs weitere Privatpersonen reisten bisher ins All, darunter 2006 die aus dem Iran stammende Amerikanerin Anousheh Ansari als erste Weltraumtouristin.

DAS „WORT DES JAHRES" 2001 WAR EIN DATUM

wahr

„Nine-Eleven" oder der „11. September" wurde zur Chiffre für Terrorismus in einem bis dato unbekannten Ausmaß – ein Tag, der die Welt veränderte.

Die Ereignisse vom 11. September 2001 schockierten die ganze Welt. Terroristen des von Osama Bin Laden gelenkten Netzwerks Al-Qaida zerstörten durch Selbstmordattentate mit entführten Verkehrsflugzeugen die Zwillingstürme des World Trade Center in New York. Ein weiterer Angriff galt dem Amtssitz des US-Verteidigungsministers, dem Pentagon in Washington. Ein viertes Flugzeug stürzte ab, ehe die Entführer ihr Ziel erreichten. Tausende von Menschen fielen den Anschlägen zum Opfer. Die Medien berichteten pausenlos, sodass jeder die Katastrophe live verfolgen konnte.

Der 11. September oder, wie die Amerikaner sagen „Nine-Eleven", prägte sich unauslöschlich in das Gedächtnis der Menschen ein. Dafür sorgen bis heute auch die alljährlichen Gedenkfeiern vor Ort. Auf diese Weise wurde der Tag zu einem magischen Datum, gleichbedeutend mit dem, was damals Schreckliches geschah.

Schicksalstage

Es war nicht das erste Mal, dass ein Datum quasi zum Synonym für ein Ereignis wurde. So hat in Deutschland der 9. November eine besondere Bedeutung, weil gleich mehrere einschneidende Geschehnisse der deutschen Geschichte an einem 9. November stattfanden, darunter die Ausrufung der ersten Republik 1918, der Pogrom gegen die jüdische Bevölkerung 1938 und der Fall der Berliner Mauer 1989. Für die Franzosen hat der 14. Juli einen fast mythischen Stellenwert: Am 14. Juli 1789 begann mit dem Sturm auf die Bastille in Paris die Französische Revolution. Heute ist der 14. Juli der französische Nationalfeiertag, zu dem jedes Jahr eine prächtige Parade auf den Champs-Elysées stattfindet. Auch die Amerikaner feiern ihren Nationalfeiertag mit Paraden und Spektakeln. Sie gedenken am 4. Juli, „Independence Day", der Unabhängigkeitserklärung, mit der sich 1776 die 13 nordamerikanischen Kolonien vom englischen Mutterland lossagten. Das alljährliche Erinnern prägt das Selbstverständnis der Amerikaner, gibt aber auch Anlass zu kritischen Appellen.

Dennoch nimmt der 11. September 2001 wegen der Unfassbarkeit der Terroranschläge in New York und Washington eine herausgehobene Stellung unter den historischen Gedenkdaten ein.

So empfand es wohl auch die Gesellschaft für deutsche Sprache (GfdS), die den „11. September" zum „Wort des Jahres 2001" kürte. Seit 1972 wählt der in Wiesbaden ansässige Verein Begriffe und Formulierungen aus, die in dem zurückliegenden Jahr in den Medien und in der Öffentlichkeit eine besondere Rolle gespielt und den deutschen Sprachgebrauch geprägt haben. Auf Platz zwei landete der „Anti-Terror-Krieg", den die USA den Drahtziehern des Attentats erklärten.

Schlagworte

Die „Worte des Jahres" der Folgejahre waren harmloser. 2002 wurde der „Teuro" gekürt, als Ausdruck weitverbreiteter Befürchtungen, die Einführung des Euro würde alles teurer machen. 2003 machte „das alte Europa" das Rennen, eine Formulierung des damaligen US-Verteidigungsministers Donald Rumsfeld, die von vielen als eine bewusste Herabsetzung der ablehnenden Haltung Deutschlands und Frankreichs zum Irak-Krieg (miss)verstanden wurde.

Das „Wort des Jahres" 2012 griff das Dauerthema Wirtschaftskrise auf: die in sich widersprüchliche Formulierung „Rettungsroutine", mit der die Maßnahmen bezeichnet werden, mit denen die politisch Verantwortlichen wiederkehrend auf die seit langem schwelenden Finanzprobleme in Europa reagieren.

AUF DER GRIECHISCHEN 2-EURO-MÜNZE IST EUROPA ABGEBILDET

wahr

Die Geschichte Europas wurzelt in der griechischen Mythologie. Konsequenterweise ziert die Europa das griechische Kleingeld.

Am 1. Januar 2002 war es so weit. In vielen europäischen Staaten galt von diesem Tag an eine neue Gemeinschaftswährung. Der Euro löste die bisherigen nationalen Währungen ab und damit war zum ersten Mal in der Geschichte des Kontinents eine Wirtschaftszone geschaffen, in der man mit ein und derselben Währung zahlte. Auch in Griechenland brach mit der Einführung des Euro eine neue Zeitrechnung an. Die Drachme mit ihrer langen Tradition von der Antike bis in die Gegenwart hatte ausgedient.

Die entführte Braut

Das neue Bargeld bestand, wie man es gewohnt war, aus Banknoten und Münzen. Die Vorderseiten der Münzen waren in allen Mitgliedstaaten der Eurozone gleich. Neben dem Wert waren die Konturen West- und Mitteleuropas (ohne Ländergrenzen) dargestellt. In dem Maß, in dem nach 2002 auch andere Staaten, vor allem in Osteuropa, den Euro übernahmen, wurde auch diese Darstellung entsprechend vergrößert.

Die Gestaltung der Rückseiten wurde dagegen den einzelnen Staaten überlassen. So konnte jedes Land die Motive wählen, die ihm am passendsten erschienen. Bei den meisten reichte die Fantasie bei den ersten Prägeserien nicht sehr weit und sie entschlossen sich dazu, Staatsmänner und verdiente Persönlichkeiten zu porträtieren. Die griechische Regierung aber hatte einen besonderen Einfall: Sie wählte für die 2-Euro-Münze das Motiv der Europa. Diese Figur der griechischen Mythologie war die Tochter des Königs von Phönizien. Göttervater Zeus verliebte sich in sie und entführte sie in Gestalt eines Stiers nach Kreta. Wer die Münze zur Hand nimmt, erkennt genau diese Szene: Europa auf dem Rücken des göttlichen Stiers. Darunter steht in griechischen Buchstaben „Europa". Auf Kreta entstand im 3. Jahrtausend v. Chr. mit der minoischen Kultur die früheste Hochkultur „Europas", wie der Kontinent, auf den Zeus sie brachte, nach ihr benannt wurde. Bis heute wird Europa auch ohne Stier fast immer als Frau dargestellt.

Euro-Gedenkmünzen

Die 2-Euro-Münze wird von vielen Staaten als Gedenkmünze genutzt. Sie prägen Sondermünzen, mit denen sie an bedeutende Ereignisse erinnern. Auch hier übernahmen die Griechen die Vorreiterrolle, als sie aus Anlass der Olympischen Spiele 2004 in Athen eine Münze mit entsprechendem Motiv in Umlauf brachten. 2007 gaben alle – damals 13 – Euroländer eine gemeinsame Gedenkmünze zum 50-jährigen Jubiläum der Römischen Verträge aus. Sie zeigt das Vertragswerk, das ein Meilenstein auf dem Weg zur Europäischen Union war, unterzeichnet von den Regierungen der sechs Gründungsstaaten Belgien, Deutschland, Frankreich, Italien, Luxemburg und Niederlande.

Die Europa im Damensitz auf dem Stier ist ein jahrhundertealtes Motiv.

DER EURO WAR EIN „TEURO"

falsch

Der 1999 als Buchgeld und 2002 als Bargeld eingeführte Euro hat die durchschnittliche Teuerungsrate nicht vorangetrieben.

Nicht überall wurde die europäische Gemeinschaftswährung mit offenen Armen empfangen. Im Gegenteil: Die Befürchtung, dass mit ihrer Einführung alles teurer werden würde, war allgemein verbreitet. In Deutschland argwöhnten viele, die Anbieter von Waren und Dienstleistungen würden die bevorstehende Preisumrechnung zu einer deftigen Preisanhebung nutzen und die Preise im Verhältnis 1:1 von der Deutschen Mark in den Euro überführen, obwohl doch ein Euro nach dem amtlichen Umrechnungskurs (1 Euro = 1,95583 DM) nur knapp die Hälfte des nominellen Werts der ehemaligen Währung hatte.

Die Befürchtung, der Euro würde zum „Teuro" werden, war aber unberechtigt. Zwar gab es in manchen Branchen zunächst tatsächlich kräftig steigende Preise, doch flauten diese im Lauf der Zeit auch wieder ab. Für Deutschland lieferte das Statistische Bundesamt unbestechliche Zahlen: In den ersten zehn Jahren des Euro – von Anfang 2002 bis Ende 2011 – lag die durchschnittliche Preissteigerung bei 1,6 Prozent pro Jahr. In den „guten alten Zeiten" der Deutschen Mark hatte diese Rate 2,6 Prozent betragen. Dennoch hatten viele Bürger das Gefühl, mit dem Euro ein schlechtes Los gezogen zu haben. Dahinter steckt das Phänomen der „gefühlten Inflation": Die Verbraucher bemerken Preisänderungen vor allem bei Produkten, die sie häufig kaufen. An der Tankstelle, im Supermarkt oder beim Lesen der Stromrechnung – drei Sektoren, in denen die Preise tatsächlich, allerdings unabhängig von der Euro-Einführung deutlich stiegen – stellte sich das subjektive Empfinden ein, dass hier der „Teuro" sein Unwesen trieb.

SPANIEN UND MAROKKO FÜHRTEN EINEN PETERSILIENKRIEG

wahr

Immerhin: Kein Schuss wurde gewechselt und es gab weder Verletzte noch Tote.

Am 11. Juli 2002 besetzten marokkanische Streitkräfte die Isla de Perejil, die „Petersilieninsel", wie das kleine Eiland in der Straße von Gibraltar auf Spanisch heißt. Es handelt sich dabei um eine karge, unbewohnte Felseninsel, 575 Meter lang und 440 Meter breit, die nicht viel zu bieten hat – nicht einmal Petersilie, allenfalls ein paar Ziegen.

Spaniens Kolonialerbe in Nordafrika

Ursache für den Konflikt um das wenig anheimelnde Stückchen Land war die Lage der Insel, gerade einmal 200 Meter vor der Küste Marokkos. Ihre Geschichte ist eng verbunden mit der von Ceuta, einer Stadt, die acht Kilometer westlich von der Petersilieninsel an der nordafrikanischen Küste liegt und bis heute eine spanische Exklave auf afrikanischem Boden bildet.

Im Zuge der Entdeckungsreisen und der Kolonisierung hatten Spanier und Portugiesen seit dem 16. Jahrhundert Teile des westlichen Nordafrikas erobert und dort eine Reihe von Stützpunkten (wie Ceuta) angelegt. Als im 17. Jahrhundert die heute noch herrschende Dynastie der Alawiden die Macht in Marokko ergriff, befreite sie die meisten der besetzten Küstenstädte. Dennoch konnte das Land keine volle Souveränität erlangen. Weiterhin übte zunächst Spanien, später auch Frankreich, Kontrolle über das Land im nordwestlichen Afrika aus.

Erst 1956 erreichte Marokko seine Unabhängigkeit von Frankreich und Spanien. Die Franzosen verließen das Land, aber mit Spanien gab es weiterhin Reibereien. Insbesondere ging es dabei um Territorien, die Spanien nicht räumen wollte, auf die aber auch Marokko Anspruch er-

hob. Neben Ceuta war dies vor allem die Stadt Melilla, ebenfalls seit dem Ende des 15. Jahrhunderts in spanischem Besitz. Über beide Exklaven war bei der Staatsgründung keine konkrete Vereinbarung getroffen worden. Marokko fordert bis heute erfolglos ihre Übergabe.

Auch die Petersilieninsel wird im Unabhängigkeitsvertrag zwischen Marokko und Spanien nicht erwähnt, daher beanspruchte sie Marokko für sich. Als im Juli 2002 die marokkanischen Soldaten auf die Petersilieninsel übersetzten und dort einen Posten errichteten, lautete die offizielle Begründung aus der Hauptstadt Rabat, dass die Aktion der Überwachung illegaler Migranten und des Drogenschmuggels sowie der Abwehr des Terrorismus diene. Viel Platz war nicht, es waren nicht mehr als zwölf Soldaten, die die Fahne Marokkos hochhalten sollten.

Friedliche Rückeroberung

Spanien erklärte, die marokkanische Regierung habe gegen die stillschweigende Übereinkunft verstoßen, dass die Insel weder von Spanien noch von Marokko besetzt werden dürfe. Die Regierung in Madrid fürchtete wohl, wenn sie das eigenmächtige Vorgehen auf sich beruhen ließ, könnte sich Marokko zukünftig ermutigt fühlen, auch seine Forderungen in Sachen Ceuta und Melilla zu intensivieren. Und sie entschloss sich, Stärke zu demonstrieren. Am 15. Juli kreuzten zwei spanische Kriegsschiffe vor der Küste Marokkos. Drei Tage später stürmten Eliteeinheiten per Hubschrauber und per Schiff die Petersilieninsel. Zu einem Schusswechsel kam es dabei nicht. Die marokkanischen Soldaten räumten freiwillig das Feld. Als sichtbares Zeichen ihrer Vertreibung entfernten die Spanier die marokkanische Flagge und hissten ihre eigene, zogen jedoch wenige Tage nach der Invasion wieder ab.

Da beide Seiten kein Interesse an einer Auseinandersetzung hatten, einigte man sich, auch unter dem Einfluss internationaler Bemühungen, alles so zu belassen, wie es war. Die Petersilieninsel gehört seitdem wieder den Ziegen.

Konflikt um Westsahara

Auch die Westsahara wurde im 19. Jahrhundert von den europäischen Mächten kolonialisiert. Erst nach dem Tod Francos 1975 zogen sich die Spanier aus den besetzten Gebieten zurück. Nach ihrem Abzug wurde dort die „Demokratische Arabische Republik Sahara" (DARS) ausgerufen, doch Marokko marschierte ein, hält seitdem große Teile des Territoriums besetzt und betrachtet sie als Bestandteil seines Landes. Seit 1991 herrscht ein Waffenstillstand, dennoch ist die Lage nach wie vor brisant.

SPITZENMANAGER ACKERMANN BENUTZTE DIE GLEICHE GESTE WIE CHURCHILL

wahr

Doch in der Hand des Chefs der Deutschen Bank bekam das Zeichen für ungebrochenen Kampfgeist eine völlig andere Bedeutung.

21. Januar 2004. Vor dem Landgericht Düsseldorf beginnt ein aufsehenerregender Prozess, in dessen Mittelpunkt der Konzern Mannesmann steht. Es geht um den Vorwurf der Untreue im Zusammenhang mit dubiosen Prämienzahlungen. Unter den Angeklagten befinden sich prominente Wirtschaftskapitäne und Männer der Hochfinanz, wie der Schweizer Josef Ackermann, der Chef der Deutschen Bank. Da sich die Richterin, die den Vorsitz innehat, verspätet, verzögert sich der Prozessauftakt um mehr als 40 Minuten.

Arroganz der Mächtigen

Die Angeklagten und ihre Verteidiger müssen warten. Die Fotografen haben ausführlich Gelegenheit, ihre Bilder zu machen. Josef Ackermann lässt sich dabei zu einer Geste hinreißen, die tagelang für Gesprächsstoff sorgt und bis heute untrennbar mit seinem Namen verbunden ist: Die Zähne gebleckt, formt er Zeige- und Mittelfinger der rechten Hand zum „V". Als das Foto am nächsten Tag in den Zeitungen erscheint, ist die Empörung groß. Das Victory-Zeichen (von englisch *victory* für „Sieg") scheint den meisten völlig unangebracht. Von der „Arroganz der Mächtigen" ist die Rede und von der „Verhöhnung der arbeitenden Menschen" durch einen Finanzmagnaten, der gewohnt ist, mit Millionen zu jonglieren.

Erschrocken über das Echo, das seine Geste ausgelöst hatte, ließ Ackermann am nächsten Tag mitteilen, das Foto habe einen „falschen Eindruck" hinterlassen. Er habe nicht die Absicht gehabt, jemanden zu verhöhnen, vielmehr habe er sich während des Gesprächs spontan dazu hinreißen lassen, Michael Jackson zu imitieren. Der US-Superstar stand zur selben Zeit wegen Kindesmissbrauchs vor Gericht und hatte wenige Tage zuvor einen Gerichtstermin mit einem Victory-Zeichen verlassen.

Ackermann hätte auf eine respektablere Persönlichkeit verweisen können: den britischen Staatsmann Winston Churchill (1874 bis 1965), den wohl berühmtesten Verwender des bereits aus der Zeit des Hundertjährigen Kriegs stammenden Victory-Zeichens. Zu Churchills Markenzeichen gehörte, neben Bowler und Zigarre, eben jene Geste, mit der er im Zweiten Weltkrieg, als englische Städte unter den Bombenangriffen der deutschen Wehrmacht zu leiden hatten, den Widerstandsgeist und Durchhaltewillen seiner Landsleute stärken wollte. Mit Erfolg: Die Engländer waren siegreich und Churchill ging als glorreicher Kriegspremier in die Geschichte Großbritanniens ein. Als Ackermann am zweiten Prozesstag im Düsseldorfer Sitzungssaal erschien, hielt er die Arme fest verschränkt vor dem Körper.

Banker vor Gericht

Als Folge der Finanzkrise, die 2007 durch den Kollaps der US-amerikanischen Investmentbank Lehman Brothers ausgelöst wurde, gerieten weltweit Banken in das Visier der Justiz. Top-Manager mussten vor Gericht erscheinen und sich für ihre mitunter dubiosen Geschäfte verantworten. 2013 wurde der ehemalige Goldman-Sachs-Banker Fabrice Tourre von einem New Yorker Gericht verurteilt, weil er Kunden und Investoren mit riskanten, milliardenschweren Geschäften in den Ruin gestürzt hatte. Der „Fabelhafte Fab", wie er sich in Bankerkreisen nennen ließ, hatte sich zuvor damit gebrüstet, seine Papiere auch an „Witwen und Waisen" verkauft zu haben.

1991 holte Kanzler Kohl Angela Merkel als Frauenministerin in sein Kabinett.

ANGELA MERKEL STAMMT AUS DER DDR

falsch

Die Bundeskanzlerin ostdeutscher Herkunft ist eine waschechte Hamburgerin.

Als Angela Merkel am 22. November 2005 von der Mehrheit der Abgeordneten des Deutschen Bundestags zur Kanzlerin der Bundesrepublik Deutschland gewählt wurde, war das in zweifacher Hinsicht etwas Neues: Zum ersten Mal stand damit in Deutschland eine Frau an der Spitze der Regierung. Und diese Frau stammte aus der ehemaligen Deutschen Demokratischen Republik. Wirklich?

Pastorentochter und Physikerin

Geboren wurde Angela Merkel nicht in Magdeburg, Dresden oder Rostock. Ihre Wiege stand in Hamburg. Hier kam sie am 17. Juli 1954 im Stadtteil Barmbek-Nord zur Welt. In die Geburtsurkunde wurde der Name Angela Dorothea Kasner eingetragen. Ihr Vater Horst Kasner war Theologe, die Mutter Herlind Lehrerin für Latein und Englisch. Mit der DDR wäre Merkel wahrscheinlich niemals in engere Berührung gekommen, hätte ihr Vater

nicht noch im gleichen Jahr eine Pfarrstelle in dem brandenburgischen Dorf Quitzow angetreten. Sieben Jahre vor dem Bau der Mauer war es nicht so ungewöhnlich, von der Bundesrepublik in die DDR (oder umgekehrt) zu übersiedeln.

1957 zog die Familie nach Templin im Landkreis Uckermark. Hier ging die spätere Bundeskanzlerin zur Schule. Nach dem Abitur nahm sie 1973 in Leipzig das Studium der Physik auf. 1977 wurde aus Angela Kasner Angela Merkel. Sie heiratete ihren Studienkollegen Ulrich Merkel. Ihm folgte sie 1978 nach Ost-Berlin und nahm eine Stelle an der Akademie der Wissenschaften an. Die Ehe ging 1981 in die Brüche. Der Trennung folgte 1982 die Scheidung. Mit einer „Untersuchung des Mechanismus von Zerfallsreaktionen mit einfachem Bindungsbruch und Berechnung ihrer Geschwindigkeitskonstanten auf der Grundlage quantentechnischer und statistischer Methoden" promovierte Merkel 1986.

Als sie 1998 den Chemiker Paul Sauer heiratete, behielt Angela Merkel ihren Namen, denn unter ihm war sie inzwischen sehr bekannt geworden. Seit der Wende, die 1989/90 zur Wiedervereinigung führte, stand sie im Scheinwerferlicht der großen Politik. Im Herbst 1989 war sie Mitbegründerin des „Demokratischen Aufbruchs" gewesen. Nach dem Vollzug der Einheit trat sie der CDU bei und wurde Mitglied des Deutschen Bundestags. 1991 holte sie Bundeskanzler Helmut Kohl in sein Kabinett, in dem sie bis 1994 Bundesministerin für Frauen und Jugend war. Zwischen 1994 und 1998 war sie als Ministerin für das Ressort Umwelt, Naturschutz und Reaktorsicherheit zuständig. Parallel dazu verlief ihr Aufstieg innerhalb der Partei. 1998 zur Generalsekretärin gewählt, schaffte sie es 2000 zur Bundesvorsitzenden. Und als die CDU 2005 die Bundestagswahl gewann, wurde die gebürtige Hamburgerin und ehemalige DDR-Wissenschaftlerin Kanzlerin der Bundesrepublik Deutschland.

HUNDERTE BRITEN WURDEN AUF RADIO-AKTIVE STRAHLUNG UNTERSUCHT

wahr

Die Affäre um den Giftmord an einem russischen Ex-Agenten schlug hohe Wellen. Die Hintergründe sind bis heute nicht vollständig aufgeklärt.

Bis 2006 dürften nur wenige Menschen in Großbritannien mit dem Namen „Polonium" etwas anzufangen gewusst haben. Bald darauf waren viele besser informiert, als ihnen wohl lieb war. Reihenweise wurden im Dezember des Jahres Bürger aus dem ganzen Königreich daraufhin untersucht, ob sie eventuell mit der hochgiftigen, radioaktiven Substanz verseucht waren.

Unmittelbarer Anlass war der mysteriöse Tod des russischen Ex-Agenten Alexander Litwinenko. Er starb am 23. November 2006 in einer Londoner Klinik an einer Polonium-Vergiftung. Nachforschungen ergaben, dass man ihm das Gift in der Bar eines Londoner Hotels in einem Tee verabreicht hatte. Aus diesem Grund wurden auch alle anderen Gäste, die zu diesem Zeitpunkt in der Bar gewesen waren, vorsorglich zu einer Gesundheitsprüfung aufgerufen.

Der Fall Litwinenko sorgte weltweit für Aufsehen. 2000 hatte der Agent in London um Asyl gebeten, weil er als Regimekritiker in Russland auf der Abschussliste stand. Der Fall war umso brisanter, als wenige Wochen vor dem Tod Litwinenkos die oppositionelle Journalistin Anna Politkowskaja in Moskau erschossen worden war. Eine direkte Verwicklung des russischen Geheimdienstes in die Geschehnisse konnte nicht nachgewiesen werden, obwohl man munkelte, dass höchste Regierungskreise des Kreml bis hin zum Staatspräsidenten ihre Hände im Spiel hatten. Auch, um keine diplomatischen Verwicklungen zu riskieren, wurden die Untersuchungen schließlich mit vielen Vermutungen, aber wenig greifbaren Ergebnissen eingestellt.

ARNOLD SCHWARZENEGGER WAR PRÄSIDENT DER USA

falsch

Immerhin brachte es der Bodybuilder und Filmstar zum Gouverneur von Kalifornien – nur in dem Trickfilm ‚Die Simpsons' bekleidete er das Präsidentenamt.

Arnold Schwarzenegger legte in den USA eine imposante Karriere hin. Aber zum Präsidenten der Vereinigten Staaten hätte es der 1947 bei Graz in Österreich geborene Mann, der seit 1983 offiziell US-Bürger ist, niemals bringen können: In der Verfassung ist festgelegt, dass ins Weiße Haus nur einziehen darf, wer von Geburt an amerikanischer Staatsbürger ist.

Arnies amerikanischer Traum

An Politik dachte Schwarzenegger nicht im Entferntesten, als er 1968 in die USA auswanderte. Er hatte in Europa einige Erfolge als Bodybuilder verbuchen können und war gerade mit 19 Jahren zum bis dahin jüngsten „Mister Universum" gekürt worden. In den USA sah er bessere Chancen, seine Karriere in der Welt der starken, gut gebauten Männer weiter voranzutreiben.

Doch er hatte nicht nur den sportlichen Erfolg im Blick. Daneben bewies er, dass man es im „Land der unbegrenzten Möglichkeiten" tatsächlich vom Tellerwäscher zum Millionär bringen konnte, denn als Immobilienmakler verdiente er innerhalb weniger Jahre ein Vermögen. Als Bodybuilding-Profi brach er sämtliche Rekorde. 1970 wurde er zum fünften Mal „Mister Universum". Außerdem bereicherte er seine imposante Titelsammlung um die Auszeichnung als „Mister World" und siebenfacher „Mister Olympia".

Wen wundert es da, dass eines Tages Hollywood auf ihn aufmerksam wurde. Starke Männer waren auf der Leinwand sehr gefragt. 1970 stand er in dem Streifen *Herkules in New York* erstmals vor der Kamera. Auch wenn Filmkritiker die

Abenteuer des antiken Helden in der modernen Großstadt wenig schätzten, Schwarzenegger hatte den Schritt zum Schauspieler geschafft. Er stieg aus dem Sport aus und nach einigen kleineren Rollen kam 1982 sein Durchbruch als *Conan der Barbar*. Kultstatus erlangte Arnie als Killermaschine aus der Zukunft. Der Science-Fiction-Film „Terminator" kam 1984 in die Kinos. Er und die Fortsetzungen von 1991 und 2003 machten ihn zu einem der populärsten Schauspieler in den USA.

Wäre es verfassungsmäßig erlaubt gewesen, ich hätte ‚Ja!' gesagt.
Arnold Schwarzenegger

Gestützt auf diesen Ruhm, startete er 2003 eine Karriere als Politiker. Er kandidierte für die Republikaner für den Posten des Gouverneurs von Kalifornien und gewann die Wahl mit einem überraschend klaren Vorsprung: 48 Prozent der Wähler gaben ihm ihre Stimme. 2007 wurde er, jetzt sogar mit absoluter Mehrheit, im Amt bestätigt.

Selbstironie als Markenzeichen

2011 war mit der politischen Karriere Schluss, da in Kalifornien im Unterschied zu anderen Bundesstaaten die Wiederwahl zum Gouverneur nur einmal zulässig ist. Jetzt wurde aus dem Politiker Schwarzenegger wieder der Schauspieler Schwarzenegger. Er bekannte jedoch in mehreren Interviews, dass er gern auch Präsident der Vereinigten Staaten geworden wäre, wenn dies möglich gewesen sei.

In einem Zeichentrickfilm kam er tatsächlich zu den erträumten präsidialen Ehren. 2007 tauchte er im ersten Kinofilm der populären Fernsehserie „Die Simpsons" als amerikanischer Präsident auf. Er nahm es den Machern der Kultfamilie nicht übel, dass er als Zeichentrick-Präsident mit steirischem Dialekt keine besonders gute Figur machte, sondern regelrecht auf die Schippe genommen wurde. Selbstironie ist eine seiner Stärken.

Schwarzenegger ist mit seinen politischen Ambitionen nicht allein. Actionheld Clint Eastwood wurde 1986 Bürgermeister der kalifornischen Kleinstadt Carmel. Fred Thompson, dem amerikanischen Publikum bekannt aus Film und Fernsehen, war von 1994 bis 2003 Senator und bewarb sich 2008 um die Nominierung als Präsidentschaftskandidat der Republikaner. Nicht zu vergessen: Von 1981 bis 1989 war Ronald Reagan Präsident der USA, der in vielen Hollywood-Produktionen mitgewirkt hatte.

Schwarzenegger unterstützte 2008 den republikanischen Präsidentschaftskandidaten McCain, kandidierte selbst aber nie.

DAS @-ZEICHEN STAMMT AUS DEM MITTELALTER

wahr

War es Platznot oder Bequemlichkeit? Eine von vielen Theorien zur Herkunft des Symbols hält die Kopisten lateinischer Handschriften für die Erfinder.

Nach aktuellen Schätzungen werden weltweit pro Sekunde etwa 3,7 Millionen elektronische Botschaften verschickt. Tendenz steigend. Mindestens so oft wird dabei auch die @-Taste bedient. Denn bei allen E-Mail-Adressen steht dieses Schriftzeichen zwischen dem Namen des Benutzers und der Domain, die er verwendet. Ausgesprochen wird es im Allgemeinen so, wie es die englisch sprechende Welt vorgegeben hat, nämlich wie das englische Wort *at* für „bei". Umschreibungen aus der Anfangszeit der elektronischen Post lauteten „Klammeraffe" oder „Affenschwanz". Das Adresszeichen gehört zwar in die moderne Kommunikationstechnologie, ist als Symbol aber bereits viele hundert Jahre alt. Wie alt genau, ist umstritten. Es kursieren unterschiedliche Versionen, die den Nachteil haben, sich gegenseitig auszuschließen.

Die heißeste Spur führt zurück ins Mittelalter. Ihr zufolge waren es christliche Mönche, die das Zeichen benutzten, aus dem nachvollziehbaren Bedürfnis heraus, beim Schreiben einerseits Zeit und andererseits Platz zu sparen. In den Klöstern wurde viel geschrieben, denn jeden Text, den ein Kloster oder ein Auftraggeber von außerhalb in seine Bibliothek aufnehmen wollte, musste mühsam per Hand kopiert werden. Das Material, auf dem man schrieb, war kostbares Pergament. Die Schreiber erfanden und verwendeten zahlreiche Abkürzungen, Zusammenziehungen und besondere Abkürzungszeichen. So auch eine grafische Umsetzung der lateinischen Präposition *ad*, die bei örtlicher Verwendung „zu", „an" oder „bei" bedeuten kann.

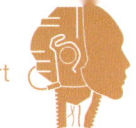

FRANKREICH ENTSCHULDIGTE SICH FÜR DIE HINRICHTUNG EINER ÖSTERREICHERIN

Besser spät als nie, mag sich der französische Außenminister gedacht haben, als er in Wien Abbitte für den Tod Marie Antoinettes aus dem Hause Habsburg leistete.

Am 16. Oktober 1793 starb Marie Antoinette unter der Guillotine. Die Hinrichtung der Königin von Frankreich erfolgte gut 21 Monate, nachdem ihr Gemahl Ludwig XVI. auf die gleiche Weise aus dem Leben geschieden war. Mit der Beseitigung des Herrscherpaars erreichte die Französische Revolution, die 1789 ausgebrochen war, einen Höhepunkt. Marie Antoinette, geboren 1755 in Wien als Erzherzogin Maria Antonia von Österreich, war eine der vielen Töchter der österreichischen Monarchin Maria Theresia und von Kaiser Franz I. Die Heirat mit dem französischen Thronfolger war dazu gedacht gewesen, eine stabile politische Allianz zwischen Wien und Paris zu schmieden.

Am 17. Juli 2008 wurde der gewaltsame Tod Marie Antoinettes unerwartet zum Thema eines französisch-österreichischen Treffens in Wien. Während eines Besuchs des französischen Außenministers Bernard Kouchner dankte die österreichische Außenministerin Ursula Plassnik ihrem Amtskollegen für Frankreichs Initiative zur Gründung der Mittelmeerunion. Die Gemeinschaft war eine Woche zuvor in Anwesenheit von Vertretern aus 43 Staaten in Paris aus der Taufe gehoben worden – wo ja, wie die historisch versierte Politikerin hinzufügte, 215 Jahre zuvor eine „gewisse Österreicherin" enthauptet worden sei. Heute seien die bilateralen Beziehungen selbstverständlich besser. Kouchner, der dies bestätigte, drückte sein Bedauern über den Tod Marie Antoinettes aus. Er vergaß jedoch auch nicht zu betonen, dass die Revolution Europa und der Welt einige grundlegende Werte und Ideen mit auf den Weg gegeben habe.

IM IRAN WURDE EIN KRAWATTEN-VERBOT ERLASSEN

Aber bitte ohne Schlips! Die Besucher einer Urlaubsinsel mussten sich an eine neue Kleiderordnung gewöhnen.

Schon im Mai des Jahres 2008 gab es die ersten Signale: Die Revolutionswächter dachten laut darüber nach, den Import von Krawatten zu verbieten. Das Kleidungsstück sei, so hieß es, ein Symbol westlicher bzw. christlicher Kultur und Dekadenz. Damit wurde der harte Kurs fortgeschrieben, der 1979 mit der Islamischen Revolution eingeleitet worden war. Seit dieser Zeit gelten im Iran strenge Bekleidungsvorschriften sowohl für Frauen als auch für Männer.

Politisch nicht korrekt

Krawatten, obwohl nicht gern gesehen, hatten bislang nicht auf dem Index gestanden. Das änderte sich im Sommer 2008. Die iranische Regierung verkündete ein Krawattenverbot auf der Urlaubsinsel Kisch im Persischen Golf. Kisch ist eines der beliebtesten Touristenzentren im Iran. Zwar müssen sich Iraner und Ausländer auch dort an die im Land geltenden Kleidervorschriften halten, aber weitab von Teheran ist alles etwas lockerer als auf dem Festland. Trotzdem gilt auch hier striktes Alkoholverbot und das gemeinsame Baden von Frauen und Männern ist untersagt.

Das Verbot galt für die Urlauber ebenso wie für Hotelmanager und Restaurantangestellte. Wer einen Schlips trage, werbe damit für die amerikanische und europäische Lebensart und das sei im Iran unerwünscht, hieß es zur Begründung. Von Seiten der Tourismusbehörden kam es zu heftigen Protesten gegen den Erlass. Sie argumentierten mit der wirtschaftlichen Zukunft der Urlaubsinsel, stießen aber bei den Sittenwächtern auf taube Ohren. Wer den Koffer für einen Kisch-Aufenthalt packt, muss auf das Accessoire verzichten.

ZU SEINER AMTSEINFÜHRUNG FUHR BARACK OBAMA MIT DEM ZUG

wahr

Yes, I can ... Bahnfahren wie einst Abraham Lincoln. Der ist das große Vorbild des ersten schwarzen Präsidenten der Vereinigten Staaten.

Schon während seines Wahlkampfs hatte Barack Obama, der im November 2008 zum 44. Präsidenten der Vereinigten Staaten gewählt worden war, ein Gespür für große Gesten unter Beweis gestellt. So reiste er zur traditionellen Amtseinführung am 20. Januar 2009 nicht etwa mit dem Flugzeug nach Washington, sondern bestieg zusammen mit seiner Familie in Philadelphia einen Zug. Für die Geschichte der USA ist Philadelphia ein bedeutender Ort: Hier wurde die amerikanische Unabhängigkeitserklärung verkündet und hier tagte 1787 der Verfassungskonvent. Und von hier aus hatte auch Obamas Vorbild Präsident Abraham Lincoln 1861 die Reise zu seiner Vereidigung angetreten. Per Zug.

In Lincolns Amtszeit fiel der Amerikanische Bürgerkrieg. Nach dem Sieg des Nordens war Lincoln energisch für die nationale Einheit der USA eingetreten. Dies war auch die Botschaft, die Obama mit seiner Zugfahrt aussenden wollte: Wie bei Lincoln sollte unter seiner Präsidentschaft ein geeintes Amerika ohne Gegensätze geschaffen werden.

Die Reise gestaltete sich zum Triumphzug. Zehntausende säumten die 217 Kilometer lange Strecke zwischen Philadelphia und der Hauptstadt Washington. Immer wieder wurden Stopps eingelegt, bei denen sich der neue Präsident von der Menge bejubeln ließ. Anschließend legte Obama auf den Stufen des Kapitols vor dem Obersten Verfassungsrichter seinen Amtseid ab.

Vizepräsident Joe Biden und Gattin begleiteten die Obamas.

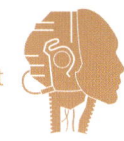

EU-BÜROKRATEN WOLLTEN KEINE KRUMMEN GURKEN

Wenn der Amtsschimmel zu laut wiehert, werden Auswüchse der Bürokratie auch mal zurückgeschraubt.

Die Europäer sind inzwischen daran gewöhnt, dass aus Brüssel manches kommt, das schwer zu verstehen ist. Berühmt-berüchtigt ist und bleibt die Gurkenkrümmungsverordnung, die am 15. Juni 1988 eingeführt und am 1. Juli 2009 wieder aufgehoben wurde.

In der Verordnung Nr. 1677/88 zur Festsetzung von Qualitätsnormen für Gurken legten die Brüssler Experten verschiedene Handelsklassen für die Gemüseart aus der Familie der Kürbisgewächse fest. In die Kategorie „Extra" schafften es Gurken, die „gut geformt und praktisch gerade mit einer maximalen Krümmung von 10 Millimetern auf 10 Zentimetern Länge der Gurke" waren. Gurken der Klasse 1 mussten nur „ziemlich gut geformt" sein, durften aber auch nicht krummer sein.

Viele Menschen sahen in diesen Vermarktungsnormen ein Paradebeispiel für die Auswüchse moderner Bürokratie. Ihre Verteidiger wiesen auf die Vorteile für den Handel hin. Gerade Salatgurken lassen sich einfacher verpacken und transportieren als krumme. Zudem lassen sich Mengen einfacher berechnen, wenn immer die gleiche Anzahl Gurken in einer Kiste steckt. Auch die Konsumenten konnten sich ab jetzt darauf verlassen, beim Erwerb zwischen Gurken von vergleichbarer Qualität wählen zu können.

Gefundenes Fressen für EU-Skeptiker und Kabarettisten

Als die Presse von der Gurkenkrümmungsverordnung Wind bekam, rauschte es mächtig im Blätterwald. Normalerweise kümmerte sich in den Redaktionsbüros und Fernsehstudios niemand um Gurken. Nun aber sahen Kritiker die Gelegenheit gekommen,

den „Eurokraten" in Brüssel die Gelbe Karte zu zeigen. Doch aller Protest war zwecklos: Die EU-Verordnung trat in Kraft.

Mit ein Grund dafür, dass die Verordnung zwei Jahrzehnte später von der EU selbst gekippt wurde, lag wohl darin, wie viel öffentliche Aufmerksamkeit ihr in der Zwischenzeit immer wieder zugekommen war. Brüssel wollte ein Zeichen setzen in Sachen Deregulierung. Denn inzwischen hatte sich der Ruf verfestigt, die EU sei in einen dauerhaften Zustand der Regulierungswut verfallen. Die dänische Agrarkommissarin brachte den Stein ins Rollen. Doch in den einzelnen Mitgliedsstaaten der Europäischen Union war noch viel Überzeugungsarbeit zu leisten. Nicht wenige nationale Handels- und landwirtschaftliche Interessenverbände plädierten für die Beibehaltung der Normierung. 15 der damals 27 EU-Mitglieder sträubten sich gegen die Aufhebung. Doch am Ende siegten die Anhänger der Entbürokratisierung.

Eine Seilbahn für Berlin

Viele Berge gibt es in Berlin nicht, schon gar nicht hohe, und insofern auch keine Notwendigkeit, eine Seilbahn zu bauen. Und doch hat Berlin seit 2003 ein „Landesseilbahngesetz". Es wurde vom Senat aufgrund einer EU-Direktive aus Brüssel beschlossen. Zwar hatte man zunächst versucht, sich mit dem Hinweis darauf, dass diese Form des Personenverkehrs im Bundesland Berlin keine Rolle spiele und dringlichere Themen auf der Agenda stünden, aus der Affäre zu ziehen. Als jedoch die EU-Bürokraten mit einer empfindlichen Geldstrafe in Höhe von 791 000 Euro drohten, lenkte der Berliner Senat ein und erließ eine entsprechende Verordnung.

WIRD DAS 21. JAHRHUNDERT VOM INTERNET BEHERRSCHT?

11.09.2001
Terrorakte in
den USA

01.01.2002
Einführung
des Euro

Das World Trade Center in New York wird bei Terroranschlägen im September 2001 zerstört.

Noch ist erst ein kleiner Teil des 21. Jahrhunderts vergangen. Doch es gehört nicht viel Prophetie dazu, wenn man voraussagt, dass der Siegeszug des elektronischen Netzwerks nicht zu stoppen ist.

Das Internet ist zu Beginn des 21. Jahrhunderts ein Erfolgsmodell. Wer nicht online ist, ist out. Die Zahl der Anwender nimmt weltweit rapide zu, die technologische Entwicklung geht rasant voran. Die klassischen Medien des 20. Jahrhunderts – Zeitung, Radio und Fernsehen – laufen inzwischen auch über das Internet. Millionen nutzen soziale Netzwerke wie Facebook und stehen auf diese Weise in einem dauernden Kontakt. Auch US-Präsident Barack Obama setzte im Rahmen der Wahlkampagne 2008 auf Social Media und seine Netzak-tivitäten sollten das Wahlergebnis maßgeblich zu seinen Gunsten beeinflussen.

Diese Entwicklungen veränderten nicht nur gesellschaftliche, sondern auch wirtschaftliche, kulturelle und private Realitäten von Grund auf. Es ist Aufgabe der Politik geworden, den Rahmen für Möglichkeiten und Grenzen des World Wide Web abzustecken.

Datenraub und Terrorismus

Datenschützer und Verbraucher fragten sich spätestens seit dem NSA-Skandal im Sommer 2013: Wie sicher sind die Daten im Internet? Dass die amerikanische National Security Agency in Europa Daten von Telefon- und Internetverbindungen ausspähte, schlug hohe Wellen mit noch nicht absehbaren Auswirkungen. In Deutschland hatte das Bundesverfassungsgericht im März 2010 die sogenannte Vorratsdatenspeicherung für verfassungswidrig erklärt. Sie war 2006 mit der Begründung eingeführt worden, dass damit terroristische Aktionen und schwere Straftaten verhindert werden könnten. Die Angst vor Terrorismus war spätestens seit den Ereignissen vom 11. September 2001 begründet. Die Terrorangriffe in den USA lösten einen weltweiten Schock aus, als das World Trade Center in New York von Al-Qaida-

Mark Zuckerberg und seine Internetplattform Facebook stehen für ein neues, global vernetztes Zeitalter.

18.05.2012
Facebook geht an die Börse

Juni 2013
NSA-Skandal um Edward Snowden

20.01.2009
Obama wird erster schwarzer US-Präsident

Terroristen zerstört und Tausende von Menschen getötet wurden. Das Ereignis war das Signal zu einer verstärkten Bekämpfung des Terrorismus. Auch Europa wurde von Terrorakten erschüttert: Im März 2004 wurden Attentate auf Nahverkehrszüge in der spanischen Hauptstadt Madrid und im Juli 2005 auf U-Bahnen in London verübt, beides mit vielen Todesfällen.

Daneben gab es im neuen Millennium eine Reihe von politischen und militärischen Krisenherden wie Irak, Pakistan und Afghanistan. Die arabische Welt erlebte seit 2011 einen Frühling, der in vielen Fällen, wie in Ägypten und Libyen, gleich wieder zu einem Herbst wurde. Die Proteste gingen von der Straße aus, doch mediale Netzwerke wie Facebook, Blogs und andere Internetforen befeuerten die Umbrüche.

Zukunftsweisend

In Europa beherrschte 2002 ein ganz anderes Thema die Nachrichten: Viele europäische Staaten bekamen eine neue Währung. Und der Euro startete mit einem großen Ziel. Er sollte mehr als nur ein neues Geldsystem sein; der Euro war als Garant für die Einheit und Stabilität Europas gedacht. Diese Funktion geriet ins Wanken, als 2008 eine globale Finanz- und Währungskrise die Geldmärkte erschütterte. Während viele Staaten glimpflich davon kamen, wurden einzelne europäische Staaten wie Griechenland, Portugal und Zypern schwer getroffen.

„Wir sind Papst", erscholl der Ruf am 19. April 2005 in Deutschland. Nach dem Tod des polnischen Papstes Johannes Paul II. wurde der deutsche Kardinal Joseph Ratzinger als Benedikt XVI. zum Oberhirten der katholischen Kirche gewählt. Am 28. Februar 2013 trat Benedikt aus gesundheitlichen Gründen zurück. Es war erst das zweite Mal in der langen Geschichte der Päpste, dass ein Pontifex Maximus nicht durch seinen Tod abtrat. Doch zuvor hatte Benedikt als erster Papst noch einen wesentlichen medialen Schritt getan: Während seines Pontifikats entdeckte auch der Vatikanstaat die neuen Kommunikationsmöglichkeiten mit den Gläubigen in aller Welt per Facebook, Twitter, YouTube & Co.

Der Bankier Hermann Josef Abs (Mitte) unterzeichnete das Londoner Schuldenabkommen.

FÜR DEUTSCHLAND ENDETE DER ERSTE WELTKRIEG 1918

Der Erste Weltkrieg dauerte von 1914 bis 1918. Für Deutschland kam dieses Kapitel der Geschichte jedoch erst 92 Jahre später zum Abschluss.

Am 3. Oktober 2010 feierten die Deutschen zum 20. Mal den Tag der Deutschen Einheit. 20 Jahre zuvor war die deutsche Teilung beendet und die Wiedervereinigung besiegelt worden. Am selben Tag überwies die Bundesregierung 56 Millionen Euro und beglich damit die letzte Rate Schulden aus dem Ersten Weltkrieg.

Die Zahlungen waren im Vertrag von Versailles festgelegt worden, der am 28. Juni 1919 unterzeichnet wurde und am 10. Januar 1920 in Kraft trat. Artikel 231 des Vertrags erklärte das besiegte Deutschland zum alleinigen Schuldigen dafür, dass es 1914 zum Ausbruch des Ersten Weltkriegs gekommen war. Konsequenterweise wurde Deutschland zu sogenannten Reparationen, also Entschädigungszahlungen, verpflichtet, die vor allem an Frankreich und Belgien gehen sollten, da diese beiden Länder im Krieg unter deutscher Besatzung gestanden hatten. Aber auch viele andere Staaten meldeten Ansprüche an, Deutschland auf diese Weise zur Rechenschaft zu ziehen.

Riesiger Schuldenberg drückte die Weimarer Republik

Die Verpflichtungen gegenüber den Siegermächten führten in der Weimarer Republik, die nach dem Krieg das Kaiserreich abgelöst hatte, zu einer enormen Inflation und einem wirtschaftlichen Chaos. Abhilfe schuf 1924 zunächst der Dawes-Plan, dem 1929 der Young-Plan folgte. Beide sahen eine gestaffelte Zahlung der Kriegsentschädigungen vor. Außerdem wurde festgelegt, dass das Deutsche Reich internationale Anleihen aufnehmen sollte, um die eigene Wirtschaft ankurbeln und die Begleichung der Schulden finanzieren zu können. Der vereinbarte Zinssatz lag bei 7 bzw. 5,5 Prozent. Als 1933 die Nationalsozialisten an die Macht kamen, stellte das Deutsche Reich die Tilgung der Anleihen wie auch der Zinsen ein.

DER BÜRGERMEISTER VON REYKJAVIK VERSPRACH GRATIS HANDTÜCHER

wahr

Nach dem Zweiten Weltkrieg übernahm die 1949 gegründete Bundesrepublik die Rechtsnachfolge des untergegangenen Deutschen Reichs und verpflichtete sich damit auch zur Übernahme der Auslandsschulden. Zwar erreichte der deutsche Verhandlungsführer beim Londoner Schuldenabkommen 1953 einen großzügigen Schuldenerlass für den jungen westdeutschen Staat, es blieben aber immer noch Verpflichtungen in Höhe von 30 Milliarden D-Mark, die an insgesamt 70 Gläubiger-Staaten zu entrichten waren. Dazu gehörte auch die Tilgung der Dawes- und Young-Anleihen, für die der deutsche Fiskus bis 1980 umgerechnet etwa 680 Millionen Euro zahlte.

Unerwartete Wiedervereinigung

Von dieser Regelung ausgenommen waren die Zinsrückstände für die Anleihen, die in den Jahren zwischen Kriegsende 1945 und dem Beginn der Londoner Verhandlungen 1952 aufgelaufen waren. Hier fasste man einen Beschluss, an dessen Verwirklichung damals niemand ernsthaft glaubte: Sie sollten erst dann fällig werden, wenn es zur Wiedervereinigung der beiden deutschen Staaten gekommen wäre.

1990 war es tatsächlich soweit: Aus Bundesrepublik und DDR wurde das geeinte Deutschland. So kam das Thema Schuldentilgung wieder auf den Tisch. Gemäß den Beschlüssen von London sollte Deutschland die noch offenen Zinsen über einen Zeitraum von 20 Jahren abzahlen und dabei blieb es. Verglichen mit den Gesamtkosten der deutschen Einheit nahm sich dieser Budgetposten überschaubar aus.

Mit dem Stichtag 3. Oktober 2010 waren alle Schulden bezahlt. Damit konnten genau 92 Jahre nach dem Ende des Ersten Weltkriegs die rekordverdächtigen Altlasten endgültig ad acta gelegt werden.

Die Bürger der isländischen Hauptstadt verstehen Spaß: Sie schickten mit ihren Wahlzetteln den Chef der „Besten Partei" ins Rathaus.

Von diesem Ergebnis war sogar Jan Gunnar Kristinsson überrascht: 34,7 Prozent der Wähler machten am 29. Mai 2010 bei den Kommunalwahlen in Reykjavik auf den Wahlzetteln ihr Kreuz hinter seiner Partei. Dabei hatte die Kampagne dieser neuen Gruppierung, die

> **Eine Stadt, in der man Spaß hat.**
> Wahlslogan der „Besten Partei"

sich ganz unbescheiden „Beste Partei" nannte, ganz ohne Zweifel entscheidend von ihrem Zugpferd Kristinsson profitiert. Unter seinem Künstlernamen Jón Gnarr gehört er zu den populärsten Komikern in Island.

Im Wahlkampf machte die Partei mit höchst ungewöhnlichen Forderungen auf sich aufmerksam: offene Korruption statt verdeckte, kostenlose Handtücher für die Gäste in allen Schwimmbädern, ein Eisbär für den Zoo von Reykjavik. Gnarr begründete dieses seltsame Wahlprogramm damit, dass die isländische Metropole ein Paradies für Kinder werden sollte.

Politik ohne Politiker

Die Wähler machten den Spaß mit, auch, weil sie den etablierten Parteien einen Denkzettel verpassen wollten. So bekam die „Beste Partei" genügend Stimmen, um mit den Sozialdemokraten eine Koalition bilden zu können. Und weil Gnarrs Truppe relativ die meisten Stimmen erhalten hatte, durfte sie auch den Oberbürgermeister stellen. Mit ihm zog eine bunte Schar von Abgeordneten ins Rathaus. Denn in der „Besten Partei" tummelten sich neben Komiker-Kollegen auch Comic-Zeichner, Schriftsteller, Musiker und Schauspieler.

NICOLAS SARKOZY KÄMPFTE GEGEN DIE EIGENEN REIHEN

wahr

Blauer Dunst und Luxuswahn: An der Spitze des französischen Staats ging es 2010 turbulent zu.

Im Sommer 2010 hatte der französische Staatspräsident genug. Nicolas Sarkozy zog die Notbremse. Er verkündete, er werde in der Regierung einige Umbesetzungen vornehmen, und tatsächlich mussten prominente Mitglieder des Kabinetts ihren Hut nehmen.

In der Zeit davor hatten sich die Meldungen über Skandale und Affären gehäuft, die in der Öffentlichkeit auch das Image des Präsidenten in Mitleidenschaft gezogen hatten. Ins Visier der Kritik gerieten dabei insbesondere die beiden Staatssekretäre Christian Blanc und Alain Joyandet. Blanc, ein politischer Weggefährte Sarkozys, stolperte über seine Schwäche für gepflegte Zigarren. Die Medien rechneten vor, dass der Politiker innerhalb von zehn Monaten Zigarren für 12 000 Euro erworben hatte. Das Problem? Er hatte sie nicht aus eigener Tasche bezahlt, sondern auf Staatskosten erworben. Dass er einen Teil der Kosten erstattete, konnte die Wogen nicht glätten. Am 4. Juli 2010 reichte Blanc seinen Rücktritt ein.

Sein Kollege Alain Joyandet sorgte mit einer Flugaffäre für Schlagzeilen: Er hatte für einen Trip nach Martinique einen Privatjet gechartert. Die Reise kostete den französischen Steuerzahler 117 000 Euro und den reisefreudigen Staatssekretär den Job.

In Erklärungsnot kam auch Rama Yade. Die aus dem Senegal stammende Politikerin war lange der Jungstar in der Regierungsmannschaft gewesen.

Während der Fußballweltmeisterschaft, die 2010 in Südafrika stattfand, kritisierte sie, dass die Kicker des französischen Nationalteams in einem Luxushotel Quartier bezogen hatten. In der Krise, so die Staatssekretärin für Sport, sei dies das falsche Zeichen. Kurze Zeit später stellte sich heraus, dass die um den nötigen Anstand in schwierigen finanziellen Zeiten besorgte Yade bei einer Dienstreise selbst in einem Fünf-Sterne-Hotel eingecheckt hatte. Und während die Zimmer der Fußballer pro Nacht 589 Euro kosteten, hatte der Staat für ihre Unterkunft pro Übernachtung 667 Euro hinblättern müssen.

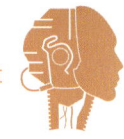

GUIDO WESTERWELLE VERTEIDIGTE 2010 IN KAIRO EINE ENTSCHEIDUNG VON 1913

wahr

Die berühmte Büste der sagenumwobenen Königin Nofretete beschäftigte die hohe Politik – sogar noch 98 Jahre nach ihrer Ausgrabung.

Im Mai 2010 reiste der deutsche Außenminister Guido Westerwelle zu einem offiziellen Besuch nach Ägypten. In Kairo traf er sich mit seinem Amtskollegen Ahmed Abul Gheit. Auf der Tagesordnung standen aktuelle politische Fragen – und ein Thema, das mittlerweile zum Dauerbrenner bei ägyptisch-deutschen Regierungsbegegnungen geworden war. Es ging um Nofretete, die schöne Gattin des altägyptischen Pharaos Echnaton, der im 14. Jahrhundert v. Chr. regierte.

Am Nikolaustag 1912 hatte der deutsche Archäologe Ludwig Borchardt ihre bemalte Büste bei Grabungen in Amarna entdeckt. Das prachtvolle Stück wanderte, nach der vorschriftsmäßigen Teilung der Funde zwischen Ausgräbern und Kairo, nach Berlin. Dort ist die Nofretete heute die Attraktion des Neuen Museums.

Fakten kontra Moral

Jahrzehntelang unternahm Ägypten immer wieder den Versuch, die Königin in das Land am Nil zurückzuholen. Betrugsvorwürfe wurden laut: Borchardt habe die ägyptischen Behörden bewusst über den kunsthistorischen Wert der Büste getäuscht. Tauschobjekte wurden angeboten. Vergeblich. Im 21. Jahrhundert wurden die Rückgabeforderungen wieder lauter. Auch der deutsche Außenminister wurde damit konfrontiert. Er bezog klar Stellung: Die Königin sei legal nach Berlin gekommen und bleibe in Berlin. Auch eine Entleihung käme nicht infrage. Der Transport sei viel zu riskant. Als dies geklärt war, wandten sich die beiden Minister wieder den politischen Problemen der Gegenwart zu.

DER RHEIN IST 1320 KILOMETER LANG

falsch

Schlechte Nachricht für alle Liebhaber geografischer Vermessungsdaten: Vater Rhein ist 90 Kilometer kürzer als angenommen.

Kein anderer Strom ist so eng mit der deutschen Geschichte und Kultur verbunden wie der Rhein. Majestätisch fließt „Vater Rhein", wie man ihn poetisch nennt, durch die deutschen Lande. Seinen Lauf startet er in den Schweizer Alpen, im Kanton Graubünden. In den Niederlanden mündet er, in mehrere Arme unterteilt, in die Nordsee.

Abschreibfehler

In allen Nachschlagewerken und offiziellen Unterlagen war zu lesen: Der Rhein ist 1320 Kilometer lang. Doch Anfang 2010 fand ein Kölner Universitätsprofessor heraus, dass diese Zahl nicht stimmt. Der Rhein ist nicht 1320, sondern nur 1230 Kilometer lang. Nicht, dass der Fluss über die Jahre kürzer geworden wäre, etwa durch die zahlreichen Begradigungen, die der Mensch vornahm. Nein, es handelte sich schlicht um einen Fehler, der vermutlich auf einem simplen Zahlendreher beruhte. Denn wie der Biologe feststellte, verzeichneten Bücher und Lexika bis in die 1950er-Jahre hinein noch die richtige Länge bzw. Kürze: 1230 Kilometer. Irgendwann muss jemand versehentlich die Ziffern 3 und 2 vertauscht haben und schon war der Rhein 90 Kilometer länger. Diese Angabe wurde kanonisch, weil einer vom anderen abschrieb, ohne die Richtigkeit zu überprüfen.

Um ganz sicher zu gehen, maß der Wissenschaftler noch einmal nach. Von der 0,0-Tafel der amtlichen Rhein-Kilometrierung bei Konstanz bis zur Mündung bei Hoek van Holland sind es 1033 Kilometer. Den Durchfluss durch den Bodensee und den Verlauf des Rheins in der Schweiz dazugerechnet, macht das exakt 1233 Kilometer.

DER LETZTE VETERAN DES ERSTEN WELT- KRIEGS STARB 2011

wahr

Der 110 Jahre alte Claude Choules hatte sich seinerzeit älter gemacht, um in den Krieg ziehen zu können.

Am 5. Mai 2011 starb im australischen Perth Claude Choules, geboren am 3. März 1901 in Pershore, Großbritannien. Im August 1914 begann der Erste Weltkrieg. Im April 1915 nahm der junge Charles den Dienst auf dem britischen Ausbildungsschiff *TS Mercury* auf. Zum Zeitpunkt der Musterung war der Spross einer Familie mit insgesamt sieben Kindern noch keine 14 Jahre alt und hätte nach den geltenden Vorschriften überhaupt noch nicht eingezogen werden können. Doch es zog den Jungen mit aller Macht zu den Fahnen und so griff er zu einer Schummelei, um akzeptiert zu werden: Er korrigierte sein Alter ein wenig nach oben und durfte in die Marine eintreten.

Vom Kriegsteilnehmer zum Kriegsgegner

Während des Kriegs verrichtete er seinen Dienst an Bord der *Revenge*, einem der Flaggschiffe der Royal Navy. Er konnte damals nicht ahnen, dass er ein biblisches Alter erreichen und einmal der letzte lebende aktive Teilnehmer des Ersten Weltkriegs sein würde.

Choules blieb auch nach dem Ende des Kriegs dem Militär treu. 1926 schickte ihn die Marine als Militärberater nach Australien. Der fünfte Kontinent wurde zu seiner zweiten Heimat. Im Zweiten Weltkrieg kam er erneut als Marinesoldat zum Einsatz. Nach dem Krieg wechselte er zunächst zur Hafenpolizei und war später, weil er vom Meer nicht lassen konnte, in der Fischerei tätig.

2009 veröffentlichte Choules, der niemals an einem Veteranentreffen oder an Gedenkfeiern teilnahm, seine Erinnerungen unter dem Titel „The Last of the Last". Eine Glorifizierung des Kriegs lehnte er ab.

KIM JONG-IL BESASS 20 000 HOLLYWOOD-FILME

wahr

Während seiner Herrschaft fühlten sich viele Nordkoreaner wie im falschen Film. Der Diktator selbst liebte Actionstreifen und vor allem Elizabeth Taylor.

Als im Dezember 2011 der nordkoreanische Machthaber Kim Jong-il im Alter von 69 Jahren an Herzversagen starb, versank das ganze Volk in staatlich verordnete Trauer. Die wirkliche Trauer hielt sich in Grenzen. Kim Jong-il war zwar ein allmächtiger, aber unpopulärer Herrscher gewesen. Daran konnte auch der von ihm selbst gelenkte Personenkult nichts ändern. Der kommunistische Diktator ließ sich gern als „geliebter Führer" oder „Sonne des 21. Jahrhunderts" verehren.

In den 17 Jahren, in denen er am Ruder gewesen war, war es mit der Wirtschaft steil bergab gegangen. Doch Kim Jong-il kümmerte sich wenig darum, wie es den Menschen in seinem Land ging. Wichtiger war ihm die Aufrüstung der Armee, auf die er seine Macht stützte. Darüber hinaus verfolgte er ein ehrgeiziges nukleares Programm, mit dem er das Land in die erste Reihe der Atommächte zu katapultieren gedachte. Wer gegen seine Pläne opponierte, wurde verhaftet, wie überhaupt Verstöße gegen die Menschenrechte an der Tagesordnung waren.

Luxuriöser Lebensstil

Dazu pflegte der Diktator privat einen verschwenderischen Lebensstil, der in einem drastischen Kontrast zur Armut der von ihm regierten Bevölkerung stand. So soll er jährlich zwischen 100 000 und 200 000 Dollar für die Pflege seiner Schoßhunde ausgegeben haben. Das berichteten jedenfalls Zeitungen aus dem Nachbarland Südkorea, die allerdings ohnehin kein gutes Haar an dem verhassten Nachbarregime ließen. Weiter war die Rede von Unsummen, die er in den Kauf

von edlen Rennpferden investierte, und gut informierte Kreise wollten in Erfahrung gebracht haben, dass Kim Jong-il sich über den Umweg China beste Weine aus Frankreich frei Haus schicken ließ. Sein Sohn Kim Jong-un stand dem Vater in Sachen Verschwendungssucht kaum nach. Ihn sichtete man im Ausland auf rauschenden Partys.

Cineast und Filmregisseur

Was man von dem kommunistischen Herrscher, der jede Gelegenheit wahrnahm, gegen den Kapitalismus und insbesondere gegen die USA zu wettern, am wenigsten erwartet hätte, war sein Faible für Hollywood-Streifen. Sage und schreibe 20 000 Filme in Form von Videos oder DVDs fanden sich in seinem Besitz.

Kim Jong-il mochte Action, er sah sich gern Sylvester Stallone als *Rambo* an. Und er war ein großer Fan von James Bond. Er kannte alle Filme, liebte Sean Connery genauso wie Roger Moore und spätere Bond-Darsteller. Nur einmal war ihm der Spaß an dem britischen Geheimagenten gründlich verdorben: 2002 kam *Stirb an einem anderen Tag* mit Pierce Brosnan als 007 in die Kinos. Selbstverständlich landete auch eine Kopie des Films im Heimkino des nordkoreanischen Diktators. Schauplatz der Story war, unter anderem, Nordkorea, wie auch einer der Oberschurken ein Nordkoreaner war. Das Land kam nicht gut weg. Kim Jong-ils Zorn war

so groß, das eine offizielle Regierungsverlautbarung herausgegeben wurde, in der von einer „Beleidigung der koreanischen Nation" die Rede war.

Kim Jong-ils absoluter Star aber war die glamouröse Liz Taylor. Ob als Kleopatra oder in preisgekrönten Streifen wie *Telefon Butterfield 8*, *Die Katze auf dem heißen Blechdach* oder *Wer hat Angst vor Virginia Woolf?* – die Femme fatale versetzte den äußerlich so biederen Diktator stets in einen Taumel.

Kim Jong-ils Filmbegeisterung ging sogar noch weiter: Er führte selbst Regie bei einheimischen Produktionen, in der allerdings vergeblichen Hoffnung, dem nordkoreanischen Film internationale Anerkennung zu verschaffen.

DER „HELD VON FUKUSHIMA" STARB AN DEN FOLGEN SEINER VERSTRAHLUNG

• falsch

Masao Yoshidas Tod wurde mit der nuklearen Katastrophe nach dem Tsunami in Verbindung gebracht. Eine vorschnelle Schlussfolgerung, wie sich zeigte.

11. März 2011. Japan wird von einem schweren Tsunami erschüttert. Zu einem Super-GAU entwickelt sich die Naturkatastrophe, als im Kernkraftwerk von Fukushima nach Ausfall der Kühlsysteme und der Stromversorgung die Brennstäbe in einem Reaktorblock zu schmelzen beginnen. Es kommt zu Explosionen, tausende Tonnen radioaktiv verseuchten Wassers fließen in den Pazifik. Angesichts der tödlichen Strahlung, die von dem defekten Reaktor ausgeht, gerät die Bevölkerung in Panik.

Den Posten des Direktors im Kernkraftwerk Fukushima bekleidete damals Masao Yoshida. Der 55-jährige Nuklearingenieur wurde zum „Helden von Fukushima", wie ihn die japanischen Medien tauften. Einen Tag nach dem Unglück, als sich die Lage immer mehr zuspitzte, kam von der Geschäftsführung der Betreibergesellschaft Tepco die Anwei-

Diese Arbeiter räumen im AKW Fukushima auf; sie wissen, dass sie ein hohes Risiko eingehen.

sung: Sofort die Kühlung der Reaktoren mit Meerwasser stoppen! Das Salzwasser, so die Begründung, füge den Reaktoren schweren Schaden zu. Yoshida, der überzeugt war, dass eben jene Maßnahme der einzig vernünftige Weg war, um ein Voranschreiten der Kernschmelze und damit eine Katastrophe unvorstellbaren Ausmaßes zu verhindern, ignorierte die Direktive der großen Bosse und wies seine Mitarbeiter an, weiter Meerwasser in die Reaktoren zu pumpen – ein Schritt, der in japanischen Unternehmen normalerweise undenkbar ist. Aber auch die Regierung in Tokio gab schließlich grünes Licht.

Yoshidas Entschlossenheit rettete Leben

Fukushima war eine Katastrophe. Viele Menschen kamen ums Leben und noch mehr müssen sich vor möglichen Spätfolgen fürchten. Jedoch gelang es Yoshida und seinen Leuten, mit ihrem wagemutigen und entschlossenen Einsatz noch Schlimmeres zu verhindern. Darin sind sich viele Experten einig.

Umso tragischer war sein persönliches Schicksal. Am 9. Juli 2013 starb er in einem Krankenhaus in Tokio. Sofort wurde spekuliert, dass der Direktor von Fukushima Opfer der Nuklearkatastrophe geworden sei. Doch die Mediziner konnten diesen Verdacht nicht bestätigen. Sie hatten im Dezember 2011 Speiseröhrenkrebs diagnostiziert. Diese Erkrankung entwickelt sich in der Regel über einen Zeitraum von mehreren Jahren. Außerdem sei die Strahlendosis, der Yoshida in den Monaten nach der Katastrophe ausgesetzt war, nicht hoch genug gewesen, um krebserregend zu wirken.

In vielen Staaten wurde das Schreckensereignis von Fukushima zum Anlass genommen, um über die Zukunft der Atomkraft nachzudenken. Verstärkt setzt man seither auf erneuerbare Energien - auch in Japan, selbst wenn sich dort der Ausstieg aus der Atomenergie trotz der traumatischen Erfahrungen von 2011 nur zögernd vollzieht.

GADDAFI ENGAGIERTE EINE LEIBWACHE AUS FRAUEN

Manche hielten den libyschen Diktator für einen Exzentriker, andere erklärten ihn schlichtweg für verrückt. Auf jeden Fall sorgte er zeitlebens für Gesprächsstoff.

Seine Leibgarde nutzte ihm nichts, als Muammar al-Gaddafi am 20. Oktober 2011 in der Nähe seiner Heimatstadt Sirte auf der Flucht starb. Über 40 Jahre hatte der Diktator, der 1969 entscheidend am Militärputsch gegen den damaligen König Idris beteiligt gewesen war, Libyen unter seiner Kontrolle gehabt. Doch im Frühjahr 2011 wurde auch das Land im Norden Afrikas von der Welle der Freiheitsbewegungen erfasst, die sich in der gesamten arabischen Welt ausbreitete. Gaddafi versuchte sich zu halten, verlor aber mehr und mehr an Macht, vor allem als die Aufständischen militärische Hilfe aus dem Ausland erhielten. Der einst allmächtige „Revolutionsführer" musste untertauchen, wurde aufgespürt und starb an jenem Tag im Oktober unter bis heute nicht restlos geklärten Umständen.

In den Jahren seiner Herrschaft war Gaddafi durch eine eigenwillige, zeitweise halsbrecherische Politik aufgefallen. Das Ausland sah in ihm den Drahtzieher terroristischer Akte auf der ganzen Welt. Bis in die 1990er-Jahre hinein stand Libyen auf dem Index der sogenannten Schurkenstaaten. Als Gaddafi sich 2003 bereit erklärte, dem Terror abzuschwören, waren jedoch viele westliche Staaten schnell bereit, den einstigen Außenseiter als Verhandlungspartner zu akzeptieren, wobei sowohl die strategische Bedeutung Libyens für den Westen als auch die reichen Öl- und Gasvorkommen des Landes eine Rolle gespielt haben dürften.

Der libysche Machthaber gefiel sich in der Rolle des Exzentrikers. Seine Leibgarde, die nur aus Frauen bestand, wurde im Kreis westlicher Journalisten und Diplomaten nach dem mythischen Kriegerinnen-Volk der Antike auch die „Amazonen-Garde" ge-

nannt. Die 30 bis 40 weiblichen Bodyguards, von denen der Diktator verlangte, dass sie Jungfrauen sein mussten, waren an der Waffe bestens ausgebildet und begleiteten den Präsidenten auf allen Reisen. Sie hielten Wache vor dem Beduinenzelt, dass er bei Staatsbesuchen aufstellen ließ, um darin statt in einer Hotelsuite zu wohnen.

Inbegriff des Regimes

Die Mitglieder der Elitetruppe genossen eine Reihe von Privilegien, darunter das Tragen von westlicher Kleidung und Make-up. Dies stieß in der muslimischen Welt auf Kritik, zumal sich Gaddafi ansonsten bestrebt zeigte, streng nach den Grundsätzen des Islam zu regieren.

Nach der Tötung Gaddafis löste sich die Leibgarde auf. Berichten zufolge wurden einige der Frauen auf der Flucht erschossen und misshandelt. Anderen gelang es offenbar, sich ins Ausland abzusetzen. Nach dem Ende der Herrschaft Gaddafis galten sie in Libyen als Inbegriff und Symbol seines despotischen Regimes.

Ein Mann mit vielen Ämtern

Nachdem sich Gaddafi 1969 an die Spitze Libyens geputscht hatte, wurde er praktisch zum Alleinherrscher. Dabei verstand es der „Führer der Revolution", seine Macht in jeweils unterschiedliche Funktionen zu kleiden. Erst war er Oberbefehlshaber der Streitkräfte, dann Vorsitzender des Revolutionsrats, anschließend Ministerpräsident, Staatspräsident und Generalsekretär des Allgemeinen Volkskongresses. Ab 1979 brauchte er keine Ämter mehr und konnte es sich leisten, einfach nur der große „Revolutionsführer" Gaddafi zu sein. Zur Unterstützung dieses Anspruchs inszenierte er einen extravaganten Personenkult.

EINE INSEL VERSCHWAND AUS DEN ATLANTEN

wahr

Wissenschaftler erklärten das Eiland, das im 18. Jahrhundert „entdeckt" worden war, zu einem Phantom.

Bis zum Jahr 2012 verzeichneten sämtliche Seekarten und Atlanten in den Gewässern des Pazifischen Ozeans, zwischen der Ostküste Australiens und der Inselgruppe Neukaledonien, eine etwa 120 Quadratkilometer große Insel namens Sandy Island. Doch es stellte sich heraus: Sandy Island war ein Phantom – eine Insel, die es nie gegeben hat.

Zu diesem Schluss kam eine Forschungsexpedition der Universität von Sydney, die dort unterwegs war, um den Meeresboden zu kartografieren. Die Wissenschaftler suchten die Region, in der sich die Insel befinden sollte, Quadratmeter für Quadratmeter ab, fanden aber nichts als offenes Meer. Die Wassertiefe betrug 1300 Meter, womit auch ausgeschlossen war, dass Sandy Island, wie man annehmen könnte, in den Tiefen des Ozeans versunken war. Als die Nachricht von der Tilgung der Insel von den Landkarten im Fernsehen und in der internationalen Presse die Runde machte, stand bald die Frage im Raum, wie es zu diesem Irrtum hatte kommen können. Wie immer in solchen Fällen ließen Verschwörungstheorien nicht lange auf sich warten. Es wurde gemutmaßt, die Insel sei eine Erfindung der CIA oder eines anderen Geheimdiensts gewesen.

Umgedrehter Entdeckergeist

Seriöse Nachforschungen ergaben etwas anderes. Das Phantom Sandy Island war bereits Ende des 18. Jahrhunderts aufgekommen, als französische Seefahrer im Pazifik auf Entdeckungstour gingen. Wie es damals übliche Praxis war, verzeichneten sie auf ihren Karten nicht nur Inseln, die sie mit eigenen Augen gesehen hatten, sondern auch solche, von denen sie annahmen, dass sie existierten, etwa weil einheimische Fischer von ihnen berichteten.

Forscher mutmaßen, es könnte im Pazifik noch hunderte solcher Inseln geben, die in den Karten eingetragen, an Ort und Stelle aber nicht zu finden sind. Damit stehen die Kartografen und Entdeckungsreisenden des 21. Jahrhunderts vor einer völlig anderen Herausforderung als ihre Vorgänger: Ging es in Pionierzeiten darum, die Weltkarten von weißen Flecken zu befreien, besteht die Aufgabe heutzutage darin, falsche schwarze Flecken zu beseitigen.

Versunkene Inseln

Die Beschäftigung mit Inseln, die von der Landkarte verschwinden, hat eine zweite Komponente: In jüngster Zeit häufen sich die Meldungen, nach denen immer mehr tatsächlich existierende Inseln ganz real im Meer versinken. Die Ursache könnten tektonische Bewegungen sein, aber auch der Anstieg des Meeresspiegels durch den Klimawandel. Auf diese Weise verschwand 2010 eine kleine Felseninsel im Golf von Bengalen von der Bildfläche. Über die Besitzrechte hatten Indien und Bangladesch fast 30 Jahre lang gestritten.

(K)ein Rohstoffparadies im Golf von Mexiko

Einen bösen Streich spielten alte Karten auch mexikanischen Unternehmern auf der Suche nach neuen Rohstoffquellen. Angeblich gab es im Golf von Mexiko eine Insel namens Bermeja, die reich an Bodenschätzen sein sollte. Als sich Wissenschaftler 2009 mit Schiffen und Flugzeugen auf den Weg machten, um die Insel unter die Lupe zu nehmen, erlebten sie eine herbe Enttäuschung: von Bermeja weit und breit keine Spur. Es fand sich auch kein Hinweis darauf, dass an den angegebenen Koordinaten jemals eine Insel gewesen war.

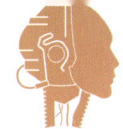

DIE QUEEN HAT WEDER EINEN PASS NOCH GELD IN DER TASCHE

wahr

Trotzdem geht auch die englische Königin nur mit Tasche aus dem Haus. Aber was befindet sich dann in der berühmtesten Handtasche der Welt?

Wo immer auch Königin Elisabeth II. auftaucht, nie erscheint sie ohne ihre Handtasche. Genauer gesagt, ohne eine ihrer Handtaschen. Denn die Queen nennt nicht weniger als 200 Exemplare ihr eigen, samt und sonders Anfertigungen des Londoner Hoflieferanten Launer und stets aus edelsten Materialien wie Kalbs-, Straußen- oder Alligatorleder.

Was die Monarchin bei sich trägt, wenn sie auf einem Staatsbesuch ist, ein Kinderheim besichtigt oder eine Parade abnimmt, weiß niemand ganz genau. Eines steht aber fest: Sie hat weder Pass, noch Führerschein noch Bargeld darin. Abgesehen davon, dass die Queen wohl nirgendwo auf der Welt in die Verlegenheit käme, sich ausweisen zu müssen, besitzt sie ein solches Dokument überhaupt nicht (alle anderen Mitglieder der königlichen Familie jedoch schon). Einen Führerschein braucht sie ebenfalls nicht, denn sie ist die einzige Britin, die ohne die entsprechende Lizenz Autofahren darf. Für Bargeld hat sie keine Verwendung. Sie geht nicht einkaufen und bekommt unterwegs alles, was sie braucht. Notfalls greift einer ihrer Bediensteten in sein eigenes Portemonnaie und schießt vor.

Was also trägt die Queen in ihrer Handtasche? Insider geben vor zu wissen, dass sie immer Pfefferminzbonbons und Hundekekse dabei hat. Und wie die meisten Mütter Fotos von den Kindern und Enkeln. Dazu kommen eine Lesebrille, ein Füller und ein kleiner Spiegel. Das persönlichste Stück aber dürfte die kleine Schminktasche sein, die ihr vor sehr langer Zeit Ehemann Philip zur Verlobung geschenkt hat.

TEPPICH-AFFÄREN HABEN IN DEUTSCHLAND TRADITION

wahr

Immer auf dem Teppich bleiben ... für mindestens zwei hochrangige deutsche Politiker bekam diese Redewendung besondere Bedeutung.

Bei einem offiziellen Besuch in Afghanistan im Mai 2012 erwarb Entwicklungshilfeminister Dirk Niebel privat einen Teppich. Er verstaute das gute Stück in einem Dienstflugzeug des Bundesnachrichtendienstes und ließ es nach Berlin bringen. Als die Öffentlichkeit davon erfuhr, hagelte es Kritik. Ein regulärer Transport hätte 3840 Euro gekostet, außerdem hatte Niebel den Zoll umgangen. Der „fliegende Teppich" brachte den Minister in Bedrängnis. Er habe den Transport für ein Entgegenkommen des BND gehalten. Außerdem sei er davon ausgegangen,

> **Was persönlich ist, bestimme ich.**
> Konrad Adenauer

dass Afghanistan als Land der „Vierten Welt" zu den Staaten gehöre, aus denen man zur Förderung der Wirtschaft Waren zollfrei exportieren dürfe. Schließlich räumte Niebel ein, einen Fehler begangen zu haben und zahlte die Abgabe nach.

Genau 50 Jahre zuvor hatte Bundespräsident Heinrich Lübke bei einem Staatsbesuch des französischen Präsidenten Charles de Gaulle als Gastgeschenk einen wertvollen Wandteppich in Empfang genommen. Als Lübke 1969 aus dem Amt schied, nahm er den Teppich mit – als dauerhafte Leihgabe, wie es hieß. Nach dem Tod des Ehepaars Lübke ging der Teppich als Erbe an Lübkes Nichte. Vergeblich forderte Bundespräsident Karl Carstens das Staatseigentum zurück.

Pragmatischer handelte Bundeskanzler Konrad Adenauer in seiner Regierungszeit. Er rollte einen Teppich, den ihm der Schah von Persien geschenkt hatte, ohne großes Aufheben bei sich zu Hause aus.

DER FUSSBALLSTAR ERIC CANTONA WOLLTE FRANZÖSISCHER PRÄSIDENT WERDEN · falsch ·

Als Fußballer rangierte er zwischen Genie und Wahnsinn. Der angekündigte Ausflug in die Politik war jedoch ein PR-Gag mit sozialem Anstrich.

Im Frühjahr 2012 tobte in Frankreich ein heißer Wahlkampf. Es ging um nichts weniger als um den Posten des Staatspräsidenten. Der bisherige erste Mann im Staat, Nicolas Sarkozy, kämpfte um seine Wiederwahl. Als sein härtester Konkurrent galt François Hollande, der Chef der Sozialisten. Doch dann warf ein Mann seinen Hut in den Ring, den man bisher nicht als Politiker auf der Rechnung gehabt hatte. Via Presse verkündete Ex-Fußballstar Eric Cantona seine Kandidatur für das Amt des Staatspräsidenten.

45 Mal hatte er das Trikot der französischen Nationalmannschaft getragen und darin 20 Treffer erzielt. Ein begnadeter Kicker, der mit seinen Toren und Kabinettstücken die Fans begeistert hatte. In Frankreich hatte er für den Spitzenklub Olympique Marseille die Fußballschuhe geschnürt. In Großbritannien war er als Spieler von Leeds United und Manchester United zum Superstar und Publikumsliebling avanciert. 1995 wurde der Franzose zum besten Spieler aller Zeiten in der englischen Eliteliga gewählt.

Ein engagierter Bürger

Während seiner sportlichen Karriere war Cantona aber auch als Rüpel bekannt und gefürchtet gewesen. Immer wieder hatte er sich mit Gegenspielern, Fans und Schiedsrichtern angelegt. Für einen Megaskandal sorgte der Fußballer, der immer Schwierigkeiten hatte, sein Temperament zu zügeln, am 25. Januar 1995. Beim Spiel von Manchester United gegen Crystal Palace stürmte er mit ausgestrecktem Bein, wie ein Kung-Fu-Kämpfer, auf einen Zuschauer zu, der den Spieler, den der Schiedsrichter kurz zuvor

vom Platz gestellt hatte, wüst beschimpfte. Um ein Haar handelte sich der französische Hitzkopf mit dieser Aktion eine Gefängnisstrafe wegen vorsätzlicher Körperverletzung ein.

Zur allgemeinen Überraschung erklärte Cantona 1997, gerade einmal 31 Jahre alt, seinen Rücktritt vom Profisport. Er hängte die Stollenschuhe an den Nagel, doch in der Versenkung verschwand er deswegen nicht. Im Gegenteil: Das Enfant terrible des Fußballs verstand es auch danach glänzend, sich wirkungsvoll in Szene zu setzen. Vom Fußballplatz wechselte er übergangslos in die Filmstudios und wirkte in einer Reihe von Produktionen mit. Seine treuen Fans machten diesen Karrieresprung bereitwillig mit und strömten in Scharen in die Kinos, wann immer Cantona auf der Besetzungsliste stand. Daneben stellte er sein markantes Gesicht für diverse Werbekampagnen zur Verfügung.

Dass sich Cantona auch auf das harte Parkett der großen Politik wagen wollte, war für die meisten Franzosen dann doch eine Überraschung. Aber es schien dem 45-Jährigen ernst zu sein mit seiner Kandidatur. 35 000 Bürgermeister im ganzen Land erhielten Post von Cantona. In seinem Schreiben warb er um ihre Unterstützung, denn wer in Frankreich für die Präsidentschaft kandidieren will, benötigt die Unterschrift von 500 sogenannten Paten aus dem öffentlichen Leben. Als seine politischen Ziele nannte der Newcomer, der sich selbst als „engagierter Bürger" anpries, jungen Leute eine Perspektive geben und die Obdachlosigkeit bekämpfen zu wollen.

Kurz danach kam heraus: Das Ganze war ein PR-Gag, jedoch mit einem durchaus ernsten Hintergrund. Cantona hatte mit seiner Pseudokandidatur auf eine Stiftung aufmerksam machen wollen, die sich um Obdachlose kümmert. Auf diesem Weg sollten die tatsächlichen Kandidaten in die Pflicht genommen werden, im Fall ihrer Wahl etwas gegen die Obdachlosigkeit in Frankreich zu tun.

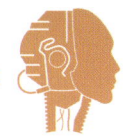

BAYERN IST SEIT 2013 DER NABEL EUROPAS

wahr

Zwar ist der Freistaat nicht der Mittelpunkt der Welt – doch ein kleines Dorf in Franken ist das Zentrum Europas.

Westerngrund liegt in Unterfranken, nördlich von Aschaffenburg, direkt an der Grenze zu Hessen, und hat nach der letzten Zählung 1892 Einwohner. Das klingt nicht unbedingt nach optimalen Voraussetzungen für den Ehrentitel „Mittelpunkt Europas" und doch darf sich die Gemeinde seit dem Juli 2013 genau das zuschreiben.

Herzstück auf Zeit

Grund ist nicht etwa eine große Vergangenheit. Seit 200 Jahren gehört der Ort zu Bayern. 1814, nach den Kriegen gegen Napoleon, wurde das Gebiet zusammen mit dem Fürstentum Aschaffenburg

dem blau-weißen Königreich zugeschlagen. Viel mehr wird man über die Geschichte Westerngrunds nicht ohne Weiteres herausfinden. In den Fokus der Aufmerksamkeit gelangte die Gemeinde durch die politischen Vorgänge in Brüssel. Hier, im Hauptquartier der Europäischen Union, wurde 2004 der Beschluss gefasst, Kroatien den Status eines EU-Beitrittskandidaten zu gewähren. Neun Jahre später war es soweit: Am 1. Juli 2013 wurde das Land auf dem Balkan Mitglied der Europäischen Union. Innerhalb der neuen geografischen Grenzen der EU liegt seither Westerngrund genau in der Mitte Europas und löste damit Gelnhausen-Meerholz in Hessen ab. Ganz genau genommen, liegt der Nabel Europas auf einer Wiese des beschaulichen Orts.

Allerdings trägt auch Westerngrund den Titel nur mit dem Siegel der zeitlichen Befristung. Tritt ein weiterer Staat der EU bei – oder aus –, verschieben sich die Koordinaten erneut. Auf diese Weise ist das Zentrum seit Beginn der EU-Osterweiterung 2004 von Viroinval in Belgien immerhin ein ganzes Stück ostwärts gewandert.

EINE MÖWE ÜBERFIEL DIE TAUBE DES PAPSTES

wahr

Eine Zeremonie vor dem Vatikanspalast drohte, zumindest für eine Beteiligte, zum Drama zu werden.

Gebannt starrte die Masse auf das Drama. Vor dem Fenster über ihren Köpfen wurde eine Taube von einer Möwe angegriffen. Alle hielten den Atem an, als die Möwe zum entscheidenden, womöglich tödlichen Angriff überging. Es war Sonntag, der 27. Januar 2013. Schauplatz der Szene war der Petersplatz in Rom und an dem Fenster stand Papst Benedikt XVI. Er hatte gerade das Angelus-Gebet gesprochen, wie es das Oberhaupt der katholischen Kirche jeden Sonntag und an hohen Festtagen um 12 Uhr mittags tut und anschließend der Menge den Apostolischen Segen erteilt.

Unwillige Friedensgeister

Es war auch nicht ungewöhnlich, dass der Papst danach Tauben in den wolkenlosen Himmel der Ewigen Stadt steigen ließ. Die Taube ist im Christentum ein Symbol für Frieden. Behutsam öffnete der Papst, assistiert von einem kleinen Jungen, den Käfig mit den zwei Tauben. Eine flatterte zunächst vor dem Fenster hin und her. Aber gerade, als sie sich in die Lüfte erheben wollte, wurde sie von einer Möwe attackiert, die sich von oben auf die Taube stürzte. Der Papst und die Zuschauer wurden Zeugen eines kurzen, aber heftigen Scharmützels, an dessen Ende es der Taube jedoch gelang, sich aus den Fängen der Möwe zu befreien und sich auf ihren Friedensflug zu begeben.

Nicht nur der Papst wird bei dem Vorfall an eine Panne gedacht haben, die sich ein Jahr zuvor an selber Stelle ereignet hatte. Damals hatten die Tauben, nachdem der Papst sie aus dem Käfig geholt hatte, nicht wegfliegen wollen. Eine war auf der Fensterbank sitzen geblieben, die andere war gar ins päpstliche Wohnzimmer zurückgeflogen.

Für seine Sympathisanten ist Snowden ein Held. Die USA bezeichnen ihn als Staatsfeind.

EIN LEIHARBEITER STELLTE DIE WELT DER SPIONAGE AUF DEN KOPF

wahr

James Bond hat ausgedient. Heute funktioniert Spionage mit modernster Abhörtechnik. Dank der Mitteilungsfreude eines US-Amerikaners weiß es nun die ganze Welt.

Eine „Wanze" in der Stehlampe? Ein ungebetener Lauscher im Kleiderschrank? Mit der Minikamera heimlich Dokumente fotografieren? Alles Methoden aus der Mottenkiste. Im 21. Jahrhundert funktioniert Spionage anders. Die Geheimdienste arbeiten mit modernster Technik und haben dabei unmittelbaren Zugriff auf Internet und Telefon.

Jede Mitteilung, ob dienstlich oder privat, kann ausgespäht werden. Überall auf der Welt. Dabei werden tagtäglich ungeheure Datenmengen gesammelt, gesichtet und ausgewertet. Das erfasste Volumen ist 192-mal so groß wie der Buchbestand der British Library, der bestbestückten Bibliothek der Welt. Das ganze Ausmaß der Überwachung erfuhr die staunende Öffentlichkeit von einem jungen „Whistleblower". So nennt man im Englischen Personen, die ungesetzliche bzw. zweifelhafte Praktiken aus ihrem Arbeitsumfeld enthüllen. Sein Name: Edward Snowden. Der 29-Jährige

wurde mit einem Schlag zu einer der bekanntesten Personen der Gegenwart. Bis dahin hatte er, wie man es von einem Geheimdienstmitarbeiter erwartet, im Verborgenen gewirkt.

Lauschangriff durch die NSA

2005 startete der talentierte Computertechniker seine Karriere bei der Central Intelligence Agency (CIA). Von dort wechselte er drei Jahre später zu der renommierten Beratungsfirma Booz Allen Hamilton, die ihn wiederum an die National Security Agency (NSA) auslieh, die Top-Adresse für die globale Überwachung elektronischer Kommunikation. Der hochdotierte Leiharbeiter Snowden war dort mit einem „PRISM" genannten Überwachungsprogramm befasst, mit dem der amerikanische Geheimdienst innerhalb und außerhalb der Vereinigten Staaten Betroffene bespitzelt.

> **Die Wahrheit kann nicht aufgehalten werden.**
> Edward Snowden

Im Juni 2013 vertraute Snowden der britischen Tageszeitung *The Guardian* seine Insider-Kenntnisse an und gab umfassend Auskunft über die Praktiken der NSA. Die Ermittlungsbehörde FBI stellte daraufhin Strafantrag. Snowden floh und gelangte über Hongkong nach Moskau, wo er politisches Asyl beantragte und für die Dauer von einem Jahr auch erhielt. Aus dem Stein, den er ins Rollen gebracht hatte, wurde eine wahre Lawine. Weltweit gab es Proteste von Politikern, Datenschützern und Medien.

Kein unbeschriebenes Blatt im Spionage-Geschäft

Die Enthüllungen des Whistleblowers Snowden rückten einen der mächtigsten Geheimdienste der Welt in den Fokus des allgemeinen Interesses. Die NSA wurde offiziell im November 1952 gegründet, mit dem Auftrag, Nachrichtenverbindungen zu observieren und Informationen zu sammeln, die für die Regierung der Vereinigten Staaten wichtig sein könnten. Eine brisante Mission, gerade in Zeiten des Kalten Kriegs, in denen auch die Sowjetunion über den KGB ähnliche Anstrengungen unternahm. Ausspähen um jeden Preis, lautete die Devise und Heerscharen von Agenten arbeiteten daran, die Zielvorgaben zu verwirklichen. In den folgenden Jahrzehnten machte die nachrichtendienstliche Technik große Fortschritte. Die Erschließung des Weltraums führte dazu, dass in den 1970er-Jahren Überwachungssatelliten in den Orbit geschossen wurden. Pannen gab es auch damals schon. So lieferten (womöglich sogar gezielte) Fehlinformationen der NSA den USA 1964 den Grund, offiziell in den Vietnamkrieg einzutreten. Auch Skandale hat die NSA bereits ausgelöst, wie etwa die Shamrock-Affäre von 1975: Über Jahrzehnte hinweg hatte die NSA sämtliche Telegramme in die und aus den USA abgefangen und ausgewertet.

Deckname „Alexander der Große"

Der makedonische König Alexander der Große eroberte im 4. Jahrhundert v. Chr. ein Weltreich. Keith Alexander herrscht seit 2005 über das Abhörimperium NSA. Diese Position verleiht ihm so viel Macht, dass man ihm den Spitznamen „Alexander der Große" gegeben hat. Bevor der General der United States Army den Top-Job bei der NSA antrat, hatte er unter anderem in Deutschland Dienst geleistet – als Aufklärungsoffizier der 2. Panzerdivision im niedersächsischen Osterholz-Scharmbeck. Für eine Laufbahn im Bereich der Spionage-Technologie entschied er sich, weil er schon immer gut in Mathematik war.

REGISTER

Kursive Seitenzahlen verweisen auf Abbildungen.

BILDNACHWEIS

Illustrationen: Jan Bazing

akg-images
11 Jürgen Sorges; 28, 29 akg-images; 37 Erich Lessing; 50 akg-images; 57 Nimatallah; 63 Erich Lessing; 64 Werner Forman; 68 Erich Lessing; 79 De Agostini Pict.Lib.; 80, 91 akg-images; 95 Album / Prisma; 96 akg-images; 101 Album / Oronoz; 102 Werner Forman; 104 Album / Oronoz; 107 Erich Lessing; 108, 112, 117, 119 akg-images; 122 North Wind Picture Archives; 126 RIA Nowosti; 139 North Wind Picture Archives; 142 Erich Lessing; 145 akg-images; 147 Erich Lessing; 150 United Artists / Album; 153 akg-images; 158 Heiner Heine; 159 The National Gallery, London; 161 akg-images; 173 Erich Lessing; 174 akg-images; 182 Sotheby's; 184, 193, 195, 200, 202 akg-images; 202 Erich Lessing; 203, 210 akg-images; 213 North Wind Picture Archives; 233, 242, 247, 262, 264, 267 akg-images; 274 NASA; 291 akg-images

Corbis
298 Reuters

Getty Images
32, 188 Getty Images; 255 Popperfoto; 287 U. Baumgarten; 293 Getty Images

iStockphoto.com
252 AmandaLewis

Mauritius Images
27 ib / Christian Handl; 106 United Archives; 207 United Archives

Picture Alliance (dpa)
12 dpa; 16 Picture Alliance (dpa); 24 united archives; 29 Eventpress Herrmann; 54 ASA; 69 Reinhard Dirscherl; 73 United Archives/IFTN; 158, 167 Mary Evans Picture Library; 238, 257, 263, 289, 296 dpa; 299 ASSOCIATED PRESS; 306 AP Photo

Ullstein
40 Israelimages / Israel Talby; 42 Imagno; 204 Archiv Gerstenberg; 218 The Granger Collection; 226 Ullstein; 248 Photo12; 260 Jung; 269 United Archives; 300 dpa; 312 Reuters / BOBBY YIP

IMPRESSUM

Autor
Prof. Dr. Holger Sonnabend

Redaktion
lektorat plus, Berlin: Dorit Aurich
Dr. Nicole Bilstein-Brok, Julia Niehaus

Grafik & Satz
know idea GmbH, Freiburg i. Br.: Andrea Staiger

Reader's Digest
Redaktion: Falko Spiller
Grafik: Susanne Hauser
Bildredaktion: Sabine Schlumberger
Prepress: Frank Bodenheimer

Chefredakteurin Ressort Buch:
Dr. Renate Mangold
Art Director: Susanne Hauser

Produktion
arvato print management: Thomas Kurz

Druckvorstufe
GroupFMG Print

Druck und Binden
Leo Paper Products Ltd. Hongkong

© 2014 Reader's Digest Deutschland, Schweiz, Österreich
Verlag Das Beste GmbH, Stuttgart, Zürich, Wien

GR 2158/G

ISBN 978-3-89915-959-2

Printed in China

Besuchen Sie uns im Internet
www.readersdigest.de | www.readersdigest.ch | www.readersdigest.at